经以济世
建德育新人
贺教育部
科技项目
心王玉成

李硕林

教育部哲学社會科学研究重大課題攻關項目

"十三五"国家重点出版物出版规划项目

外资并购与我国产业安全研究

FOREIGN MERGERS AND ACQUISITIONS AND CHINA'S INDUSTRIAL SECURITY

李善民

等著

中国财经出版传媒集团

经济科学出版社
Economic Science Press

图书在版编目（CIP）数据

外资并购与我国产业安全研究/李善民等著 . —北京：
经济科学出版社，2017.2
教育部哲学社会科学研究重大课题攻关项目
ISBN 978 - 7 - 5141 - 7596 - 7

Ⅰ . ①外…　Ⅱ . ①李…　Ⅲ . ①外资公司 - 企业兼并 -
影响 - 产业 - 安全 - 研究 - 中国　Ⅳ . ①F279.246②F12

中国版本图书馆 CIP 数据核字（2016）第 319582 号

责任编辑：刘新颖　王红英
责任校对：杨　海
责任印制：邱　天

外资并购与我国产业安全研究

李善民　等著

经济科学出版社出版、发行　新华书店经销
社址：北京市海淀区阜成路甲 28 号　邮编：100142
总编部电话：010 - 88191217　发行部电话：010 - 88191522
网址：www.esp.com.cn
电子邮件：esp@ esp.com.cn
天猫网店：经济科学出版社旗舰店
网址：http://jjkxcbs.tmall.com
北京季蜂印刷有限公司印装
787×1092　16 开　25 印张　480000 字
2017 年 2 月第 1 版　2017 年 2 月第 1 次印刷
ISBN 978 - 7 - 5141 - 7596 - 7　定价：63.00 元
（图书出现印装问题，本社负责调换。电话：010 - 88191510）
（版权所有　侵权必究　举报电话：010 - 88191586
电子邮箱：dbts@ esp.com.cn）

课题组主要成员

赵昌文　王彩萍　陈玉罡　余鹏翼　史欣向

习　超　陈珠明　辛　宇　唐清泉　何　云

编审委员会成员

主　任　周法兴
委　员　郭兆旭　吕　萍　唐俊南　刘明晖
　　　　刘　茜　樊曙华　解　丹　刘新颖

总　序

哲学社会科学是人们认识世界、改造世界的重要工具，是推动历史发展和社会进步的重要力量，其发展水平反映了一个民族的思维能力、精神品格、文明素质，体现了一个国家的综合国力和国际竞争力。一个国家的发展水平，既取决于自然科学发展水平，也取决于哲学社会科学发展水平。

党和国家高度重视哲学社会科学。党的十八大提出要建设哲学社会科学创新体系，推进马克思主义中国化时代化大众化，坚持不懈用中国特色社会主义理论体系武装全党、教育人民。2016 年 5 月 17 日，习近平总书记亲自主持召开哲学社会科学工作座谈会并发表重要讲话。讲话从坚持和发展中国特色社会主义事业全局的高度，深刻阐释了哲学社会科学的战略地位，全面分析了哲学社会科学面临的新形势，明确了加快构建中国特色哲学社会科学的新目标，对哲学社会科学工作者提出了新期待，体现了我们党对哲学社会科学发展规律的认识达到了一个新高度，是一篇新形势下繁荣发展我国哲学社会科学事业的纲领性文献，为哲学社会科学事业提供了强大精神动力，指明了前进方向。

高校是我国哲学社会科学事业的主力军。贯彻落实习近平总书记哲学社会科学座谈会重要讲话精神，加快构建中国特色哲学社会科学，高校应需发挥重要作用：要坚持和巩固马克思主义的指导地位，用中国化的马克思主义指导哲学社会科学；要实施以育人育才为中心的哲学社会科学整体发展战略，构筑学生、学术、学科一体的综合发展体系；要以人为本，从人抓起，积极实施人才工程，构建种类齐全、梯队衔接的高校哲学社会科学人才体系；要深化科研管理体制改革，发挥高校人才、智力和学科优势，提升学术原创能力，激发创新创造活力，建设中国特色新型高校智库；要加强组织领导、做好统筹规划、营造良好学术生态，形成统筹推进高校哲学社会科学发展新格局。

哲学社会科学研究重大课题攻关项目计划是教育部贯彻落实党中央决策部署的一项重大举措，是实施"高校哲学社会科学繁荣计划"的重要内容。重大攻关项目采取招投标的组织方式，按照"公平竞争，择优立项，严格管理，铸造精品"的要求进行，每年评审立项约40个项目。项目研究实行首席专家负责制，鼓励跨学科、跨学校、跨地区的联合研究，协同创新。重大攻关项目以解决国家现代化建设过程中重大理论和实际问题为主攻方向，以提升为党和政府咨询决策服务能力和推动哲学社会科学发展为战略目标，集合优秀研究团队和顶尖人才联合攻关。自2003年以来，项目开展取得了丰硕成果，形成了特色品牌。一大批标志性成果纷纷涌现，一大批科研名家脱颖而出，高校哲学社会科学整体实力和社会影响力快速提升。国务院副总理刘延东同志做出重要批示，指出重大攻关项目有效调动各方面的积极性，产生了一批重要成果，影响广泛，成效显著；要总结经验，再接再厉，紧密服务国家需求，更好地优化资源，突出重点，多出精品，多出人才，为经济社会发展做出新的贡献。

作为教育部社科研究项目中的拳头产品，我们始终秉持以管理创新服务学术创新的理念，坚持科学管理、民主管理、依法管理，切实增强服务意识，不断创新管理模式，健全管理制度，加强对重大攻关项目的选题遴选、评审立项、组织开题、中期检查到最终成果鉴定的全过程管理，逐渐探索并形成一套成熟有效、符合学术研究规律的管理办法，努力将重大攻关项目打造成学术精品工程。我们将项目最终成果汇编成"教育部哲学社会科学研究重大课题攻关项目成果文库"统一组织出版。经济科学出版社倾全社之力，精心组织编辑力量，努力铸造出版精品。国学大师季羡林先生为本文库题词："经时济世　继往开来——贺教育部重大攻关项目成果出版"；欧阳中石先生题写了"教育部哲学社会科学研究重大课题攻关项目"的书名，充分体现了他们对繁荣发展高校哲学社会科学的深切勉励和由衷期望。

　　伟大的时代呼唤伟大的理论，伟大的理论推动伟大的实践。高校哲学社会科学将不忘初心，继续前进。深入贯彻落实习近平总书记系列重要讲话精神，坚持道路自信、理论自信、制度自信、文化自信，立足中国、借鉴国外，挖掘历史、把握当代，关怀人类、面向未来，立时代之潮头、发思想之先声，为加快构建中国特色哲学社会科学，实现中华民族伟大复兴的中国梦作出新的更大贡献！

教育部社会科学司

前 言

外商直接投资（FDI）在促进全球经济发展中发挥着重要作用。长期以来，外商直接投资以绿地投资（Green Investment）为主，但在20世纪90年代以来，全球范围内跨国并购（International M&A 或者 Cross-border M&A）迅速发展，跨国并购越来越成为外商直接投资的重要手段。跨国并购是指跨国（境）兼并和收购的总称，是指一国企业（主并企业）为了达到某种战略目标，通过现金、股权等支付手段，购买东道国企业（目标企业）资产或股权的行为，通过跨国的兼并或收购，主并企业可能实现对东道国目标企业经营管理实际或完全的控制。相对于绿地投资在东道国建立新的生产设施，如办公室、厂房、机器设备等固定资产以及一些无形资产（主要指服务）需要耗费较长的时间，跨国并购可以帮助并购方快速进入东道国市场。因此，自1990年以来，跨国并购在 FDI 中的比例呈现出总体不断上升的趋势，在2000年和2007年两个跨国并购高峰年度，跨国并购额占 FDI 投资额的比重分别达到64.5%和51.9%；1991~2010年20年合计，全球跨国并购占 FDI 总额比重平均达42.7%，其中发达国家占比为57.1%，发展中国家占比为16.6%。根据联合国贸易与发展委员会（UNCTAD）的预测，随着经济形势好转和新兴经济体对外并购趋向活跃，未来跨国并购在全球 FDI 总额中的占比将越来越大。跨国并购已经成为国际资本流动的主要形式。

相对于跨国并购在全球 FDI 中所占的高比重，目前跨国并购在我国外商直接投资中所占比例尚不高。对于外资企业在我国所实施的跨国并购，我们将之称为外资并购（Foreign M&A）。在1991~2010年

20 年间，外资并购额合计仅占我国 FDI 总额的 12.1%，绿地投资在我国 FDI 中仍占据主导地位。但不可忽视的是，2001 年我国加入世界贸易组织（WTO）以及开放 B 股为外资并购提供了良好的契机，政府为应对亚洲金融危机，也对外资并购提供了系列开放政策，如 1999 年 8 月《外商收购国有企业的暂行规定》明确了外商可以参与购买国有企业；2001 年 10 月《金融资产管理公司吸收外资参与资产重组与处置的暂行规定》规范了外资参与重组和处置国内不良资产的各项行为；2001 年 11 月《关于上市公司涉及外商投资有关问题的若干意见》；2002 年 7 月 1 日颁布的《外资参股证券公司的设立规则》和《外资参股基金管理公司的设立规则》，这些均为外资并购的良好发展奠定了基础。2000 年至 2014 年上半年，我国已经发生外资并购事件共约 558 起，其中绝大部分外资并购事件集中在 2004 年之后，外资并购在我国呈现出显著快速增长趋势。

外资通过并购方式快速进入中国市场客观上不仅给中国企业带来了先进的技术和管理理念，也带来了一些负面影响，如中国一些知名品牌被外资控制和侵占、一些企业"市场换技术"策略的失败。外资在个别行业跃跃欲试的姿态引起了国人的担忧，甚至在 2008 年可口可乐收购汇源果汁一案中，民众掀起了保护民族品牌、反对外资对中国知名企业并购的浪潮。实践的迅速发展亟需理论和学术界予以方向性的指导，需要理论和学术界厘清外资并购中的一些具体问题，并形成正确的判断。然而，目前国内学术界已有的研究多呈散点式分布，缺乏对外资并购的系统分析，这不能不说是一种遗憾。受教育部哲学社会科学研究资助的契机，本课题组承担"外资并购与我国产业安全研究"的任务，从产业安全视角，对我国外资并购问题进行系统分析，对我国外资并购的实践进行系统研究和反思，反思是为了更好地前行，本书力求厘清外资并购境内企业对我国产业安全的影响，以提高国内企业尤其是重要的战略性行业国有大中型企业应对外资并购的能力，完善外资并购境内企业的安全审查制度，以为我国不断发展的外资并购提供政策引导，促进我国企业以及产业竞争力的增强。

作为教育部哲学社会科学研究重大课题攻关项目的最终成果，本书的写作贯穿研究的全部过程，其内容也是经过无数次的讨论、修改，并且部分研究成果已经在国内重要学术期刊如《经济研究》《会计研究》《财经问题研究》《管理学报》等杂志发表。即便如此，在此信息爆炸、瞬息万变的时代，仍有诸多需要完善之处，最新资料需要补充、观点需要再度考量、行文需要进一步完善，只能是在能力所及的范围内做到精益求精，让研究符合学术规范，让观点能有些许创新，希望以此抛砖引玉，吸引更多的学者和实务界人士关注和研究外资并购，为促进和规范外资并购在我国的发展献策谏言。

摘 要

本书紧紧围绕"外资并购与产业安全"主题,从对我国外资并购现状分析着手,界定产业安全的内涵,并从外资进入模式选择、外资并购对企业自主创新的影响、外资并购与市场垄断、外资并购规制研究多个角度展开具体分析。本书的各部分主要内容可以概括如下。

第一章为我国外资并购现状分析。本章将我国外资并购从整体上分为外资并购起步期(1992~1995年)、外资并购限制期(1995~1999年)、外资并购培育期(1999~2002年)以及外资并购发展期(2002年至今)四个阶段。通过对21世纪以来我国外资并购事件的描述性统计分析,总结目前我国外资并购典型特征,如绝大部分外资并购均采用股权并购方式,并试图争夺目标企业控制权;外资方主要来自欧美、日韩等发达国家;外资并购偏好于东部沿海地区企业;在行业分布方面,外资主要投资制造业、信息技术业以及金融保险业等典型特征。此外,研究还发现,尽管外资对高科技企业的并购在并购总量中所占比例不高,但在2005年后,外资却加大了对高科技企业的并购力度。

第二章是产业安全的内涵与评价。产业安全的基石是市场和创新,产业安全的核心是生存和发展。以此为指导,本章创新性地提出产业安全的"钻石模型",即市场和创新与产业竞争力、产业发展力、产业控制力及对外依存度之间相互联系、相互影响,且市场和创新是产业安全的重心。基于"钻石模型"理论,本章构建了一个全新的产业安全评价体系。该体系以市场和创新为纲、以生存和发展为目,总计涵盖了42项三级指标。同时,利用层次分析法、专家法及主成分分析法测量了中国高技术产业安全的状况，对中国高技术产业的数据进行实证研究，以检验该指标体系的科学性和适用性。研究结果发现，从总体而言，我国高技术产业处于外资"适度进入"状态，属于"安全"范畴；不过，高技术产业中的计算机及办公设备制造业，其产业安全值稍高，已呈现出外资高度进入的态势，需要警惕外资企业对该产业的侵蚀和垄断；与之相对的是，航空航天器及设备制造业的产业安全值稍低，仍需进一步对外开放，充分发挥外资的积极作用。本章的研究为产业安全理论发展提供了一个全新视角，同时也为该领域的经验研究提供了有益借鉴。

第三章为外资进入模式研究。本章首先整理探讨了全球范围和我国市场的外资进入模式分布情况和发展历程，在此基础上，构建三阶段实物期权模型，分析了影响 FDI 进入模式选择的因素，研究发现东道国工程建设速度、经济增长率、市场需求不确定性会影响 FDI 进入模式的选择，并发现相对于绿地投资，FDI 通过跨国并购模式获得的目标企业规模更大。同时，该模型还从理论上证明了东道国国家政策可以显著影响 FDI 进入模式的选择，肯定了政府干预的有效性。这些理论分析在我们对全球 175 个国家或地区数据的实证检验基础上得以证实。其次，本章进一步分析跨国并购和绿地投资两种进入模式对我国经济增长的影响，通过对跨国并购资金进入东道国后的流向进行理论分析，本章研究发现跨国并购资金可以通过"再投资过程"转化为东道国的内源投资，从而促进东道国的经济增长；但是"再投资过程"的顺利进行需要东道国金融市场和制度环境的配合。最后，通过与非并购目标公司的对比实证研究，本章还研究发现外资并购目标公司具有净资产收益率高、公司规模较大、总资产周转时间长、股权较分散、行业地位较高、高层管理成本较高六个特征。在此基础上，本章提出如何调控外资进入，维护我国产业稳定可持续发展的政策建议。

第四章为外资并购与自主创新能力研究。本章首先关注外资并购对产业自主创新能力的影响，通过对我国高科技产业中内资与外资企业之间的技术溢出效应的实证研究发现，在我国高技术产业内，存在技术溢出效应，并且外资企业向内资企业方向存在技术溢出效应，而反向的技术溢出效应则不存在。同时，给定外资企业的研发量，内资企业可通过增加自身的研发量来提升对溢出技术的吸收能力。其次，通过分析目标公司被并购前后三年的科技创新指标的变化，并将其与未被并购的对照组公司样本比较，本章发现外资并购事件能够显著促进目标公司的科技研发人员数量增加，但不能证明显著比对照组样本公司增加更多。同时，本章还发现外资并购事件对目标公司所属行业的其他竞争者的所有科技创新指标都有显著地促进作用。本章还采用比较案例研究和多案例研究的方法弥补大样本数据不足，具体而言，通过对阿尔斯通收购武汉锅炉以及凯雷收购徐工集团两个案例的比较研究发现，外资并购并不一定能提升企业技术的自主创新能力，反而可能带来其他方面损失，如自主品牌的丧失、对产业内龙头企业的控制甚至可能带来威胁产业安全的担忧等。因此，在现阶段企业重组改制过程中，应改变对外资的盲目崇拜，站在平等对话的基础上，按照市场规则与外方签订协议，并确保中方相关目标的实施。最后，本章通过对近期我国典型的外资并购案例的多案例研究分析发现，现阶段不同企业、不同产业的外资并购所形成的技术溢出效应受到外资国别、外资并购动因、目标公司所有制以及中外双方技术水平差异的影响。同时，这些因素还相互影响，共同作用于外资并购技术溢出过程，其中，中外双方技术溢出水平差异对外资并购技术溢出效应的影响最为突出。

第五章为外资并购与市场垄断研究。本章首先对外资并购的产业组织理论进行研究，并进而分析外资并购对我国市场结构的影响。本章研究认为外资并购可能导致市场结构不平衡问题，并进一步从市场垄断效应、技术边缘化效应以及就业挤出效应等方面分析了外资并购对市场结构的负面影响，以及外资并购对市场结构的推动效应和抑制效应。在此基础上，以外资并购对目标企业品牌的影响为例，对外资并购对市场结构的影响展开多案例实证分析。本章还对外资并购对公司绩效的影响展开实证检验，研究结果发现外资并购虽在短期内改善了企业的绩效，但这种改善缺乏持续性和长期性。此外，利用中国制造业近年来的市场集中度和外资依存度指标，本章进一步检验了 FDI的进入对行业垄断程度的影响。研究结果表明，行业的市场集中度或行业的竞争状况与行业所具有的一些基本特征，如行业的市场准入程度、规模经济效应以及技术密集度等存在密切关联；行业的市场集中度水平与行业中外商投资企业的参与程度之间存在着明显的关系。因此，应着力完善竞争政策、反对垄断、排除市场竞争障碍，以建立和维护自由公平的市场竞争秩序，促进市场机制更充分发挥作用。

第六章为外资并购规制研究。本章主要介绍西方主要发达国家和部分新兴国家的外资并购规制体系，包括美国、德国、日本、法国、韩国、印度等国家和地区，并同时研究中国外资并购规制的发展历程，展开对中西方在利用外资的法律和政策方面异同的分析和研究，以期为我国更好地利用外资提供参考。

Abstract

This book focuses on the topic of foreign mergers and acquisitions (M&A) and industrial security. It begins by analyzing the status quo of China's foreign M&A and defining industrial security. It then investigates the influence of foreign M&A on target companies' innovation, foreign M&A and market monopoly, and regulations on foreign M&A, from the perspective of the entry mode of foreign investment. The main contents of each part of the book can be summarized as follows.

Chapter 1 analyzes the present situation of foreign M&A in China. Foreign M&A are divided into four stages: the initial stage (1992 – 1995), the limited period (1995 – 1999), the cultivation period (1999 – 2002) and the development period (2002 to the present). Descriptive statistical analysis is given on 521 cases of foreign M&A in China since the beginning of the twenty-first century. Based on this, the authors summarize the typical characteristics of foreign M&A at the present time. These include the following: 1) the majority of foreign M&A are executed using the equity method, which tries to obtain the control rights of target enterprises; 2) foreign capital is mainly from Europe, the United States, Japan, South Korea and other developed countries; 3) the investment preferences are for enterprises in the eastern coastal areas; and 4) foreign capital is mainly invested in manufacturing, information technology and the financial insurance industry. In addition, the authors also find that the proportion of foreign M&A in high-tech enterprises is low, but that it increases after 2005.

Chapter 2 looks at the definition and provides an evaluation of industrial security. Based on existing research, this chapter points out that the foundation of industrial security is the market and innovation, and the core of industrial security is survival and development. Considering this, we put forward the "Diamond Model" of industry security, which states that the market and innovation are mutually connected, and both are influenced by industrial competitiveness, industrial development, the force of industrial control, and the degree of external dependence. This model emphasizes that the market and innovation are the focus of industrial security. Based on the "Diamond Model", the authors construct a new industry security evaluation system, which is based on market and innovation, the purpose of which is to survive and develop. The system covers 42 third-level indices in total. By using the hierarchical analytic method, the expert method and principal component analysis, we use data on high tech industries in China to test the scientific soundness and applicability of the index system. The empirical results show that China's high-tech industry is in a state of 'moderate entry' and is generally considered as 'secure'. However, the value for the computer and office equipment manufacturing sector is slightly high. This sector has shown a high degree of foreign investment and, therefore, should be careful against the erosion and the monopoly by foreign enterprises. In contrast, the value for the industrial security of spacecraft aviation and the equipment manufacturing industry is slightly low. This sector still needs to open up to the outside world and benefit from the advantages of foreign investment. The research presented in this chapter provides a new perspective for the development of the theory of industrial security and provides a useful reference for future studies in this field.

Chapter 3 focuses on the entry modes of foreign capital. This chapter first discusses the distribution conditions and the developing processes of the entry modes of China's foreign capital (Foreign Direct Investment, or FDI). A three-stage real option model is presented where the factors that affect the entry modes of FDI are analyzed. The authors find that it is a host country's construction speed, economic growth rate and market demand uncertainty that affect the choice of FDI entry mode. Relative to green investment, FDI can obtain a larger scale of target enterprises through cross-border M&A. At the same time, the model shows that the efficiency of a host country's national policy also affects the choice of FDI entry mode. The theoretical analyses are based on empirically testing data on 175 countries and regions around the world. Second, this chapter further analyzes the influence of two entry modes of cross-border M&A and green land investment on China's economic growth. Through the theoretical analysis of capital flow in cross-border M&A, it is found that cross-border M&A can be transformed into internal investment for the host country through the "reinvestment process", and thus promote the economic growth of the host country. However, the reinvestment process needs the cooperation of the host country's financial market and institutional environment. Finally, this chapter also finds that foreign M&A target corporations have six characteristics including: a high rate of return on equity, a larger asset scale, a longer period of total asset turnover, more dispersed equity, a higher industry status, and higher management costs. Accordingly, this chapter puts forward policy suggestions on how to regulate foreign capital entering China and how to maintain the sustainable development of our country's industries.

Chapter 4 investigates innovation of foreign capital M&A. First, this chapter is concerned about the influence of foreign capital M&A on the capacity for independent innovation. Through empirical research on the technology spillover effect between China's domestic and foreign high-tech enterprises, we find that the spillover effect exists in the high technology industry in China. The technology spillover effect also exists in the transition process from foreign enterprise to domestic enterprise, but the reverse spillover effect does not exist. At the same time, given the amount of R&D in foreign-owned enterprises, domestic enterprises can increase their absorptive capacity by adding their own R&D capacity. Second, comparing the scientific and technological innovation index before and three years after foreign M&A of target and non-targets companies, the authors find that foreign M&A can significantly promote an increase in the number of R&D personnel in the target company. At the same time, this chapter also shows that foreign M&A have a significant effect on the technological innovation indicators of other competitors in the same industry. This chapter features comparative case studies and a multicase study to make up for the insufficiencies of the large sample. Specifically, through comparative studies of Alston's acquisition of Wuhan boiler and Carlyle's acquisition of Xugong Group, we find that foreign capital M&A do not necessarily enhance the independent innovation capability of an enterprise. In fact, they can bring about other losses for the target companies, such as a loss of the independent brand or a loss of control and ownership of the leading companies in the industry. They may even threaten the security of the local industry. Therefore, we should challenge our blind worship of foreign investment during the restructuring process of enterprises. We should also sign agreements according to market rules to ensure implementation based on equity. Through the study of several typical foreign M&A cases in China in recent years, we find that the technology spillover effect of foreign M&A in different industries is mainly affected by the foreign capital country, the motivation of foreign M&A, the target Corp's ownership and the differences between Chinese and foreign technical level. And these factors can influence each other. But among them, the difference in the level of technology spillover between China and foreign countries is the most prominent factor.

Chapter 5 features research on the market monopoly of foreign M&A. This chapter first studies the industrial organization theories on foreign M&A, and then analyzes the effect of foreign M&A on China's industrial market structure. The study suggests that foreign M&A bring about an unbalanced market structure. The negative effects of foreign M&A on the market structure are analyzed from the perspectives of the market monopoly effect, the effect of technology marginalization, the effect of employment crowding out, the foreign M&A's effects on market structure promotion, and the inhibitory effect. Taking the influence of foreign M&A on the brand of the target enterprise as an example, we perform a multi-case empirical analysis on the effect of foreign M&A on the market structure. In addition, this chapter also carries on the empirical testing of foreign M&A in relation to company performance. The results show that foreign M&A can improve the performance of the enterprise in the short term, but that the improvement is not continuous. By using the degree of market concentration and the degree of dependence on foreign capital in China's manufacturing industry in recent years, this chapter further examines the effects of FDI entry on the monopoly of the industry. The analysis shows that the degree of market concentration in the industry or the state of competition in the industry is closely related to some basic characteristics, such as the industries' degree of market access, the scale economy effect and technology intensity. There is also a significant relationship between the level of market concentration and the participation of foreign invested enterprises in the industry, the policy of competition versus monopoly, and the elimination of market competition barriers. The purpose of these policies is to establish and maintain a fair and competitive market environment, and to promote the role of market mechanisms at its fullest.

Chapter 6 presents research on the regulation of foreign M&A. This chapter mainly introduces the regulation system of foreign M&A in Western countries and some emerging markets, including the United States, Germany, Japan, France, Korea, and India. At the same time, this chapter presents studies on the development of foreign capital M&A regulation in China. It further analyzes and researches the similarities and differences between China and Western countries in the use of foreign capital in law and policy. The results of this chapter aim to provide a reference for a better use of foreign investment in our country.

目 录

Contents

第一章 ▶ 我国外资并购现状分析　　1

　　第一节　中国外资并购的发展与现状　　1

　　第二节　外资并购科技企业的现状　　13

　　第三节　本章小结　　16

第二章 ▶ 产业安全的内涵及评价　　18

　　第一节　产业安全的经济学渊源　　18

　　第二节　产业安全内涵　　27

　　第三节　产业安全理论　　29

　　第四节　产业安全评价　　37

　　第五节　本章小结　　87

第三章 ▶ 外资进入模式研究　　90

　　第一节　外资进入模式的初步探讨　　90

　　第二节　我国及全球 FDI 中跨国并购与绿地投资模式比较分析　　93

　　第三节　外资进入模式选择的影响因素研究　　96

　　第四节　FDI 进入模式、内源投资与东道国经济增长的关系研究　　113

　　第五节　吸引外资并购资金进入我国市场的微观因素研究　　128

　　第六节　本章小结　　149

第四章 ▶ 外资并购与自主创新能力研究　　152

　　第一节　外资并购对产业自主创新能力的影响研究　　152

　　第二节　外资并购对企业自主创新能力的影响　　164

第三节　外资并购对中国上市公司科技创新的影响研究　175

第四节　基于多案例分析外资并购的技术溢出效应　191

第五节　本章小结　208

第五章▶外资并购与市场垄断研究　210

第一节　外资并购对我国市场结构的影响　210

第二节　外资并购与公司绩效的实证研究　225

第三节　跨国并购股东财富效应及其影响因素实证分析　242

第四节　外商直接投资对我国上市公司的行业垄断效应研究　258

第五节　本章小结　263

第六章▶外资并购规制研究　265

第一节　美国的外资并购规制　265

第二节　德国的外资并购规制　278

第三节　日本的外资并购规制　287

第四节　法国的外资并购规制　300

第五节　其他国家的规制　308

第六节　中国的外资并购规制　317

第七节　各国外资并购国家安全审查制度的比较　330

第八节　本章小结　339

附录　341

参考文献　349

致谢　367

Contents

Chapter 1 The State of Foreign M&A in China   1

    1. 1   Development of China's foreign M&A   1

    1. 2   Foreign M&A in high-tech enterprises   13

    1. 3   Summary   16

Chapter 2 Definition and Evaluation of Industrial Security   18

    2. 1   The economic basis of industrial security   18

    2. 2   Definition of industrial security   27

    2. 3   Theories on industrial security   29

    2. 4   Evaluation of industry security   37

    2. 5   Summary   87

Chapter 3 Entry Modes of Foreign Investment   90

    3. 1   A preliminary study on the entry modes of foreign capital   90

    3. 2   A comparison between M&A and green investment of FDI in China and the world   93

    3. 3   The factors influencing FDI entry modes   96

    3. 4   FDI entry modes, endogenous investment and economic growth of the host country   113

    3. 5   The micro factors attracting foreign capital to our country   128

1

3. 6　Summary　　149

Chapter 4　The Influence of Foreign M&A on China's Industrial Innovation　　152

4. 1　The influence of foreign M&A on the innovation ability of China's industries　　152

4. 2　The influence of foreign M&A on the innovation ability of China's enterprises　　164

4. 3　An empirical study on the influence of foreign M&A on the innovation of Chinese listed companies　　175

4. 4　The technology spillover effect of foreign M&A in China　　191

4. 5　Summary　　208

Chapter 5　Foreign M&A and Market Monopoly　　210

5. 1　The influence of foreign M&A on China's market structure　　210

5. 2　Foreign M&A and the performance of listed companies　　225

5. 3　The wealth effect and its influencing factors on foreign M&A　　242

5. 4　The industrial monopoly effect of foreign M&A on Chinese listed companies　　258

5. 5　Summary　　263

Chapter 6　Rules and Regulations of Foreign M&A　　265

6. 1　Regulations on foreign M&A in the United States　　265

6. 2　Regulations on foreign M&A in Germany　　278

6. 3　Regulations on foreign M&A in Japan　　287

6. 4　Regulations on foreign M&A in France　　300

6. 5　Regulation on foreign M&A in other countries　　308

6. 6　Regulation of foreign M&A in China　　317

6. 7　A comparison of national security review systems of foreign M&A　　330

6. 8　Summary　　339

Appendix　　341
Reference　　349
Thanks　　367

第一章

我国外资并购现状分析

第一节 中国外资并购的发展与现状

外资收购是指国外企业通过一定的渠道，通过现金、股票或者债券购买中国国内企业一定份额的股权或者资产的行为，其中与股权相关的收购中，有的涉及控制权转移，有的不涉及控制权转移。一般而言，外资并购不特指涉及控制权转移的收购。外资并购一般分为几种类型，分别是价值型并购、斩首型并购、关系型并购、交易型并购。不同类型的外资并购在资产价值和交易目的方面不同。价值型并购中，外资主要看重被收购企业的资产价值，收购之后多为自己进行经营；斩首型并购中，外资主要是为了消灭本土竞争对手，强化自身品牌在中国市场的竞争力；关系型并购主要服务于外资主体的关系需要或布局需要；而在交易型并购中，外资往往是看重被收购企业的价值增长，并非长期持有，而是选择在合适时机转售被收购企业获取投资回报。

外资并购在我国的发展历史大致可以分为四个阶段。第一阶段是 1992～1995 年，可以看作外资并购的起步期。在这一时期，我国的外资并购条件并不完善，相关的法律法规也不完善。资本市场尚未完全发育，人们的思想观念也不开放，更多是在担心资产流失、民族产业的命运和经济安全等问题，对于外资并购抱有消极的态度。在这样的背景下，中国的外资并购缓慢发展。这一阶段的外资并购数量不多，为了保证完成收购，经常采用现金迅速投入、全盘解决原企业职工就业安置问题等。这一时期标志性的事件是中策现象。香港中策投资公司开启了外资在华并购的序幕，从 1992 年 4 月起，在之后的两年多时间里，中策收购了山西太原橡胶厂，并且中策的投资方式往往是其控股 51% 以上。

第二阶段是 1995~1999 年，这段时期可以看作是外资并购的限制期。1995 年 7 月 5 日，日本五十铃自动车株式会社和伊藤商式会社一次性购买北京北旅法人股 4 002 万股，一共占公司总股本的 25%，成为当时备受关注的并购案。但在外资收购之后，北旅因为经营不善导致长期亏损，各种重组活动进展也不顺利，伊藤商式会社 1995 年以每股 2 元买进的股权，后来只剩下 0.7 元左右。此外 2 000 多万元的债券，也只换回 200 万元的现金。该事件发生之后，为了防止外资的进入导致上市公司无序发展，国务院办公厅于 1995 年 9 月转发了国务院证券委员会《关于暂停将上市公司国家股和法人股转让给外商的请示性通知》，从此，外资并购因此进入了长达 4 年的低潮期。

第三阶段是 1999~2002 年，该阶段可以看作是外资并购的培育期。1999 年 8 月，《外商收购国有企业的暂行规定》颁布，该规定明确了外商可以参与购买国有企业，2001 年 10 月，《金融资产管理公司吸收外资参与资产重组与处置的暂行规定》颁布，规范了外资参与重组和处置国内不良资产的各项行为。2001 年 11 月，《关于上市公司涉及外商投资有关问题的若干意见》出台，2002 年 7 月 1 日，《外资参股证券公司的设立规则》《外资参股基金管理公司的设立规则》颁布，这些法律法规的颁布为外资并购的发展奠定了良好的基础。这一时期外资并购的特点是探索创新模式，更注重实质性的操作、并且更多从战略角度考虑并购。投资方式中间接控股的比例增多，外资并购的范围也扩展至更多的行业。

第四阶段是 2002 年至今，这段时间可以看作是外资并购的发展期。在这一时期，经济全球化形势越来越明显，我国也加入了 WTO，外资并购的发展环境越发良好。相关的政策法规也在不断得到完善，相关监管机构相继颁布了《上市公司收购管理办法》《上市公司股东持股变动信息披露管理办法》《关于向外商转让上市公司国有股和法人股有关问题的通知》《合格境外机构投资者境内证券投资管理暂行办法》《利用外资改组国有企业暂行规定》《利用外资改组国有企业的暂行规定》《外国投资者并购境内企业暂行规定》《外国投资者对上市公司战略投资管理办法》《外国投资者并购境内企业规定》，这些法律法规为外资并购的快速发展奠定了基础。这一时期外资并购更加规范化、进展速度更快、涉及范围更广、操作方式也更为广泛。同时，与外资并购相反，越来越多的企业选择走出国门，到世界上的其他市场进行投资。

一、交易总体特征与历史变迁

（一）外资并购数量整体呈上升趋势

2000 年至 2014 年 6 月我国共发生 558 起外资并购事件，其数量的年度分布及走势如表 1 - 1 和图 1 - 1 所示。从表 1 - 1 中可以看出，2003 年前只有极少几起，从 2004 年开始快速增加，2008 年达到顶峰。然而，随着全球金融危机的蔓延，2009 年外资并购数量降幅超过一半，随后到 2011 年开始再次出现下降的趋势。

这一结果表明，在加入 WTO 后，我国资本市场对外开放越来越深入，外资并购进入我国的数量越来越多，并且方式也更加多元。

表 1 - 1   **外资并购数量年度分布**

年份	2000	2002	2003	2004	2005	2006	2007	总计
数量	3	3	3	29	34	56	72	
年份	2008	2009	2010	2011	2012	2013	2014	558
数量	97	42	53	69	45	38	14	

注：本章表格所涉及外资并购数据和信息均为课题组根据 Wind 数据库及相关公开资料整理而成，即自建外资并购资料库，并在此基础上进行相关统计分析。

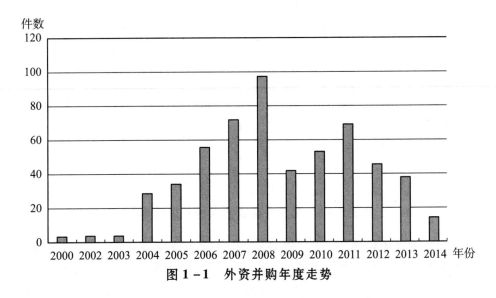

图 1 - 1　外资并购年度走势

（二）外资并购交易总体成功率较高，但近年呈现下降趋势

外资并购交易进度情况如表 1 - 2 所示，在全部 558 起外资并购事件中，属于传言未能证实的为 65 起，占 11.65%；正在进行中的外资并购事件有 73 起，占 13.08%；并购最终失败的有 20 起，占 3.58%；最终完成外资并购交易的有 400 起，占 71.68%，可见外资并购事件中成功的比例超过七成，占比较高。

表 1 - 2　　　　　　　　　　　外资并购交易进度

交易进度	完成	进行中	传言	失败	总计
数量	400	73	65	20	558

但是，近年来外资并购的成功率却出现明显的下滑趋势。如图 1 - 2 所示，外资并购在前几年的成功率较高，从 2007 年出现显著下降，直至 2009 年降到低谷 59.5%，虽然 2010 年回升至 86.8%，但 2011 年开始再次显著下降，2013 年的成功率竟不到 30%（由于 2014 年数据截止到 6 月底，很多起并购正在进行中，可比性不高）。

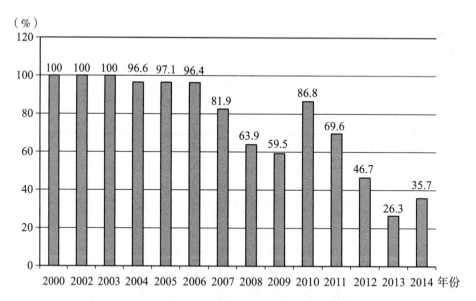

图 1 - 2　外资并购成功率的年度走势

2007 年是一个转折年，在这之后外资并购的成功率大幅降低。一方面是因为我国近年来相继出台了《反垄断法》《外商投资产业指导目录》《外资并购境内企业安全审查制度的暂行规定》等法律法规，大大加强了对外资并购的管制；

另一方面，随着全球化进程的不断加深，对于外资盲从的心理逐步弱化。在引进外资时更关注其对我国企业自主创新、品牌建设以及产业安全等多方面的影响，如 2005 年开始的凯雷集团收购徐工集团股权交易，就因为可能涉嫌产业安全等问题而终止。还有一个因素，金融危机使得外资企业的竞争力相对出现了下滑。

（三）外资并购交易类型总体以股权控制为主，但近年呈现下降趋势

按照交易类型划分，股权收购有 536 起，占 96.06%，资产收购有 17 起，占 3.05%，股权和资产混合收购有 5 起，占 0.90%，如图 1-3 所示，股权收购占了绝大多数。

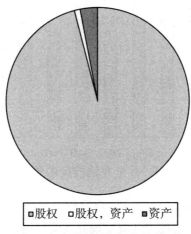

□股权 □股权，资产 ■资产

图 1-3 外资并购交易类型

在这些股权交易中，外资往往以谋求控制权为目标。如表 1-3 所示，在涉及股权交易的 541 起外资并购事件中，全额收购的有 77 起，占 14.23%；收购超过一半但非全额收购的有 118 起，占 21.81%；收购 20%~49.99% 股权的有 147 起，占 27.17%；收购 10%~19.99% 股权的有 60 起，占 11.09%；收购 1%~9.99% 股权的有 32 起，占 5.91%；收购 1% 以下股权的有 107 起，占 19.78%。一般认为，持股比例超过一半为绝对控制，超过 20% 但低于一半为共同控制或重大影响，在这里，旨在绝对控制的占 36.04%，而共同控制或重大影响的占 27.17%，两者总共占 63.22%，可见外资进入中国主要是想取得中国企业的控制权。

表 1-3　　　　　　　　外资并购股权交易规模

股权比例	100%	50%~99.99%	20%~49.99%	10%~19.99%	1%~9.99%	1% 以下
数量	77	118	147	60	32	107

本节还对外资并购控股的年度走势进一步分析。对于 541 起股权收购的样本按照收购比例和年度进行划分，这里将收购比例超过 20% 的收购认为是以控股为目的。如图 1-4 所示，旨在控股的外资并购样本数量占总体的比例自 2004 年开始呈现出下降的趋势。

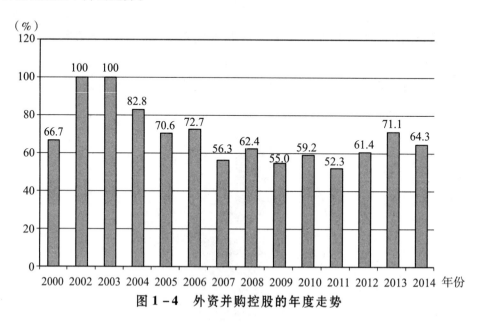

图 1-4　外资并购控股的年度走势

根据《中华人民共和国公司法》，控制权意味着对公司战略经营决策的决定权，掌握公司控制权将更有助于外资实现其收购中国企业的目标，并规避对其自身不利的决策行为。如 2007 年开始的阿尔斯通收购武汉锅炉案例，在取得武汉锅炉控制权后，阿尔斯通成功地将武汉锅炉变成其在中国的生产基地，同时，对武汉锅炉原员工予以遣散，以至引起下岗工人游行抗议。近年来，我国加强了对外资并购产业安全问题的重视，对重要战略性行业的外资并购持股比例提出了进一步要求，因此，近年来控股趋势的下降可能与越来越严格的外资并购监管有关。

（四）外资并购交易金额以中低水平为主，年度之间未呈现明显变化趋势

外资收购的交易金额如表 1-4 所示，0.01 亿元以下的有 205 起，占最多数，其次是 1 亿~5 亿元，有 96 起，再次是 10 亿~100 亿元，有 84 起。交易金额在 1 亿元以下的有 339 起，1 亿元以上的有 219 起，占 39.25%，但交易金额在 100 亿元以上的只有 9 起。由此可见，目前我国的外资并购金额还是处于中低水平。

交易金额	100 以上	10 ~ 100	5 ~ 10	1 ~ 5	0.5 ~ 1	0.1 ~ 0.5	0.01 ~ 0.1	0.01 以下	总计
数量	9	84	30	96	56	63	15	205	558

表 1 - 4　　　　　　　　　股权并购交易金额　　　　　单位：亿元人民币

此外，如图 1 - 5 所示，交易金额自 2000 ~ 2006 年逐步增加，但 2007 年出现井喷式的增长，由 2006 年的 84.4 亿元增加到 2007 年的 1917.5 亿元，增长了 20 多倍。但 2008 年又出现过山车式的下降，2008 ~ 2010 年一直保持在四百多亿的水平，直至 2011 年又出现一个小高峰，交易金额再次超过 1 000 亿元。交易金额在年度之间未呈现出典型的变化趋势。

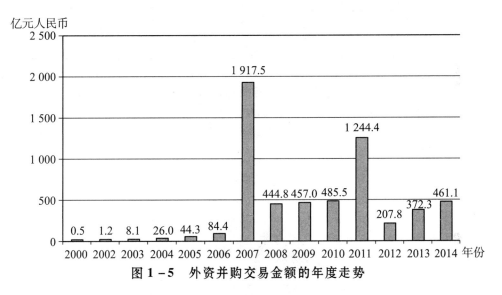

图 1 - 5　外资并购交易金额的年度走势

二、外资并购目标企业特征分析

(一) 目标企业集中于经济发达区域

目标企业的区域分布如图 1 - 6 和图 1 - 7 所示，从省份来看，北上广是最受外资欢迎的，其次是香港、江苏、浙江和山东。而从七大地理区域来看，华东最多，占 40%，主要包括上海、江苏、浙江、山东、安徽、福建、江西等；华南次之，占 25%，主要包括广东、广西、海南和香港；华北第三，占 21%，主要包括北京、天津、河北、内蒙古和山西；其他四个区域加起来才占 13%，说明外资主要还是偏好在经济发达的中国东部沿海地区的投资。

7

目标企业数

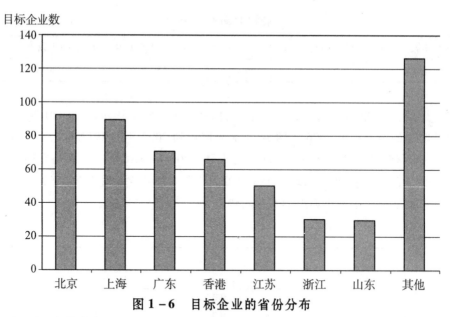

图1-6　目标企业的省份分布

注：在进行统计分析时，由于众多在香港上市的中资公司与外资并购关联，因此，将外资对香港地区的并购也纳入统计。其中，共63起外资并购事项，绝大部分为外资收购中资企业香港公司股权或资产。

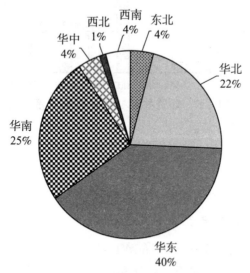

图1-7　目标企业的地理区域分布

（二）目标企业以制造业为主体

按照证监会一级行业分类，外资收购的中国目标企业的行业分布如图1-8所示，制造业最多，总共291家，占52.15%；信息技术业有80家，占14.34%；

金融、保险业有 54 家，占 9.68%。其他行业的收购样本数量都比较少，可知外资主要集中于收购中国的制造业企业，超过了总数的一半。

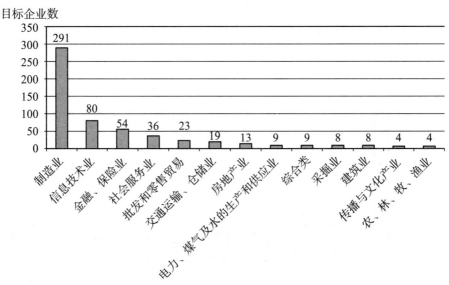

图 1-8　目标企业的行业分布

（三）上市公司与高科技企业在目标公司总量中占比不高

如表 1-5 所示，在 558 家目标企业中，上市公司总共有 108 家，占 19.35%，非上市公司有 450 家，占 80.65%。高科技企业有 91 家，占 16.31%，非高科技企业有 467 家，占 83.69%。上市高科技企业有 24 家，上市非高科技企业有 84 家，非上市高科技企业有 67 家，非上市非高科技企业有 383 家。总体而言，上市公司和高科技企业并不多。

表 1-5　　　　　　　　　上市公司与高科技企业

类别	高科技	非高科技	总计
上市	24	84	108
非上市	67	383	450
总计	91	467	558

三、外资并购主并企业特征分析

（一）外资主并企业主要来源于欧美和亚洲发达国家

外资主并企业的区域分布如图 1-9 和图 1-10 所示，从国别来看，美国的最多，达到 202 家，占 36.20%；日本次之，有 59 家，占 10.57%；接着依次是英国、法国、新加坡、德国、韩国、荷兰和澳大利亚等。从洲别来看，美洲占 37%，欧洲接近 1/3，而亚洲则占 23%，其他洲总共占 7%。总的来说，外资主要来源于欧美和亚洲发达国家。

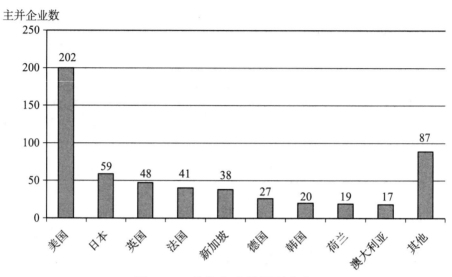

图 1-9　外资企业的国别分布

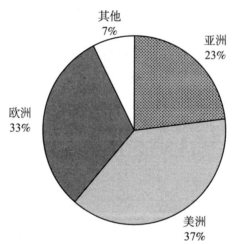

图 1-10　外资企业的洲别分布

（二）外资主并企业以制造业为主

按照证监会一级行业分类，外资企业的行业分布如图 1-11 所示，制造业最多，总共 214 家，占 38.35%；金融保险业次之，有 152 家，占 27.24%。其他行业的收购样本数量都比较少，可知外资主要来源于制造业和金融保险业，两者占比达到65.59%。

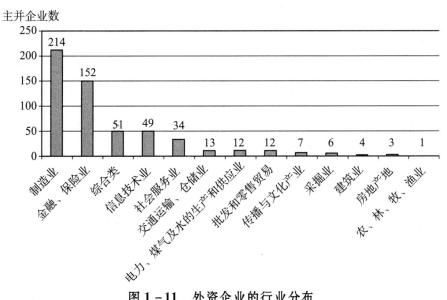

图1-11 外资企业的行业分布

四、对上市公司并购交易的进一步分析

相对于很多非上市企业，上市公司往往是行业领导者、规模较大。外资在并购过程中是否采取"斩首"的方式，对中国企业实施并购，以更快速地进入和更广泛地控制中国市场，实施其全球化战略？关于此问题，需要做进一步的分析。

（一）外资对上市公司并购主要集中于2006年后，并受金融危机影响

在外资并购中国企业过程中，由于资本市场对外资有一个逐步开放的过程，因此到目前为止，涉及上市公司的外资收购在总并购案中占比不高，但其在不同时期呈现出不同的趋势。外资成功并购我国上市公司的样本有59个，其年度分布如图1-12所示，2000~2006年为上升趋势，2007~2010年则逐年下降，很大程度上是受金融危机的影响，在2011年出现大幅增长，但之后又下降。虽然从历年来看外资对上市公司的并购未能呈现出典型的特征，但是，若将所涉时间段等分成两个阶段，可以发现相对于前半段时间，后半段时间里对于上市公司的外资并购显著增加了。

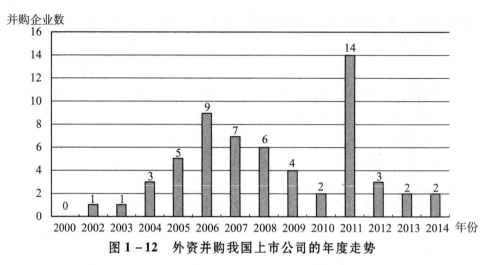

图 1-12　外资并购我国上市公司的年度走势

（二）外资并购上市公司比并购非上市公司的成功率较低

如表 1-6 所示，外资对上市公司的 108 起收购中，完成的有 59 起，占 54.63%，失败的有 5 起，占 4.63%；而外资对非上市公司的 450 起收购中，完成的有 341 起，占 75.78%，失败的有 15 起，占 3.33%。对比可知，外资收购中国的上市公司比收购非上市公司的成功率要低。由此可知，上市公司一般为行业领导者或重要企业，而且对上市公司的并购所涉及的监管层面较多，信息较为公开，这些均加大了外资并购执行的难度。

表 1-6　　　　　　　　　交易进度与上市公司

类别	上市	非上市	总计
完成	59	341	400
进行中	23	50	73
传言	21	44	65
失败	5	15	20
总计	108	450	558

（三）美洲公司更倾向于收购上市公司

如表 1-7 所示，外资来自美洲的 209 起并购中，收购上市公司的有 49 起，占 23.44%；外资来自欧洲的 183 起并购中，收购上市公司的有 32 起，占 17.49%；外资来自亚洲的 128 起并购中，收购上市公司的有 23 起，占 17.97%。可知相对亚洲和欧洲而言，来自美洲的外资企业更倾向于收购上市公司。

表 1 - 7   外资来源与上市公司统计分析

类别	非上市	上市	总计
美洲	160	49	209
欧洲	151	32	183
亚洲	105	23	128
其他	34	4	38
总计	450	108	558

第二节　外资并购科技企业的现状

高科技是一种对知识、技术要求都非常高的前沿科学，对于人类社会进步发展具有重要意义。其特点为知识与技术密集性高、竞争性和渗透性强。从投资的角度来说则表现为投资多、风险大。高科技企业是指从事高科技产品的研发、生产和技术服务的企业。王朝选（2007）以及王东杰（2009）认为，外资对高科技企业的并购和控制更可能引发其对产业安全的担忧，因此，对于我国外资并购高科技企业的具体情况及特征进行分析非常有必要。在高科技企业分类方面，根据科技部、财政部、国家税务总局2008年4月联合颁布的《高新技术企业认定管理办法》及《国家重点支持的高新技术领域》对外资并购中的目标企业进行了界定，主要包括从事电子信息技术、生物与新医药技术、航空航天技术、新材料技术、高技术服务业、新能源及节能技术、资源与环境技术、高新技术改造传统产业等领域的企业。

一、外资并购我国高科技企业的年度走势

外资成功并购我国高科技企业的样本比较少，只有56个，其年度分布如图1-13所示，2003年以前没出现成功并购我国高科技企业的案例，大部分都是集中在2005年、2006年和2011年，而其余年份都比较少。

同样，可将2000～2014年分为两个时间段，由此可见，在2005年开始的后半时间段，外资加大了对高科技企业的并购力度，但期间由于受到金融危机的影响，并购力度有所下降。

并购企业数

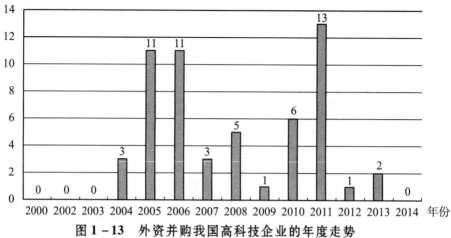

图 1 - 13　外资并购我国高科技企业的年度走势

二、外资收购高科技企业难度较大

外资收购高科技企业与其交易进度的情况如表 1 - 8 所示，外资对高科技企业的收购中完成的有 56 起，占 61.54%，失败的有 6 起，占 6.59%。而外资对非高科技企业的收购中完成的有 334 起，占 73.66%，失败的有 14 起，占 3.00%。对比可知，外资收购中国的高科技企业比收购非高科技企业的成功率要低一些。这一结果的出现，可能与国家对高科技企业的严格监管有关。

表 1 - 8　　　　　　　　高科技企业与交易进度

类别	高科技	非高科技	总计
完成	56	344	400
进行中	13	60	73
传言	16	49	65
失败	6	14	20
总计	91	467	558

三、美洲企业更倾向于收购高科技企业

如表 1 - 9 所示，外资来自美洲的 209 起并购中，收购高科技企业的有 41 起，占 19.62%；外资来自欧洲的 183 起并购中，收购高科技企业的有 28 起，占 15.30%；外资来自亚洲的 128 起并购中，收购高科技企业的有 19 起，占 14.84%。

可知相对亚洲和欧洲而言，来自美洲的外资企业更倾向于收购高科技企业。

表1-9　　　　　　　　　高科技企业与外资来源

类别	高科技	非高科技	总计
美洲	41	168	209
欧洲	28	155	183
亚洲	19	109	128
其他	3	35	38
总计	91	467	558

四、外资对高科技企业并购以中小规模为主

高科技企业与交易金额的情况如表1-10所示，在91起以高科技企业为目标的外资并购中，交易金额在0.01亿元以下的有31起，为数最多，占34.07%；其次是1~5亿元，有18起，占19.78%；可以发现对高科技企业的收购交易金额都是在100亿元以下的，这说明主要以中小型企业为主。

这一结果的出现可能与高科技企业自身的特征有关，高科技企业往往以人力资本为主，固定资产较少，属于轻资产企业，因此，交易所涉金额较低。

表1-10　　　　　　　　　高科技企业与交易金额

类别	高科技	非高科技	总计
0.01亿元以下	31	174	205
0.01~0.1亿元	3	12	15
0.1~0.5亿元	7	56	63
0.5~1亿元	13	43	56
1~5亿元	18	78	96
5~10亿元	5	25	30
10~100亿元	14	70	84
100亿元以上	0	9	9
总计	91	467	558

五、外资对高科技企业并购尚未体现出谋求控股的典型特征

如表1-11所示，在涉及股权交易的541个外资并购事件中，有83起是收

购高科技企业。这其中最多的是 1% 以下和 20% ~49.99% 的，均达到 19 个，占 26.03%，其次依次是 50% ~99.99%、10% ~19.99%、100%，而 1% ~9.99% 的样本只有 6 个，为数最少。从统计结果来看，暂未能发现外资并购高科技企业过程中控股的典型特征。

表 1 – 11　　　　　　　高科技企业与股权交易规模

占比	高科技	非高科技	总计
1% 以下	19	88	107
1% ~9.99%	6	26	32
10% ~19.99%	16	44	60
20% ~49.99%	19	128	147
50% ~99.99%	16	102	118
100%	7	70	77
总计	83	458	541

第三节　本章小结

本章在对我国外资并购发展阶段回顾和概括的基础上，对 2000 年以来发生的外资并购中国企业事件进行了描述性统计分析，在此基础上，对目前我国外资并购表现的几方面典型特征予以总结，主要研究结论可以概括如下。

第一，外资并购交易的总体特征。外资并购的数量自 2000 年开始快速增加，至 2008 年达到顶峰，随后由于金融危机而呈现下降的趋势；从交易类型来看，绝大部分外资并购都采用股权收购，而从股权交易规模来看，旨在对中国目标企业形成控制、共同控制或重大影响的外资并购占总量的 63.22%，可见外资试图通过并购获得中国企业的控制权，但按控股的年度走势分析可知，旨在控股的外资并购样本数量占总体的比例自 2004 年开始呈现出下降的趋势，这表明外资并购的控股目的越来越不明显，这可能与随着资本市场的发展，外资并购中财务投资者的增加有关；从交易金额来看，外资并购交易金额总体体现出以中低水平为主的特征，年度之间没有明显的变化趋势。此外，虽然外资并购交易成功率总体较高，但近年外资并购成功率显著下降，这可能与我国相关法律规制的完善以及产业安全意识的提升有关。

第二，并购双方的典型特征。从并购双方的区域分布来看，外资方主要是来自于美国、日韩和西欧等发达国家，而偏好投资于中国的东部沿海地区，特别是长三角、珠三角和环渤海等发达地区，这可能是由于中国东部沿海地区相对而言比较发达，拥有较多优秀的企业，且对外开放程度更高，当地政府也偏好于通过引进外资来发展当地的经济。

从并购双方的行业分布来看，外资主要投资于中国的制造业、信息技术业和金融保险业，其中以制造业为目标的外资并购样本超过了总数的一半。由于制造业包含了很多重要子行业，如通用设备制造业、石油加工及核燃料加工业、生物医药业、专用设备制造业、电子通信设备制造业等具有战略性意义的行业，因此我国政府要审慎对待涉及这些行业的外资并购，防止外资对我国战略性产业的逐步渗透。

第三，以上市公司为目标的外资并购样本特征。由上文分析可知，上市公司占全部外资并购样本的比重并不高，仅占19.35%。然而，在2006开始的后半阶段，外资对上市公司的并购相对2006年之前的前半阶段而言显著增加了，虽然期间受全球金融危机影响有所抑制。这一现象表明，对于外资在中国进行"斩首行动"的担忧并非毫无根据。同时，由于上市公司所涉层面较多，监管较为严格，因此，外资收购中国的上市公司比收购非上市公司的成功率较低。此外，相对亚洲和欧洲而言，来自美洲的外资企业更倾向于收购中国的上市公司，这可能由于美国跨国公司的资本实力更雄厚，更注重于在全球的战略布局，希望进入中国逐步开放的资本市场。

第四，以高科技企业为目标的外资并购样本特征。目前外资并购高科技企业事件在总体中所占比例不高，然而，自2005年后，外资加大了对高科技企业的并购力度，但期间由于受到金融危机的影响，并购力度有所下降。对高科技企业与交易进度的分析可知，外资收购中国的高科技企业比收购非高科技企业的成功率要低一些，这可能是由于我国政府对涉及高科技企业的外资并购的监管比较严格。此外，统计结果还发现，从交易金额和交易规模的角度来看，外资对高科技企业的收购更偏向于中小规模的收购；相对亚洲和欧洲而言，来自美洲的外资企业更倾向于收购中国的高科技企业，这可能是由于美国优秀的高科技企业（战略投资者）和大型投资公司（财务投资者）更看重中国高科技企业的发展前景。

第二章

产业安全的内涵及评价

第一节 产业安全的经济学渊源

尽管产业安全理论仍在不断发展和完善中，但是产业安全的经济学思想却源远流长并蕴藏在各学派的经济理论之中。从本质上讲，产业安全理论就是一个在各项研究成果基础之上，融入新观点、新概念、新思想的理论继承和创新。本章将产业安全的经济学渊源归纳为三种：产业保护思想、产业发展思想和产业竞争思想。

一、产业保护思想

（一）重商主义的保护关税思想

重商主义是工业资本主义背景下产生的最重要的理论之一，是"近代经济学的起点，经济民族主义的理论代表，国家干预主义的前驱"，是早期经济思想中的"民族工业主义"。重商主义强调本国工业对于国家经济、政治的重要支撑作用，提出了动员国家力量保护本国产业的思想。因此，重商主义是产业保护理论的起源。

产业保护思想最早发源于亚历山大·汉密尔顿（Alexander Hamilton）的一系列主张。汉密尔顿所在时期的美国工业落后，农业则较为发达。北方的工业资产阶级要求大力发展制造业，实行贸易保护政策，而南方的种植园主则支持贸易自由，以便从英国换取廉价的工业品。汉密尔顿当时担任美国财政部长，是工业资产阶级的代表人物，著名的《关于制造业的报告》就是他在当时提交给美国国会的。在报告中，他指出，制造业关乎国家经济发展命脉，发展制造业可以推动工业化、促进社会分工、吸纳劳动力、提供就业机会、拓宽农产品销路等。保护制造业的思想在该报告中充分体现出来。作为这一思想的结晶，他力主推行国家干预政策，对制造业实行保护关税。

汉密尔顿提出，美国要发展民族工业，保护幼稚产业，实现经济和政治的独立。那么，实行保护关税政策是必然选择。通过关税壁垒赢得发展空间，提高本国工业的生产效率，逐渐缩小与外国竞争者的差距，最终幼稚产业发展壮大了，保护关税政策也就完成使命了。汉密尔顿的保护关税思想，成为了当时美国对外贸易政策的指导思想，对美国工业经济迅速发展起到了积极作用，成为产业保护理论的重要思想来源。

（二）幼稚产业保护理论

弗里德里希·李斯特是18世纪末19世纪初德国重要的经济学思想家，政治经济学历史学派的先驱者，贸易保护主义的倡导者。李斯特当时所处的德国正处于封建割据时期，资本主义工商业发展缓慢，国内统一市场难以形成。1825年，李斯特出使美国，切身感受到美国实施保护关税政策的成效，深受汉密尔顿思想的影响。1841年，李斯特出版《政治经济学的国民体系》一书，系统的提出了以生产力理论和社会发展理论为基础，以保护关税制度为核心的幼稚产业保护理论。该理论的核心思想可以概括为：

（1）产业选择。即使是幼稚产业也不是所有的都要进行保护，而是有选择地进行保护。只有符合以下两个条件的幼稚产业才应该进行保护：第一，受技术限制，生产能力低下，处于发展初期便受到外国竞争者威胁的产业；第二，成长潜力高，具有良好发展前途的幼稚产业。李斯特认为"只有以促进和保护国内工业力量为目的时，才有理由采取保护措施"。

（2）保护期限。最长保护期限为30年。在此期间，本国必须完成产业结构调整、转型和升级，增强本国产业的国际竞争能力，绝不能保护落后，固步自封。

（3）保护手段。保护幼稚产业的手段主要是采取高关税或禁止进口。李斯特提出"对某些工业品可以实行禁止进口，或规定的税率实际上等于全部或部分的禁止进口"。但是，李斯特的贸易保护政策绝非消极的产业保护，绝非对外保护对内垄断。他提倡的是一种积极有效的产业保护政策，是以发展生产力为目标的保护政策。李斯特指出"凡是在专门技术与机器制造方面还没有获得高度发展的国家，对于一切复杂机器的进口应当允许免税，或仅象征性的征税"。

（4）保护程度。在产业发展初期，保护程度要低，以便引进先进的生产力进行模仿；在产业发展中期，保护程度要高，避免竞争，为本国产业发展争取空间；在产业发展后期，保护程度要低，鼓励竞争。同时，产品属性不同，其保护程度也有所差别。例如，国内无法生存的产品，要采取低保护，以满足国内需求；对国内可以生存且有大量需求的产品，要采取高保护。

李斯特认为，为了发展生产力必须实现保护关税制度。实行保护关税政策可能会暂时使生产成本提高，商品价格上涨，利润损失，但未来这些牺牲都会因生产力的提高而获得补偿。因此，"保护关税如果使价值有所牺牲的话，它却使生产力有了增长，足以抵偿损失而有余，由此使国家不但在物质财富上获得无限增进，而且一旦发生战事，可以保有工业的独立地位"。随后，德国制造业突飞猛进的发展，时至今日仍领先世界，不得不承认李斯特当年的确目光如炬，洞见先机。

（三）新产业保护理论

约翰·穆勒是自由贸易理论的创始人之一，然而却最先接受了李斯特的幼稚产业保护理论。他认为李斯特的幼稚产业保护理论是实施产业保护的理论依据。同时，穆勒认为，产业保护应仅限于从国外引进的"新生产业"，一旦新生产业发展壮大就应取消保护。新引进的产业应该适应本国的国情，由于企业不愿意承担产业学习期间的风险和损失，所以要依靠保护关税之类的手段来补偿企业，从而使企业有动力去学习和发展。穆勒的新产业保护理论更强调新生产业的外部性。一般意义上的外部性是指社会边际效益和企业边际效益之间发生背离而使某些企业在市场上可以"搭便车"的现象。新生产业外部性表现为它的高资本和高技术可以推动社会进步，或具有可共享的技术信息和市场优势可以辐射带动其他产业发展壮大。另外，新生产业还具有动态规模经济。换言之，随着新生产业的发展，工人技术越来越熟练，产量会增加，产品质量趋于稳定，单位成本会随着产量而逐渐降低。当然，短期内保护新生产业会导致静态资源配置低效率，但是新生产业逐渐成熟后获得的收益将超过成长期内贸易保护所产生的损失。从长期来看，新生产业保护对于本国产业发展是有益的。

产业保护理论由汉密尔顿等学者提出，经由李斯特等学者发展，再经穆勒等学者完善，最终发展成熟而成贸易保护的基本理论。在实践中，产业保护理论已成为发展中国家实现工业化以及发达国家进行产业保护的理论依据，而且已经成为 WTO 规制中产业保护的理论来源。

二、产业发展思想

产业发展思想主要是发展经济学派的观点。发展经济学兴起于第二次世界大战之后，主要探讨一国经济从不发达至发达的演化路径，探究其原因，分析其政策，总结发展中国家经济发展的规律。发展经济学一个显明的立场是，维护国家经济独立，发展本国产业，避免成为别国附庸。

（一）"中心—外围" 理论

"中心—外围" 理论是拉美经济学家普雷维什的核心经济思想。普雷维什认为，欠发达国家经济落后和工业化进程缓慢的原因在于西方发达国家利用不平等的世界经济格局和贸易关系控制和剥削欠发达国家，使之成为西方发达国家经济发展的 "垫脚石"。

普雷维什 "中心—外围" 理论的基本内容是：（1）技术进步 "歧视" 逐渐导致了国际经济关系中 "中心—外围" 体系的形成。工业革命之后，欧洲强国、美国和日本构成了世界工业体系中的中心，而其他国家被排斥在外形成了各个工业中心的外围地区。该体系的运行都是以满足中心国家的利益和需求为出发点，外围国家则一直处于附庸地位。由于技术进步的成果牢牢掌握在发达国家手中，而外围国家的初级产品生产部门只能拿到一些细枝末节的淘汰技术，所以外围国家与中心国家间甚至外围国家间的劳动生产率、国民收入等方面存在巨大差异。（2）"中心—外围" 体系在结构、运行与权力分配方面的不均衡导致国际贸易关系日趋紧张。由于劳动力在国际间流动性比较低，故而外围国家初级产品生产部门中出现的过剩劳动力会导致该部门工资和价格水平的下降。但是这种效应不会传递到中心国家，因为中心国家掌握着利润的话语权。在产业增长期，部分利润会转化为工资增长；在产业衰退期，利润的降低将转移给外围国家的初级产品生产部门。（3）国际分工理论的预期与现实矛盾。国际分工理论忽视了外围国家的不平等地位，因而技术进步成果不可能在国际间共享，只能被少数中心国家独占，而外围国家从技术进步中获益甚少。（4）新的贸易关系结构的目标应该是消除 "外围" 状态。要达到此目标、实现本国经济腾飞的唯一现实路径就是进行工业化。

普雷维什在许多文章中都讨论了发展中国家实现工业化的模式，主张发展中国家要实行进口替代战略。他认为，只有实现工业化才能冲出重围，打破中心国家的限制，才能把生产资源转向更高级的生产部门，消除贸易歧视，才能推动产业结构的变革和升级，提高生产率。发展中国家实现工业化的核心就是建立独立自主的民族工业体系。普雷维什起初认为，要实现工业化就要实行进口替代战略。后来，他修正了这一主张，提出发展中国家要向中心国家出口制成品和外围国家之间要加强贸易关系。为此，普雷维什提出改善南北关系和加强南南合作的建议。他认为，发达国家应该为发展中国家初级产品和制成品的进入提供更多的机会，并逐步消除对发展中国家出口的歧视和障碍。长远地看，发展中国家经济水平提高也有利于扩大发达国家的出口。同时，发展中国家为了扩大市场，获取规模经济效益，应该实行经济合作和一体化。这种区域性的经济合作，可以促进各国互惠互利，还可以通过专业化分工提高生产效率，推动本国工业化进程。发展中国家之间的经济合作与一体化有助于提升发展中国家在与发达国家对话时的话语权，削弱发展中国家对发达国家的依附。此外，普雷维什认为，发展中国家要实现工业化必须发挥国家机器的力量，通过制定总体发展规划，提高有限资源的利用效率。同时，对于发展中国家而言，利用外资来补充国内资源的不足实现工业化进程是必不可少的。但是，对于外资进入要适当进行管理，不能让其形成垄断，损害本国产业发展。

（二）经济剩余转移理论

保罗·巴兰使用"经济剩余"这一全新的概念对发展中国家经济不发达的原因作了全新的阐释。经济剩余是指，一个社会所生产的产品与生产成本之间的差额。巴兰认为，巨额的经济剩余与长期的需求不足是垄断资本主义的必然结果，所以大量的军费开支便成了拉动需求的手段之一，于是对外扩张和剥削发展中国家便成为了必然选择。在这种格局中，发达国家依靠经济、军事和政治实力，通过转移经济剩余来控制发展中国家。巴兰从经济剩余的视角指出，发达国家的商品输出和资本输出可以将国内经济剩余转移至其他国家，从而在世界市场上谋取高额收益，获得垄断利益。巴兰还阐述了垄断资本主义对外经济活动对发展中国家产生的影响。发达国家的对外贸易使发展中国家变成他们廉价的原材料供应地，从而抑制了当地工业化的进程。由于发展中国家为发达国家提供重要的原材料、广阔的市场、高额的利润，所以发展中国家工业化就会威胁到发达国家的利益。因此，发达国家与发展中国家的利益冲突是不可避免的。巴兰在解释发展中国家落后的原因时，并未采取传统学派所谓的"贫困恶性循环理论"，而是从经济剩余的角度给以解读。他认为，决定经济增长的最终因素是来源于社会经济剩余的生产资料的新增净投资，而经济增长的快慢则取决于社会经济剩余的规模和分配。据此，巴兰指出发展中国家落后的根本原因不是经济剩余不足，而是经济剩余分配不合理。大量的经济剩余流向国外或者进入非生产领域，少量的经济剩余进入生产领域却因当地工业环境较差、生产效率较低而无法发挥作用。对于这种现象，巴兰认为根源在于当地的社会阶级结构。由于历史的原因，发展中国家普遍存在着根深蒂固而又落后的农业部门及其附着的地主阶级。农业经济限制了国内市场发展，需求不足，为此服务的工业部门自然在国民经济中占比很小。受发达国家对外贸易政策的影响，少量的工业部门也几乎为外资占有，而且以原材料和初级产品生产为主，附加值很小。在这种经济结构下，拥有土地的地主阶级和国内的买办资产阶级不会支持民族工业的发展。因此，发展中国家要发展民族工业，实现经济腾飞，必须改革不合理的社会结构，保证社会经济剩余投资于生产部门。

（三）资本积累模式理论

被誉为"新马克思主义"的著名经济学家萨米尔·阿明，从世界范围内的资本积累出发，考察了发达资本主义国家与发展中国家之间不平衡的经济关系。阿明提出，资本积累包括两种：中心型的积累和外围型的积累。当今世界上的发达资本主义国家均属于中心型的资本积累。资本主义的发展主要是依靠内在力量的推进，但是外部扩张必不可少，而且是资本主义发展到一定阶段的必然结果。萨米尔·阿明指出，外部扩张是资本主义生产能力与消费能力之间根本矛盾的结果。随着发达国家生产能力的扩大，消费能力并未实质性提高，产业利润率开始下降。要"逆转"利润率下降的局面，发达国家面临三种选择：提高剩余价值率、开发新市场以获取高额利润、鼓励消费。显然，三种选择都指向资本主义对外扩张。萨米尔·阿明将资本主义发展史概括为三个阶段。第一阶段，自由竞争阶段。资本主义对外扩张的主要原因是，消费不足，市场狭小。对外扩张获取廉价原材料是提高利润的有效途径。于是，中心国家开展了一系列对外扩张政策，包括殖民征服掠夺。第二阶段，垄断阶段。资本主义的对外扩张加速了资本在全球范围内的流动，依靠垄断进行不等价交易，掠夺外围不发达国家，世界格局初步形成。第三阶段，新帝国主义时期。"二战"之后，国家资本主义的兴起、跨国公司的形成、技术革命的冲击使得未来的工业中心向新的空间转移，原先的资本积累模式不合时宜了。新时期，资本积累更强调知识、技术、创新的重要性。

萨米尔·阿明指出，外围不发达国家贫穷的根源在于经济发展的"三重畸形"。具体而言，第一，出口畸形。发展中国家的劳动力和金融都倾向于服务外向型经济，但是这种外向型经济又不是根据自身经济发展阶段而建立的，而是根据中心国家的需求建立的。结果是，外围国家提供初级产品，剩余价值大量转移到中心国家。显然，这种外向型、依附型的经济模式不会带领外围国家向中心资本主义过渡，而只能向外围资本主义过渡。第二，第三产业畸形。这是外围国家发展特有的限制和矛盾引起的，幼稚的工业化和劳动力的闲置最终流向第三产业，最终导致第三产业过度膨胀。第三，资本积累过程的外向扭曲。外向型经济、不平等的国际交换和进口倾向的结合，通过乘数效应使得外围的资本积累大量转移到中心国家，这就是"外围的资本积累模式"。阿明认为，要打破"外围的资本积累模式"，发展中国家必须与发达国家"脱钩"，即改变发展中国家发展战略屈从于所谓的"全球化"战略。

（四）中心—半外围—外围理论

美国学者沃勒斯坦提出了"中心—半外围—外围"理论，来解释经济剩余向中心国家转移及动态演进的过程。沃勒斯坦用世界体系的观点来审视世界整体及各部分的发展变化。他认为，世界体系的自身规律决定了体系中每个国家的发展形式，每个国家的经济发展都是适应体系需要而做出的反应。沃勒斯坦指出，世界体系为了保持其结构稳定，内部存在着严格明确的分工，各部分（地区或部门）之间进行经济交换，相互依赖，形成所谓的"中心—半外围—外围"的格局。沃勒斯坦考察了这种关系的历史演进发现，16 世纪以后世界各国相继扮演"中心—半外围—外围"的角色。这种体系是内部动态演进的现代世界体系。在这种三原结构的世界体系中形成了世界分工。中心国家从事核心制造业，外围国家提供原材料和初级产品生产。外围国家通过进口换取所需的工业品，通过不平等的交换剩余价值流向中心国家，而外围国家则成为被剥削的对象。不等价交换是这种分工运转的动力源泉。不等价交换通过殖民垄断贸易、跨国公司内部转移定价等多种手段进行，从而形成新的中心和外围国家。半外围国家受中心国家压榨的同时又在剥削外围国家，它提供了世界体系动态变化的证据，说明中心和外围是可以转换的。半外围国家起着"次帝国主义"的作用，它是中心国家和外围国家矛盾的缓冲器，对于世界体系的稳定和持续具有重要作用。所以，外围国家要发展壮大就要设法打破原先的世界体系，建立民族工业体系，实现本国工业化，摆脱旧的分工体系。

三、产业竞争思想

（一）劳动价值论

根据劳动价值理论，竞争力可以来自三个方面。第一，劳动生产率。当个别生产者的劳动生产率高于全社会平均劳动生产率时，商品具有较强的竞争力。第二，商品价值。生产该商品所耗费的社会劳动总量符合全社会实际需要该商品所应消耗的社会劳动总量，该商品便具有较强的竞争力。第三，科学技术。科学技术可以缩短生产商品的社会必要劳动时间，加快新产品的开发和应用，从而形成核心竞争力。

（二）国际贸易比较优势理论

该理论是解释产业国际竞争力的经典理论，最早由大卫·李嘉图在亚当·斯密绝对优势理论的基础上提出。李嘉图认为，只要各国之间存在着生产技术上的相对差别，就会出现生产成本和产品价格的相对差别，从而使各国在不同产品上具有比较优势。随后，赫克歇尔和俄林提出了"资源禀赋"理论（H－O理论），从生产要素比例的差别方面解释了生产成本和商品价格的不同进而导致比较优势的问题。赫克歇尔和俄林认为，不同的商品需要不同的生产要素比例，而不同的国家拥有的生产要素比例是不同的。因而，各国在生产那些能够充分利用其优势要素的商品时，必然就会产生比较利益（见图2－1）。

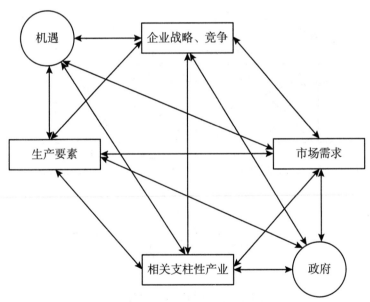

图2－1　迈克尔·波特的"钻石模型"

（三）产业竞争力理论

迈克尔·波特指出，一国的特定产业是否具有国际竞争力，取决于四个基本决定因素和两个辅助因素。其中，四个基本决定因素是：要素条件、需求条件、相关及支持性产业以及企业的战略、结构和竞争。这些决定要素创造了企业竞争的一个基本环境，每一个决定因素都会决定产业国际竞争优势的形成；两个辅助因素是机会和政府，这六个因素之间的彼此互动构成了产业国际竞争力的"钻石模型"。钻石体系是一个双向强化的系统，其中任何一项因素的效果必然影响到另一项的状态。当产业获得钻石体系中任何一项要素的优势时，也会帮助它创造或提升其他因素上的优势。

（四）波特—邓宁模型

随着经济全球化时代的来临，跨国企业、外国资本对东道国经济的影响日益突出。在此背景下，英国著名经济学家邓宁对迈克尔·波特的产业竞争力理论进行了完善和补充。邓宁认为，波特的产业竞争力理论没有充分讨论跨国企业与其他要素的联系。在跨国企业的技术和资本受到产业竞争力模型中其他要素影响的同时，跨国公司也会对国家竞争力带来冲击和影响。因此，邓宁在波特"钻石模型"中引入了第三个外生变量——跨国公司的商务活动。该模型被学术界称为波特—邓宁模型或"双钻石模型"（见图 2-2）。

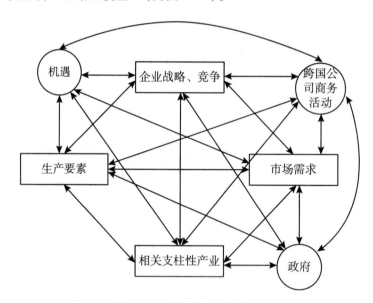

图 2-2　波特—邓宁模型

综上所述，产业安全理论的经济学源远流长，基本上可以分为三大思想：产业保护思想、产业发展思想和产业竞争思想。不难发现，随着理论和实践的发展，产业安全理论思想越来越开放，从早期的封闭保护到后来的开放竞争，越来越重视自身强大，而逐渐弱化发达国家影响。根据产业安全的理论，可以提炼出如下关键词：民族工业、世界分工、政府、市场、创新等。以上关键词都是构成产业安全内涵的重要组成部分。产业安全理论的发展趋势，为我们正确解读产业安全内涵提供了指引。

第二节　产业安全内涵

一、传统的产业安全观

国内学术界对产业安全的定义或者说传统的产业安全观基本上呈现两个大的阶段。

第一阶段，强调外资进入威胁和控制权。顾海兵（1997）认为，产业安全是经济安全的组成部分。经济安全是指由于外国经济特别是发达国家经济对我国经济实行渗透而产生的威胁。赵世洪（1998）认为，国民产业安全，简单地说是指一国国民使其既有的或潜在的产业权益免受危害的状态和能力。产业权益受到的危害可以来自自然、社会或经济政治、军事等各方面。杨公朴等（2000）认为，产业安全是指在国际经济交往与竞争中，本国资本对关系国计民生的国内重要经济部门的控制，本国各个层次的经济利益主体在经济活动中的经济利益分配的充分体现以及政府产业政策在国民经济各行业中的彻底贯彻。于新东（2000）认为，所谓产业安全可以做这样的界定：一国对某一产业的创始、调整和发展，如果拥有相应的自主权或称控制权的话，即可认定该产业在该国是安全的。张碧琼（2003）认为，国家产业安全问题最主要是由于外商直接投资（FDI）产生的，指的是外商利用其资本、技术、管理、营销等方面的优势，通过合资、并购等方式控制国内企业，甚至控制某些重要产业，由此对国家经济发展构成的威胁。何维达和宋胜洲（2003）给出了产业安全的一般定义，即在市场开放的条件下，一个国家影响国民经济全局的重要产业的生存发展以及政府对这些产业的调整权或控制权受到威胁的状态。纪宝成和刘元春（2006）认为，产业安全概念中的"产业"特指一国国民经济结构中关乎国计民生的战略性、敏感性产业，产业安全表现为丧失经济发展所需的正常产业链条和产业生态，丧失关乎国计民生的重大产业及核心技术的控制权。

第二阶段，主要强调自身生存和发展能力提高。景玉琴（2005）指出，产业安全就是本国产业具有生存和发展的能力。产业安全的概念可以从三个层次来理解：（1）宏观层面，各项制度安排可以引致合理的市场结构及市场行为，产业结构合理，本国产业具有活力；（2）中观层面，在开放竞争的环境中本国重要产业具有竞争力，大多数产业能够生存并持续发展；（3）微观层面，在开放竞争的环境中本国企业达到生存规模，具有持续发展的能力，对产业发展有较大的影响力。李孟刚（2006）认为产业安全是指特定行为体自主产业的生存和发展不受威胁的状态。具体而言，产业安全应包括产业生存安全和产业发展安全。产业生存安全是指产业生存不受威胁的状态。产业要生存最基本的条件是，要占有一定的市场，达到一定的利润率。产业发展安全是指产业发展不受威胁的状态。产业发展的根本在于技术创新。Liu（2011）认为，产业安全是指在国际经济竞争中，一个国家的产业可以健康稳定发展，并保持领先地位，或处于有利的状态，特别是国内的知识和科技产业能够独立于其他国家发展，同时能够支持国民经济的发展。何维达和杜鹏娇（2013）对他们之前的产业安全定义进行了修订。新的定义表述为，产业安全是指一国产业对来自国内外不利因素具有足够的抵御和抗衡能力，能够保持各产业部门的均衡协调发展。对比前后定义，我们不难发现新的定义不再单纯强调控制权的问题，而是更加注重本国产业整体的生存和发展能力。

二、新的产业安全观："金字塔模型"

产业安全定义的发展体现了两个重要的转变：第一，从强调"外资威胁"转变为强调"修炼内功"；第二，从强调"绝对控制"转变为强调"发展能力"。可见，随着理论与实践的发展，我们正以更加开放、积极的态度去面对产业安全的问题。与此同时，产业安全的实质亦越来越清晰——产业安全就是本国产业生存与发展的问题。根据李孟刚（2006）等的观点，在市场经济体系中，在开放竞争环境下，产业生存必须依靠市场，产业发展必须依靠技术创新。因此，产业安全这个比较抽象的问题则转化为两个可操作性很高的现实问题：本国产业的市场表现是否能够使其在开放竞争的环境中生存无虞；本国产业的技术创新是否能够保证其在开放竞争的环境中可持续发展。基于以上判断，我们将产业安全定义为，在开放竞争的环境中，本国（重要）产业的市场表现和创新能力能够保证其生存和发展不受威胁，即为产业安全。

在新形势下，产业安全的定义已经发生了根本性的变化。然而，与之对应的产业安全评价体系却并未发生明显的变化。因而，本节将基于最新的产业安全定义，综合产业经济学、国际贸易、管理学等多个学科的理论，建立一个全新的产业安全评价体系。该评价体系的基本框架可以被描绘成一个"金字塔"形状——产业生存和产业发展是产业安全的两大构件，而这两大构件的基石分别是"市场"和"创新"（见图 2 - 3）。不难发现，本章所建立的这个产业安全评价体系其实就是对最新的产业安全定义解构而获得的。在图 2 - 3 中，市场和创新不仅是产业安全的基石，更是产业安全定义层层分解后具体的指向。因而，从"市场"和"创新"这两个视角来度量产业安全，具有坚实的理论基础。加之，市场与创新这两个概念本身就具有比较高的可操作性（可量化），所以也使得指标体系设计具备较高的可实现性。

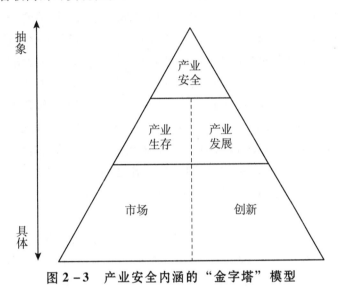

图 2 - 3　产业安全内涵的"金字塔"模型

第三节　产业安全理论

一、国外研究综述

产业安全是指在国际经济竞争中，一个国家的产业可以健康稳定发展，特别是国内的知识和科技产业能够独立于其他国家发展，同时能够支持国民经济的发展（Liu，2011）。外资并购，作为外资进入的一种主要方式，它对产业安全的影响主要体现在以下两个方面：技术创新和价值创造（张新民和黄晓蓓，2012）。

学术界关于并购与技术创新关系的研究结果仍存在分歧。Hitt（1990、1991）指出，并购对于技术创新而言就是"毒丸"（Poison Pill）。这两篇经典文献关于并购与技术创新关系的"否定性"结论，得到了众多学者的支持和认可（De

Man & Duysters，2005；Cassiman et al.，2005）。但是，也有不少学者持相反的观点。Roller 等（2001）、Jovanovic 和 Rousseau（2008）等指出，并购可以通过增强市场势力、提高效率促进技术创新活动。熊彼特的著名观点是，垄断可以促进创新。Vives（2008）指出，如果并购只是减少了市场上的企业数量，那么它对于创新是有正向激励作用的。相比于一般并购，外资并购有其自身的特点。Veugelers（2006）指出，外资并购必然伴随着若干国内行为被国外行为所取代，研发活动就是其中之一，尤其是当主并购国与东道国之间技术差距较大的时候。Sanna – Randaccio 和 Veugelers（2007）进一步指出，外资并购会把研发集中在总部，以便增加研发成果的专属性，从而阻止知识外溢给东道国的竞争对手。事实上，外资并购对研发活动的调整可能比对生产活动的调整要明显的多（Steibale，2013）。然而，专门针对外资并购与技术创新的研究，也没有形成统一的结论。Guadalupe 等（2010）及 Bertrand（2009）等认为，外资并购对技术创新有正向促进作用；Steibale 和 Reize（2011）认为，外资并购对技术创新有显著的负向作用；而 Bertrand 和 Zuninga（2006）则认为两者之间没有显著作用。与国外学者类似，国内学者对外资并购与技术创新的研究也存在分歧。一些研究表明，外资并购会对企业或行业创新能力产生消极影响，从而威胁产业安全（陈宝明，2006；程恩富、李炳炎，2007 等）。当然，也有学者指出外资并购会促进技术创新活动的开展。李善民等（2010）指出，外资并购对经济安全争议最大的装备制造业的创新能力和竞争力均呈现正向影响。张新民和黄晓蓓（2012）的研究结果则表明，外资并购对技术创新、企业绩效及产业安全等的作用可能是"倒 U 型"，即刚进入表现出正向的促进作用，随着时间推移负向消极作用逐渐显露。

学术界关于外资并购与价值创造之间关系的研究也尚无定论。Markides 和 Ittner（1994）及 Cakici 等（1996）的研究结果表明，外资并购不论对并购方还是目标方都具有显著的财富效应。Datta 和 Puia（1995）则获得了相反的结论——相比于国内并购，外资并购并不能为股东创造财富效应。Seth 等（2002）指出，导致之前研究结果发生冲突的原因可能在于没有考虑并购动机。他们的研究发现，基于提高协同效应动机的外资并购能够为股东创造财富，而基于管理者自利、管理者自大动机的外资并购则会损害公司价值。Gregory 和 McCorriston（2005）对英国企业的研究发现，外资并购在公告日前后并没有为其带来显著的超额市场收益。Slangen（2006）认为，外资并购能否为企业带来超额收益实际上取决于并购之后的整合水平。一些学者针对新兴国家的研究结论也存在冲突。Aybar 和 Ficici（2009）的研究结果显示，企业进行跨国并购将为其带来负的超额收益。Gubbi 等（2010）及 Bhagat 等（2011）则认为，跨国并购能为企业带来明显的正向超额收益。同样，国内学者关于该命题的研究结果也存在类似的分歧（冯根福、吴林江，2001；李善民、陈玉罡，2002；张新，2003 等）。概括言之，持肯定态度的学者大多基于国际化、协同效应、风险分散等理论，而持否定态度的学者则更多基于交易成本、资源基础观、文化差异等理论（Shimizu et al., 2004）。

二、国内研究综述

目前，国内学者对产业安全的研究主要集中在产业安全评价方面。我们总结了现有评价产业安全的常用指标及其测算范围，并根据本节的实际情况予以修订，在此基础上形成了表 2-1。具体而言，李海舰（1997）、何维达和何昌（2002）、景玉琴（2006）及李孟刚和蒋志敏（2006）等认为，产业安全的内在要素主要是指，产业竞争力和产业发展力这两项一级指标；产业安全的外在要素主要是指，产业控制力和产业对外依存度这两项一级指标。产业竞争力主要包括产销率、专业贸易化系数、市场集中度等 5 项二级指标（景玉琴，2006；何维达、吴玉萍，2007；白澎，2010）；产业发展力主要包括专利密度、技术人员比重、产业资产增长率等 5 项二级指标（何维达、李冬梅，2006；李孟刚，2007）；产业控制力主要包括资产外资控制率、资本外资控制率等 4 项二级指标（何维达、何昌，2002；王苏生、孔昭昆，2008）；产业依存度主要包括出口对外依存度和进口对外依存度 2 项二级指标（史忠良，2005；孙瑞华、刘广生，2006）。以上产业安全指标的具体内容见表 2-1。

表 2-1　　　　　　　　　产业安全指标体系

产业安全指标		产业安全状态			
		安全 (80%～100%)	基本安全 (50%～80%)	不安全 (20%～50%)	危机 (0%～20%)
产业竞争力	产业结构	40%以上	25%～40%	10%～25%	10%以下
	产销率	80%以上	60%～80%	30%～60%	30%以下
	贸易专业化系数	0.3～1	0～0.3	-0.3～0	-0.3～-1
	市场集中度	30%～40%	40%～60%	60%～80%	80%～100%
			15%～30%	5%～15%	5%以下
	劳动力成本 （月工资元/人）	0～3 000	3 000～5 000	5 000～8 000	8 000以上

产业安全指标		产业安全状态			
		安全 （80%～100%）	基本安全 （50%～80%）	不安全 （20%～50%）	危机 （0%～20%）
产业发展力	专利密度	100 以上	50～100	10～50	10 以下
	技术人员比重	1 000 以上	500～1 000	100～500	100 以下
	R&D 人员全时当量（万人/年）	10	5～10	5～1	1 以下
	产业资产增长率	20% 以上	10%～20%	5%～10%	5% 以下
	产业人员增长率	20% 以上	10%～20%	5%～10%	5% 以下
产业控制力	资产外资控制率	20%～30%	30%～50%	50%～80%	80%～100%
			10%～20%	5%～10%	5%～0
	资本外资控制率	20%～30%	30%～50%	50%～80%	80%～100%
			10%～20%	5%～10%	5%～0
	品牌外资控制率	20%～30%	30%～50%	50%～80%	80%～100%
			10%～20%	5%～10%	5%～0
	技术外资控制率	20%～30%	30%～50%	50%～80%	80%～100%
			10%～20%	5%～10%	5%～0
产业对外依存度	出口对外依存度	30%～50%	50%～70%	70%～90%	90%～100%
			20%～30%	10%～20%	10%～0
	进口对外依存度	30%～50%	50%～70%	70%～90%	90%～100%
			20%～30%	10%～20%	10%～0

根据产业安全指标体系，本节构建了用于产业安全评价的量化模型。具体形式如下：

$$S = \alpha X + \beta Y + \gamma Z + \delta W$$

其中，S 为产业安全值，X 为产业竞争力评价值，Y 为产业发展力评价值，Z 为产业控制力评价值，W 为产业对外依存度评价值。α、β、γ、δ 分别为一级指标的系数，代表各指标的权重。由于一级指标是由二级指标计算而来，故：

$$X = \sum a_i x_i$$

$$Y = \sum b_j y_j$$

$$Z = \sum c_k z_k$$

$$W = \sum d_q w_q$$

其中，i，j，k，$q = 1$，2，3，$\cdots$，n，x_i、y_j、z_k、w_q，分别为各一级指标下属的二级指标；a_i、b_j、c_k、d_q，分别为二级指标的系数，代表各指标的权重。

将以上式子合并，将获得产业安全评价的量化模型：

$$S = \alpha X + \beta Y + \gamma Z + \delta W = \alpha \sum a_i x_i + \beta \sum b_j y_j + \gamma \sum c_k z_k + \delta \sum d_q w_q$$

其中，$\alpha + \beta + \gamma + \delta = 1$，$\sum a_i = 1$，$\sum b_j = 1$，$\sum c_k = 1$，$\sum d_q = 1$。

在使用产业安全评价模型时，最关键的两个问题是指标赋值与赋权。指标赋值就是指，将二级指标原始值映射至产业安全状态分值。借鉴何维达和潘玉璋（2009）的做法，本节将产业安全状态分为安全（100～80）、基本安全（80～50）、不安全（50～20）和危机（20～0），每个二级指标的安全状态下都对应一个取值区间，我们将其称为警戒区间（见表2–1）。然后，使用特定的方法将二级指标原始值换算为0～100之间的产业安全状态值。指标赋值就是指，一、二级指标权重的取值。根据本节对产业安全的定义，我们认为产业自身的竞争力和发展力（内在要素）相比于外部威胁（外资进入）对产业安全的贡献更大。同时参考朱涛（2010）的做法，本节对产业竞争力、产业发展力、产业控制力、产业依存度等4个一级指标的权重取值为0.3、0.3、0.2、0.2。参考何维达和潘玉璋（2009）、张丽淑和樊秀峰（2011）的做法，相同一级指标下属的二级指标权重相等。

三、新的产业安全理论：新常态下的理论框架重构

中国经济已经步入"新常态"阶段。新常态下中国经济与过去30年相比具备以下三个特征：一是从高速增长转为中高速增长；二是经济结构不断优化升级；三是从要素驱动、投资驱动转向创新驱动。中国经济在经历了30多年的快速增长之后，无论是经济基本面，还是经济发展基本模式、产业业态以及经济增长动力已经发生了巨大的变化。如果还是用过去的眼光看待中国经济、用过去的思维思考中国经济既不准确也不现实。新常态下中国经济能否把握住新的战略机遇，关键在于进一步深化改革，充分发挥市场和创新的推动作用。新常态需要新思维。

目前流行的产业安全理论框架基本上可以描述为"四维度模型"，即产业安全涵盖产业竞争力、产业发展力、产业控制力和对外依存度等四个方面（何维达、何昌，2002；景玉琴，2006；李孟刚，2006；史欣向、李善民，2014）。当然，也有学者提出将产业环境加入产业安全度量之中（何维达、杜鹏娇，2013；朱建民、魏大鹏，2013等）。然而，无论如何，现在产业安全理论的重心仍是

33

"外资威胁论"和"绝对控制权"。从产业安全理论体制中产业控制力和对外依存度的设置就可见一斑。

在新形势下，产业安全的实质已经发生了根本性的变化。根据李孟刚（2006）等的观点，产业安全实质就是本国产业生存与发展的问题。在市场经济体系中，在开放竞争环境下，产业生存必须依靠市场，产业发展必须依靠技术创新。因此，产业安全的内涵可以被描绘成一个"金字塔"——产业安全位于顶端、产业生存和产业发展为"中流砥柱"，而两大砥柱的基石分别是"市场"和"创新"（见图2-3）。

新常态下旧的产业安全理论体系已经不能适应时代发展的要求。新常态下的产业安全理论应该是以市场和创新为核心维度，关注产业自身生存与发展问题。本节认为，新理论框架绝非对旧理论的全盘否定，而是对旧理论的继承与发展。因而，新的理论框架具有坚实的理论基础。

第一，市场、创新与产业竞争力。产业竞争力是产业安全的核心。迈克尔·波特（1990）指出产业是否具有竞争力取决于以下六个要素：（1）生产要素，包括人力资源、自然资源、基础设施等；（2）需求条件，主要是指市场对产业提供的产品或服务的需求，包括市场需求的量和质；（3）相关与辅助性产业的状况；（4）企业的战略、结构和竞争对手；（5）政府行为；（6）机遇，即著名的"钻石模型"。该模型直接揭示了，市场是构成产业竞争力的重要因素。金碚（1996）将产业（国际）竞争力定义为，一国特定产业通过在（国际）市场上销售其产品而反映出的生产力。该文章进一步指出，产业竞争力最终是通过产品的市场占有份额来衡量和检验的。迈克尔·波特将产业竞争力发展分为四个阶段：（1）要素驱动阶段。此阶段产业竞争力来自于基本生产要素，如自然资源、丰富廉价的劳动力等。（2）投资驱动阶段。此阶段产业竞争力来自于地区及其企业的积极投资意愿和能力。（3）创新驱动阶段。此阶段技术创新成为驱动产业竞争力提高的主要动力。在该阶段产业竞争力达到最高水平。（4）财富驱动阶段。此阶段产业竞争力开始衰落，企业为了维持竞争优势开始进行大量的兼并收购，金融投资成为维持产业竞争力的主要驱动力。迈克尔·波特的理论清楚地表明，创新是形成产业竞争力的重要因素。Prahalad 和 Hamel（1990）指出，在知识经济时代，企业竞争力不再来源于降低成本，而是主要来自于创新所产生的企业"租金"（Entrepreneurial Rents）。Clark 和 Guy（1998）认为，技术创新就是构成竞争力的主要因素之一。Gustavsson 等（1999）以 OECD 国家为样本的研究表明，无论代表性企业还是行业层面的技术创新均是国际竞争力的决定要素。Özçelik 和 Taymaz（2004）利用发展中国家样本的经验研究获得了类似的结论。Guan 等（2006）指出，竞争力是研发投入及技术创新的产出结果。Castellacci（2008）在研究创新与产业竞争力的关系时，从理论、实证及政策建议等方面全方位的综述和对比了"知识溢出"观点与"演化经济学"观点。尽管两个观点在该问题上存在明显的差异，但是它们都认同创新在产业竞争力的形成过程中扮演着重要角色。综上可见，市场与创新从来就是产业竞争力的核心要素，在产业竞争力形成的过程中发挥着重要作用。

第二，市场、创新与产业发展力。产业发展力，简单地讲，就是产业可持续发展的能力（萧新桥、余吉安，2010）。市场是产业发展的前提条件。根据产业生命周期理论，产业历经幼稚期、成长期、成熟期，直至最后的衰退期。事实上，贯穿产业发展变化始终的是市场的变化——最初的市场机遇出现、市场不断发展壮大、市场垄断、最终市场衰退。因而，产业要可持续发展最基本的条件就是市场（需求）不衰退。换言之，一旦市场衰退，需求不在，产业也会随之衰落甚至消失。以此推论，市场潜力越大，对应的产业发展力空间也就越大。此外，根据SCP理论，产业结构决定市场行为，最终决定产业发展。产业结构是国民经济各产业部门之间及各产业部门内部的联系和比例关系。不同的产业结构会导致差异明显的市场行为，从而影响产业发展力。例如，在劳动密集型产业中，市场主体更倾向于利用廉价劳动力、控制成本而不是进行技术创新来获得超额利润，所以其产业发展力就"后劲不足"。SCP理论所揭示的结论仍然表明，市场是产业发展力的前提条件，创新是产业发展力的原动力。这一论断几乎得到了该领域所有学者的认可。根据海默（Hymer）和金德尔伯格（Kindleberger）的"垄断优势理论"，技术优势是企业最重要的垄断优势，其次才是规模经济优势、资本优势及组织管理优势。其中，技术优势的来源则是强大的研发能力和技术创新能力。维农（Vernom）建立的"产品生命周期理论"指出，一般而言产品都会经历三个阶段：新产品创新阶段、产品成熟阶段、产品标准化阶段。事实上，一个产品"生命"的起点就是技术创新，即企业通过技术创新生产出市场需求的新产品。邓宁（Dunning）提出的"国际生产折衷理论"将企业对外投资的条件概括为所有权优势、内部化优势和区位优势。其中，所有权优势就是指产权和无形资产优势，而无形资产主要就是指企业的创新能力。以上三个著名的理论均将创新视为企业最核心的优势。企业是构成产业的原子，以此推及产业层面，创新也是构成产业发展力的核心要素。

第三，市场、创新与产业控制力。产业控制力是指在开放条件下，本国资本对相关产业市场的控制程度（赵元铭、黄茜，2009）。换言之，产业控制力的强弱实际上就是表现为本国企业（产品）的市场占有率。然而，在全球化的今天，市场的概念已经跨越了国界，延伸至整个国际市场。因而，即使本国产品在国内市场拥有较高的市场占有率，也不能表示产业安全无虞，还要看本国产业在全球产业链中的位置。赵元铭和黄茜（2009）指出，产业控制力的实现一方面需要拥有产品定价权，另一方面需要拥有影响产业发展进程的权利。可见，更高层次的产业控制力应该体现为在全球产业链中居于重要地位。而处于产业价值链上游的是掌握技术、品牌和标准的企业，这些优势的形成依靠的是创新，所以创新是产业控制力的核心（赵元铭、黄茜，2009；杨国亮，2010；李泳，2014）。杨国亮（2010）认为，产业控制力由两类因素决定，一类是生产类因素，主要是核心技术，还有某些其他关键要素，如稀缺的资源等；另外一类是市场因素，包括品牌、渠道、市场规模等。这两类因素统称为"战略性资源"，决定了产业控制力的强弱。综合以上分析，我们有理由相信，在新形势下产业控制力的核心问题就是市场与创新。

第四，市场、创新与产业对外依存度。依存度是由美国经济学家 W. A. Brown 提出的，其本意是"相互依存"（Interdependence），反映的是一国经济与他国经济或世界经济相互依赖的程度。景玉琴（2006）也指出，对外依存度应该是"双向依存"，不能仅看到本国经济对外部经济的依存，还应该看到本国与其他国家及整个世界的相互依存关系。一国参与国际分工的程度越深，与世界经济融合的越紧密，其抵御外部经济威胁的能力就越强，相应的产业安全程度就越高（杨国亮，2010）。在全球化经济的背景下，本国经济与他国经济的依存关系主要体现在两个方面：市场和技术（万正晓、张永芳、王鸿昌，2006；李盾，2009；向一波，2012）。根据垄断优势理论，发达国家需要市场，发展中国家需要技术。因而，双方在全球产业链中形成了相互依存的关系。对比上文，我们不难发现，对外依存度与产业控制力类似，只是两者强调的角度不同而已。景玉琴（2006）就是考虑到对外依存度与产业控制力之间存在很高的相关性，而并未将对外依存度引入其产业安全评价体系之中。产业控制力的核心是市场和创新，那么对外依存度亦不外乎如此。

综上所述，目前流行的产业安全"四维度"评价模型其核心与实质是市场和创新。市场和创新这两个要素与产业竞争力、产业发展力、产业控制力及对外依存度之间相互联系、相互影响，从而构成了"钻石模型"（图2-4）。根据"钻石模型"，产业安全评价模型完全可以由"四维度"降为"两维度"。接下来，本节将从市场和创新两个维度出发，建立一个全新的、可操作性更强的、更简洁的产业安全评价体系。

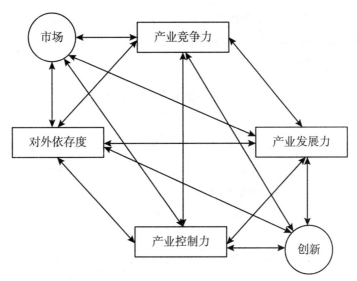

图2-4　产业安全理论的"钻石模型"

第四节　产业安全评价

　　现有研究在评价产业安全时，主要从以下四个方面进行：产业竞争力、产业发展力、产业控制力和对外依存度（何维达、何昌，2002；景玉琴，2006；李孟刚，2006；史欣向、李善民，2014）。当然，也有学者提出将产业环境加入产业安全度量之中（何维达、杜鹏娇，2013；朱建民、魏大鹏，2013；等）。然而，无论如何，现有的产业安全评价体系均是基于比较封闭、保守的产业安全定义建立起来的，其指导思想是"外资威胁论"和"绝对控制权"。例如，在进行产业控制力评价时，设置了外资市场控制率、外资品牌控制率、外资股权控制率、外资技术控制率等多项二级指标；在评价产业对外依存度时，设置了出口对外依存度、进口对外依存度、资本对外依存度、技术对外依存度等多项二级指标。这些指标均被设定为数值越高，对产业安全威胁越大。这种"一刀切"的做法强调本国企业必须拥有绝对控制权，否认了外资进入对本国经济的促进作用，具有一定的局限性。

一、新的产业安全评价体系：以市场驱动和创新驱动为核心

　　根据产业安全的本质（见图2-3）以及"钻石模型"的内容（见图2-4），

本节建立一个全新的产业安全评价体系。其中，一级指标2项，市场、创新；二级指标4项，市场生存能力、市场发展能力、创新生存能力、创新发展能力；三级指标42项，具体指标见表2－2：

表2－2　　　　　　　　全新的产业安全评价指标体系

一级指标	二级指标	三级指标	三级指标定义（外资视角）
市场 M	生存 MS	市场份额 MS1	外资企业销售额占某产业全部销售额的比重
		成本利润率 MS2	外资净利润与总成本的比值
		销售利润率 MS3	外资净利润与销售收入的比值
		资产收益率 MS4	外资净利润与总资产的比值
		劳动生产率 MS5	外资销售收入与企业人数的比值
		相对市场绩效指数 MS6	外资企业销售额与内资企业销售额的比值
		出口贡献率 MS7	外资出口额与某产业出口总额的比值
		进口消耗率 MS8	外资进口额与某产业进口总额的比值
		品牌占有率 MS9	外资品牌与某产业品牌总数的比值
		营销渠道控制率 MS10	外资营业费用与某产业营业费用的比值
		国别集中度 MS11	Top10 中美国企业的数量
	发展 MD	贸易竞争力指数 MD1	（TC）（外资出口额－进口额）/（出口额＋进口额）
		显性比较优势指数 MD2	（RCA）外资出口交货值与内资出口交货值的比值
		市场集中度 MD3	C10
		投资增长率 MD4	外资投资额与某产业投资总额的比值
		需求增长率 MD5	外资工业销售产值与某产业工业销售产值的比值
		能源利用率 MD6	外资工业产值与能源消耗量之比
		市场竞争力 MD7	外资企业净利润与某产业净利润总额的比值
		市场开放度 MD8	外资企业数与某产业总企业数的比值
		市场化程度 MD9	外资企业产品销售率
		市场潜力 MD10	外资企业新开工项目与某产业新开工项目的比值
		劳动力素质 MD11	外资技术人员与企业总人数的比值
		产业链控制力 MD12	外资企业增值税与行业增值税的比值

续表

一级指标	二级指标	三级指标	三级指标定义（外资视角）
创新 I	生存 IS	R&D 人员比重 IS1	外资企业 R&D 人员与某产业 R&D 人员的比值
		R&D 人员全时当量比重 IS2	外资企业 R&D 人员全时当量与某产业 R&D 人员全时当量的比值
		R&D 经费比重 IS3	外资企业 R&D 经费投入与某产业 R&D 经费投入的比值
		新产品开发经费比重 IS4	外资企业新产品开发经费投入与某产业新产品开发经费投入的比值
		专利申请数比重 IS5	外资企业专利申请数与某产业专利申请数的比值
		有效发明专利数比重 IS6	外资企业有效发明专利数与某产业有效发明专利数的比值
		新产品销售收入比重 IS7	外资企业新产品销售收入与某产业新产品销售收入的比值
		企业研发机构数比重 IS8	外资企业研发机构数与某产业企业研发机构总数的比值
		企业研发机构人员比重 IS9	外资企业研发机构人员与某产业企业研发机构人员总数的比值
		企业研发机构经费比重 IS10	外资企业研发机构经费与某产业企业研发机构经费总额的比值
	发展 ID	技术创新竞争力指数 ID1	外资企业 R&D 经费投入强度与某产业 R&D 经费投入强度的比值
		新产品开发竞争力指数 ID2	外资企业新产品开发经费投入强度与某产业新产品开发经费投入强度的比值
		创新贡献能力 ID3	外资企业新产品销售收入与某产业主营业务收入的比值
		创新转化效率 ID4	外资企业 R&D 投入—产出效率
		引进国外技术强度 ID5	外资企业技术引进经费、消化吸收经费之和与行业总额的比值
		技术改造升级强度 ID6	外资企业技术改造经费与行业技改经费的比值
		购买国内技术强度 ID7	外资企业购买国内技术经费与行业购买国内技术经费的比值
		技术创新覆盖度 ID8	外资企业研发机构数与某产业企业总数的比值
		管理创新能力 ID9	外资企业 TFP 中纯技术效率的改进

相比以往指标体系，该指标体系的优势在于：（1）凸显产业安全本质。产业安全定义和"钻石模型"表明，市场与创新是产业安全的基石，生存与发展是产业安全的核心。所以，本节的产业安全评价体系就是基于市场和创新这两大要素，围绕生存与发展这两大命题而构建的。该指标体系更深刻体现了产业安全本质，同时将原先"四维度模型"降为"二维度模型"，更易理解和操作。（2）外资视角。本节外资视角是指，在产业安全评价体系中反映外资在中国产业生存与发展过程中的地位。这与一些学者所持的"外资威胁论"是截然不同。新产业安全观承认，在开放竞争环境中外资进入会对当地产业产生促进作用。而现有产业安全评价体系并未体现这一重要思想，因此也不能做到整个指标体系统一为外资视角。（3）更加客观。在现有产业安全评价体系中，要求先将每一个指标映射至 [0，100] 之间，再确定指标权重，最终获得一个介于 0 到 100 之间的产业安全值（朱建民、魏大鹏，2013）。在这个指标标准化过程中，参照值（警戒值）选择极大地影响着映射值。换言之，在现有评价体系中，从一开始就具有较强主观色彩。在本节指标体系中，三级指标全部为客观数据，取值在 0 和 1 之间，反映外资在某个方面的占比。最终，计算所得产业安全值也是介于 0 和 1 之间的客观数据。我们仅需对该数据进行分析判断即可，从而大大降低了评价过程中的主观性。

不难发现，根据本章的评价体系，产业安全评估值实际上是综合反映外资进入程度的指标。在产业安全定义中，所谓的"威胁"事实上主要是指外资进入威胁。当然，这与本节的核心立场——"外资促进论"并没有冲突。我们既承认外资进入对中国产业发展的促进作用，也承认外资进入会威胁甚至控制中国产业发展。促进还是威胁，关键在于"度"上。根据本节的研究，我们将外资进入的"度"做如下区分：0~0.2，为"低度进入"；0.2~0.5 为"适度进入"；0.5~0.7 为"高度进入"；0.7~1 为"过度进入"。低度进入，表示外资进入不充分，对相关产业的推动力有待提高；适度进入，表示外资进入适度，能够充分发挥外资的"鲶鱼效应"；高度进入，表示外资大量涌入，开始挤压内资企业生存空间；过度进入，表示外资逐渐控制目标产业，"鲶鱼效应"转化为"鳄鱼效应"。

二、产业安全评价：以高技术产业为例

（一）样本选择与数据来源

本节选择中国高技术产业作为研究样本，检验"钻石模型"指标体系在评估

产业安全时的适用性是出于以下两个方面的考虑：一方面，高技术产业属于技术密集型、资本密集型产业，且关乎国计民生，非常契合产业安全中关于"重要产业"的界定（纪宝成、刘元春，2006）；另一方面，高技术产业数据全面、完整，非常符合本节指标体系关于数据的要求。中国高技术产业有专门的统计年鉴，尤其是技术创新（R&D活动）方面的数据非常翔实。这个优势是其他产业所不具备的。

根据《中国高技术产业统计年鉴》，高技术产业包括医药制造业、航空、航天器及设备制造业、电子及通信设备制造业、计算机及办公设备制造业、医疗仪器设备及仪器仪表制造业等5个行业。表2-2指标体系中，三级指标的数据主要来源于《中国高技术产业统计年鉴》。除此之外，主营业务成本、营业费用、增值税、销售产值、产值及产品销售率等数据，来源于《中国工业经济统计年鉴》；进出口数据来源于《中国科技统计年鉴》；能源消费量数据，来源于《中国统计年鉴》；品牌及国别的数据来自中国产业信息网。需要特别说明的是，市场集中度（MD3），由于全部市场数据很难获得，故使用上市公司数据计算而来。上市公司数据来源于Wind数据库。创新转化效率（ID4）和管理创新能力（ID9）是利用数据包络分析模型（DEA）中的BC^2模型计算所得。创新转化效率选取计算结果中的综合效率值来表示，管理创新能力则选取计算结果中的纯技术效率来表示。在以上全部数据中，有部分行业的若干数据缺失，则使用近似行业的数据来替代。当然，这些数据在总体数据中仅占很小的一部分。中国高技术产业及下辖行业各指标变量的描述性统计可见表2-3。

（二）层次分析法

层次分析法（AHP）是最经典、运用最广泛的指标权重确定方法。因而，本节首先使用该方法确定表2-2评级体系中各级指标的权重，进而展开针对中国高技术产业安全现状的实证分析。本节在使用层次分析方法时，借助YAAHP0.5.3软件进行权重确定。层次分析法的结果可见表2-4。

根据表2-4的结果，利用中国高技术产业的相关数据，我们对中国高技术产业安全现状进行了评估。表2-5报告了具体的测量结果。

根据表2-5的结果，进一步分析发现，中国高技术产业安全的平均值为0.4，市场的平均值为0.419，创新的平均值为0.381。可见，整体上中国高技术产业的外资进入属于"适度进入"，外资对该产业具有推动作用，该产业属于"安全"的范畴。当然，仅以层次分析法的结果判断，中国高技术产业的市场生存与创新发展还是需要谨慎对待的，其原因在于外资进入超过50%，属于"高度进入"（见图2-5）。

表 2-3

中国高技术产业各指标变量的描述性统计（2009～2012 年）

产业/指标	高技术产业		医药制造		航空、航天器及设备制造		电子及通信设备制造		计算机及办公设备制造		医疗仪器设备及仪器仪表制造	
	均值	标准差	均值	标准差	均值	标准差	均值	标准差	均值	标准差	均值	标准差
市场份额	0.433	0.032	0.169	0.014	0.126	0.006	0.451	0.028	0.644	0.025	0.258	0.026
成本利润率	0.026	0.005	0.127	0.014	0.003	0.003	0.027	0.003	0.027	0.003	0.071	0.020
销售利润率	0.044	0.004	0.121	0.012	0.075	0.038	0.040	0.007	0.030	0.002	0.103	0.006
资产收益率	0.035	0.008	0.081	0.007	0.002	0.003	0.045	0.005	0.045	0.005	0.078	0.015
劳动生产率	0.901	0.076	0.914	0.119	1.174	0.322	0.787	0.084	1.168	0.074	0.708	0.092
相对市场绩效指数	1.185	0.168	0.228	0.026	0.150	0.007	1.413	0.181	7.357	0.618	0.393	0.056
出口贡献率	0.617	0.025	0.279	0.009	0.275	0.069	0.576	0.018	0.706	0.032	0.521	0.025
品牌占有率	0.280	0.000	0.300	0.000	0.000	0.000	0.300	0.000	0.300	0.000	0.500	0.000
营销渠道控制率	0.451	0.010	0.372	0.010	0.498	0.015	0.490	0.022	0.490	0.022	0.410	0.008
国别集中度	0.120	0.000	0.100	0.000	0.000	0.000	0.100	0.000	0.100	0.000	0.300	0.000
贸易竞争力指数	0.089	0.006	0.070	0.026	-0.658	0.035	0.573	0.018	-0.620	0.049	-0.162	0.068
市场集中度	0.631	0.012	0.413	0.021	0.843	0.009	0.679	0.021	0.677	0.040	0.542	0.031
投资增长率	0.141	0.042	0.054	0.014	0.080	0.012	0.201	0.070	0.222	0.049	0.083	0.016
市场需求增长率	0.570	0.010	0.258	0.016	0.446	0.002	0.772	0.009	0.772	0.009	0.476	0.016
能源利用率	0.165	0.015	0.087	0.014	0.151	0.010	0.226	0.021	0.226	0.021	0.210	0.035
市场竞争力	0.319	0.025	0.185	0.030	0.160	0.058	0.343	0.022	0.580	0.030	0.277	0.034
市场开放度	0.197	0.007	0.096	0.006	0.207	0.022	0.251	0.011	0.306	0.018	0.164	0.011
市场化程度	0.976	0.000	0.943	0.003	0.991	0.004	0.986	0.002	0.986	0.002	0.983	0.003
市场潜力	0.068	0.011	0.036	0.003	0.065	0.030	0.104	0.026	0.155	0.061	0.044	0.005

续表

产业/指标	高技术产业		医药制造		航空、航天器及设备制造		电子及通信设备制造		计算机及办公设备制造		医疗仪器设备及仪器仪表制造	
	均值	标准差	均值	标准差	均值	标准差	均值	标准差	均值	标准差	均值	标准差
劳动力素质	0.033	0.004	0.059	0.009	0.026	0.013	0.029	0.004	0.032	0.013	0.053	0.014
产业链控制力	0.487	0.018	0.329	0.005	0.550	0.003	0.506	0.051	0.508	0.052	0.320	0.014
R&D人员比重	0.221	0.041	0.137	0.016	0.013	0.005	0.217	0.026	0.528	0.113	0.169	0.015
R&D经费比重	0.234	0.016	0.176	0.017	0.005	0.002	0.241	0.021	0.456	0.046	0.229	0.031
新产品开发经费比重	0.271	0.022	0.168	0.023	0.008	0.002	0.280	0.043	0.525	0.060	0.241	0.021
专利申请数比重	0.235	0.031	0.128	0.018	0.012	0.008	0.206	0.021	0.514	0.097	0.175	0.038
有效发明比重	0.194	0.010	0.139	0.025	0.006	0.007	0.135	0.015	0.539	0.087	0.144	0.037
新产品销售收入比重	0.462	0.032	0.160	0.011	0.004	0.005	0.449	0.042	0.655	0.160	0.250	0.058
研发机构比重	0.213	0.018	0.126	0.007	0.032	0.023	0.263	0.030	0.356	0.043	0.188	0.012
机构人员比重	0.226	0.028	0.130	0.010	0.012	0.006	0.203	0.014	0.566	0.126	0.195	0.010
机构经费比重	0.244	0.016	0.177	0.010	0.017	0.009	0.227	0.021	0.468	0.053	0.271	0.028
技术创新竞争力指数	0.540	0.020	1.037	0.077	0.039	0.013	0.534	0.031	0.710	0.082	0.900	0.185
新产品开发竞争力指数	0.629	0.050	0.993	0.132	0.064	0.016	0.620	0.078	0.819	0.121	0.945	0.156
创新贡献率	0.104	0.011	0.022	0.002	0.001	0.001	0.116	0.019	0.169	0.083	0.035	0.007
创新转化效率	0.883	0.088	0.429	0.078	0.483	0.364	0.929	0.142	1.000	0.000	0.775	0.154
引进技术强度	0.544	0.080	0.263	0.149	0.009	0.018	0.629	0.151	0.518	0.277	0.659	0.195
技术改造升级强度	0.158	0.032	0.130	0.020	0.001	0.002	0.232	0.059	0.334	0.226	0.125	0.037
购买国内技术强度	0.136	0.043	0.145	0.035	0.000	0.000	0.184	0.164	0.070	0.097	0.111	0.079
创新覆盖率	0.031	0.012	0.019	0.003	0.014	0.010	0.038	0.017	0.059	0.020	0.021	0.008
管理创新能力	1.000	0.000	0.442	0.076	1.000	0.000	0.961	0.079	1.000	0.000	0.798	0.136

表 2 - 4　　　　　　　产业安全指标体系及权重

一级指标及权重	二级指标及权重	三级指标及权重
市场 M (0.5)	生存 MS (0.333)	市场份额 (0.1975)
		成本利润率 (0.0647)
		销售利润率 (0.0647)
		资产收益率 (0.0647)
		劳动生产率 (0.1604)
		相对市场绩效指数 (0.1303)
		出口贡献率 (0.0398)
		品牌占有率 (0.0731)
		营销渠道控制率 (0.1740)
		国别集中度 (0.0307)
	发展 MD (0.667)	贸易竞争力指数 (0.0443)
		市场集中度 (0.0529)
		投资增长率 (0.0313)
		需求增长率 (0.1104)
		能源利用率 (0.0636)
		市场竞争力 (0.137)
		市场开放度 (0.0974)
		市场化程度 (0.1176)
		市场潜力 (0.0938)
		劳动力素质 (0.1612)
		产业链控制力 (0.0905)
创新 I (0.5)	生存 IS (0.5)	R&D 人员比重 (0.1003)
		R&D 经费比重 (0.1003)
		新产品开发经费比重 (0.1003)
		专利申请数比重 (0.2223)
		有效发明专利数比重 (0.1474)
		新产品销售收入比重 (0.1474)
		企业研发机构数比重 (0.0632)
		企业研发机构人员比重 (0.0452)
		企业研发机构经费比重 (0.0737)

一级指标及权重	二级指标及权重	三级指标及权重
创新 I（0.5）	发展 ID（0.5）	技术创新竞争力指数（0.1626）
		新产品开发竞争力指数（0.1756）
		创新贡献能力（0.0417）
		创新转化效率（0.0792）
		引进国外技术强度（0.0486）
		技术改造升级强度（0.1106）
		购买国内技术强度（0.0542）
		技术创新覆盖度（0.1575）
		管理创新能力（0.1801）

表 2－5　　　　　中国高技术产业安全的测算结果（AHP）

行业	年份	市场生存	市场发展	市场	创新生存	创新发展	创新	产业安全
高技术产业	2009	0.531	0.353	0.413	0.255	0.541	0.398	0.405
医药制造业		0.321	0.256	0.278	0.142	0.477	0.309	0.294
航空、航天器及设备制造业		0.281	0.301	0.295	0.006	0.258	0.132	0.214
电子及通信设备制造业		0.556	0.421	0.466	0.255	0.584	0.419	0.443
计算机及办公设备制造业		1.346	0.416	0.725	0.467	0.588	0.527	0.626
医疗仪器设备及仪器仪表制造业		0.365	0.300	0.322	0.227	0.555	0.391	0.356
高技术产业	2010	0.532	0.354	0.413	0.288	0.574	0.431	0.422
医药制造业		0.327	0.250	0.276	0.167	0.608	0.388	0.332
航空、航天器及设备制造业		0.307	0.287	0.293	0.008	0.281	0.145	0.219

续表

行业	年份	市场生存	市场发展	市场	创新生存	创新发展	创新	产业安全
电子及通信设备制造业		0.544	0.423	0.464	0.273	0.603	0.438	0.451
计算机及办公设备制造业		1.513	0.418	0.783	0.556	0.683	0.619	0.701
医疗仪器设备及仪器仪表制造业		0.369	0.301	0.324	0.197	0.595	0.396	0.360
高技术产业	2011	0.519	0.346	0.403	0.260	0.543	0.402	0.402
医药制造业		0.335	0.245	0.275	0.151	0.517	0.334	0.305
航空、航天器及设备制造业		0.387	0.300	0.329	0.010	0.285	0.147	0.238
电子及通信设备制造业		0.550	0.413	0.458	0.230	0.518	0.374	0.416
计算机及办公设备制造业		1.467	0.400	0.756	0.547	0.649	0.598	0.677
医疗仪器设备及仪器仪表制造业		0.371	0.305	0.327	0.204	0.624	0.414	0.370
高技术产业	2012	0.493	0.341	0.391	0.251	0.552	0.402	0.396
医药制造业		0.344	0.244	0.277	0.131	0.499	0.315	0.296
航空、航天器及设备制造业		0.367	0.294	0.318	0.018	0.331	0.174	0.246
电子及通信设备制造业		0.510	0.402	0.438	0.236	0.555	0.396	0.417
计算机及办公设备制造业		1.345	0.388	0.707	0.528	0.668	0.598	0.652
医疗仪器设备及仪器仪表制造业		0.375	0.299	0.324	0.178	0.637	0.408	0.366

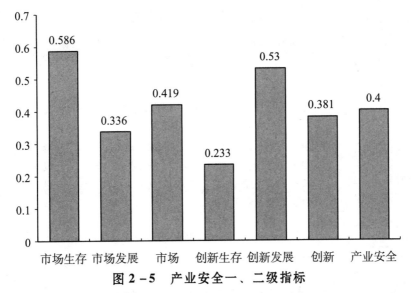

图 2－5　产业安全一、二级指标

注：图中数值为各指标均值。

（三）专家法

考虑到层次分析法受主观因素影响较大，接下来，本节将使用"专家法"对中国高技术产业安全现状进行实证分析。专家法的具体操作如下：首先，选择专家，建立专家库。我们尽可能涵盖不同背景、不同专业的专家。本节所选择专家的特征描述可见表 2－6；其次，将本节构建的产业安全评价指标体系（表 2－2）发给各位专家，让他们自由选择指标体系中他们认为重要的指标。最后，综合各位专家的选择结果，将半数以上专家认为重要的指标组成新的指标体系（见表 2－7），进行产业安全评估。

表 2－6　　　　　　　　　所选专家的特征描述

教授	副教授	50 岁以上	30～50 岁	拥有行政职务	来自重点高校	学科分布（个数）
86%	14%	29%	71%	57%	100%	5

由于新的指标体系中全是多数专家认为重要的指标，所以我们对于每个相同级别指标的权重均设定为相等。具体做法是，市场和创新的权重均为 0.5，市场下属的指标权重均为 1/7，创新下属的指标权重均为 1/6。利用专家法测算的中国高技术产业安全结果，见表 2－8。

表 2-7 专家选取的指标及其均值

行业	专家所选的指标	市场	专家所选的指标	创新
高技术产业	市场份额、品牌占有率、贸易竞争力指数、市场集中度、投资增长率、市场竞争力、产业控制力	0.340	R&D 人员比重、R&D 经费比重、新产品销售收入比重、技术创新竞争力指数、新产品开发竞争力指数、创新贡献率	0.365
医药制造业		0.217		0.421
航空、航天器及设备制造业		0.157		0.021
电子及通信设备制造业		0.436		0.363
计算机及办公设备制造业		0.330		0.556
医疗仪器设备及仪器仪表制造业		0.260		0.421

表 2-8 中国高技术产业安全的测算结果（专家法）

行业	年份	市场	创新	产业安全
高技术产业	2009	0.352	0.341	0.347
医药制造业		0.228	0.382	0.305
航空、航天器及设备制造业		0.162	0.020	0.091
电子及通信设备制造业		0.457	0.369	0.413
计算机及办公设备制造业		0.344	0.439	0.391
医疗仪器设备及仪器仪表制造业		0.252	0.402	0.327
高技术产业	2010	0.352	0.391	0.371
医药制造业		0.223	0.472	0.347
航空、航天器及设备制造业		0.145	0.022	0.084
电子及通信设备制造业		0.453	0.400	0.426
计算机及办公设备制造业		0.353	0.586	0.470
医疗仪器设备及仪器仪表制造业		0.268	0.352	0.310
高技术产业	2011	0.334	0.362	0.348
医药制造业		0.212	0.433	0.322
航空、航天器及设备制造业		0.167	0.020	0.093
电子及通信设备制造业		0.428	0.335	0.382
计算机及办公设备制造业		0.310	0.585	0.448
医疗仪器设备及仪器仪表制造业		0.266	0.471	0.368

行业	年份	市场	创新	产业安全
高技术产业	2012	0.322	0.365	0.343
医药制造业		0.207	0.396	0.302
航空、航天器及设备制造业		0.155	0.023	0.089
电子及通信设备制造业		0.408	0.346	0.377
计算机及办公设备制造业		0.312	0.615	0.464
医疗仪器设备及仪器仪表制造业		0.253	0.461	0.357

根据表 2-8 的结果，市场的平均值为 0.29，创新的平均值为 0.358，产业安全的平均值为 0.324，均属于"适度进入"范畴，与层次分析法结果基本一致。仅以专家法的结果而论，航空航天业需要特别关注。该产业的市场、创新及产业安全值均小于 0.2，属于"低度进入"，需要进一步对外开放，加强与外资企业的合作。

（四）主成分分析法

为了与层次分析法和专家法的结果进行对比，最后本节将使用主成分分析法来研究中国高技术产业安全的问题。主成分分析法属于计量统计方法，是纯数据驱动的，可以完全克服主观因素的影响。本节使用 SPSS18.0 软件对数据进行了处理，具体结果可见表 2-9。

表 2-9 的结果显示，在主成分分析的验证性检验时，KMO 值分别为 0.615 和 0.523，且通过了 Bartlett 球型检验。这表明，该数据结构适合进行主成分分析。从方差贡献率的结果来看，市场或创新的指标可以萃取 4 个主成分，4 个主成分的累计方差贡献率达到了 90% 以上。换言之，这 4 个主成分代表了全部数据 90% 以上的信息。表 2-9、表 2-10、表 2-11 分别报告了市场和创新的 4 个主成分的具体构成。

表 2-9　　　　主成分分析的 KMO 值和方差贡献率

一级指标	KMO 值	主成分	方差贡献率（%）	累计方差贡献率（%）
市场（M）	0.615 ***	FAC1-M	35.979	35.979
		FAC2-M	34.741	70.720
		FAC3-M	10.380	81.100
		FAC4-M	10.206	91.307

续表

一级指标	KMO 值	主成分	方差贡献率（%）	累计方差贡献率（%）
创新（I）	0.523 ***	FAC1 – I	53.911	53.911
		FAC2 – I	15.700	69.610
		FAC3 – I	14.443	84.054
		FAC4 – I	7.750	91.804

注：*** 表示 Bartlett 球型检验在 1% 的水平下显著。

表 2 – 10　　　　　　　旋转后的因子载荷值（市场）

指标	主成分			
	FAC1 – M	FAC2 – M	FAC3 – M	FAC4 – M
市场份额	0.977			
市场竞争力	0.949			
相对市场绩效指数	0.891			
投资增长率	0.877			
出口贡献率	0.861			
市场潜力	0.836			
市场需求增长率	0.825			
市场开放度	0.773			
销售利润率	– 0.699			
资产收益率		– 0.938		
市场集中度		0.928		
成本利润率		– 0.900		
产业链控制力		0.875		
营销渠道控制率		0.852		
劳动力素质		– 0.804		
品牌占有率		– 0.748		
市场化程度		0.700		
国别集中度			0.713	
能源利用率			0.706	
贸易竞争力指数				0.920
劳动生产率				– 0.781

表 2 – 11 旋转后的因子载荷值（创新）

指标	主成分			
	FAC1 – I	FAC2 – I	FAC3 – I	FAC4 – I
专利申请数比重	0.967			
有效发明比重	0.962			
R&D 人员比重	0.953			
机构人员比重	0.933			
新产品开发经费比重	0.907			
R&D 经费比重	0.906			
机构经费比重	0.855			
新产品销售收入比重	0.829			
研发机构比重	0.828			
技术改造升级强度	0.771			
创新贡献率	0.769			
创新覆盖率	0.714			
技术创新竞争力指数		0.945		
新产品开发竞争力指数		0.886		
管理创新能力		– 0.861		
引进技术强度			0.840	
创新转化效率			0.642	
购买国内技术强度				0.912

SPSS18.0 软件使用回归的方法，将原始的三级指标合并为主成分 1 ~ 4，并计算出相应的因子得分值。本节以各主成分对应的方差贡献率作为权重（表 2 – 9），计算市场和创新的得分，并最终计算出产业安全的得分。具体计算公式如下：

$$M = 0.35979(FAC1 – M) + 0.34741(FAC2 – M) + 0.1038(FAC3 – M)$$
$$+ 0.10206(FAC4 – M)$$
$$I = 0.53911(FAC1 – I) + 0.157(FAC2 – I) + 0.14443(FAC3 – I) + 0.0775(FAC4 – I)$$

由于 SPSS 软件计算出来的因子得分在 [– 1, 1]，为了结果便于理解，我们按照惯例对因子得分进行了正规化处理。本节选择极差变换法进行正规化处理，具体公式如下：

$$x_i' = (x_i - x_{min})/(x_i - x_{max})$$

利用以上计算结果，本节对中国高技术产业安全进行了评估，具体结果见表 2 – 12。

52

表 2 - 12　中国高技术产业安全的测算结果（主成分分析法）

行业	年份	FAC1－M	FAC2－M	FAC3－M	FAC4－M	市场	FAC1－I	FAC2－I	FAC3－I	FAC4－I	创新	产业安全
高技术产业	2009	0.496	0.591	0.326	0.724	0.491	0.247	0.327	0.714	0.641	0.337	0.414
医药制造业		0.214	0.000	0.009	0.531	0.132	0.150	0.928	0.206	0.462	0.292	0.212
航空、航天器及设备制造业		0.047	0.956	0.408	0.342	0.426	0.025	0.127	0.000	0.345	0.060	0.243
电子及通信设备制造业		0.635	0.742	0.357	1.000	0.625	0.191	0.277	0.939	1.000	0.360	0.493
计算机及办公设备制造业		1.000	0.479	0.311	0.212	0.580	0.799	0.410	0.300	0.361	0.566	0.573
医疗仪器设备及仪器仪表制造业		0.246	0.213	0.897	0.519	0.308	0.239	0.642	0.427	0.678	0.344	0.326
高技术产业	2010	0.450	0.560	0.377	0.647	0.462	0.327	0.357	0.666	0.542	0.370	0.416
医药制造业		0.193	0.024	0.000	0.519	0.131	0.157	0.967	0.346	0.576	0.331	0.231
航空、航天器及设备制造业		0.070	1.000	0.333	0.292	0.437	0.008	0.104	0.112	0.343	0.063	0.250
电子及通信设备制造业		0.569	0.702	0.430	0.938	0.589	0.285	0.386	0.850	0.435	0.371	0.480
计算机及办公设备制造业		0.942	0.398	0.418	0.009	0.521	1.000	0.359	0.062	0.870	0.672	0.597
医疗仪器设备及仪器仪表制造业		0.211	0.219	0.921	0.533	0.302	0.144	0.481	0.785	0.511	0.306	0.304
高技术产业	2011	0.413	0.582	0.428	0.601	0.456	0.272	0.357	0.639	0.568	0.339	0.398
医药制造业		0.152	0.032	0.077	0.402	0.115	0.187	1.000	0.096	0.522	0.312	0.213
航空、航天器及设备制造业		0.034	0.974	0.381	0.009	0.391	0.019	0.086	0.161	0.311	0.071	0.231
电子及通信设备制造业		0.542	0.668	0.512	0.838	0.566	0.257	0.379	0.590	0.769	0.343	0.454
计算机及办公设备制造业		0.910	0.432	0.468	0.024	0.529	0.912	0.458	0.268	0.292	0.625	0.577
医疗仪器设备及仪器仪表制造业		0.207	0.180	1.000	0.438	0.286	0.112	0.875	0.787	0.395	0.342	0.314
高技术产业	2012	0.366	0.523	0.457	0.552	0.417	0.296	0.363	0.700	0.392	0.348	0.383

续表

行业	年份	FAC1－M	FAC2－M	FAC3－M	FAC4－M	市场	FAC1－I	FAC2－I	FAC3－I	FAC4－I	创新	产业安全
医药制造业		0.150	0.022	0.073	0.351	0.105	0.169	0.913	0.120	0.482	0.289	0.197
航空、航天器及设备制造业		0.000	0.882	0.458	0.000	0.354	0.000	0.000	0.400	0.306	0.081	0.218
电子及通信设备制造业		0.440	0.664	0.577	0.787	0.529	0.302	0.320	0.742	0.374	0.350	0.440
计算机及办公设备制造业		0.744	0.408	0.575	0.030	0.472	0.739	0.582	1.000	0.000	0.634	0.553
医疗仪器设备及仪器仪表制造业		0.218	0.077	0.983	0.369	0.245	0.132	0.922	0.758	0.299	0.348	0.297

根据表 2 − 12 的结果，进一步分析，中国高技术产业安全的平均值为 0.367，市场的平均值为 0.395，创新的平均值为 0.34（见图 2 − 6）。这表明，中国高技术产业处于外资"适度进入"的状态，属于"安全"的范畴。主成分分析法的结果与层次分析法、专家法的结果是基本一致的。

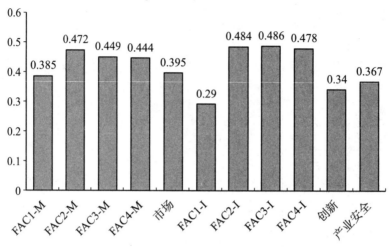

图 2 − 6 产业安全主要指标（均值）

（五）结论

上文图 2 − 5、图 2 − 6 及表 2 − 8 的结果显示，使用不同方法测算的中国高技术产业安全值基本一致。为了更加准确的对比三种不同方法测量的结果，将使用独立样本的 t 检验对其进行了计量统计分析，使用 SPSS18.0 软件进行运算，具体结果见表 2 − 13。

表 2 − 13 不同方法测算结果的 t 检验

	F	Sig.	t	Sig.
Index − A vs Index − P	0.605	0.441	1.251	0.217
Index − P vs Index − F	2.284	0.138	− 1.204	0.235
Index − F vs Index − A	7.599 ***	0.008	0.179	0.859

注：Index − A 代表层次分析法测算的产业安全结果，Index − P 代表专家法测算的产业安全结果，Index − F 代表主成分分析法测算的产业安全结果。

表 2 − 13 的结果显示，通过 3 组两两对比，其统计指标均为通过显著性检验。该结果明确证实，层次分析法、专家法与主成分分析法测算所得的结果不存在显著差异。可见，本节基于"钻石模型"的产业安全评价体系设计是科

学、合理、有效的。我们有理由相信，该指标体系能够较为准确地评估产业安全状态。

综合以上实证研究结果，本节对中国高技术产业安全现状的评估结果如图2-7所示。总体上，高技术产业安全值为0.407，表现为外资适度进入，属于"安全"范畴。不过，计算机及办公设备制造业的产业安全值稍高（0.664），已呈现出外资高度进入的态势。与之相对的是，航空航天器及设备制造业的产业安全值稍低（0.229），尽管处于外资适度进入状态，但仍需进一步对外开放，充分发挥外资的积极作用。除上述两个行业外，其他行业的产业安全值均在0.4左右，表明外资进入程度适中，属于"安全"范畴。具体来看，计算机及办公设备制造业的产业安全值偏高是由于市场与创新"双高"导致的，而航空航天器及设备制造业的产业安全值偏低则是因为市场与创新"双低"造成的（见图2-7）。因而，对于计算机及办公设备制造业而言，就需要警惕外资企业在市场和创新方面对内资企业的侵蚀以致逐渐形成垄断。而对于航空航天器及设备制造业而言，则是要进一步开放市场，同时要加强与外资企业的技术合作。

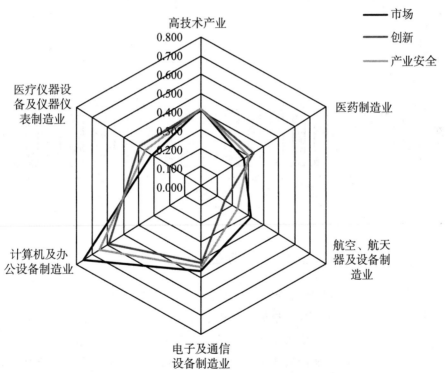

图2-7 中国高技术产业安全评估

三、产业安全评价：19个行业

在本节的前面部分，依据产业安全评价指标体系，我们对高技术产业安全进行了评价分析。在本部分中，我们将进一步将行业进行扩展，分析农林牧渔、制造业、科学研究等19个行业的产业安全状况。

（一）中国19个行业的产业安全评价

首先对中国各行业的产业安全状态进行了量化研究。之前的研究大多聚焦某个或几个行业的产业安全问题，而本节将对所有19个行业进行量化分析，全面完整地展现中国产业安全的现状。图2－8报告了中国各行业产业安全状态的计算结果。根据计算结果，农林牧渔、制造业、科学研究、租赁与商业服务等4个行业处于基本安全状态，而教育业、公共管理、交通运输、电力等4个行业处于不安全状态，其余为临界状态。总体而言，中国各行业的产业安全仍不容乐观。

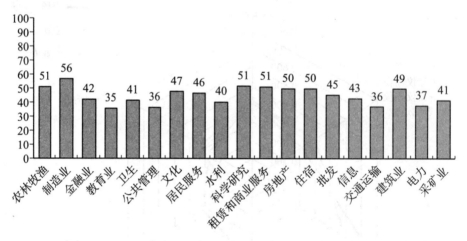

图2－8　各行业产业安全研究

图2－9至图2－11分别报告了产业竞争力、产业发展力、产业控制力的计算结果。通过对产业安全构成指标的分析，我们发现不同行业处于基本安全状态的原因不尽相同。农林牧渔与租赁行业是因为产业竞争力比较高，科学研究是因为产业发展力比较高，而制造业则是因为产业控制力比较高。然而处于不安全状态的原因却基本相同。教育业、公共管理、交通运输、电力等行业均为垄断性较高的行业，外资进入程度较低，无法发挥"鲶鱼效应"。依本节所得结论，在全球化背景下这些行业闭关自守、缺乏活力，故产业安全水平较低。整体上，中国

各行业的产业竞争力、产业发展力、产业控制力状况与上文各地区的计算结果类似。各行业同样保持着较强的产业竞争力，其中 15 个行业处于基本安全状态，2 个行业处于安全状态，2 个行业处于临界状态。这样的形势得益于国际金融危机之后中国经济仍然保持着较高的发展速度以及中国政府的宏观调控政策。同时，各行业的产业发展力和控制力也同样亟待加强。全部 19 个行业中有 13 个行业的产业发展力为不安全状态，5 个为临界状态，两者之和占比为 95%。全部行业中有 9 个行业的产业控制力为危机状态，8 个为不安全状态，两者之和占比为 89%。据此判断，产业发展力和控制力仍然是导致中国各行业产业安全水平较低的根本原因。

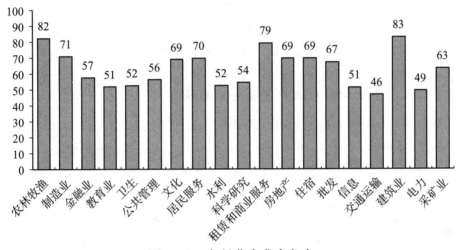

图 2-9　各行业产业竞争力

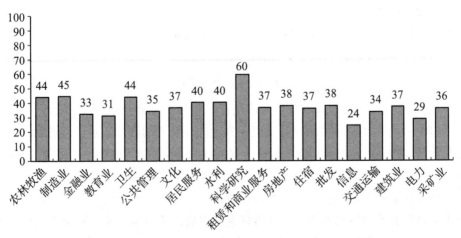

图 2-10　各行业产业发展力

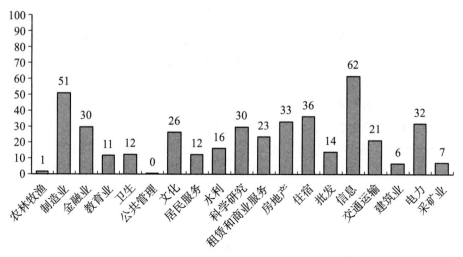

图 2-11　各行业产业控制力

（二）外资并购对行业产业安全的影响

外资并购对于产业安全而言，既具有"溢出效应"，又具有"挤出效应"（单春红、曹艳乔，2007）。曹秋菊（2011）认为，外资并购主要通过控制市场、品牌、技术以及对外部环境的改变来影响产业安全。纵观现有的研究，大多局限于研究某个行业，如汽车行业（王苏生、李金子，2008 等），或者某一个方面，如产业控制力（王苏生、孔昭昆，2008 等），缺乏系统全面的实证研究，因而并未形成统一认可的结论。为此，本节将利用中国 19 个行业及 31 个省的数据，从产业安全涵盖的四个维度出发，对该命题进行充分的论证与分析（见表 2-14～表 2-17）。

首先利用 2003～2011 年间中国 19 个行业的数据，从行业层面对外资并购与产业安全的关系进行了检验。实证模型具体形式如下：

$$\ln(Security) = \beta_0 + \beta_1 FMA + \beta_2 \ln(Inland) + \beta_3 \ln(Open) + \beta_4 \ln(Foreign)$$

$$+ \beta_i \sum_i Industry_i + \beta_j \sum_j Time_j + v$$

其中，产业安全（Security）为因变量，使用行业产业安全值表示；外资并购（FMA）为自变量，使用该行业当年发生的外资并购数量表示。考虑到行业环境及行业内企业状况对于产业安全的影响，本节选取行业对外开放程度（Open）、内资企业规模（Inland）、外资企业发展（Foreign）等变量作为控制变量。具体衡量方法是，使用本行业的外商直接投资额来衡量对外开放程度，使用行业中内资企业的固定资产来衡量内资企业规模，使用本行业外资企业注册资本来衡量外资企业发展。此外，还控制了行业（Industry）和时间（Time）对产业安全的影响。以上数据均来自中国经济社会发展统计数据库。囿于篇幅，变量的描述性统计在此省略。

利用行业数据的实证结果，与上文中地区的结果类似。在表 2 – 18 中，外资并购对产业安全及产业控制力的系数，在加入了控制变量之后也变得不再显著（见表 2 – 18 中模型 3 和模型 12）。不过，此次结果的主要原因是时间控制变量——其系数几乎全部显著大于 0。换言之，在不同的年份里，外资并购的作用可能存在很大的差异。在模型 4 至模型 9 中，外资并购变量的系数无一显著。行业层面的研究结果仍然表明，外资并购对产业竞争力及发展力的作用不大。可见，产业自身的发展壮大必须依靠本国经济的发展以及大力提高自主创新能力来实现。

考虑到时间变量对外资并购效应的影响，本节对不同年份区间的样本进行了对比研究。由于外资并购数量以 2008 年为分界点呈现出"先升后降"的趋势，故我们将样本划分为 2003 ~ 2007 年和 2008 ~ 2011 年两个部分。表 2 – 19 的结果显示，在模型 1 中外资并购的系数未通过显著性检验，而在模型 5 中系数为正值且在 1% 水平下显著；在模型 2 和模型 4 中，外资并购的系数通过了显著性检验，而在模型 6 和模型 8 中系数变成不显著。这些结果表明，在不同的时间段里，外资并购对产业安全、产业竞争力及产业控制力的作用发生了明显的变化。可见，外资并购的作用的确会随着时间的变化而变化。因此，外资并购与产业安全的关系，不能一概而论，要考虑其所处的阶段。

我们在研究外资并购对产业安全的作用时，还考察了"滞后效应"的问题。具体地讲，我们推断外资并购作为一个重要事件，可能不会只对当期的产业安全产生影响，其效应可能持续较长一段时间。或者，外资并购的影响可能需要一段时间才能体现出来。本节通过设计被解释变量滞后 1 年、滞后 2 年来检验上述推断。表 2 – 20 报告了外资并购对产业安全的"滞后效应"实证结果。

根据表 2 – 20 的结果，在被解释变量滞后 1 年的情况下，外资并购对产业竞争力的系数显著为负值（模型 2），对产业控制力的系数显著为正值（模型 4），而此前这两项系数都是不显著的（见表 2 – 18）。这表明，外资并购对产业竞争力与控制力的作用具有一定的滞后性。这个结论与上文地区数据的研究结果是一致的。外资并购会降低内资企业的市场份额，会对产业集中度产生一定冲击；跨国企业财力雄厚、人才聚集，整体薪酬水平较高，进入中国后势必会提高当地的平均工资水平，提高劳动力成本。根据本节的产业安全指标体系，上述因素均会对某个行业的产业竞争力产生负向作用。随着时间的推移，这些因素的作用逐渐显现出来，从而导致外资并购负向效应出现。外资并购对产业竞争力的效应在地区层面和行业层面存在差异，我们认为可能的原因是，相比于地区，某一个行业整合、利用外资的能力要弱小很多。所以，外资并购对行业产业安全的威胁作用更明显。在被解释变量滞后 2 年的情况下，外资并购对产业安全的系数显著为负

表2-14　中国各行业的产业安全状态（2003～2011年）

行业	2003年	2004年	2005年	2006年	2007年	2008年	2009年	2010年	2011年	均值	安全状态
农林牧渔	49	58	46	48	52	51	47	50	56	51	基本安全
制造业	61	70	62	59	58	57	50	47	45	56	基本安全
金融业	55	52	44	40	48	44	40	24	31	42	临界状态
教育业	35	38	39	29	39	34	39	33	33	35	不安全
卫生	42	39	42	40	44	44	42	39	37	41	临界状态
公共管理	35	35	36	37	36	43	37	33	35	36	不安全
文化	54	50	51	47	46	49	47	43	40	47	临界状态
居民服务	47	51	38	49	46	44	50	43	49	46	临界状态
水利	43	36	40	41	43	43	42	39	35	40	临界状态
科学研究	53	52	45	55	56	56	54	45	46	51	基本安全
租赁和商业服务	56	48	56	46	54	57	49	50	45	51	基本安全
房地产	53	48	53	52	49	48	52	47	45	50	临界状态
住宿和餐饮	53	54	53	51	52	52	49	40	43	50	临界状态
批发和零售	50	47	46	46	47	46	43	37	42	45	临界状态
信息	46	49	41	48	45	51	43	29	32	43	临界状态
交通运输	38	39	39	37	40	40	35	31	29	36	不安全
建筑业	49	43	42	45	58	51	50	56	49	49	临界状态
电力	38	42	41	45	47	31	37	34	21	37	不安全
采矿业	38	41	45	45	43	47	39	36	37	41	临界状态

表 2-15　　中国各行业的产业竞争力（2003～2011 年）

地区	2003 年	2004 年	2005 年	2006 年	2007 年	2008 年	2009 年	2010 年	2011 年	均值	安全状态
农林牧渔	79	81	81	83	81	78	81	82	93	82	安全
制造业	75	74	78	72	70	74	67	65	63	71	基本安全
金融业	83	81	76	60	56	47	41	39	33	57	基本安全
教育业	46	53	55	54	54	54	48	50	48	51	基本安全
卫生	51	54	58	56	56	56	49	50	42	52	基本安全
公共管理	49	52	59	57	59	62	54	60	51	56	基本安全
文化	75	79	72	66	64	66	65	69	60	69	基本安全
居民服务	64	63	64	65	70	65	81	75	79	70	基本安全
水利	57	54	53	54	55	55	50	48	44	52	基本安全
科学研究	50	51	58	57	57	59	50	54	50	54	基本安全
租赁和商业服务	85	92	84	82	77	79	72	73	68	79	基本安全
房地产	72	71	71	70	68	67	71	68	65	69	基本安全
住宿和餐饮	72	72	72	71	71	68	69	65	64	69	基本安全
批发和零售	77	74	71	69	67	64	65	62	55	67	基本安全
信息	65	62	56	58	54	52	41	42	29	51	基本安全
交通运输	46	46	49	52	51	51	49	42	33	46	临界状态
建筑业	73	77	80	88	93	82	80	91	80	83	安全
电力	45	50	57	56	55	53	51	44	31	49	临界状态
采矿业	50	54	64	66	68	68	70	67	60	63	基本安全

表 2－16　　中国各行业的产业发展力（2003～2011 年）

产业发展力	2003 年	2004 年	2005 年	2006 年	2007 年	2008 年	2009 年	2010 年	2011 年	均值	安全状态
农林牧渔	43	62	33	37	49	50	36	42	45	44	临界状态
制造业	44	68	42	43	44	42	34	43	42	45	临界状态
金融业	40	32	15	21	44	42	41	17	42	33	不安全
教育业	33	37	37	13	37	21	40	33	32	31	不安全
卫生	44	36	42	39	48	45	46	47	50	44	临界状态
公共管理	38	36	31	34	30	44	38	22	36	35	不安全
文化	38	28	39	35	37	41	40	36	37	37	不安全
居民服务	43	55	25	51	40	38	37	32	42	40	临界状态
水利	41	26	37	38	42	41	46	49	44	40	临界状态
科学研究	64	62	39	62	65	61	66	56	61	60	基本安全
租赁和商业服务	43	16	43	20	43	47	35	46	40	37	不安全
房地产	41	29	40	41	36	29	41	45	43	38	不安全
住宿和餐饮	37	39	38	37	38	40	31	31	38	37	不安全
批发和零售	40	35	36	40	41	42	35	28	48	38	不安全
信息	22	29	15	29	21	33	28	11	32	24	不安全
交通运输	35	39	37	28	36	34	25	35	38	34	不安全
建筑业	46	27	20	21	49	41	41	48	42	37	不安全
电力	32	39	30	40	41	1	21	38	18	29	不安全
采矿业	42	44	44	43	36	43	22	22	31	36	不安全

表2-17　中国各行业的产业控制力（2003~2011年）

产业控制力	2003年	2004年	2005年	2006年	2007年	2008年	2009年	2010年	2011年	均值	安全状态
农林牧渔	2	2	1	1	1	1	2	1	1	1	危机
制造业	65	66	70	65	59	52	48	18	17	51	基本安全
金融业	28	32	37	39	40	43	33	7	7	30	不安全
教育业	14	11	10	11	14	19	20	2	2	11	危机
卫生	19	14	12	11	12	17	21	2	2	12	危机
公共管理	0	0	0	0	0	0	0	0	0	0	危机
文化	43	36	34	31	27	29	27	5	4	26	不安全
居民服务	22	18	15	12	12	14	11	2	2	12	危机
水利	19	21	20	19	21	23	17	2	2	16	危机
科学研究	39	33	34	35	37	40	35	8	7	30	不安全
租赁和商业服务	23	25	25	26	32	34	30	8	8	23	不安全
房地产	38	41	40	39	39	48	37	9	9	33	不安全
住宿和餐饮	48	47	44	40	40	43	46	9	9	36	危机
批发和零售	14	17	16	15	17	19	14	6	6	14	危机
信息	55	62	64	68	74	82	76	36	39	62	基本安全
交通运输	26	24	24	24	28	32	27	3	3	21	不安全
建筑业	10	9	8	8	8	9	5	1	3	6	危机
电力	36	31	34	36	42	49	44	7	7	32	不安全
采矿业	8	7	7	7	8	10	11	2	2	7	危机

表2-18

外资并购对产业安全的影响（行业样本）

变量	被解释变量：产业安全			被解释变量：产业竞争力			被解释变量：产业发展力			被解释变量：产业控制力		
	模型1	模型2	模型3	模型4	模型5	模型6	模型7	模型8	模型9	模型10	模型11	模型12
截距	3.769*** (0.000)	4.333*** (0.000)	2.839*** (0.001)	4.113*** (0.000)	4.797*** (0.000)	2.394*** (0.006)	3.567*** (0.000)	3.917*** (0.000)	0.659 (0.825)	2.288*** (0.000)	2.220** (0.029)	10.134*** (0.000)
外资并购	0.006*** (0.000) 0.004***	0.005** (0.018)	0.000 (0.934)	0.001 (0.767)	0.000 (0.994)	-0.004 (0.197)	0.003 (0.563)	0.003 (0.542)	0.007 (0.479)	0.059*** (0.001)	0.022 (0.106)	0.008 (0.425)
内资企业规模		-0.046*** (0.000)	0.050 (0.263)		-0.047*** (0.000)	0.118 (0.013)		-0.023 (0.333)	0.149 (0.360)		-0.228*** (0.000)	-0.510*** (0.001)
对外开放程度		0.061*** (0.000)	-0.010 (0.588)		0.091*** (0.000)	-0.022 (0.244)		0.024 (0.503)	-0.023 (0.721)		0.018 (0.842)	0.005 (0.929)
外资企业发展		-0.033*** (0.002)	-0.005 (0.666)		-0.064*** (0.000)	-0.025* (0.059)		-0.017 (0.579)	0.033 (0.466)		0.285*** (0.000)	-0.006 (0.885)
地区	未控制	未控制	已控制	未控制	未控制	已控制	未控制	未控制	已控制	未控制	未控制	已控制
时间	未控制	未控制	已控制	未控制	未控制	已控制	未控制	未控制	已控制	未控制	未控制	已控制
观察值	170	170	170	170	170	170	170	170	170	170	170	170
Adj R²	0.042	0.289	0.662	0.001	0.194	0.740	0.002	0.009	0.183	0.061	0.514	0.945
F值	8.480	18.295	12.085	0.088	11.212	17.100	0.336	0.382	2.267	12.139	45.948	99.071

注：*** 表示在 0.01 的水平下显著；** 表示在 0.05 的水平下显著；* 表示在 0.1 的水平下显著。括号中为 p 值。

表 2－19　不同时期的外资并购对（行业）产业安全的影响

变量	被解释变量（2003~2007年）				被解释变量（2008~2011年）			
	产业安全 模型1	产业竞争力 模型2	产业发展力 模型3	产业控制力 模型4	产业安全 模型5	产业竞争力 模型6	产业发展力 模型7	产业控制力 模型8
截距	3.740*** (0.000)	3.272*** (0.000)	4.255*** (0.010)	4.497*** (0.000)	8.060*** (0.000)	7.990*** (0.000)	-1.619 (0.728)	47.388*** (0.000)
外资并购	0.000 (0.879)	-0.006* (0.062)	0.007 (0.506)	0.010* (0.094)	0.010** (0.033)	0.006 (0.134)	0.020 (0.330)	-0.011 (0.683)
内资企业规模	0.005 (0.873)	0.055* (0.058)	-0.001 (0.988)	-0.188*** (0.001)	-0.164** (0.035)	-0.096 (0.162)	0.127 (0.697)	-1.922*** (0.000)
对外开放程度	-0.008 (0.704)	-0.014 (0.499)	-0.025 (0.719)	0.090** (0.021)	-0.006 (0.915)	0.012 (0.805)	-0.075 (0.737)	-0.340 (0.244)
外资企业发展	0.001 (0.945)	0.002 (0.850)	-0.018 (0.616)	-0.018 (0.360)	-0.098 (0.385)	-0.159 (0.119)	0.251 (0.602)	-0.509 (0.419)
行业	已控制	已控制	已控制	已控制	已控制	已控制	已控制	已控制
时间	未控制	未控制	未控制	未控制	未控制	未控制	未控制	未控制
观察值	94	94	94	94	75	75	75	75
Adj R^2	0.721	0.816	0.268	0.990	0.684	0.842	0.221	0.836
F 值	12.015	19.942	2.563	483.744	8.375	19.110	1.968	18.837

注：*** 表示在 0.01 的水平下显著；** 表示在 0.05 的水平下显著；* 表示在 0.1 的水平下显著。括号中为 p 值。

表2-20　外资并购对（行业）产业安全的影响（考虑时滞）

变量	被解释变量（滞后1年）				被解释变量（滞后2年）			
	产业安全 模型1	产业竞争力 模型2	产业发展力 模型3	产业控制力 模型4	产业安全 模型5	产业竞争力 模型6	产业发展力 模型7	产业控制力 模型8
截距	5.316*** (0.000)	5.534*** (0.000)	3.008*** (0.006)	17.709*** (0.000)	5.343*** (0.000)	5.848*** (0.000)	2.519* (0.066)	19.841*** (0.000)
外资并购	-0.002 (0.550)	-0.006* (0.072)	-0.005 (0.626)	0.033** (0.025)	-0.009*** (0.005)	-0.004 (0.185)	-0.014 (0.227)	0.002 (0.925)
内资企业规模	-0.087*** (0.000)	-0.062*** (0.006)	-0.006 (0.940)	-0.898*** (0.000)	-0.106*** (0.000)	-0.089*** (0.000)	-0.014 (0.883)	-1.030*** (0.000)
对外开放程度	0.001 (0.967)	-0.013 (0.522)	0.046 (0.517)	-0.035 (0.716)	0.004 (0.861)	0.004 (0.838)	0.034 (0.678)	-0.062 (0.610)
外资企业发展	-0.006 (0.670)	-0.010 (0.437)	0.010 (0.832)	0.015 (0.817)	0.014 (0.303)	-0.011 (0.389)	0.065 (0.191)	0.040 (0.585)
行业	已控制	已控制	已控制	已控制	已控制	已控制	已控制	已控制
时间	未控制	未控制	未控制	未控制	未控制	未控制	未控制	未控制
观察值	151	151	151	151	132	132	132	132
Adj R^2	0.583	0.721	0.156	0.869	0.602	0.756	0.183	0.845
F值	10.599	18.775	2.264	46.376	10.671	19.625	2.344	33.683

注：*** 表示在0.01的水平下显著；** 表示0.05的水平下显著；* 表示在0.1的水平下显著。括号中为p值。

值（模型5）。对比表2-18的结果，我们认为外资并购对产业安全的作用存在较长的滞后性。综合以上结果，本节认为在行业层面，外资并购对产业安全的威胁作用会随时间逐渐显现出来。

四、产业安全评价：31个地区

（一）中国31地区的产业安全评价

前文已对高技术产业以及19个行业产业安全状况进行了评价，为了更全面并从多方位反映我国产业安全现状，我们利用前文的产业安全指标体系和产业安全评价模型，对中国各地区的产业安全状态进行了量化研究。这项工作弥补了之前学者将产业安全仅限于行业范畴的不足，扩大了产业安全领域的研究视野。

图2-12报告了中国各地区产业安全状态的计算结果（详细结果见附录）。整体上，中国产业安全问题堪忧。全国31个地区（不包括台湾）仅有广东和浙江两个省的产业安全均值超过50，属于基本安全，其余均在安全警戒线以下。其中，15个地区为临界状态（占比为48%），14个地区为不安全状态（占比为45%）。从地区分布来看，东部、中部地区基本为临界状态，而西部基本为不安全状态。如此"泾渭分明"的结果，与目前中国地区经济发展水平极度吻合。这个结果证明了产业安全与经济安全在很大程度上是相同的论点，同时也表明经济发展是产业安全的基础。

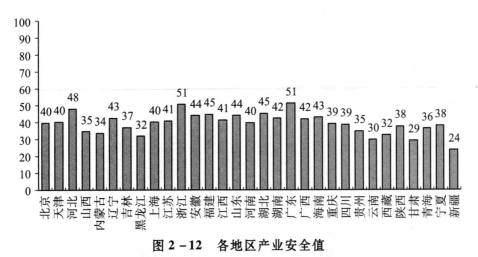

图2-12 各地区产业安全值

图2-13至图2-16分别报告了产业竞争力、产业发展力、产业控制力及产

业对外依存度的计算结果。结果显示，目前我国的产业竞争力和对外依存度表现良好。25 个省份的产业竞争力达到了基本安全状态，占比为 80%；61% 的地区产业对外依存度达到了临界状态或基本安全状态。相比之下，产业发展力和控制力的形势严峻。全国 31 地区中有 25 个的产业发展力为不安全状态，其余 6 个为危机状态。产业控制力的情形基本类似，26 个地区为不安全状态，3 个地区为危机状态。以上结果清楚地表明，中国产业安全状态仍处于不安全级别的根本原因在于产业发展力和控制力的水平较低。产业发展力的核心是技术创新能力（纪宝成、刘元春，2006；李孟刚，2007）。

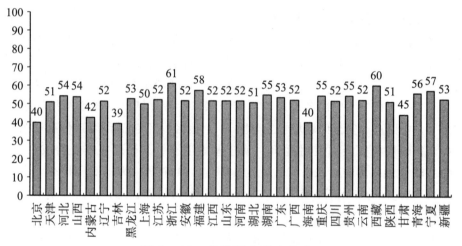

图 2 - 13　各地区产业竞争力

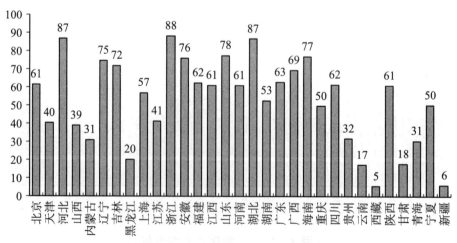

图 2 - 14　各地区产业对外依存度

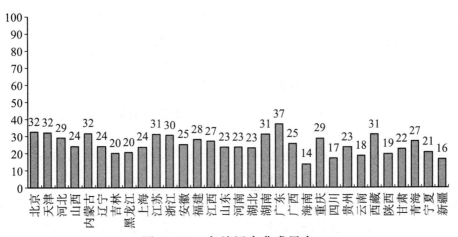

图 2 - 15　各地区产业发展力

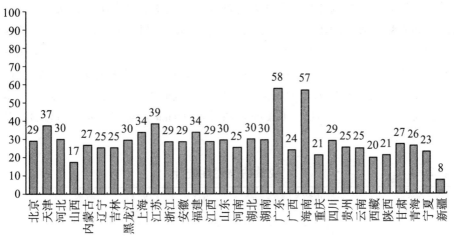

图 2 - 16　各地区产业控制力

　　本部分的研究结果再次表明，自主创新作为国家战略的重要性，自主创新是实现经济增长模式转变，实现产业升级的必由之路。产业控制力较弱有两方面的原因，一是外资进入程度太高，国家对产业发展失去控制，另外就是外资进入程度较低，产业发展缺乏活力，在国际竞争中处于不利地位。根据本节的计算结果，各地固定资产投资额中利用外资的比重仅为2%，所以目前中国产业控制力较弱的原因不是外资大量涌入导致失控，而是引进外资仍嫌不足。根据本节提出的以市场和创新驱动为核心的新产业安全理论，维护我国产业安全要从两个方面入手：一是坚持市场导向、坚持对外开放，对外资进入实行"负面清单"管理，发挥外资的"鲶鱼效应"；二是坚持自主创新国家战略，依靠创新驱动实现产业转型升级，发展优势产业，形成产业集聚，体现中国特色。因而，维护我国产业安全的关键在于坚持市场导向、坚持对外开放，坚持自主创新国家战略，不断提高技术创新能力。

（二）外资并购对地区产业安全的影响

本部分利用 2000 ~ 2011 年中国 31 个省际的数据，对外资并购与产业安全的关系进行了研究。实证模型具体形式如下：

$$\ln(Security) = \beta_0 + \beta_1 FMA + \beta_2 GDP + \beta_3 \ln(Labor) + \beta_4 Capital + \beta_5 \ln(Resource)$$
$$+ \beta_6 \ln(Gov) + \beta_i \sum_i Regions_i + \beta_j \sum_j Time_j + v$$

其中，产业安全（Security）为因变量，使用地区产业安全值表示；外资并购（FMA）为自变量，使用该地区当年发生的外资并购数量表示。考虑到产业环境对产业安全的影响，本节选取了经济发展速度、劳动力成本、资本成本、资源消耗及政府规制作为控制变量（景玉琴，2006；孙瑞华、刘广生，2006；易明、杨树旺，2007；白澎，2010）。我们选取当地的 GDP 增长率来衡量经济增长速度（GDP），选取当地职工平均工资来衡量劳动力成本（Labor），选取当时中国银行的贷款利率来计算资金成本（Capital），选取原油消耗量来衡量资源消耗（Resource），选取城市园林绿地面积来间接反映当地政府规制（Gov）。此外，本节在实证研究中还控制了地区（Region）和时间（Time）对产业安全的影响（见表 2 - 21 ~ 表 2 - 26）。

表 2 - 21　　　　　　　　变量的描述性统计

变量	最小值	最大值	均值	标准差	偏度	峰度
产业安全	16.882	58.620	39.252	7.560	- 0.284	- 0.023
产业竞争力	32.814	63.913	51.567	6.740	- 0.769	0.078
产业发展力	0.568	54.977	25.044	10.583	- 0.177	0.166
产业控制力	2.240	78.784	28.796	17.077	0.338	- 0.661
产业依存度	0.210	98.888	52.548	25.419	- 0.348	- 0.818
外资并购	0.000	19.000	1.110	2.669	3.822	17.306
GDP 增长率（%）	5.400	112.900	13.448	11.759	7.972	64.640
劳动力成本（ln）	8.782	11.252	9.874	0.543	0.065	- 0.806
资本成本（%）	5.310	7.470	5.838	0.614	1.494	1.564
资源消耗（ln）	1.281	8.811	6.232	1.438	- 0.840	0.745
政府规制（ln）	2.639	12.949	10.237	1.267	- 1.905	8.683

表 2 - 27 报告了中国 31 个地区全样本的实证结果。在实证研究的过程中，本节先单独检验外资并购对产业安全的作用，然后再逐步加入控制变量，观察外资并购作用的变化。我们发现，当单独检验时，外资并购对产业安全具有显著的正向促进作用（系数大于 0，且在 1% 的水平下显著），并且外资并购对产业发展力、控制力及对外依存度也具有显著的正向作用。然而，在逐步加入控制变量时，外资并购的作用消失了，在模型 3、模型 9 与模型 15 中，外资并购的系数变为不显著，与之前的单独检验形成鲜明对比。进一步分析后，我们发现地区控制变量的系数几乎全部显著大于 0。据此，本节认为地区差异可能对外资并购的作用产生重大的影响，从而导致外资并购变量系数最终变为不显著。不过，在此过程中外资并购对产业竞争力和控制力的作用表现得非常"稳定"，在模型 4 至模型 6 中，外资并购的系数均不显著；在模型 10 至模型 12 中，外资并购的系数均显著为正值（表 2 - 27）。受益于中国经济的持续发展与国家的宏观调控政策，产业竞争力仍然保持了较好的势头，因而外资并购对其影响并不明显。产业控制力的研究结果则表明，现阶段外资并购主要表现"溢出效应"，保持对外开放对于中国产业安全是有益处的。

考虑到地区差异对外资并购作用的影响，本节将样本分为西部、中部、东部三个地区再次检验外资并购对产业安全的作用。表 2 - 28 的结果显示，在西部地区和中部地区，外资并购对于产业安全具有显著的促进作用（系数显著为正值），而在东部地区则作用不明显（未通过显著性检验）。这表明，外资并购效应在不同地区的确表现出较大的差异。东部地区经济发展水平较高，产业转型升级已初见成效，产业发展环境比较优越，而且对外开放程度比较高，外资进入比较充分，故而外资并购的"溢出效应"不明显。相比之下，中部地区和西部地区经济发展水平较低，外资进入程度较低，所以外资并购会对产业结构调整、经济增长模式转变起到推动作用，从而有利于维护产业安全。

本节在利用省际数据进行研究时，同样也考虑了时滞的问题。根据表 2 - 29 的结果，无论是滞后 1 年还是滞后 2 年，模型 1 和模型 6 中外资并购的系数均没有通过显著性检验。对照表 2 - 27 的结果，我们认为外资并购对产业安全不存在"滞后效应"。值得注意的是，外资并购对产业竞争力的系数，在考虑了时滞之后表现出很高的显著性。模型 2 和模型 7 中的系数均在 1% 的水平下显著为正，这与之前表 2 - 27 中的结果截然相反。据此判断，外资并购对产业竞争力的作用会随着时间逐渐显现出来，具有一定的滞后性。此外，外资并购对产业控制力的作用在 1 年之后仍然非常显著（模型 4 的结果），再次表明了外资并购效应的稳定性。这个结果更加肯定了现阶段保持对外开放的重要性。

表2-22　中国各地区的产业安全状态（2000～2011年）

地区	2000年	2001年	2002年	2003年	2004年	2005年	2006年	2007年	2008年	2009年	2010年	2011年	均值	安全状态
北京	36	38	41	40	41	43	44	43	34	41	39	36	40	临界状态
天津	41	37	43	35	41	43	31	38	49	42	42	41	40	临界状态
河北	46	45	47	52	44	59	54	54	48	44	48	39	48	临界状态
山西	46	39	34	40	32	33	37	34	33	30	30	28	35	不安全
内蒙古	38	35	35	33	27	36	33	33	34	32	31	37	34	不安全
辽宁	45	41	35	38	42	40	42	47	45	46	52	40	43	临界状态
吉林	40	36	36	28	35	42	44	42	39	36	36	31	37	不安全
黑龙江	35	29	31	28	28	42	36	37	30	35	29	21	32	不安全
上海	42	41	37	38	40	40	36	43	42	41	44	38	40	临界状态
江苏	41	41	40	44	36	43	40	42	43	38	44	39	41	临界状态
浙江	46	44	52	49	51	54	57	56	48	50	51	50	51	基本安全
安徽	46	43	44	44	38	53	47	50	47	41	40	36	44	临界状态
福建	48	41	47	46	45	40	42	45	44	43	51	47	45	临界状态
江西	36	48	43	44	41	49	44	40	38	42	35	38	41	临界状态
山东	46	46	43	45	45	44	43	44	42	41	49	41	44	临界状态
河南	47	40	40	41	34	41	40	40	34	40	37	43	40	临界状态
湖北	45	43	44	46	42	47	50	49	48	42	44	43	45	临界状态
湖南	47	45	46	45	41	39	45	45	42	35	38	39	42	临界状态
广东	54	53	53	53	51	49	55	54	49	44	52	47	51	基本安全

续表

地区	2000 年	2001 年	2002 年	2003 年	2004 年	2005 年	2006 年	2007 年	2008 年	2009 年	2010 年	2011 年	均值	安全状态
广西	40	42	47	38	35	51	48	50	35	44	37	37	42	临界状态
海南	50	45	50	47	40	46	46	43	34	43	39	32	43	临界状态
重庆	40	43	45	44	35	35	34	35	37	37	40	44	39	不安全
四川	36	32	32	34	29	43	48	50	42	45	34	40	39	不安全
贵州	33	34	43	43	35	45	34	35	29	30	28	28	35	不安全
云南	33	27	28	35	28	37	28	39	28	27	23	23	30	不安全
西藏	33	30	30	33	24	37	32	34	34	37	36	29	32	不安全
陕西	37	36	42	33	31	28	44	45	40	39	37	42	38	不安全
甘肃	36	36	38	35	27	31	27	27	28	23	21	21	29	不安全
青海	38	44	40	36	27	43	39	42	32	31	33	29	36	不安全
宁夏	36	35	42	38	29	40	50	43	35	40	26	41	38	不安全
新疆	29	26	21	17	17	18	26	26	25	26	25	27	24	不安全

第二章　产业安全的内涵及评价

表 2－23　　中国各地区的产业竞争力（2000～2011 年）

地区	2000年	2001年	2002年	2003年	2004年	2005年	2006年	2007年	2008年	2009年	2010年	2011年	均值	安全状态
北京	40	40	41	40	39	40	40	41	38	39	39	38	40	临界状态
天津	49	51	50	48	51	54	54	54	52	50	49	47	51	基本安全
河北	54	56	57	57	58	57	59	58	53	48	47	47	54	基本安全
山西	62	63	59	60	62	59	57	53	57	38	40	37	54	基本安全
内蒙古	49	46	43	44	46	44	40	41	39	38	40	40	42	临界状态
辽宁	53	53	53	52	53	53	53	53	50	49	48	48	52	基本安全
吉林	46	43	44	36	36	40	40	40	39	37	35	34	39	不安全
黑龙江	44	44	43	49	52	57	59	60	59	59	59	46	53	基本安全
上海	48	47	46	45	50	51	51	52	53	52	51	50	50	临界状态
江苏	51	51	50	48	47	49	52	55	56	55	56	56	52	基本安全
浙江	57	60	60	60	61	62	62	62	62	62	63	62	61	基本安全
安徽	57	55	52	49	53	54	53	53	51	50	46	47	52	基本安全
福建	55	56	57	55	57	58	60	58	58	59	59	59	58	基本安全
江西	53	56	53	50	47	53	53	50	46	50	53	55	52	基本安全
山东	49	50	53	49	53	53	55	55	51	51	51	51	52	基本安全
河南	54	52	55	52	54	54	56	55	50	44	47	48	52	基本安全
湖北	53	47	49	48	49	48	52	53	53	53	52	52	51	基本安全
湖南	57	56	54	51	54	58	60	60	57	52	51	49	55	基本安全
广东	50	50	50	51	53	54	55	56	55	55	55	55	53	基本安全

续表

地区	2000年	2001年	2002年	2003年	2004年	2005年	2006年	2007年	2008年	2009年	2010年	2011年	均值	安全状态
广西	57	58	54	54	53	53	53	53	50	51	46	45	52	基本安全
海南	57	46	43	39	38	42	40	37	33	35	35	35	40	临界状态
重庆	52	55	56	56	53	55	57	56	56	51	53	57	55	基本安全
四川	50	47	54	51	54	54	54	53	51	52	50	52	52	基本安全
贵州	51	54	54	53	53	56	58	59	52	54	55	56	55	基本安全
云南	55	54	56	55	53	51	50	50	47	52	52	54	52	基本安全
西藏	59	60	54	60	54	62	60	63	64	63	63	62	60	基本安全
陕西	55	50	54	54	60	37	57	57	54	47	49	45	51	基本安全
甘肃	57	54	54	57	53	43	41	37	36	35	33	35	45	临界状态
青海	58	59	60	60	61	60	60	54	51	40	51	54	56	基本安全
宁夏	57	58	57	58	60	59	58	58	55	56	55	59	57	基本安全
新疆	50	39	46	50	50	55	59	60	58	57	55	55	53	基本安全

表 2 - 24　中国各地区的产业发展力（2000～2011 年）

地区	2000年	2001年	2002年	2003年	2004年	2005年	2006年	2007年	2008年	2009年	2010年	2011年	均值	安全状态
北京	33	33	37	30	46	26	35	31	15	39	34	28	32	不安全
天津	25	14	36	14	32	35	14	34	55	39	42	44	32	不安全
河北	26	14	15	27	28	48	32	32	32	28	44	17	29	不安全
山西	24	15	18	32	20	22	25	30	26	26	27	23	24	不安全
内蒙古	31	25	30	30	30	30	33	34	38	33	25	41	32	不安全
辽宁	23	16	16	23	23	24	24	28	25	23	46	16	24	不安全
吉林	20	14	25	5	21	23	23	23	31	23	24	5	20	危机
黑龙江	20	5	13	1	21	37	21	24	21	42	26	14	20	不安全
上海	17	16	18	24	28	32	22	32	23	22	35	14	24	不安全
江苏	20	16	18	37	23	45	34	34	36	30	49	32	31	不安全
浙江	15	4	30	19	37	34	46	38	30	34	38	38	30	不安全
安徽	22	14	13	21	20	42	22	33	43	27	27	16	25	不安全
福建	26	3	25	30	29	32	33	35	27	21	42	30	28	不安全
江西	23	44	22	23	20	41	28	22	21	35	14	25	27	不安全
山东	21	16	25	27	28	23	11	18	22	23	46	20	23	不安全
河南	24	13	14	22	24	26	25	24	24	32	26	24	23	不安全
湖北	20	12	13	17	25	20	25	22	44	25	26	24	23	不安全
湖南	31	25	30	33	40	7	29	30	48	30	32	35	31	不安全
广东	35	36	38	40	36	24	45	42	34	24	52	36	37	不安全

续表

地区	2000年	2001年	2002年	2003年	2004年	2005年	2006年	2007年	2008年	2009年	2010年	2011年	均值	安全状态
广西	24	25	43	9	9	42	27	29	3	45	22	25	25	不安全
海南	1	1	23	12	4	16	14	33	1	22	23	15	14	危机
重庆	27	22	23	27	26	25	26	31	31	30	35	41	29	不安全
四川	10	1	3	8	1	22	28	29	28	37	10	23	17	危机
贵州	22	21	21	18	15	37	19	25	21	30	24	25	23	不安全
云南	19	2	1	22	24	33	3	39	26	26	11	14	18	危机
西藏	29	32	31	32	14	38	23	31	36	45	36	20	31	不安全
陕西	23	24	37	3	1	2	30	26	26	26	7	29	19	危机
甘肃	22	17	16	17	18	16	19	25	42	26	26	25	22	不安全
青海	27	28	27	29	23	27	24	29	26	30	23	29	27	不安全
宁夏	26	24	23	7	8	1	34	18	22	41	1	42	21	不安全
新疆	17	21	16	1	1	1	24	22	20	21	23	32	16	危机

表 2-25   中国各地区的产业控制力（2000～2011 年）

地区	2000 年	2001 年	2002 年	2003 年	2004 年	2005 年	2006 年	2007 年	2008 年	2009 年	2010 年	2011 年	均值	安全状态
北京	24	31	35	40	16	53	39	36	25	16	17	17	29	不安全
天津	60	54	49	46	46	48	22	16	36	29	25	19	37	不安全
河北	41	38	41	51	10	48	44	44	16	10	9	8	30	不安全
山西	49	37	30	28	6	4	20	18	5	5	5	4	17	危机
内蒙古	52	56	47	41	7	30	27	28	9	10	8	8	27	不安全
辽宁	54	40	10	16	31	19	23	27	30	22	19	16	25	不安全
吉林	23	27	22	24	14	39	54	49	13	11	13	12	25	不安全
黑龙江	40	41	38	41	10	49	46	45	15	13	10	9	30	不安全
上海	50	46	23	26	32	23	16	36	42	38	40	37	34	不安全
江苏	46	50	48	50	39	42	41	42	39	26	21	19	39	不安全
浙江	39	36	38	39	18	35	41	38	20	15	13	12	29	不安全
安徽	41	43	54	47	8	43	37	36	11	9	8	7	29	不安全
福建	59	57	57	48	40	11	14	16	32	27	24	22	34	不安全
江西	29	35	39	40	24	32	35	30	27	21	19	15	29	不安全
山东	35	39	34	37	29	36	40	36	24	19	14	12	30	不安全
河南	49	45	40	34	7	32	29	29	13	10	8	9	25	不安全
湖北	37	40	43	45	18	51	47	45	10	8	9	8	30	不安全
湖南	51	46	43	45	13	41	40	43	10	9	8	8	30	不安全
广东	70	67	67	68	60	68	66	64	51	41	37	34	58	基本安全

续表

地区	2000年	2001年	2002年	2003年	2004年	2005年	2006年	2007年	2008年	2009年	2010年	2011年	均值	安全状态
广西	5	17	25	36	16	45	44	51	17	12	11	8	24	不安全
海南	79	75	71	73	47	56	74	50	51	48	36	26	57	基本安全
重庆	36	52	52	39	11	9	6	9	12	10	11	7	21	不安全
四川	27	33	35	40	10	52	49	46	16	15	15	11	29	不安全
贵州	37	40	50	42	7	36	30	27	13	9	8	7	25	不安全
云南	25	26	28	38	10	41	48	48	15	9	7	6	25	不安全
西藏	13	7	18	20	12	32	32	29	11	20	21	22	20	危机
陕西	19	24	23	25	11	33	40	38	11	10	10	8	21	不安全
甘肃	38	52	51	41	7	42	29	25	13	10	9	8	27	不安全
青海	45	43	43	40	6	36	29	33	13	11	9	7	26	不安全
宁夏	24	23	31	38	8	42	45	35	9	8	6	6	23	不安全
新疆	33	28	3	3	3	3	2	2	4	4	4	3	8	危机

表 2 - 26　　中国各地区的产业对外依存度（2000～2011 年）

地区	2000 年	2001 年	2002 年	2003 年	2004 年	2005 年	2006 年	2007 年	2008 年	2009 年	2010 年	2011 年	均值	安全状态
北京	45	52	54	55	61	63	70	71	64	71	69	63	61	基本安全
天津	35	36	35	36	33	35	33	41	48	50	48	52	40	临界状态
河北	70	82	85	85	82	86	89	92	94	94	92	88	87	安全
山西	53	40	23	35	28	41	42	28	38	51	43	43	39	不安全
内蒙古	20	15	17	14	14	40	30	26	44	43	51	57	31	不安全
辽宁	56	62	61	61	64	66	70	85	85	99	98	87	75	基本安全
吉林	77	69	56	58	72	74	71	67	76	79	77	86	72	基本安全
黑龙江	38	30	34	26	24	20	17	15	14	10	9	6	20	不安全
上海	65	65	63	59	54	54	54	53	54	54	53	55	57	基本安全
江苏	54	53	47	41	36	33	32	34	37	39	42	47	41	临界状态
浙江	85	90	87	88	91	92	83	93	81	89	90	88	88	安全
安徽	71	67	66	65	72	80	84	85	83	80	80	79	76	基本安全
福建	59	58	53	53	55	54	56	71	59	70	80	80	62	基本安全
江西	37	53	63	67	80	70	65	61	64	61	56	55	61	基本安全
山东	89	89	67	72	75	73	74	73	75	74	85	84	78	基本安全
河南	68	57	58	62	47	52	50	55	47	73	67	96	61	基本安全
湖北	77	85	87	90	84	84	90	88	86	82	93	93	87	安全
湖南	54	55	60	54	51	58	52	46	41	44	55	62	53	基本安全
广东	74	71	68	63	60	57	56	58	58	61	63	65	63	基本安全

外资并购与我国产业安全研究

续表

地区	2000 年	2001 年	2002 年	2003 年	2004 年	2005 年	2006 年	2007 年	2008 年	2009 年	2010 年	2011 年	均值	安全状态
广西	74	69	64	61	65	68	76	74	78	63	70	72	69	基本安全
海南	85	82	81	85	89	87	75	58	68	83	71	60	77	基本安全
重庆	48	48	54	57	44	43	39	38	45	53	58	67	50	临界状态
四川	62	55	37	42	50	50	66	82	74	78	63	78	62	基本安全
贵州	17	19	53	69	68	48	26	22	23	17	11	9	32	不安全
云南	29	24	27	22	16	17	15	12	13	11	10	10	17	危机
西藏	20	4	4	7	4	5	2	1	9	0	8	0	5	危机
陕西	47	45	50	52	52	47	50	65	67	78	92	88	61	基本安全
甘肃	22	25	33	21	19	24	17	17	11	13	7	5	18	危机
青海	20	46	24	7	5	49	41	53	30	36	46	11	31	不安全
宁夏	33	29	60	57	36	66	66	67	51	47	42	49	50	临界状态
新疆	10	12	7	6	6	4	4	5	4	5	6	3	6	危机

表2-27　外资并购对产业安全的影响（省际样本）

变量	被解释变量：产业安全			被解释变量：产业竞争力			被解释变量：产业发展力			被解释变量：产业控制力			被解释变量：产业依存度		
	模型1	模型2	模型3	模型4	模型5	模型6	模型7	模型8	模型9	模型10	模型11	模型12	模型13	模型14	模型15
截距	3.632*** (0.000)	3.630*** (0.000)	3.674*** (0.000)	3.936*** (0.000)	4.214*** (0.000)	5.438*** (0.000)	2.99*** (0.000)	-1.363 (0.127)	2.030 (0.516)	3.086*** (0.000)	9.883*** (0.000)	10.94*** (0.000)	3.672*** (0.000)	3.613*** (0.000)	-2.724 (0.117)
外资并购	0.016*** (0.000)	0.015*** (0.001)	0.001 (0.852)	-0.003 (0.358)	0.002 (0.495)	0.004 (0.136)	0.05*** (0.003)	0.004 (0.811)	-0.021 (0.302)	0.032** (0.031)	0.100*** (0.000)	0.034*** (0.009)	0.054*** (0.001)	0.030* (0.081)	0.007 (0.564)
GDP增长率（%）		0.001 (0.336)	0.000 (0.713)		0.001 (0.348)	0.000 (0.485)		0.009** (0.012)	0.007** (0.073)		-0.003 (0.296)	-0.01*** (0.001)		0.000 (0.992)	0.006*** (0.002)
劳动力成本（ln）		-0.069*** (0.001)	-0.030 (0.774)		-0.031** (0.048)	-0.252*** (0.001)		0.334*** (0.000)	-0.484 (0.424)		-0.77*** (0.000)	-0.794** (0.041)		-0.31*** (0.000)	1.138*** (0.001)
资本成本（%）		0.020 (0.235)	-0.030 (0.759)		0.017 (0.168)	0.199*** (0.005)		0.062 (0.349)	0.771 (0.179)		0.135** (0.022)	-0.357 (0.330)		-0.046 (0.480)	-1.03*** (0.001)
资源消耗（ln）		-0.023** (0.024)	-0.025 (0.114)		-0.011 (0.132)	-0.034*** (0.003)		0.019 (0.624)	0.101 (0.275)		-0.027 (0.440)	0.061* (0.303)		-0.028 (0.471)	-0.047 (0.356)
政府规制（ln）		0.068*** (0.000)	0.010 (0.526)		-0.002 (0.826)	0.009 (0.408)		0.049 (0.278)	-0.046 (0.609)		0.011 (0.787)	0.005 (0.924)		0.355*** (0.000)	-0.057 (0.252)

续表

变量	被解释变量：产业安全			被解释变量：产业竞争力			被解释变量：产业发展力			被解释变量：产业控制力			被解释变量：产业依存度		
	模型 1	模型 2	模型 3	模型 4	模型 5	模型 6	模型 7	模型 8	模型 9	模型 10	模型 11	模型 12	模型 13	模型 14	模型 15
地区	未控制	未控制	已控制	未控制	未控制	已控制	未控制	未控制	已控制	未控制	未控制	已控制	未控制	未控制	已控制
时间	未控制	未控制	已控制	未控制	未控制	已控制	未控制	未控制	已控制	未控制	未控制	已控制	未控制	未控制	已控制
观察值	371	371	371	371	371	371	371	371	371	371	371	371	371	371	371
Adj R^2	0.040	0.148	0.683	0.002	0.020	0.647	0.021	0.085	0.253	0.010	0.239	0.677	0.025	0.256	0.809
F 值	16.261	11.706	18.340	0.847	2.262	15.760	9.036	6.745	3.728	4.672	20.403	17.923	10.663	23.306	35.141

注：*** 表示在 0.01 的水平下显著；** 表示在 0.05 的水平下显著；* 表示在 0.1 的水平下显著。

表 2－28

外资并购对东中西部产业安全的影响

变量	被解释变量（西部地区）					被解释变量（中部地区）					被解释变量（东部地区）				
	产业安全 模型 1	产业竞争力 模型 2	产业发展力 模型 3	产业控制力 模型 4	产业依存度 模型 5	产业安全 模型 6	产业竞争力 模型 7	产业发展力 模型 8	产业控制力 模型 9	产业依存度 模型 10	产业安全 模型 11	产业竞争力 模型 12	产业发展力 模型 13	产业控制力 模型 14	产业依存度 模型 15
截距	5.055*** (0.000)	2.017*** (0.002)	13.01*** (0.005)	19.05*** (0.000)	16.57*** (0.001)	4.498*** (0.000)	5.394*** (0.000)	-1.560 (0.683)	21.03*** (0.000)	-0.263 (0.951)	4.098*** (0.000)	4.562*** (0.000)	-4.633** (0.033)	3.194* (0.052)	7.487*** (0.000)
外资并购	0.067** (0.039)	0.019 (0.361)	0.128 (0.388)	0.080 (0.416)	0.236 (0.144)	0.054** (0.027)	-0.009 (0.710)	0.025 (0.766)	0.034 (0.603)	0.202** (0.038)	-0.003 (0.556)	-0.002 (0.683)	-0.004 (0.855)	0.026* (0.090)	-0.012 (0.247)
GDP增长率 (%)	-0.002 (0.183)	-0.002** (0.011)	0.006 (0.314)	-0.01*** (0.006)	0.004 (0.459)	0.002 (0.166)	0.001 (0.339)	0.006 (0.271)	0.006 (0.163)	0.000 (0.956)	0.004 (0.615)	-0.004 (0.633)	0.076** (0.033)	0.086*** (0.002)	-0.07*** (0.000)
劳动力成本 (ln)	-0.236 (0.227)	0.498*** (0.000)	-2.65*** (0.004)	-2.07*** (0.001)	-2.74*** (0.006)	-0.239 (0.311)	-0.432* (0.061)	0.620 (0.454)	-3.10*** (0.000)	0.914 (0.329)	-0.057 (0.212)	-0.086 (0.114)	0.471** (0.024)	0.009 (0.954)	-0.28*** (0.009)
资本成本 (%)	0.191 (0.386)	-0.543*** (0.000)	3.479*** (0.001)	1.308* (0.055)	2.229** (0.045)	0.113 (0.623)	0.369 (0.101)	-0.221 (0.785)	1.607** (0.012)	-0.838 (0.361)	-0.040 (0.378)	-0.013 (0.807)	-0.032 (0.876)	-0.337** (0.032)	0.088 (0.394)
资源消耗 (ln)	-0.088*** (0.000)	-0.008 (0.495)	-0.25*** (0.002)	-0.28*** (0.000)	-0.23*** (0.008)	-0.12*** (0.000)	-0.09*** (0.000)	-0.29*** (0.001)	0.057 (0.401)	-0.34*** (0.001)	-0.029** (0.049)	0.043** (0.013)	0.123* (0.058)	-0.28*** (0.000)	0.036 (0.268)
政府规制 (ln)	0.021 (0.329)	0.026* (0.052)	-0.31*** (0.002)	-0.19*** (0.005)	0.183* (0.086)	0.144*** (0.000)	0.105*** (0.005)	0.118 (0.378)	0.237*** (0.024)	0.210 (0.167)	0.059*** (0.001)	0.006 (0.771)	0.104 (0.201)	0.251*** (0.000)	-0.032 (0.439)

续表

变量	被解释变量（西部地区）					被解释变量（中部地区）					被解释变量（东部地区）				
	产业安全 模型1	产业竞争力 模型2	产业发展力 模型3	产业控制力 模型4	产业依存度 模型5	产业安全 模型6	产业竞争力 模型7	产业发展力 模型8	产业控制力 模型9	产业依存度 模型10	产业安全 模型11	产业竞争力 模型12	产业发展力 模型13	产业控制力 模型14	产业依存度 模型15
地区	未控制	未控制	未控制	未控制	未控制	未控制	未控制	未控制	未控制	未控制	未控制	未控制	未控制	未控制	未控制
时间	已控制	已控制	已控制	已控制	已控制	已控制	已控制	已控制	已控制	已控制	已控制	已控制	已控制	已控制	已控制
观察值	143	143	143	143	143	95	95	95	95	95	131	131	131	131	131
Adj R^2	0.246	0.196	0.192	0.501	0.223	0.336	0.115	0.212	0.768	0.027	0.095	0.048	0.363	0.409	0.139
F 值	3.914	3.180	3.129	9.985	3.563	4.009	2.093	2.596	20.567	1.162	1.855	1.415	5.658	6.677	2.320

注：*** 表示在 0.01 的水平下显著；** 表示在 0.05 的水平下显著；* 表示在 0.1 的水平下显著。括号中为 p 值。

表2-29　外资并购对（地区）产业安全的影响（考虑时滞）

变量	被解释变量（滞后1年）					被解释变量（滞后2年）				
	产业安全 模型1	产业竞争力 模型2	产业发展力 模型3	产业控制力 模型4	产业依存度 模型5	产业安全 模型6	产业竞争力 模型7	产业发展力 模型8	产业控制力 模型9	产业依存度 模型10
截距	3.569^{***} (0.000)	4.499^{***} (0.000)	-2.376^{**} (0.021)	10.103^{***} (0.000)	2.352^{***} (0.000)	3.745^{***} (0.000)	4.743^{***} (0.000)	-2.044^{*} (0.068)	10.311^{***} (0.000)	2.271^{***} (0.000)
外资并购	0.002 (0.653)	0.007^{***} (0.005)	-0.022 (0.315)	0.035^{**} (0.023)	0.005 (0.691)	0.005 (0.238)	0.009^{***} (0.001)	-0.007 (0.747)	0.025 (0.134)	0.009 (0.478)
GDP增长率（%）	-0.001^{**} (0.032)	-0.001 (0.174)	-0.002 (0.513)	-0.005^{**} (0.048)	0.006^{***} (0.002)	0.000 (0.547)	0.000 (0.356)	0.002 (0.680)	-0.002 (0.517)	0.008^{***} (0.000)
劳动力成本（ln）	-0.036 (0.117)	-0.049^{***} (0.001)	0.444^{***} (0.001)	-0.991^{***} (0.000)	0.063 (0.361)	-0.061^{**} (0.021)	-0.063^{***} (0.000)	0.276^{**} (0.048)	-0.956^{***} (0.000)	-0.017 (0.824)
资本成本（%）	0.016 (0.172)	0.008 (0.299)	0.051 (0.438)	0.061 (0.192)	0.020 (0.559)	0.006 (0.631)	-0.014^{**} (0.050)	0.102 (0.112)	-0.023 (0.623)	-0.005 (0.895)
资源消耗（ln）	-0.007 (0.702)	-0.023^{*} (0.053)	0.093 (0.363)	0.138^{*} (0.060)	-0.020 (0.712)	-0.004 (0.854)	-0.016 (0.185)	0.066 (0.537)	0.068 (0.388)	-0.003 (0.956)
政府规制（ln）	-0.012 (0.480)	0.007 (0.497)	-0.073 (0.436)	-0.048 (0.469)	-0.129^{***} (0.010)	-0.005 (0.785)	0.006 (0.545)	0.036 (0.699)	-0.034 (0.627)	-0.052 (0.316)
地区	已控制	已控制	已控制	已控制	已控制	已控制	已控制	已控制	已控制	已控制
时间	未控制	未控制	未控制	未控制	未控制	未控制	未控制	未控制	未控制	未控制
观察值	340	340	340	340	340	309	309	309	309	309
Adj R^2	0.642	0.668	0.220	0.574	0.821	0.639	0.708	0.205	0.571	0.823
F值	17.940	20.027	3.662	13.729	44.245	16.178	21.811	3.209	12.401	41.038

注：*** 表示在0.01的水平下显著；** 表示在0.05的水平下显著；* 表示在0.1的水平下显著。括号中为p值。

第五节　本章小结

　　本章在对已有文献研究的基础上指出，产业安全的基石是市场和创新，产业安全的核心是生存和发展。以此思想为指导，本章提出了产业安全的"钻石模型"，即市场和创新与产业竞争力、产业发展力、产业控制力及对外依存度之间相互联系、相互影响，且市场和创新是产业安全的重心。基于"钻石模型"理论，本节构建了一个全新的产业安全评价体系。该体系以市场和创新为纲、以生存和发展为目，总计涵盖了42项三级指标。为了检验该指标体系的科学性和适用性，本章利用中国高技术产业的数据进行了实证研究。在实证分析的过程中，我们分别利用层次分析法、专家法及主成分分析法测量了中国高技术产业安全的状况。结果表明：（1）总体上，高技术产业处于外资"适度进入"状态，属于"安全"范畴。不过，高技术产业中的计算机及办公设备制造业，其产业安全值稍高，已呈现出外资高度进入的态势，需要警惕外资企业对该产业的侵蚀和垄断。与之相对的是，航空航天器及设备制造业的产业安全值稍低，表明外资进入度比较低。根据我们的理论模型和评价体系，外资适度进入对于产业发展具有"鲶鱼效应"，而如果外资进入较低的话，则无法发挥此作用。因而，我们的研究结果表明，航空航天器及设备制造业仍需进一步对外开放，充分发挥外资的积极作用。（2）三种方法测量所得的产业安全值在统计学上没有显著差异。这有力地证明了，本节基于"钻石模型"的产业安全评价体系设计是科学、合理、有效的。我们有理由相信，该指标体系能够较为准确地评估产业安全状态。本章的研究为产业安全方面的理论提供了一个全新的视角，同时也为该领域的经验研究提供了有益的启示。

　　产业安全是国家安全的重要内容之一。在中国，产业安全是政府、业界及学术界争议不断的热点话题。现有研究对产业安全的量化大多局限于行业层面，而鲜有考虑地区维度。本章在前人研究的基础上，建立了一套系统、完整的指标体系。该指标体系包含4个一级指标——产业竞争力、产业发展力、产业控制力、产业对外依存度和16个二级指标。然后，按照该指标体系，本章对中国31个地区及19个行业的产业安全状态进行了量化研究。结果表明，中国产业安全问题不容乐观。全国31个地区（不包括台湾）仅有广东和浙江两个省的产业安全均值超过50，属于基本安全，其余均在安全警戒线以下；19个行业中仅有农林牧渔、制造业、科学研究、租赁与商业服务等4个行业处于基本安全状态。通过对产业安全构成要素的分析，本章认为现阶段影响中国产业安全水平的关键因素是产业发展力和控制力。所以，提高自主创新能力和坚持对外开放对于维护我国产业安全将起决定性的作用。

在全球化背景下，外资并购与产业安全有着"天然"的联系。然而，学术界对于两者之间关系的研究仍没有定论。本章利用中国31个省际和19个行业的数据，从产业安全涵盖的四个维度出发，对该命题进行了充分的论证与分析。研究结果表明：（1）外资并购对产业安全的影响因地区不同而表现出明显的差异。外资并购对东部地区的产业安全作用不明显，而对中部和西部地区具有显著的正向作用。之所以如此，是与当地的经济发展水平、产业结构及外资进入程度等因素紧密相关的。（2）外资并购对各行业产业安全的影响在不同时期差异明显。在2003～2007年间其作用并不显著，而在2008～2011年间表现为显著的促进作用。同时，外资并购对产业竞争力及产业控制力的作用也发生了明显的变化。可见，外资并购与产业安全的关系，不能一概而论，要考虑其所处的阶段。（3）外资并购对地区产业安全的作用并未发现滞后性，而对行业产业安全的作用具有一定的滞后性。滞后效应是之前研究所未揭示的。本章的研究为全面、清晰的了解中国产业安全状况提供了可靠的依据，并为正确把握外资并购与产业安全的关系提供了新的注解。

根据以上研究结果，本章提出如下政策建议：

第一，我国产业安全现状不容乐观，必须引起企业、地方政府及监管部门的足够重视。产业安全一方面受外国资本进入的影响，但更重要的是本国企业自身的竞争力和发展力。根据本章的研究结果，中国产业安全现状堪忧，其根源在于产业发展力和控制力不足。产业发展力的核心是技术创新能力（纪宝成、刘元春，2006；李孟刚，2007）。因此，企业提高研发强度、重视自主创新，不仅有益于形成核心竞争力，促进企业可持续发展，也有益于本地区或本行业的产业安全。产业安全水平的提升最终受益者仍是企业。地方政府应摒弃"地方经济"思维，转而以"产业安全"思维来处理当地企业发展、技术创新、对外合作等一系列问题。地方政府应积极引导和鼓励企业开展研发活动，不断提升自主创新能力，推动企业进行产业升级，而不是一味追求企业粗放式的发展，仅看重企业对地方经济短期内的贡献。监管部门要认清现阶段产业安全问题的本质，不能对外国资本一禁了之。根据本章的研究，现阶段产业控制力不足，并非外资进入程度太高，国家对产业发展失去控制，而是外资进入程度较低，产业发展缺乏活力。因此，监管部门应该本着坚持对外开放的原则，建立外资并购"黑名单"，凡是不在"黑名单"上的企业均允许外资进入，在不断扩大对外开放中来完善产业安全的机制。

　　第二，国家监管部门及业界无须过分忧虑外资并购是"狼来了"，应该认识到现阶段外资并购对中国产业结构调整、产业升级的推动作用，应该坚定不移地坚持对外开放政策，必须防止狭隘的"民族主义"倾向。本章利用 2003～2011 年的样本研究发现，随着时间的推移，外资并购对产业安全的作用显现出正向的促进作用。根据"雁行模式"理论，随着近年来中国产业升级的推进，中国从原先的"雁尾"逐渐成为"雁翼"，故而可以利用"雁首"发达国家的资本、技术输出来提升本国经济，维护本国产业安全。当然，现阶段引进外资仍要有一定的策略性。根据本章的研究结果，外资并购对产业安全的提升作用在西部和中部地区表现得非常显著，而在东部发达地区作用不明显。因此，在东部发达地区外国资本接近饱和的情况下，国家决策部门应该出台更有吸引力的调控政策，引导外资更充分地进入中西部地区。同时，国家监管部门在外资并购审查时也应区分东部企业和中西部企业，在政策上体现出一定的差异性和灵活性。概括起来，维护产业安全必须全国"一盘棋"，宏观统筹又兼顾差异，吸引外国资本要"保持东部、偏向西部"，在坚持对外开放中维护产业安全。

第三章

外资进入模式研究

第一节　外资进入模式的初步探讨

　　第二章通过系统的定量和定性研究，分析了外资对我国宏观产业安全的影响，从外资进入视角，研究衡量了我国当前产业的安全程度，揭示了外资进入对我国产业、经济的重大影响力。这一研究成果，提醒我国政府部门和学术界都必须加强对外资进入的关注，积极研究探讨如何调控外资进入，维护我国产业稳定可持续发展。如要调控外资进入，那么首先需要了解哪些因素影响了外资进入与否的选择。只有找到了这些影响、甚至决定外资进入与否的因素，才能够对症下药，对外资进入实施有效的调控。本章将针对这一问题，进行深入的研究分析。

　　具体而言，本章首先整理探讨了全球范围和我国市场的外资（外商直接投资，简记为 FDI）进入模式分布情况和发展历程，通过历史回顾，本章研究发现，在全球范围内，跨国并购是 FDI 的一个非常主要的模式，而在我国却出现了绿地投资在 FDI 中占有压倒性优势比重的情况。为何外资进入我国的模式与全球范围内的普遍情况差别巨大是一个值得重点关注的话题，另外现有的大量学术研究文献表明这两种进入模式对东道国经济存在显著不同的影响，因此研究影响 FDI 进入模式选择的因素，有助于指导我国政府制定政策引导 FDI 采用有利于我国经济发展的模式。本章首先通过构建三阶段实物期权模型，分析了影响 FDI 进入模式选择的因素，研究发现东道国工程建设速度、经济增长率、市场需求不确定性会影响到 FDI 进入模式的选择，并发现相对于绿地投资，FDI 通过跨国并购模式获得的目标企业规模更大。同时，该模型还从理论上证明了东道国国家政策可以显著影响 FDI 进入模式的选择，肯定了政府干预的有效性。最后，通过对全球 175 个国家或地区数据的实证检验，证实了以上理论命题。

以上研究成果可以用来解释近年来外商直接投资进入我国模式的巨大转变。依据本部分所得结论，我们认为我国外商直接投资长期以来以绿地投资为主的原因，客观方面是我国改革开放以后经济长期高速增长，工程建设速度快，FDI 投资者倾向于采用绿地投资的方式进入；主观方面是我国政府出于引进外国企业先进技术和管理经验、保护本国经济安全和产业安全、防止知名品牌被收购等目的，长期以来对外资并购采取管制政策，鼓励甚至强制外资采取绿地投资（外资独资新建、中外合资新建）的方式进入我国市场，因此大量 FDI 投资者在政策引导下选择了绿地投资的进入模式。然而随着我国经济逐渐进入后增长期，经济的增长速度和固定资产投资速度都将会逐渐放缓，因此我国 FDI 投资以绿地投资为主这一状况的客观推动因素将逐渐消失；而主观方面的因素，即我国政府对两种进入模式的不同偏好，将逐渐成为影响我国 FDI 进入模式分布的主要因素。如何充分利用税收、限定外资持股比例、行业禁入等政策手段，引导外资按照有益于我国经济发展的方式进入我国市场，将是我国政府未来需要考虑的重要课题。而学术界则需要通过各种理论、实证研究，分析判断未来各个时期 FDI 的这两种进入模式对我国国民经济的利弊影响，为政府的政策制定提供理论依据和实践建议。

基于以上原因，本章进一步分析了跨国并购和绿地投资两种进入模式对我国经济增长的影响，以为我国政府部门未来调控外资进入提供政策参考。

传统上学术研究文献普遍持有"跨国并购因为不能增加东道国境内的投资总量，所以无法促进东道国经济增长"这一观点，然而本章通过对跨国并购资金进入东道国后的流向进行理论分析，发现跨国并购资金可以通过"再投资过程"转化为东道国的内源投资，从而促进东道国的经济增长；但是"再投资过程"的顺利进行需要东道国金融市场和制度环境的配合。本章利用 1990～2010 年间全世界 173 个国家的大样本面板数据实证研究表明，在健全的金融体系和稳定的制度环境下，跨国并购也能够促进东道国经济增长。进一步的研究表明，在发达国家绿地投资和跨国并购都可以促进经济增长；在发展中国家因为金融体系不健全、制度环境不稳定，只有绿地投资可以促进经济增长。

由此可以看出，只要我国发展完善金融体系、保障稳定的制度环境，则外资并购完全可以促进我国的经济增长。现阶段我国经济进入增长减速的"新常态"，有效利用外资并购资金，将有助于保障我国经济的持续活力，提高我国经济发展质量；所以本章还同时研究了外资并购主要倾向于收购哪些类型的我国企业，以及哪些类型的外资企业倾向于在我国实施并购，以此为我国政府部门更加有效地利用外资并购提供参考。

通过与非并购目标公司的对比实证研究，我们发现外资并购目标公司具有净资产收益率较低、公司规模较大、总资产周转时间长、股权较分散、行业地位较高、高层管理成本较高六个特征。而 Logistic 模型也证明了外资并购目标公司的特征是可以识别的，原数据拟合的总体准确率达到 64.9%，而基于 2000～2009 年样本的模型对 2010～2013 年样本的总体预测能力更是达到了 67.4%，说明 Logistic 模型对于外资并购目标公司具有较好的预测能力。而通过与境内并购目标公司的对比研究，本章研究还同时发现外资并购目标公司具有净资产收益率较低、总资产周转率较高、公司规模较大、价值被低估、股权较分散、行业地位较高、管理层因素显著、公告效应明显、受宏观背景影响大这九个特征。Logistic 模型同样验证了外资并购目标公司特征的可识别性，原数据拟合的总体准确率达到 70.1%，而基于 2000～2009 年样本的模型对 2010～2013 年样本的总体预测能力更是达到了 74.3%，这同样说明了 Logistic 模型具有较好的预测能力。两组对照的实证结果均表明外资并购目标公司具有公司规模较大、行业地位较高的显著特征，这与宣烨、王新华（2007）关于外资"斩首"行动的结论是一致的。此外，外资并购目标公司的股东获利能力较差、股权较分散且高层管理成本较高，这就使得目标公司的股东有足够的动机将所持公司股权出售给大型跨国公司，而外资方基于降低收购成本的考虑也更乐意收购这些股权分散的公司，通过改善公司的生产经营状况以及公司治理机制，达到最大化跨国公司自身利益的目的。

所得实证结果进一步验证了外资的"斩首"行动，在此前的外资并购案例中，德国 FAG 收购西北轴承就是一个典型的例子，收购完成后，中国轴承行业 25% 的市场份额被外资吞并，并最终导致了民族企业西北轴承的没落。同时外资的强势进入在消灭竞争对手的同时也挤压了我国其他传统企业的生存空间，这就引起了政府以及业界关于产业安全的讨论。因此，政府和利益相关者必须重点关注外资并购事件，在引进外资时应该注意：第一，政府不能为追求政绩而盲目招商引资，必须审慎对待外资，在企业并购时鼓励有实力的民营资本与外国资本公平竞争。同时，完善涉及外资并购的法律法规体系，避免跨国公司在收购我国企业时钻法律的漏洞；第二，清晰界定我国的战略产业目录，战略产业往往关系到国计民生，必须谨慎对待。同时，还应该设立专门的外资并购审查机构，防止跨国公司对我国各细分行业特别是传统战略产业的逐步渗透；第三，维护本土企业的自主创新能力，慎防外资对龙头企业的并购。一旦外资控制了市场份额和核心技术，我国产业的对外依存度将提高，这将削弱我国产业的自主创新能力和持续发展能力，因此必须重点关注本土企业的市场和技术。

综合以上分析，本章将主要从以下四个方面研究我国市场上外资进入模式相关问题：本章第二节通过对比 1991 年到 2010 年共计 20 年间的全球范围和我国市场中 FDI 进入模式分布情况和发展历程，发现我国市场中，跨国并购占 FDI 的比重明显低于其他参考区域；为解释这一差异，本章在第三节探讨了哪些宏微观因素会影响外资投资者在跨国并购和绿地投资这两种进入模式之间的选择，并在此基础上预测出跨国并购将成为未来外资进入我国市场的主要模式，由此建议我国政府管理部门注意引导外资在不同进入模式之间的选择，以保障我国的经济和产业的安全和发展；本章第四节探讨了不同进入模式对我国经济增长的影响差异，并提出当金融市场发达、制度环境稳定的情况，跨国并购和绿地投资这两种进入模式都可以显著促进我国的经济增长，因此随着外资并购越来越成为外资进入我国的主要模式，我国政府应当积极发展金融市场、改善制度环境，以更好地利用外资并购资金；在以上理论研究基础上，本章第五节探讨了我国哪些类型的企业更会吸引外资的收购，以及哪些类型的外资企业更倾向于在我国市场实施并购；第六节总结了本章的主要研究成果，并提出了相应的政策建议。

第二节　我国及全球 FDI 中跨国并购与绿地投资模式比较分析

20 世纪 90 年代以来，全球范围内跨国并购发展迅速，跨国并购越来越成为外商直接投资的重要手段。2000 年和 2007 年是两个跨国并购高峰年度，跨国并购额占 FDI 投资额比重达到 64.5%、51.9%；1991～2010 年共 20 年合计，全球跨国并购额占 FDI 总额的 42.7%，其中发达国家为 57.1%，发展中国家为 16.6%。联合国贸易与发展委员会（UNCTAD）预测，随着经济形势好转和新兴经济体对外并购趋向活跃，未来跨国并购在全球 FDI 总额中的占比将越来越大。

图 3-1 列示了 1991～2010 年共计 20 年间全球范围内跨国总额以及跨国并购占 FDI 额度的比重，由图可以看出，在全球范围内，跨国并购是 FDI 中主要的一种模式。

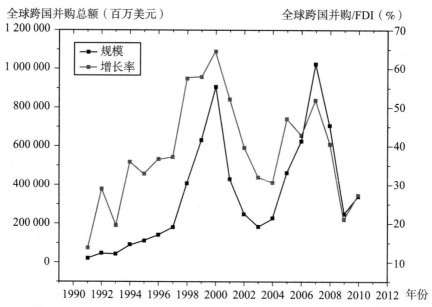

图 3-1　1991~2010 年，全球跨国并购总额及占全球 FDI 比重

注：依据 UNCTAD World FDI Database & M&A Database 数据整理而得。

但我国的 FDI 却长期以绿地投资为主，1991~2010 年的 20 年合计的外资并购额占我国 FDI 总额只有 12.1%；如果剔除 2000 年数据，则只有 8.9%，即使相对于发展中国家的 20 年合计值 16.6%，我国的外资并购占 FDI 比重也依然显著偏低。图 3-2 列示了 1991~2010 年共计 20 年间跨国并购的全球总额、发达

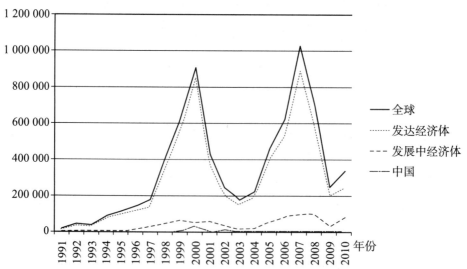

图 3-2　全球、发达国家、发展中国家、我国历年外资并购总额

国家总额、发展中国家总额和我国总额；图 3 - 3 列示了这 20 年间跨国并购占 FDI 份额的全球数值、发达国家数值、发展中国家数值和我国数值。从这两张图中可以看出外资进入我国的模式选择中跨国并购的比重明显低于其他参考地区。

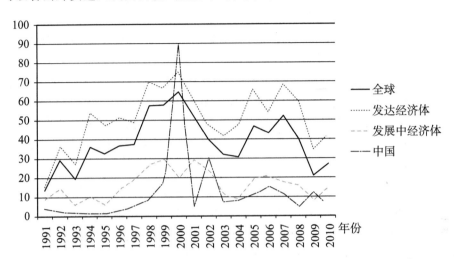

图 3 - 3　全球、发达国家、发展中国家、我国历年外资并购占 FDI 总额比重

对于我国外资进入模式与国际总体格局的差异（主要表现在外资并购占比过低，外商直接投资以绿地投资为主），陈曦、曾繁华（2010）认为尽管全球并购的趋势已经影响到中国，但是我国的跨国并购依然处于初级阶段。他们认为是过于严厉的政策限制导致了外资并购在我国发展不足的状况。他们根据一些导致了政策改变的重大并购案例，将外资并购在我国的发展阶段分为：萌芽期（1990～1995.9），此期间，外资并购刚刚开始起步，相关规制很不健全，而 1995 年 7 月的"北旅收购案"和 8 月的"江铃汽车收购案"在国内引发了国有资产流失的争论，导致政府迅速加强了对外资并购的管制；限制期（1995.9～1998.3），此期间政府针对外资并购一直是持严管的态度，但是亚洲金融危机的爆发，导致我国接收到的 FDI 剧减，因此政府又重新开始放宽对外资并购的管制，1998 年 3 月柯达获得政府批准收购了国内感光行业除乐凯以外的六大企业，并且获得了政府的多项优厚许诺；复苏期（1998.3～2002.7），此期间政府为了应对金融危机的影响，对外资并购提供了很多优待政策，国内外资并购开始复苏；发展期（2002.7 至今），中国加入世贸组织之后，依据"入世"协议，中国政府逐步放开针对外资并购的管制，外资并购在中国进入了全面的发展时期。

黄中文、刘向东和李建良（2010）也认为我国与国际市场上外资并购进入模式的差异主要取决于我国政府的政策，并且他们依据政策的变迁，将外资并购在我国的发展历程分成五个阶段，分别是：1990～1995 年为萌芽期，此期间国内的外资并购刚刚出现，由于没有成熟的资本市场和交易工具的支持，外资并购很难进行，此期间外资并购的主要形式是外资通过合资或者购买产权的形式并购并改造不盈利的老企业；1995～1998 年为探索期，随着 1994 年开始的国际跨国并购潮流，外资在我国的并购迅猛发展，我国政府缺乏相应的因应经验，在短时间内颁布了针对外资并购的大量管制法规，外资并购也为了躲避法律多采用间接收购形式；1998～2001 年是培养期，由于 1997 年的亚洲金融危机严重冲击了我国经济，因此我国政府放宽了一系列法令，主动培植外资并购以促进中国经济发展；2001～2006 年是鼓励期，2001 年中国加入世贸组织，依据世贸协定，我国政府放宽了针对外资并购的一系列约束条件。2006 年至今为可持续发展期，2006 年一系列的重大外资并购案在国内引起了巨大的争论，也促使我国政府重新开始出台法令，规范外资并购市场，防止外资垄断危及我国产业安全。

江小涓（2001）认同国家政策对外资并购有重要影响，提出亚洲金融危机后，东南亚国家和韩国等为了吸引外资促进经济恢复，实施了"取消对股权份额的限制""开放新的投资领域""允许收购方式多样化，简化审批程序"以及"改善投资环境"等措施，迅速增加了外资并购的总量。

多数学者认为，我国外资进入模式的发展受到我国政府政策的显著影响，我国外资进入模式的发展历程就是我国政府政策演进的历程，并且政策对我国未来外资并购的发展也会有重大指导作用。然而，当前有关国家政策对外资并购的影响研究主要是定性研究和案例研究，缺乏足够的实证研究证据，未能明确说明国家政策对外资并购的定量影响程度。因此，有关国家政策对外资进入模式的实证研究工作有待进一步深入。

第三节　外资进入模式选择的影响因素研究

一、概况

跨国公司通过直接投资在世界各地建立工厂、开设分部，推动着全球化的进程，也影响着各投资目的地（东道国）的国民经济状况。FDI 进入东道国市场的模式主要包括绿地投资（Greenfield Investment）和跨国并购（Cross-border M&A）两种。诸多研究认为，这两种市场进入模式对东道国的经济增长（Wang & Sunny，2009）、技术进步（Bertrand & Zuniga，2006）、就业（Hale & Long，2011）、市场竞争（Bitzer & Gorg，2009）以及国家经济安全、产业安全（Weimer，2008）等方面的影响存在显著差异，因此各东道国应积极进行政策引导，鼓励 FDI 投资者采用对本国有利的模式进入本国市场。而若要对 FDI 投资者进行政策引导，则必须首先了解"哪些因素影响 FDI 进入模式的选择"。对此，学术界主要使用交易成本理论进行分析（Hennart，1991；Zhao et al.，2004；许陈生，2004；薛求知、韩冰洁，2008），即不同的 FDI 进入模式对应不同的交易成本，FDI 投资者权衡这两种进入模式的交易成本，选择交易成本较小的模式进入东道国市场。

但是，交易成本理论的视角只关注于最小化各类具体的交易成本，而忽视了不同进入模式的价值创造能力（Zajac & Olsen，1993；Leiblein，2003；Sanchez，2003），即伴随不同进入模式而产生的实物期权价值。Brouthers 等（2008）的研究指出，有三种情况会产生实物期权价值。首先是"不同进入时机所蕴含的不同机会成本"，即由于市场环境是变化的，FDI 投资者对进入时机的选择将会影响到投资可以获得的价值；FDI 投资者不能只关注于最小化交易成本和谋求正的净现值，因为如果没有在最佳时机进入的话，虽然仍然可能获得正的净现值，但损失了获取最大价值的机会，因而承担了比收益更大的机会成本，从经济利益来看就遭受了损失，换言之，选择了正确的进入时机将可以创造价值（Li，2007）。其次是"高不确定情况下投资带来的未来增长"；交易成本理论建立在净现值估计基础上，事先预测了投资项目未来的期望增长状况，并且一般都假设投资项目平稳增长（利润流固定或利润流的增长率固定），如果东道国市场存在很高的不确定性的话，这种事前的估计就非常不可靠，即投资目标未来可能出现预料之外的爆发式增长，而投资这些目标企业的投资者也因此拥有一项在未来分享这种增长带来的利润的实物期权（Bowman & Hurry，1993；Gilroy & Lukas，2006）。最后是"FDI 投资者进入策略的灵活性"，即企业通过先期投资，可以形成企业特有的资源，这些特有资源构成战略性实物期权，允许企业在未来不确定性出现时再依情况重新配置其资产，Chang 和 Rosenzweig（2001）也通过实证研究发现采用多阶段连续投资模式进入东道国市场的投资者可以获得更大的投资价值。由于交易成本理论无法解释以上三种情况，因而众多学者开始尝试采用实物期权理论来解释 FDI 的进入模式选择问题。

实物期权的概念由 Myers（1977）提出，他认为可以把投资看作对未来增长机会的索取权。随后 McDonald 和 Siegel（1986），Paddock 等（1988），Ingersoll 和 Ross（1992）提出了延迟期权理论并被以后的学者用于投资研究。Dixit（1989）首先将投资者的投资过程看成一个延迟期权的行权过程，即持有一定资金的投资者观察准备投资项目的价值增长状况，如果未来投资项目的价值增长到一定的高度，则投资者对该延迟期权行权。在此基础上，Buckley 和 Casson

（1998）将 FDI 投资者在东道国的投资也看作延迟期权，从而将实物期权理论引入了 FDI 进入模式的研究中，他们通过实证研究发现，FDI 在东道国投资的不可逆性越高、灵活性越差、不确定性越大，则绿地投资的进入模式越具有优势，反之跨国并购具有优势。然而 Buckley 和 Casson（1998）的研究并没有给出具体的基于延迟期权的 FDI 进入模式选择模型。Eicher 和 Kang（2005）以及 Nocke 和 Yeaple（2007）构建了基于延迟期权的 FDI 进入模式选择模型，他们对比了绿地投资和跨国并购两种进入战略，研究发现不确定性和未来投资机会对 FDI 的进入策略选择起决定作用，即不确定性越大、未来投资机会越大，FDI 投资者越倾向于采用绿地投资模式进入东道国市场，反之则倾向于采用跨国并购的模式进入。但至此为止的研究也只是将进入时机这一问题纳入考虑，另外两种情况完全没有涉及。Gilroy 和 Lukas（2006）构建了一个两阶段实物期权模型来研究 FDI 的市场进入模式，其模型特点是将外资进入后未来的发展也纳入考虑，即考虑了 Brouthers 等（2008）总结的第二种会产生实物期权的情况，他们的研究表明，东道国市场需求的波动率越高、绿地投资工程建设期越短、东道国文化对绿地投资越具有吸引力，FDI 投资者越倾向于采用绿地投资模式，反之则倾向于跨国并购模式。但是，Brouthers 等（2008）总结的第三种情况，即"FDI 投资者进入策略的灵活性"，仍然没有被现有的模型所考虑。

本节在 Gilroy 和 Lukas（2006）的两阶段实物期权模型基础上，构造一个三阶段实物期权模型，将"FDI 投资者进入策略的灵活性"纳入模型，并通过对模型的分析，全面考察 FDI 进入东道国的模式选择。通过模型分析发现，工程建设速度、经济增长速度和市场稳定性三个因素会影响 FDI 投资者在东道国市场的进入模式选择，绿地投资新建的企业平均规模小于跨国并购所收购的企业。本节还表明，东道国的国家政策对 FDI 投资者的决策存在显著影响，FDI 投资者倾向于跟随东道国的政策指挥棒行事。最后，通过实证检验，本节证实了以上结论。

本节包括五个部分：第一部分是介绍研究的动机并回顾相关文献；第二部分构造了一个将 FDI 投资者进入策略的灵活性也纳入考虑的三阶段实物期权模型；第三部分通过对模型的分析，找出了影响 FDI 投资者进入模式选择的因素；第四部分，我们对模型分析的结果进行了实证研究；第五部分是结论和政策含义。

二、外资进入模式选择的三阶段实物期权模型

（一）投资目标企业的价值

假设投资目标企业（以下简称"目标企业"）面临的需求波动服从几何布朗

运动，同时假定目标企业产品的单位利润不变（Dixit，1989），则目标企业可以实现的最大利润 π 受到需求的影响，表现出几何布朗运动：

$$\mathrm{d}\pi(t) = \alpha\pi(t)\mathrm{d}t + \sigma\pi(t)\mathrm{d}z \tag{3.1}$$

式（3.1）中 $\pi(t)$ 代表 t 时刻目标企业可以实现的最大利润流；α 为需求增长漂移率，反映了目标企业在一国或地区的经营过程中所获需求的平均增长速度；σ 为需求波动率，反映了市场需求的不确定程度；$\mathrm{d}z$ 为标准随机维纳过程的微分。π 的值在 $t=0$ 时刻是确定的，其后的增长率即为一个随机变量。需要注意的是，$\pi(t)$ 的涵义不是 t 时刻目标企业实际实现的利润流，而是如果目标企业能够按照市场最大需求生产的话，将获得的最大的利润流。如果 t 时刻市场需求大于目标企业的生产能力，则目标企业需要增加投资以扩大产能才能实现 $\pi(t)$ 的利润流。例如，某时刻市场需求 100 单位目标企业产品，每单位产品可实现 1 单位利润，那么此时 $\pi(t)$ 等于 100；但是如果此时目标企业产能有限，只能生产 80 单位产品，则其实际实现的利润只有 80，小于 $\pi(t)$；即 $\pi(t)$ 代表了企业获利能力的上限。

目标企业的价值可以用其未来可实现的利润流现值来表示，假设 FDI 投资者是风险中性的，并假定资本成本为 r[①]，则目标企业在 t 时刻可以实现的最大价值（假定目标企业永续经营）可以表示为（证明详见附录 3A）：

$$V(t) = \frac{\pi(t)}{r-\alpha}, \ (r > \alpha) \tag{3.2}$$

在公式（3.2）中，$v(t)$ 表示目标企业在时刻 t 时可以实现的最大价值，表现为目标企业该时刻的利润流与一个常系数的乘积，将式（3.2）带入式（3.1），可以得出：

$$\mathrm{d}V(t) = \alpha V(t)\mathrm{d}t + \sigma V(t)\mathrm{d}z \tag{3.3}$$

即目标企业 t 时刻可实现的最大价值的变化也符合几何布朗运动。且价值变化的漂移率和波动率都与利润流一致。至此我们构建出了目标企业在 t 时刻可以实现的最大价值的变化模型。

（二）FDI 投资者进入东道国的过程分析

Gilroy 和 Lukas（2006）将 FDI 投资者进入东道国投资的过程分成进入和发展两个阶段。

进入阶段：FDI 投资者充分衡量（绿地投资或跨国并购所得的）目标企业的

[①] 在风险中性假设下，无风险收益率、资本成本率、经济增长率的期望值三个量应当是相等的（否则将出现无风险套利机会），因此在后文中这三个量共用符号 r。

价值，决定是否进行投资。

发展阶段：FDI 投资者根据东道国市场需求的发展状况，决定是否对目标企业进行进一步的扩建投资。

Smit（2001），Yeo 和 Qiu（2003），Kumar（2005），Brouthers 等（2008），Brouthers 和 Dikova（2010）的研究都表明绿地投资可以从非常小的规模做起，并在未来市场状况向好时逐渐增加投资、扩大规模，因而相对于跨国并购享有一项正的实物期权（延迟期权）。在此基础上，本节借鉴 Gilroy 和 Lukas（2006）的两阶段模型，把整个 FDI 进入东道国的过程分成三个阶段[①]。

第一阶段，FDI 投资者决定是采用绿地投资还是跨国并购的方式进入东道国。假设采用 i 模式（$i=1$ 时代表绿地投资，$i=2$ 时代表跨国并购）进入东道国需投资 I_{i1}，获得产能 P_{i1} 和目标企业价值 V_{i1}；且 $I_{11} \leq I_{21}$，$P_{11} \leq P_{21}$，即绿地投资能够以相对于跨国并购而言更小的初始投资额和初始规模进入东道国市场。

第二阶段，此阶段采用跨国并购的 FDI 投资者不采取行动，目标企业产能不变（$P_{21} = P_{22}$）；采用绿地投资的 FDI 投资者，依据市场行情决定是否对目标企业进行扩建，如果需要扩建，则投资 I_{12}，并将产能提升到与跨国并购所获目标企业相等的程度（即 $P_{12} = P_{21} = P_{22}$）。此时 FDI 投资者通过绿地投资模式建立的目标企业和跨国并购所获的目标企业将具有相同的产能，二者差异消失。

第三阶段，FDI 投资者根据市场行情决定是否扩建目标企业，如果需要扩建，则投资 I_{i3}，并将产能提升到 P_{i3}。

（三）FDI 进入东道国模式选择模型

按照前文所述的三个阶段，运用实物期权工具，可以计算出采用跨国并购和绿地投资模式进入东道国市场时，能够诱使 FDI 投资者决定进行投资和扩建的目标企业最大可实现价值的触发值 V^* 以及 FDI 投资者拥有的实物期权价值 $F(V)$。

下面我们采用逆向分析路径推导出 FDI 进入模式选择的理论模型。

首先分析第三阶段。记时刻 t 目标企业可以实现的最大价值为 $V_{i3}(t)$，目标企业的延迟期权为 $F_{i3}(V(t))$，无风险收益率为 r；目标企业增长的漂移率为 α_i；市场需求的波动率为 σ。因为市场需求的波动率在较长时间内相对稳定，并且同一市场中的不同目标企业都面临着相同的市场需求波动，所以我们设定 σ 值在各个阶段对两种进入模式的目标企业都是相同的；而目标企业增长的漂移率与目标

---

① 本节中三阶段的涵义是三个步骤。即若 FDI 投资者采用跨国并购进入东道国市场，则只需要走两步，第一步是收购企业，第二步是扩建企业；而若采用绿地投资模式进入，则要走三步，第一步投资建立一家小规模企业，第二步将该企业扩建到与跨国并购模式收购的企业同等规模，第三步再次扩建企业。这样的假定可以使两种进入模式的首尾两个步骤遵循相同的方程，有助于简化模型。

企业本身特质（如管理层水平、核心技术专利、营销渠道等）有关且相对稳定，所以我们设定两种进入模式的 α 值在各个阶段不变，但两种进入模式的 α 值未必相等。因为已经假定 FDI 投资者是风险中性的，无风险收益率是 r，所以有：

$$r F_{i3} dt = E(dF_{i3}) \tag{3.4}$$

期权价格 $F_{i3}(V(t))$ 是目标企业价值 $V(t)$ 的函数，依据 Ito 引理可得：

$$r F_{i3} dt = E(dF_{i3}) = \frac{\partial F_{i3}}{\partial V}\alpha_i V(t) dt + \frac{1}{2}\frac{\partial^2 F_{i3}}{\partial V^2}\sigma^2 V(t)^2 dt + \frac{1}{2}\frac{\partial^2 F_{i3}}{\partial V^2}\alpha_i^2 V(t)^2 (dt)^2 \tag{3.5}$$

式（3.5）两边同时除以 dt，并舍弃高阶小量，则有：

$$\frac{1}{2}\frac{\partial^2 F_{i3}}{\partial V^2}\sigma^2 V(t)^2 + \frac{\partial F_{i3}}{\partial V}\alpha_i V(t) dt - r F_{i3} = 0 \tag{3.6}$$

此类结构的偏微分方程的通解，已由 Dixit（1989）求出，因此有：

$$F_{i3}(V) = A_{i3} V(t)^{\beta_{i3}} + B_{i3} V(t)^{\gamma_{i3}} \tag{3.7}$$

其中 $\beta_{i3} = \frac{1}{2} - \frac{\alpha_i}{\sigma^2} + \sqrt{\left(\frac{1}{2} - \frac{\alpha_i}{\sigma^2}\right)^2 + \frac{2r}{\sigma^2}}$，$\gamma_{i3} = \frac{1}{2} - \frac{\alpha_i}{\sigma^2} - \sqrt{\left(\frac{1}{2} - \frac{\alpha_i}{\sigma^2}\right)^2 + \frac{2r}{\sigma^2}}$

易知 $\beta_{i3} > 0$ 和 $\gamma_{i3} < 0$。相应的边界条件为：

$$F_{i3}(0) = 0$$
$$F_{i3}(V_{i3}^*) = \Theta_i(e^{-(r-\alpha_i)\tau} V_{i3}^* - V_{i2}^*) - I_3 \tag{3.8}$$
$$\frac{\partial F_{i3}(V)}{\partial V}\bigg|V_{i3}^* = \Theta_i e^{-(r-\alpha_i)\tau}$$

式（3.8）中，第一项边界条件是自然约束，因为我们假设目标企业价值的增长是几何布朗运动，因此一旦目标企业价值为 0，则以后其价值将永远为 0，不会再增加，因而此时的延迟期权也就失去意义，自然价值也应该为 0。

第二项边界条件代表了无套利原则，即目标企业拥有的实物期权价格等于目标企业收益 $\Theta_i(e^{-(r-\alpha_i)\tau} V_{i3}^* - V_{i2}^*)$ 与需要支付的敲定价 I_3 之差。在 $\Theta_i(e^{-(r-\alpha_i)\tau} V_{i3}^* - V_{i2}^*)$ 中，Θ_i 代表东道国对外资的态度；Θ_i 取值介于 0 和 1 之间，越接近 1，表示东道国对外资越友好，外资可以更多地享有其投资目标企业的价值；由于一国或地区对待绿地投资和跨国并购的态度可能不同，因此二者对应 Θ_i 也可能不相等。考虑到目标企业之所以会进行扩建投资，必然是其现阶段的需求已经达到 P_{i3} 的产能之上，所以才需要将目标企业扩建到 P_{i3} 的产能；同时，既然需求已经大于 P_{i3}，那么在扩建前，目标企业必然是在满负荷生产，根据之前的假设，第三阶段扩建前目标企业的最大产能是 P_{i2}；通过扩建，目标企业失去了原有的 P_{i2} 产能而获得了 P_{i3} 的产能，因此，目标企业的价值增加了 $\Theta_i(V_{i3}^* - V_{i2}^*)$，即 FDI 投资者的收益增加了 $\Theta_i(V_{i3}^* - V_{i2}^*)$。同时，根据 Friedl（2002）和 Gilroy，Lukas（2006）

的研究，由于扩建需要一段时间来完成，这使得投资者决定投资之后不能马上获得扩建后的目标企业价值 $V_{i3}*$，而要经过 τ 的建设期后才能获得该价值，因此需要对 FDI 投资者可以获得的收益进行修正，Friedl（2002）证明出此修正系数为 $e^{-(r-\alpha_i)\tau}$。所以，投资者通过投资 I_{i3} 进行扩建后，真正获得的收益增加值为 $\Theta_i(e^{-(r-\alpha_i)\tau}V_{i3}^* - V_{i2}^*)$。

在式（3.8）中，$F(0)=0$ 可以决定 B_{i3} 必然为 0，所以可以忽略式（3.7）中的第二项。观察 β_{i3} 的形式，可以发现，其大小完全由 α_i、r 和 σ 决定，这三个量设定后，β_{i3} 就是一个常数，记为 β_i。

由此可以求得该实物期权的价值和行权的触发值[1]为：

$$F_{i3}(V) = \begin{cases} A_{i3}V(t)^{\beta_i}, & V(t) < V_{i3}^* \\ \Theta_i(e^{-(r-\alpha_i)\tau}V_{i3} - V_{i2}^*) - I_3, & V(t) \geqslant V_{i3}^* \end{cases} \quad (3.9)$$

其中：$V_{i3}^* = \dfrac{\beta_i e^{(r-\alpha_i)\tau}}{(\beta_i - 1)\Theta_i}(\Theta_i V_{i2}^* + I_3)$，$A_{i3} = \dfrac{\Theta_i e^{-(r-\alpha_i)\beta_i\tau}}{\beta_i}\left[\dfrac{\beta_i}{(\beta_i - 1)\Theta_i}\right]^{1-\beta_i}(\Theta_i V_{i2}^* + I_3)^{1-\beta_i}$

然后分析第二阶段。

此阶段只有绿地投资的目标企业需要进行决策。此阶段模型与第三阶段模型类似，但边界条件变为：

$$F_{12}(0) = 0$$
$$F_{12}(V_{12}^*) = \Theta_1(e^{-(r-\alpha_1)\tau}V_{12}^* - V_{11}^*) - I_{12} + F_{13}(V_{12}^*) \quad (3.10)$$
$$\frac{\partial F_{12}(V)}{\partial V}\bigg|V_{12}^* = \Theta_1 e^{-(r-\alpha_1)\tau} + \frac{\partial F_{13}(V)}{\partial V}\bigg|V_{12}^*$$

式（3.10）中，F_{12} 代表绿地投资目标企业第二阶段的延迟期权价值。

第二项边界条件中，目标企业从 P_{11} 的产能扩建到 P_{12} 的产能（具体分析参考第三阶段模型）。需要注意的是，第二项边界条件中加入了延迟期权 F_{13}，因为一旦完成这一步扩建，目标企业就获得了在未来可以按照第三阶段模型进行扩建的实物期权[2]。

类似第三阶段的分析，可以求得该阶段目标企业拥有的实物期权的价值和行权的触发值如下：

---

　① 行权触发值的涵义是如果目标企业价值增加到触发值以上，FDI 投资者就会对看涨期权行权，即实施投资（采用绿地投资或者跨国并购的模式）进入东道国市场。

　② 应当注意的是，实物期权 $F_{13}(V)$ 并不是常数，其大小是随着目标企业在 t 时刻可以实现的最大价值 $V(t)$ 的变动而变动的，因此在第三项约束条件中，$F_{13}(V)$ 对 V 的偏导项不等于 0。在 Gilroy，Lukas（2006）模型的边界条件中 $F_{13}(V)$ 对 V 的偏导等于 0，这是一个计算错误。

$$F_{12}(V) = \begin{cases} A_{12}V(t)^{\beta_1}, & V(t) < V_{12}^* \\ \Theta_1(e^{-(r-\alpha_1)\tau}V_{12} - V_{11}^*) - I_{12} + F_{13}(V_{12}), & V(t) \geqslant V_{12}^* \end{cases} \quad (3.11)$$

其中：$V_{12}^* = \dfrac{\beta_1 e^{(r-\alpha_1)\tau}}{(\beta_1-1)\Theta_1}(\Theta_1 V_{11}^* + I_{12})$

$A_{12} = \dfrac{\Theta_1 e^{-(r-\alpha_1)\beta_1\tau}}{\beta_1}\left[\dfrac{\beta_1}{(\beta_1-1)\Theta_1}\right]^{1-\beta_1}\left[(\Theta_1 V_{11}^* + I_{12})^{1-\beta_1} + (\Theta_1 V_{12}^* + I_3)^{1-\beta_1}\right]$

最后分析第一阶段。

此阶段 FDI 投资者需要决策其是否进入东道国市场。若 FDI 投资者采用跨国并购方式进入东道国市场，则边界条件是：

$$F_{21}(0) = 0$$
$$F_{21}(V_{21}^*) = \Theta_2 V_{21}^* - I_{21} + F_{23}(V_{21}^*) \quad (3.12)$$
$$\left.\frac{\partial F_{21}(V)}{\partial V}\right|V_{21}^* = \Theta_2 + \left.\frac{\partial F_{23}(V)}{\partial V}\right|V_{21}^*$$

必须注意的是，由于并购所获目标企业可以立即生产，而不需要等待 τ 时间的建设期，因此针对跨国并购所获目标企业的价值衡量中不需要修正目标企业的价值。

若 FDI 投资者采用绿地投资的方式进入东道国市场，则边界条件是：

$$F_{11}(0) = 0$$
$$F_{11}(V_{11}^*) = \Theta_1 e^{-(r-\alpha_1)\tau}V_{11}^* - I_{11} + F_{12}(V_{11}^*) \quad (3.13)$$
$$\left.\frac{\partial F_{11}(V)}{\partial V}\right|V_{11}^* = \Theta_1 e^{-(r-\alpha_1)\tau} + \left.\frac{\partial F_{12}(V)}{\partial V}\right|V_{11}^*$$

式（3.12）、（3.13）中，F_{11} 和 F_{21} 分别表示 FDI 投资者采用绿地投资和跨国并购方式进入东道国市场前的延迟期权。类似之前的分析，由此可以求得这两项实物期权的价值和行权的触发值。

FDI 投资者采用跨国并购方式进入东道国的实物期权价值和行权的触发值如下：

$$F_{21}(V) = \begin{cases} A_{21}V(t)^{\beta_2}, & V(t) < V_{21}^* \\ \Theta_2 V_{21} - I_{21} + F_{23}(V_{21}), & V(t) \geqslant V_{21}^* \end{cases} \quad (3.14)$$

其中：$V_{21}^* = \dfrac{\beta_2}{(\beta_2-1)\Theta_2}I_{21}$，$A_{21} = \dfrac{\Theta_2 e^{-(r-\alpha_2)\beta_2\tau}}{\beta_2}\left[\dfrac{\beta_2}{(\beta_2-1)\Theta_2}\right]^{1-\beta_2}\left[e^{(r-\alpha_2)\beta_2\tau}I_{21}^{1-\beta_2} + (\Theta_2 V_{21}^* + I_3)^{1-\beta_2}\right]$

FDI 投资者采用绿地投资方式进入东道国的实物期权价值和行权的触发值如下：

$$F_{11}(V) = \begin{cases} A_{11}V(t)^{\beta_1}, & V(t) < V_{11}^* \\ \Theta_1 e^{-(r-\alpha_1)\tau}V_{11} - I_{11} + F_{12}(V_{11}), & V(t) \geqslant V_{11}^* \end{cases} \quad (3.15)$$

103

其中：$V_{11}^* = \dfrac{\beta_1 e^{(r-\alpha_1)\tau}}{(\beta_1-1)\,\Theta_1}I_{11}$，

$$A_{11} = \frac{\Theta_1 e^{-(r-\alpha_1)\beta_1\tau}}{\beta_1}\left[\frac{\beta_1}{(\beta_1-1)\Theta_1}\right]^{1-\beta_1}\left[I_{11}{}^{1-\beta_1} + (\Theta_1 V_{11}^* + I_{12})^{1-\beta_1} + (\Theta_1 V_{12}^* + I_3)^{1-\beta_1}\right]$$

在式（3.14）和（3.15）中，实物期权价值的大小代表 FDI 投资者选择不同进入模式可以实现的期权收益。当 FDI 投资者选定某种进入模式后，在目标企业价值达到触发值时进入，FDI 投资者可以实现该种进入模式下的收益最大化。总体而言，FDI 投资者必然是综合考虑其投资可以获得的收益和触发值的大小，而决定其进入模式的选择的。

但是 FDI 投资者究竟更偏好于目标企业的实物期权价值还是行权触发值，与 FDI 投资者的个体投资偏好密切相关，文化、行业以及 CEO 个人偏好等因素都可能产生影响。以往文献中，大部分学者都只是通过比较两种进入模式对应的进入阶段触发值大小决定进入模式选择的（McDonald & Siegel（1986），Dixit（1989），Baldwin & Krugman（1989），Gilroy & Lukas（2006）），这就等同于假定 FDI 投资者只关注于最小的行权触发值而无视投资收益，这与现实存在较大偏差。在本节的后续讨论中，我们将目标企业给 FDI 投资者带来的价值这一因素也纳入考虑，从两个不同视角来分析 FDI 投资者的进入模式选择决策的结果，以对比这两种视角对 FDI 进入模式选择的解释力。

三、影响 FDI 投资者进入模式选择的因素讨论

为了讨论方便，记 FDI 投资者进入阶段采用跨国并购模式的行权触发值与采用绿地投资模式的行权触发值之比为 K_1；并记 FDI 投资者通过跨国并购模式进入所获得的实物期权价值与绿地投资模式相应的实物期权价值之比为 K_2。当 K_1 小于 1 时，表示跨国并购模式对应的进入阶段行权触发值较小，如果 FDI 投资者偏好于较小的行权触发值，则会选择跨国并购模式进入东道国市场；反之，K_1 大于 1 时，选择绿地投资模式进入东道国市场。而当 K_2 小于 1 时，表示绿地投资模式可以给 FDI 投资者创造更大的价值，如果 FDI 投资者偏好于寻求更大的价值，则会选择绿地投资模式进入东道国市场；反之，K_2 大于 1 时，选择跨国并购模式进入东道国市场。

按照 McDonald 和 Siegel（1986），Dixit（1989），Baldwin 和 Krugman（1989）和 Gilroy 和 Lukas（2006）的传统处理方法，FDI 投资者只关注于进入阶段行权触发值，K_1 是 FDI 投资者进行决策的唯一参考标准，减小 K_1 将使 FDI 投资者倾向于选择跨国并购模式进入东道国市场，反之，增大 K_1 将使 FDI 投资者倾向于

选择绿地投资模式。本节中我们将通过引入 K_2，增加"FDI 投资者偏好价值"这一新视角以探讨 FDI 投资者的投资偏好及其对 FDI 进入模式选择的影响。

（一）投资项目建设时间 τ 对 FDI 进入模式选择的影响

Friedl（2002）提出，由于绿地投资过程中新建一家目标企业需要一定的时间，这使得投资者投资之后不能马上获得目标企业的价值，而要经过 τ 的建设期后才能获得该价值，因此需要对目标企业可以获得的价值进行修正，并且经证明此修正系数为 $e^{-(r-\alpha_i)\tau}$。由于 α_i 必然小于 r（否则目标企业的价值将是无穷大），所以 $e^{-(r-\alpha_i)}$ 必然小于 1，因此通过绿地投资方式进入东道国所获得的目标企业价值将出现折价。

观察式（3.14）和式（3.15）可以看出，建设期 τ 越长，将使得绿地投资进入阶段的行权触发值 V_{11} 越大；而 τ 对 V_{21} 没有影响，即不影响跨国并购方式进入阶段的触发值。所以，必然有 $\partial k_1/\partial \tau = \partial(V_{21}^*/V_{11}^*)/\partial \tau = -V_{21}^*/V_{11}^{*2} \cdot \partial V_{11}^*/\partial \tau < 0$，即随着 τ 的增大，K_1 将减小，从而可以得出：若 FDI 投资者偏好于较小的行权触发值，则在 τ 较大时，其倾向于选择跨国并购模式进入东道国市场；在 τ 较小时，倾向于选择绿地投资模式。

而 K_2 与 τ 的关系，用直接求导数的方法较难计算[①]，因此我们在附录 B.1 中通过数值计算列示了 $K_2(\tau)$ 的函数曲线。在图 B–1 中，可以清楚地看出 K_2 与 τ 是正相关关系，即 τ 越大跨国并购模式给 FDI 投资者带来的价值相对更多，从而可以得出：若 FDI 投资者偏好于较大的价值增加，则在 τ 较大时，其倾向于选择跨国并购模式进入东道国市场；在 τ 较小时，倾向于选择绿地投资模式。

综上我们可以发现，投资项目建设时间 τ 对 FDI 进入模式选择的影响是一致的，无论 FDI 投资者的个人投资偏好如何，我们都可以得出如下的第一个命题。

命题 1：在工程建设速度快的国家或地区，FDI 投资者倾向于采用绿地投资的方式进入东道国；反之，工程建设速度慢的国家或地区，FDI 投资者偏好于跨国并购模式。

（二）绿地投资进入阶段投资额对 FDI 进入模式选择的影响

Smit（2001），Yeo 和 Qiu（2003），Kumar（2005），Brouthers 等（2008），Brouthers 和 Dikova（2010）的研究表明，FDI 投资者采用绿地投资进入东道国市

---

① FDI 投资者获得的实物期权价值函数是关于目标企业价值 V 的分段函数，因此 $\partial K_2/\partial \tau$ 也必须分段求解，这将使得最后推导出来的 $\partial K_2/\partial \tau$ 表达式非常复杂且很难直观地看出其符号的正负。

场时可以分阶段投资①，因此我们将"FDI 投资者进入策略的灵活性"纳入了模型，从而解决了 Brouthers 等（2008）总结的交易成本理论在解释 FDI 进入东道国模式选择问题上的第三个不足，这是本节构建的模型与 Gilroy 和 Lukas（2006）模型的最大区别。

记 $\lambda = I_{11}/I_{21}$，λ 越小，表示 FDI 投资者采用绿地投资模式进入东道国的初始投资额相对越小，也即 FDI 投资者所采用投资策略的灵活性越大。

依据式（3.14）、式（3.15）可以得到 K_1 正比于 λ^{-1}，即 K_1 与 λ 负相关。另外与本节第一部分中的讨论类似，K_2 与 λ 的关系亦较难直接进行公式求解，因此我们在附录 B.2 中通过数值计算得出了 $K_2(\lambda)$ 的函数曲线；在图 B - 2 中，可以清楚地看出 K_2 与 λ 是正相关关系。由此可知 λ 越小，K_1 越大，K_2 越小，即 FDI 投资者所采用投资策略的灵活性越大（绿地投资需要的初始投资额越小），则绿地投资进入阶段的触发值就相对越小，绿地投资给 FDI 投资者带来的总价值就相对越大，因此，无论 FDI 投资者的投资偏好如何，其都会越倾向于采用绿地投资模式进入东道国；反之，λ 越大，则越倾向于采用跨国并购模式进入东道国。由此，我们可以推出第二个命题。

命题 2：相对于跨国并购方式获得的目标企业，FDI 投资者通过绿地投资方式获得的目标企业初始规模较小。

（三）需求增长漂移率对 FDI 进入模式选择的影响

式（3.1）中需求增长漂移率 α 反映了目标企业在一国或地区的经营过程中获得的需求的平均增长速度。不同进入模式形成的目标企业，即使在同一国内进行经营，其面临的竞争环境等因素也可能不同，因此两种进入模式对应的需求漂移率之间也会有差别。我们关心的是这种差别是否会对 FDI 进入模式的选择产生影响。

可以证明 K_1 和 K_2 都与 α_1 负相关并与 α_2 正相关（证明见附录 B.3）。如果 FDI 投资者更加关注于进入阶段触发值大小，那么 α_1 增大，K_1 减小，即绿地投资所获目标企业未来增长速度快时，FDI 投资者反而会倾向于采用跨国并购模式进入东道国市场；反之亦然，即跨国并购模式所获目标企业未来增长速度快时，FDI 投资者却会倾向于采用绿地投资模式进入东道国市场。这样的结论与我们的日常经验相差过大。而如果 FDI 投资者更加关注于不同进入模式为其带来的实物期权价值，那么 α_1 增大，K_2 减小，这说明绿地投资模式为 FDI 投资者获取了更

---

① 即为了规避未来的需求波动风险，可以先进行小规模投资，待未来需求行情确定好转时，再通过扩建追加投资。

多的价值，因此 FDI 投资者会倾向于选择绿地投资模式进入东道国市场，即绿地投资的目标企业未来增长速度快时，FDI 投资者会倾向于采用绿地投资的模式进入东道国市场；跨国并购模式亦然。对比可见，在解释需求增长漂移率对 FDI 进入模式选择的影响这一问题上，假定 FDI 投资者更加关注于不同进入模式为其带来的实物期权价值更为合理。

考虑现实世界的情况，如果 FDI 投资者采用绿地投资模式进入东道国，那么新建的目标企业的市场份额需要从东道国市场内原有的同行业企业手中夺取，因此将面临激烈的竞争；如果 FDI 投资者通过跨国并购模式进入东道国，由于并购行为并未改变东道国市场内原有的竞争格局，因此目标企业面临的竞争会弱于绿地投资模式。由此可以推断，由于面临的竞争压力更大，总体上绿地投资模式新建的目标企业未来的增长速度将会慢于跨国并购模式获得的目标企业。这一推断与 Georgopoulos 和 Preusse（2009）的实证研究相一致。因此，我们设定 $\alpha_2 > \alpha_1$[①]，在此设定下，依据 $K_1(r) = V_{M\&A}(r)/V_G(r)$ 和 $K_2(r) = F_{M\&A}(r)/F_G(r)$，通过数值求解得出 K_1 与 r 呈正相关关系，K_2 与 r 呈负相关关系（见附录 B.4）。由此可知 r 越大，K_1 越大，K_2 越小，绿地投资模式对应的进入阶段行权触发值相对越小，为 FDI 投资者创造的价值相对越大，无论 FDI 投资者偏好如何，都倾向于采用绿地投资模式进入东道国市场；反之，r 越小，FDI 投资者越倾向于采用跨国并购模式进入东道国市场。在第 1 节第 1 部分中，我们已经说明 r 也可以代表经济增长率的期望值。由此，我们可以推出第三个命题。

命题 3：在经济增长速度高的国家或地区，FDI 进入模式以绿地投资为主；反之，则以跨国并购为主。

（四）需求不确定性对 FDI 进入模式选择的影响

式（3.1）中代表市场需求不确定性的需求波动率 σ，对 FDI 进入模式选择也有影响。Gilroy 和 Lukas（2006）通过数值求解证明 σ 越大，无论绿地投资还是跨国并购模式对应的进入阶段行权触发值都会越大，即东道国市场的需求波动风险越大，FDI 投资者将倾向于不进入该国；并且虽然两种进入模式对应的进入阶段行权触发值都在增大，但是绿地投资模式对应的触发值增加速度相对较慢而跨国并购模式较快，即相当于 $\partial k_1/\partial\sigma < 0$。我们在附录 B.5 中通过数值求解得出了与之完全相同的结果（图 B－7）；另外，我们还通过数值求解得出了 $\partial K_2/\partial\sigma < 0$ 的结果（图 B－8）。由这两个结果可以推出一个一致的结论，即无论 FDI 投资者偏好如何，高需求波动风险都将使其倾向于采用绿地投资模式进入东道国市

---

① 在附录 C.5 中，我们设定 α_2 比 α_1 大 0.01。

场；反之，低需求波动率将使其倾向于采用跨国并购模式。由此，我们得出本节的第四个命题。

命题4：当东道国市场面临较高的需求不确定性时，FDI投资者倾向于绿地投资的方式进入东道国，因为绿地投资的灵活性有助于FDI投资者在未来需求突然恶化时减少损失；反之，在未来需求波动较小时，FDI投资者倾向于采用跨国并购的方式进入东道国市场。

（五）东道国国家政策对FDI进入模式选择的影响

式（3.14）和（3.15）中的Θ代表东道国对FDI投资的态度；Θ取值介于0和1之间，越接近1，表示东道国对FDI投资越友好，FDI投资者可以更多地享有其投资目标企业的价值。东道国国家政策对FDI进入模式选择的影响可以通过这个参数来分析。

观察式（3.14）和（3.15）知，无论绿地投资模式还是跨国并购模式，其进入阶段行权触发值都与其对应的Θ值呈负相关关系；同时，我们在附录2B.6中证明了两种进入模式给FDI投资者带来的实物期权价值都与其对应的Θ值呈正相关关系。因此某种进入模式对应的Θ越大（东道国的政策越欢迎FDI投资者采用该种模式进入），其对应的进入阶段触发值越小，并且其给FDI投资者带来的投资价值也越大。如果政府鼓励一种FDI进入模式而管制另一种进入模式，那么就会导致不同FDI进入模式之间的Θ不相等，从而吸引FDI投资者按照政府的引导采用Θ较大的模式进入东道国市场。由此，我们可以推出第五个命题。

命题5：FDI投资者倾向于采用东道国政策鼓励的模式进入东道国市场。

通过命题5，我们证明了东道国的国家政策可以影响到FDI投资者进入模式的选择，这一点也得到了实证研究文献的支持。Moskalev（2010）研究了世界上57个国家或地区的数据发现，针对跨国并购的法律对跨国并购的数量和形式都有影响。那些放松了跨国并购管制的国家，跨国并购的数量显著增加了。同时，在针对跨国并购的管制法律较弱的国家，FDI投资者也更加倾向于收购东道国目标企业而非进行绿地投资或者设立合资公司。研究还发现，东道国增强对跨国并购的法律监管，将导致FDI投资者转而通过绿地投资或者合资新建等途径规避法规的限制，寻找更有益于增加其对投资目标企业控制权的进入模式。Anwar（2012）分析对比了中国与美国、澳大利亚、加拿大、英国针对FDI的具体法律规制，指出这5国的政策对各自国家FDI的发展都有非常明显的影响。

并且，在分析命题5的过程中，我们可以知道Θ是通过改变FDI投资者可以分享到的企业价值比例来影响其进入模式的选择，即东道国制定的政策需要能够影响到外资投资者从投资目标企业中获取价值的能力，才会起到引导外资流向的作用。一般来说，税收政策（减税或加税）、限定外资最高持股比例、行业禁入等方法都是可以起到引导外资进入模式选择的政策手段。

四、对理论分析结论的实证检验

（一）数据来源及变量设置

针对理论模型的结论，本节利用联合国贸易与发展委员会（United Nations Conference On Trade and Development，简记为 UNCTAD）的全球 FDI、M&A 和经济发展状况三个数据库的面板数据，进行了实证研究。剔除数据不完整部分，本节共使用了 1991~2010 年这 20 年间全球 175 个国家或地区共计 1933 个样本的非平衡面板数据。

被解释变量选用东道国当年度吸引的绿地投资总额和跨国并购总额之差除以东道国当年度 GDP 表示。如果解释变量的系数为正，则表示该解释变量代表的因素会诱使 FDI 投资者倾向于采用绿地投资模式进入东道国市场；反之，如果解释变量系数为负，则表示其代表的因素会诱使 FDI 投资者倾向于采用跨国并购模式进入东道国市场。

解释变量的选取方面，由于无法获得各个国家或地区的工程建设速度数据，我们以该国家或地区当年度固定资本形成总额与 GDP 总额的比例代表该地的工程建设速度，记为 Speed；这样设定的原因是，如果一地每年都在进行大规模的固定资产投资，那么该地区的施工单位应当具有比较丰富的施工经验，工人的施工技术娴熟，所以工程建设的速度也较快（当然，施工质量未必更好）。一国 FDI 投资者通过绿地投资和跨国并购所获得的企业的规模，则用该国当年的绿地投资和跨国并购的总额分别除以该国当年绿地投资和跨国并购形成的外资企业数量而得到的平均值表示，分别记为 $Size_G$ 和 $Size_{M\&A}$。一国经济增长速度使用该国当年 GDP 增长率表示，记为 Growth。市场需求的不确定性使用该国连续五年国内消费和出口总额之和的标准差表示，记为 DmdVar。由于东道国针对 FDI 的规制繁多，因此不能全部予以考虑，在此我们只分析东道国对外开放程度这一个受众多学者关注的重要政策；我们以东道国当年进出口总额与当年 GDP 的比值代表东道国对外开放程度（Neto et al.，2008；Wijeweera et al.，2010），记为 Open。同时，选取东道国年度 GDP 作为控制变量（对 GDP 值取对数以避免回归系数过小的情况）控制规模因素。

109

（二）实证研究结果

针对命题 1、3、4 和 5，我们使用面板数据回归分析进行实证检验，Hausman 检验显示应使用固定效应模型，回归结果见表 3 - 1。

回归结果显示，Speed、Growth 和 DmdVar 的系数显著为正，证明了命题 1、命题 3 和命题 4，即东道国工程建设速度越快、经济增长率越高、市场需求的波动越大，FDI 投资者越倾向于采用绿地投资的模式进入东道国市场，反之，工程建设速度慢、经济增长率低、市场需求稳定的东道国，会吸引 FDI 投资者采用跨国并购模式进入其市场。

表 3 - 1　　　　　　基于固定效应对可能影响市场进入模式
选择各因素的面板数据回归分析

	被解释变量：（绿地投资额 - 跨国并购额）/GDP				
Speed	0.4519 *** （0.0910）				0.1399 * （0.0814）
Growth		3.4779 *** （1.0559）			3.8180 *** （1.1296）
DmdVar			0.1730 *** （0.0305）		0.1380 ** （0.0579）
Open				0.3329 ** （0.1418）	0.3875 *** （0.1445）
GDP	- 0.0389 （0.0365）	- 0.0444 （0.0359）	- 0.0406 （0.037）	- 0.0290 （0.0362）	- 0.0306 （0.0375）
观测值	1 932	1 926	1 880	1 933	1 878
国家数量	174	175	173	175	172
Wald Chi2	10.03 （0.00）	12.29 （0.00）	6.31 （0.04）	17.32 （0.00）	19.26 （0.00）

注：回归系数下方括号中的数值为该系数的稳健标准误差；Wald Chi2 统计量下方括号中数值为 Prob > K^2 的值；*、** 和 *** 分别代表在 10%、5% 和 1% 显著性水平下显著。

Open 的系数显著为正，说明如果东道国对外资持开放的态度，则更能吸引 FDI 投资者采用绿地投资的模式进入东道国市场。因为在对外资设置较多限制政策的东道国，FDI 投资者为了规避当地政府的管制，必然会倾向于收购或参股那些在当地已经有一定发展基础的企业，这些企业拥有大量与本地政府打交道的经验，并与当地其他企业和居民有较深入的联系，可以减少外资在适应本地政策、文化方面的摩擦成本。由此可见，东道国政策对 FDI 投资者的进入模式选择有显著的影响，即证明了命题 5。

针对命题 2，我们对 $Size_G$ 和 $Size_{M\&A}$ 进行了配对 T - 检验，检验结果见表 3 - 2。

表 3 - 2   针对不同进入模式所获企业平均规模的配对 T - 检验

变量	观测值	均值	标准差	
$Size_G$	1 933	1. 9809	0. 2832	mean（diff）= mean（$Size_G - Size_{M\&A}$）t = - 3. 3207 Ho：mean（diff）= 0 degrees of freedom = 1 932 Ha：mean（diff）< 0 Ha：mean（diff）= 0
$Size_{M\&A}$	1 933	37. 5309	10. 7700	Ha：mean（diff）> 0
diff	1 933	35. 5500	10. 7057	Pr（T < t）= 0. 0005 Pr（|T| > |t|）= 0. 0011 Pr（T > t）= 0. 9995

检验结果显示，跨国并购所获企业的平均规模 $Size_{M\&A}$ 显著大于绿地投资所获企业的平均规模 $Size_G$，检验结果在 1% 的显著性水平下依然非常显著（单边检验结果在 0.05% 的显著性水平下显著，双边检验结果在 0.11% 的显著性水平下显著），证明了命题 2，即绿地投资所获企业的初始规模较小。这也说明了本节模型设定"FDI 投资者采用绿地投资模式进入东道国时会先进行小规模投资做尝试"是合理的。现有文献的理论模型都没有把绿地投资的这一重要特征纳入考虑，从而导致了早期模型对现实问题的解释力和预测力不足，本节将这一差别引入模型，补充修正了前人的工作。

（三）稳健性讨论

本节的模型预测和（二）中的实证研究都支持"东道国国家政策对 FDI 进入模式选择具有重大影响"这一论断。因此如果东道国国家政策和 FDI 进入模式选择之间存在互动性，那将导致（二）的回归分析中，东道国开放程度的代理变量 Open 可能是内生的，以及被解释变量可能存在自相关。当存在内生性和自相关时，基于固定效应的面板数据回归分析结果不稳健，所以在此我们将使用基于系统 GMM 方法的动态面板回归分析对实证研究结果进行稳健性检验。在动态面板回归分析中，我们用被解释变量的滞后项作为工具变量以解决被解释变量的自相关问题，同时使用政策代理变量 Open 的滞后项作为工具变量以解决 Open 的内生性问题。回归结果见表 3 - 3。

表 3 – 3 　　　基于系统 GMM 方法对可能影响市场进入模式

选择各因素的动态面板回归分析结果

变量	系数	WC – Robust Std. Err.	Z 值	P > z	
Speed	0.3528 ***	0.0676	5.22	0.0000	Number of obs = 1 226
Growth	4.0520 ***	0.2708	14.96	0.0000	Number of groups = 117
DmdVar	0.1782 **	0.0896	1.99	0.0460	Wald chi2(6) = 12 170.27
Open	0.5419 ***	0.1290	4.20	0.0000	Prob > chi2 = 0.0000
GDP	0.0117	0.0770	0.15	0.8790	

注：** 和 *** 分别代表在 5% 和 1% 显著性水平下显著。

表 3 – 3 中各个解释变量的显著性与表 3 – 1 完全一致，说明表 3 – 1 中对各个解释变量的实证研究结论是稳健的。控制了可能的自相关和内生性之后，依然可以得出东道国工程建设速度越快、经济增长率越高、市场需求的波动越大，FDI 投资者越倾向于采用绿地投资的模式进入东道国市场，反之，则倾向于采用跨国并购模式进入其市场；以及东道国对外资开放程度越大，则越能吸引 FDI 投资者采用绿地投资的模式进入东道国市场。

五、本节结论

由于大量现有实证研究文献表明跨国并购和绿地投资这两种 FDI 进入模式对东道国的经济增长、技术进步、就业、市场竞争以及国家经济安全、产业安全等方面的影响存在显著差别，因此我国政府有必要关注 FDI 进入我国市场的模式选择问题，探索哪些因素导致了我国现阶段 FDI 进入模式的分布结构，以及如何进行宏观调控，以引导 FDI 按照最有利于我国整体利益的模式进入我国市场。

针对以上问题，本节构建了一个三阶段实物期权模型，全面分析了 FDI 进入模式的决策过程和影响因素。通过模型分析发现，工程建设速度快、经济增长迅速、市场需求波动较大的国家或地区，FDI 投资者倾向于选择绿地投资的方式进入东道国市场；而工程建设速度慢、经济增长较慢、市场需求稳定的国家或地区，FDI 投资者倾向于选择跨国并购的方式进入东道国市场；并且发现，FDI 投资者通过跨国并购方式获得的目标企业相对于绿地投资方式获得的目标企业具有更大的规模。此外，本节还从理论上证明了东道国对 FDI 投资的政策引导直接并显著地影响 FDI 进入模式的选择，FDI 投资者倾向于按照东道国政府鼓励的模式进入东道国市场。最后，通过对 1991 ~ 2010 年间全球 175 个国家或地区的数据进行实证研究，本节证实了以上结论。

在学术价值方面，本节构建的三阶段实物期权模型，通过将"FDI 投资者进入策略的灵活性"纳入考虑，成功解决了 Brouthers 等（2008）提出的交易成本理论的第三个不足，补全了这一学术领域的相关空白，使得在 FDI 进入模式选择问题上，实物期权理论最终解决了交易成本理论存在的全部不足之处，为这一领域的未来研究，提供了更加可靠的基础理论框架。

本节利用实物期权的思想有效弥补了以往以交易成本理论作为依据研究的空白，充分考虑所有可能产生实物期权价值的情境，更全面地考察影响 FDI 进入模式的因素。模型发现，工程建设速度、经济增长速度和市场稳定性三个因素是影响 FDI 进入模式的关键影响因素。同时，东道国的国家政策对 FDI 投资者的决策也存在显著影响。这一观点能够为东道国相关政策设计提供有力的理论依据，进而引导 FDI 投资者选择不同的进入模式。

第四节　FDI 进入模式、内源投资与东道国经济增长的关系研究

一、引言

外商直接投资（Foreign Direct Investment，简记为 FDI）进入东道国的模式主要有两种：绿地投资和跨国并购。绿地投资又称新建投资、创建投资，是指 FDI 投资者在东道国境内直接投资建立新工厂、新分部的 FDI 投资模式；而跨国并购，则是指 FDI 投资者收购东道国原有企业的投资模式。

现有文献普遍认为只有绿地投资可以促进东道国的经济增长，而跨国并购对东道国经济增长没有影响（Neto et al.，2008），甚至会抑制东道国的经济增长（Wang & Sunny - Wong，2009）。然而，联合国贸易与发展委员会（UNCTAD）提供的全球 FDI 数据却显示，在世界范围内跨国并购广泛存在，1990~2010 年间全球跨国并购额占 FDI 总额的 42.7%，高达 7.08 万亿美元。如果跨国并购真的对东道国经济增长没有影响甚至会产生抑制作用，为何各国政府对广泛存在的跨国并购行为没有进行强力管制呢？同时，UNCTAD 的数据还显示跨国并购在发达国家中更普遍，1990~2010 年间对发达国家进行的 FDI 投资中，跨国并购占 FDI 总额的比例高达 57.1%，而对发展中国家的 FDI 投资中，该项占比只

有 16.6%。是什么原因导致这一占比在发达国家和发展中国家之间存在如此大的差异呢？

针对以上问题，本节对跨国并购资金进入东道国后的流向进行了理论分析，发现跨国并购资金可以通过"再投资过程"转化为东道国的内源投资，从而促进东道国的经济增长；但是"再投资过程"的顺利进行需要东道国金融市场和制度环境的配合。本节利用 1990 ～ 2010 年间全世界 173 个国家的面板数据进行了实证研究，并证实了以上理论预测。实证研究发现在金融市场健全和制度环境稳定的发达国家，跨国并购可以显著地促进经济增长；而在不具备这些条件的发展中国家，由于跨国并购资金的"再投资过程"无法顺畅进行，跨国并购与经济增长之间不存在显著相关性。

同时，本节的研究还发现，发达国家和发展中国家的差异并不仅仅表现在跨国并购对经济增长的影响方面；在发达国家，无论何种模式的 FDI 对经济增长的促进作用都比内源投资更强，而在发展中国家，两种 FDI 模式在促进经济增长方面与内源投资没有差异。该发现与许冰（2010）的研究结论相一致，说明在发达地区，FDI 对本地投资表现出挤入效应，FDI 可以起到活跃经济、促进发展的作用；而在欠发达地区，FDI 对本地投资表现出挤出效应，FDI 的进入会导致本土企业的消亡，区域投资总量不会显著增长甚至会减少。

本节第二部分是文献回顾及论文的研究假设，第三部分是论文的研究设计，第四部分报告实证研究的结果并进行分析，第五部分是本节的结论和政策建议。

二、FDI 投资、"再投资过程" 与经济增长

FDI 对东道国经济增长的影响，一直是学术界关注的话题，国内外大量学者都对这一问题进行过深入研究。早期文献普遍认为 FDI 对东道国经济增长有促进作用（Findlay，1978；Blomstrom et al.，1994；Borensztein et al.，1998；Choe，2003；Mullen & Williams，2005；何菊香和汪寿阳，2011），但是也有众多的实证研究得出了不同的结论。

部分研究发现 FDI 只有在满足一定条件的情况下才会促进经济增长。例如 Alfaro 等（2004）利用 1975 ～ 1995 年间全球数据进行的实证研究发现只有当东道国金融市场足够有效时，FDI 才会促进东道国经济增长，Azman – Saini 等（2010）的研究得出了相同的结论，随后 Alfaro 等（2010）通过构建理论模型解释了金融市场有效性影响 FDI 对东道国经济增长贡献的作用机制；Jyun – Yi 和 Chih – Chiang（2008）利用门槛回归模型对 1975 ～ 2000 年间 62 个国家的

数据进行了研究，他们发现只有当东道国的 GDP 总额足够大时 FDI 才会促进东道国的经济增长；Wijeweera 等（2010）通过随机前沿方法分析了 1997～2004 年间 45 个国家的数据，发现只有在高水平的劳动力充足的国家，FDI 才会促进经济增长；Alguacil 等（2011）研究了全球发展中国家 1976～2005 年间的数据，发现宏观经济环境和制度环境会影响 FDI 对东道国经济增长的促进作用。

Carkovic 和 Levine（2002）、Kang 等（2005）和 Bacic 等（2004）的研究则发现 FDI 根本不会促进经济增长；Carkovic 和 Levine（2002）检验了全球 72 个国家和地区 1960～1995 年间的长期面板数据，并发现 FDI 对经济增长的影响完全不显著；Kang 等（2005）对 20 个发达国家和 Bacic 等（2004）对 14 个转型中国家的研究也得出了相同的结论。

Saltz（1992）和 De Mello（1999）对多达 62 个发展中国家 1970～1990 年间数据的研究甚至发现 FDI 与东道国经济增长呈负相关关系，而 Mencinger（2003）对 8 个欧洲发达国家的研究也发现了 FDI 抑制东道国经济增长的现象。

为何在关于 FDI 与东道国经济增长之间关系这一问题上，不同学者研究得出的结论差别如此之大？Mencinger（2003）在发现 FDI 与东道国经济增长之间的负相关关系时，提出可能的原因是 FDI 的不同进入模式导致了这一现象的存在。

Neto 等（2008）首次指出，早期文献对 FDI 和东道国经济增长之间关系的研究之所以会得出不同结论，是因为忽略了绿地投资和跨国并购这两种 FDI 进入模式之间的差别，即这两种进入模式对东道国经济增长的促进作用是不同的，不区分进入模式而直接使用 FDI 总量数据进行统计分析，会因为样本中不同进入模式的占比差异而产生不同的统计结果，在此思路指导下，他们利用全世界 53 个国家 2002～2006 年间的数据进行了实证研究，并发现绿地投资与东道国经济增长显著正相关，而跨国并购与东道国经济增长不相关，因而他们认为只有绿地投资才会促进东道国的经济增长。几乎同时，Wang 和 Sunny – Wong（2009）也进行了类似的研究，他们同样认为是不同进入模式之间的差异导致了 FDI 与东道国经济增长之间的不确定关系，并利用 1987～2001 年间全球 84 个国家的大样本面板数据进行了实证研究，他们发现绿地投资可以促进东道国的经济增长，而跨国并购则在总体上与东道国经济增长负相关，只有当东道国人力资源水平达到一定高度时才会出现微弱的正相关关系。Kim（2009）通过构建数学模型，从理论上提出绿地投资有利于提高东道国的福利水平，而跨国并购只能满足于跨国公司的利益最大化，对东道国的经济福利没有促进作用。

至此的研究都表明绿地投资可以显著地促进东道国经济增长，而跨国并购对东道国经济增长的促进作用不显著，甚至会抑制东道国的经济增长。针对这种现象，主流的解释是绿地投资新建了企业，增加了东道国境内的投资总量，并通过投资促进了就业、出口和技术进步，因而可以促进东道国的经济增长；而跨国并购只是导致了东道国原有企业的所有者由本国人变为外国人，并没有新建企业以增加东道国境内的投资总量，所以不会促进东道国经济增长（Wang & Sunny – Wong, 2009；Calderon et al., 2002）。虽然这一解释有其合理性，但却无法回答本节引言中提出的问题，即 "如果跨国并购对东道国经济增长没有作用甚至会产生负面作用，那各国政府为何还会允许跨国并购行为如此普遍的发生"。为了解释这一困境，下文将首先对跨国并购资金进入东道国后的流向进行分析。

在跨国并购发生后，跨国并购资金（收购对价）将被东道国被收购企业的原股东所获得。这些被收购企业原股东持有资金后将必然（也只能）用在三个方面，再投资、消费和储蓄（Erel et al., 2012；Devigne et al., 2013）。再投资直接增加东道国境内投资总量，消费可以通过扩大东道国内需的途径间接促进东道国投资的扩大，而储蓄起来的资金则会通过银行信贷系统转而形成东道国境内的投资；由此可见，只要被收购企业原股东的再投资、消费和储蓄行为在东道国内进行，则通过跨国并购模式进入东道国的资金最终都会转化成东道国的内源投资，并通过这些内源投资促进东道国的就业、出口和技术进步，从而促进东道国经济的增长（在后文中我们将这一转化过程统称为跨国并购资金的 "再投资过程"）。另外 FDI 投资者收购东道国企业后还会通过技术转让、优化企业管理等方式促进东道国的技术和管理水平的进步（Findlay, 1978；方键雯，2009）。

以上分析说明对 "跨国并购不能促进经济增长" 这一问题的传统解释并不准确，跨国并购并非不能促进东道国境内投资总量的增加，只要 "再投资过程" 可以顺利进行，跨国并购就可以促进东道国境内投资总量的增加，进而促进东道国经济增长。

当然再投资过程的顺利进行不是无条件的，东道国金融体系的健全程度（Alfaro et al., 2004；Azman – Saini et al., 2010；金春雨和韩哲等，2013；Hermes & Lensink, 2013）和制度环境的稳定性（Alguacil et al., 2011；Hodgson, 2012；李四海和陆祺，2013；Fatás & Mihov, 2013）对再投资过程能否顺利进行有至关重要的影响。健全的金融体系可以简化再投资过程的流程、加速再投资过程的进行（Bjørnskov, 2012），稳定的制度环境既能保证再投资过程的稳定进行，还能给投资者以稳定的信心（Polachek & Sevastianova, 2012）。当金融体系不健全时，再投资过程将进行得缓慢且没有效率，大大减弱跨国并购资金到内源投资的转化速度和程度；例如我国资本市场不够发达、以国有银行为主的银行体系效率相对较低，因此通过跨国并购进入我国的资金，主要通过投资者的直接投资行为才能增加我国的投资总量，而无法通过更快速的资本市场融资和银行借贷渠道，这将显著减慢通过跨国并购进入我国资金的再投资速度。当制度环境不稳定时，东道国国内投资者就会倾向于向海外转移资产，从而直接中断整个再投资过程；例如在欠发达国家普遍存在的"富人对外移民"现象就是一个值得关注的问题，因企业被外资收购而形成的富人，由于担心其财产在国内的安全问题，而选择移民到制度环境相对稳定的国家，这将导致通过跨国并购进入东道国的资金直接流入境外，完全不会对东道国经济产生任何促进作用。发达国家金融体系的健全性和制度环境的稳定性明显优于发展中国家，因此发达国家的再投资过程可以顺畅地进行，使得通过跨国并购进入发达国家的 FDI 资金很顺利地通过再投资过程转化为内源投资；而发展中国家则由于缺乏健全的金融体系和稳定的制度环境，导致跨国并购资金的再投资过程无法顺畅进行，甚至可能导致获得这些资金的本国居民向海外转移资产，中断了本国跨国并购资金的再投资过程。由此可以推断，在发达国家，跨国并购应当可以促进经济增长，而在发展中国家，跨国并购不能促进经济增长。由此提出以下两个假设：

H1：在发达国家，跨国并购和绿地投资都可以促进经济增长；

H2：在发展中国家，只有绿地投资可以促进经济增长。

为何现有的实证研究文献没有得出这样的结论呢？其可能的原因为现有文献没有注意到发达国家和发展中国家之间的异质性以及研究样本的不足。现有的利用面板数据进行大样本分析的文献都是将全球数据放在一起进行回归分析，忽略了发达国家和发展中国家之间的差异；而考虑了国家差异的研究则都是对少数几个案例国家的数据进行的国别研究，样本量不足。因此本节将利用 1990~2010 年间全球 173 个国家或地区的大样本数据进行回归分析，以研究不同 FDI 进入模式对东道国经济增长的影响；同时还对发达国家数据和发展中国家数据分别回归，以控制不同发展水平国家之间的异质性。在控制了这些因素后，本节将通过实证研究来验证上文提出的两个假设。

此外，因为绿地投资和跨国并购都是通过增加东道国境内的投资总量来促进东道国经济增长的（绿地投资直接增加东道国境内投资，跨国并购通过再投资过程增加东道国境内投资），因此除了关心绿地投资和跨国并购两种 FDI 模式能不能促进东道国经济增长之外，我们还想知道这两种进入模式增加的东道国境内投资与东道国的内源投资有没有差异，即同样额度的投资，东道国内源投资和 FDI（跨国并购、绿地投资）哪一个对经济增长的促进作用更强。

对于这一问题，目前不存在被广泛接受的理论研究结论和实务经验判断。现

117

有文献中，许冰（2010）通过构造一套基于路径收敛设计的计量模型，发现 FDI 是否会促进一个区域的经济增长关键在于 FDI 在该区域能否对内源投资产生挤入效应，而 FDI 对区域技术进步的影响对该地区经济增长并没有显著的促进作用；他们对我国数据的研究发现，在我国东部发达地区 FDI 可以对内源投资产生挤入效应，即 FDI 不但会增加我国东部发达地区的投资总量，还会带动该地区内源投资者增加投资；而在中西部欠发达地区，FDI 则表现出挤出效用，即 FDI 的投资不但没有带动中西部的内源投资，反而可能抑制该地区原有的内源投资，从而导致该地区投资总量没有显著增加甚至可能减少。不过许冰（2010）没有解释为何会出现"FDI 对内源投资的挤入效应会促进经济增长，而 FDI 带来的技术进步却没有作用"这一现象。

我们认为可能是 FDI 在发达国家和发展中国家之间的投资策略差异导致了这一现象。在发展中国家，FDI 投资相对本土企业在生产技术方面拥有压倒性优势，因此 FDI 进入后将严重挤压本土企业的生存空间，甚至导致本土企业大范围倒闭，虽然表面上看发展中国家的技术水平提高了，但本质上只是技术水平高的外资企业替代了技术水平低的本土企业而已，并没有带动本土企业技术水平上升，也没有增加本地的投资总量，因此 FDI 进入发展中国家后，会出现技术水平升高，但投资总量没有增加甚至减少（挤出效应），经济增长速度也没有增加的状况。

而在发达国家，由于本土企业技术水平非常高，因此 FDI 投资不能通过在技术水平上的压制而获得比较优势，只能通过差异化经营而与本土企业共存，因此 FDI 增加了本地投资，并通过差异化经营活跃了竞争；所以 FDI 进入发达国家之后，将会出现技术水平变化不大，但竞争加剧、经济活跃、投资增加（挤入效应）以及经济增长加快的状况。

由以上理论分析，可以预测在发达国家，FDI 比内源投资更能促进经济增长，而在发展中国家 FDI 的表现不比内源投资更优秀。从而得出本节的第三个假设。

H3：在发达国家，FDI 对经济增长的促进作用比内源投资更强；在发展中国家，FDI 与内源投资在促进经济增长方面没有差别。

三、基于 Solow 模型的实证研究检验设计

（一）模型与变量

研究 FDI 与东道国经济增长关系的文献，一般都是从 Solow（1957）的宏观

经济增长模型出发构建实证研究模型。由于 Solow 模型中经济产出与资本、劳动的供给之间并非线性关系，因此 Findlay（1978）、Choe（2003）、Alfaro 等（2004）、Whalley 和 Xin（2010）、Wijeweera 等（2010）等都采用了对 Solow 模型进行微分分解的做法。

Solow（1957）的宏观经济增长模型如下：

$$P(t) = A(t)F(K(t), L(t)) \tag{3.16}$$

P 代表经济产出，K 代表资本投入，L 代表劳动投入，A 则代表技术水平。对式（3.16）取全微分就可以得到著名的 Solow 增长核算模型：

$$\frac{\dot{P}}{P} = \frac{\dot{A}}{A} + S_K \frac{\dot{K}}{K} + S_L \frac{\dot{L}}{L} \tag{3.17}$$

$\dot{P}$、$\dot{A}$、$\dot{K}$、$\dot{L}$ 代表各变量对时间的微分，式（3.17）等价于下式：

$$\ln \dot{P} = \ln \dot{A} + S_K \ln \dot{K} + S_L \ln \dot{L} \tag{3.18}$$

因此通过对各变量取对数，就得到了可以进行实证检验的模型。但是在具体数据获取中，由于联合国贸易与发展委员会（UNCTAD）等国际组织公布的各国实际 GDP 数据[①]都是依据当年汇率折算成美元后的数值，因此如果对这些 GDP 数据直接取对数的话，会把汇率波动也包括进去，影响了数据的准确性；而这些数据库中各国 GDP 增长率的数据则是各国以本国货币计价并剔除通货膨胀因素后的实际增长率，因此 GDP 增长率数据相比 GDP 总额更能说明东道国的经济增长状况。鉴于此，Neto 等（2008）、Adams（2009）、Wang 和 Sunny - Wong（2009）等采用 GDP 的增长率（Growth）替代 GDP 的对数，因为 GDP 增长率和 GDP 对数值之间存在如下的约等关系：

$$\ln GDP \approx \ln [GDP_n (1 + Growth)] - \ln GDP_n = \ln (1 + Growth) \approx Growth$$
$$\tag{3.19}$$

所以使用增长率数据并不会改变模型的解释力。由此得出本节的基础回归模型：

$$Growth = \alpha + \beta X + \gamma C + \varepsilon \tag{3.20}$$

式（3.20）中 X 代表本节将用到的解释变量，C 代表控制变量。

解释变量 X 包括东道国境内绿地投资额（Green）和跨国并购额（M&A）两项，与 GDP 类似，这两项都使用增长率数据。

控制变量 Y 包括东道国 GDP 总额（GDP）、人均 GDP（GDPpC）、人口增长

[①] 实际 GDP 指剔除通货膨胀因素后的 GPD 数据。

率（Pop）、开放指数（Open）、净出口增长率（NExp）和时间项（t）。GDP控制大国和小国的差异（Neto et al.，2008）；GDPpC控制富国和穷国的差异（Wang & Sunny – Wong，2009）；Pop控制劳动力供给增加导致的经济增长（Alfaro et al.，2004，Alguacil et al.，2011，Ekanayake & Ledgerwood，2010）；Open等于东道国进出口总额占GDP的比重，代表东道国的对外开放程度（Neto et al.，2008，Wijeweera et al.，2010）；NExp控制出口增加导致的经济增长（Wang & Sunny – Wong，2009，Jyun – Yi & Chih – Chiang，2008，De Vita & Kyaw，2009）。

综合以上所述，得出以下两个回归模型：

$$Growth = \alpha + \beta Green + \gamma_1 GDP + \gamma_2 GDPpC + \gamma_3 Pop + \gamma_4 Open + \gamma_5 NExp + \varepsilon$$
(3.21)

$$Growth = \alpha + \beta M\&A + \gamma_1 GDP + \gamma_2 GDPpC + \gamma_3 Pop + \gamma_4 Open + \gamma_5 NExp + \varepsilon$$
(3.22)

同时，为了检验FDI和东道国内源投资在促进经济增长方面的差异，我们借鉴Adams（2009）的做法，把东道国境内总投资额（TI）作为控制变量纳入模型。因为东道国境内总投资额包含了FDI投资额，因此在纳入TI之后，Green和M&A这两个变量的系数就不再反映绿地投资和跨国并购对经济增长的促进作用，而是代表了这两种FDI进入模式在促进经济增长方面与东道国内源投资的差异。如果Green和M&A两个变量依然显著为正，则说明FDI对东道国经济增长的刺激更强，FDI有东道国内源投资不可替代的优越性；如果这两个变量不显著，而说明外来投资对东道国的贡献只是增加了境内的投资总额，FDI并不比东道国内源投资更有效率；而如果这两个变量显著为负，而说明FDI对东道国经济的促进作用还不如东道国的内源投资。由此得出第三个回归模型：

$$Growth = \alpha + \beta_1 Green + \beta_2 M\&A + \gamma_0 TI + \gamma_1 GDP + \gamma_2 GDPpC$$
$$+ \gamma_3 Pop + \gamma_4 Open + \gamma_5 NExp + \varepsilon$$
(3.23)

为了区分不同发展水平国家之间的差距，本节将使用全部数据、发达国家数据、发展中国家数据分别进行三次回归分析。

另外，在模型（3.21）、（3.22）和（3.23）中，本节没有按照传统文献的做法加入时间项以控制时间趋势，因为在随后的回归分析中，本节将利用双固定效应模型，在控制横截面固定效应基础上同时控制时间固定效应，这一做法在去除时间趋势上比增加时间项更有效，因此得到的回归结果也更加稳健[1]。

———————————

① 感谢匿名审稿人在此处对本节提出的宝贵修改意见，当然，文责自负。

（二）数据来源

本节使用了 1990～2010 年间全球 173 个国家和地区总计 1 695 个样本的非平衡面板数据。其发达国家或地区共计 39 个（韩国、新加坡、中国台湾、中国香港特别行政区、中国澳门特别行政区计入发达国家或地区），630 个样本数据；发展中国家或地区共计 134 个，1 065 个样本数据。

本节原始数据来自联合国贸易与发展委员会（UNCTAD），其中 Growth、GDP、GDPpC、Pop 直接来自于 UNCTAD World Economy Trend 数据库；M&A 来自 UNCTAD World M&A 数据库；Green 利用 UNCTAD World FDI 和 M&A 两个数据库的内容计算而得；Open、NExp 利用 UNCTAD World Trade 数据库内容计算而得。

同时，根据 Nanda（2009）提出的各国经济存在 4 年周期波动的规律，本节在稳健性检验中将参考 Nanda 的做法，把每四年数据相加后所得结果作为研究样本进行回归分析，以检验本节结论的稳健性。

四、对理论假设的实证检验结果

（一）描述性统计

所有变量的描述性统计结果见表 3 - 4。

表 3 - 4　　　　　　　　　各变量的描述性统计

变量	全部样本			发达国家			发展中国家		
	均值	标准差	中位数	均值	标准差	中位数	均值	标准差	中位数
Growth	0.0380	0.0674	0.0394	0.0250	0.0375	0.0293	0.0417	0.0733	0.0431
Green	0.0707	0.0199	0.0714	0.0785	0.0183	0.0799	0.0667	0.0196	0.0667
M&A	0.0543	0.0273	0.0569	0.0693	0.0245	0.0711	0.0451	0.0247	0.0452
TI	0.1633	0.0469	0.1577	0.2013	0.0431	0.2046	0.1525	0.0421	0.1497
GDP	0.2170	0.9325	0.0124	0.7317	1.8390	0.1304	0.0719	0.2585	0.0087
GDPpC	0.0920	0.1364	0.0289	0.2363	0.1746	0.2198	0.0514	0.0880	0.0183
Pop	0.0149	0.0172	0.0142	0.0059	0.0101	0.0045	0.0176	0.0180	0.0175

续表

变量	全部样本			发达国家			发展中国家		
	均值	标准差	中位数	均值	标准差	中位数	均值	标准差	中位数
Open	0.8872	0.5201	0.7840	0.8937	0.4697	0.7887	0.8854	0.5335	0.7827
NExp	−0.012	18.8668	0.0412	−0.2971	38.994	0.0466	0.0683	5.3064	0.0391

（二）回归结果

根据式（3.21）、（3.22）、（3.23）的回归模型，分别利用全样本、发达国家数据、发展中国家数据进行非平衡面板回归分析。

对样本数据进行 Hausman 检验，结果显示应使用固定效应模型，Hausman 检验结果见表 3-5。本节使用的是同时控制了横截面固定效应和时间固定效应的双固定效应回归模型，回归分析结果见表 3-6。

表 3-5　　　　　　　　　　　Hasuman 检验结果

解释变量	全部样本		发达国家样本		发展中国家样本	
	Diff.	S. E.	Diff.	S. E.	Diff.	S. E.
Green	0.0646	0.0620	0.0879	0.0574	0.0328	0.1111
M&A	0.0680	0.0231	0.1995	0.0412	0.0248	0.0306
TI	0.9529	0.1482	1.5056	0.2226	0.8057	0.2078
GDP	0.0009	0.0020	0.0041	0.0020	−0.0054	0.0025
GDPpC	0.0053	0.0240	−0.0058	0.0274	−0.0125	0.0540
Pop	−0.4814	0.1034	−1.1653	0.3914	−0.3201	0.1261
Open	0.0246	0.0069	0.0433	0.0117	0.0207	0.0090
NExp	0.0000	0.0000	0.0000	0.0000	0.0000	0.0000
Chi2	62.38		80.43		23.45	
Prob > Chi2	0.0000		0.0000		0.0028	

在表 3-6 发达国家数据的回归结果中，Green 和 M&A 都极为显著，即绿地投资和跨国并购都可以显著地促进东道国经济增长，这与本节的预测相一致，即证实了假设 H1。在发展中国家数据的回归结果中，Green 显著、M&A 不显著，同样与本节的预测相一致，假设 H2 也得到了证实。假设 H1 的证实说明跨国并

购确实可以通过"再投资过程"促进东道国经济增长，否定了现有文献中认为跨国并购对东道国经济增长无用的结论；同时，假设 H2 的证实，说明不同发展水平国家在金融体系和制度环境方面的异质性确实会影响到跨国并购资金"再投资过程"的进行。

而在全样本数据的回归结果中 Green 显著，而 M&A 不显著，这与传统文献中"只有绿地投资促进东道国经济增长"的结论相一致。但是这一结果忽略了发达国家和发展中国家之间的差异，因而是不可靠的。同时，这一结果也证实了我们在本节第一部分中提出的猜测：传统实证研究中之所以没有观察到跨国并购对东道国经济增长的促进作用，是因为忽略了发达国家与发展中国家之间的异质性。

综合以上研究结果可以得到两个结论。第一，健全的金融体系和稳定的制度环境可以保证跨国并购资金的再投资过程顺畅进行，当再投资过程顺畅时，跨国并购就可以促进东道国经济增长；所以并非只有绿地投资才会促进东道国经济增长。第二，在发达国家绿地投资和跨国并购都可以促进经济增长，因为发达国家拥有健全的金融体系和稳定的制度环境；在发展中国家，只有绿地投资可以促进经济增长，因为发展中国家的金融体系不健全，制度环境不稳定。

在表 3-6 中还可以看到，全样本数据的回归结果中，当控制了东道国国内总投资 TI 后，Green 和 M&A 都不显著，即 FDI 与东道国内源投资在促进东道国经济增长上没有效率差别，同样，这一结果忽略了发达国家和发展中国家之间的差异，因而是不可靠的。在发达国家数据的回归结果中，Green 和 M&A 都非常显著，这说明在发达国家，FDI 比内源投资更能促进经济增长。而在发展中国家数据的回归结果中，Green 和 M&A 都不显著，所以在发展中国家 FDI 并不比东道国内源投资更有效率。以上结果证实了假设 H3，并由此得出本节第三个结论：在发达国家，FDI 在促进经济增长方面比内源投资更有效；在发展中国家，FDI 和内源投资对经济增长的促进作用不存在显著差异。

（三）稳健性检验

本节在稳健性检验中参考 Nanda（2009）的做法，把每四年数据相加后所得结果作为研究样本进行稳健性检验；与前文类似，本节的稳健性检验依然使用同时控制了横截面固定效应和时间固定效应的双固定效应模型，回归结果见表 3-7。

从表 3-7 中可以看出，各个关键解释变量的显著性都未发生变化，本节的回归结果是稳健可靠的。

FDI 进入模式与东道国经济增长关系研究

表 3-6

被解释变量：Growth

解释变量	Full Data				Developed Countries			Developing Countries	
Green	0.4489*** (3.82)		0.1619 (1.29)		0.4125*** (3.34)	0.3183** (2.54)	0.3824** (2.20)		0.0090 (0.05)
M&A		-0.0209 (-0.32)	-0.0676 (-0.97)			0.3731*** (4.40)	0.2384*** (2.61)	-0.0576 (-0.66)	-0.0989 (-1.07)
TI			1.1932*** (6.99)			1.7254*** (7.92)			1.0350*** (4.28)
GDP	0.0000 (0.00)	0.0007 (0.28)	-0.0003 (-0.11)	-0.0005 (-0.26)	-0.0007 (-0.33)	0.0014 (0.73)	0.0034 (0.6)	0.0041 (0.68)	-0.0014 (-0.24)
GDPpC	-0.0885*** (-3.43)	-0.1090*** (-5.22)	-0.0774*** (-2.79)	-0.0549* (-1.92)	-0.0704*** (-3.43)	-0.1066*** (-3.51)	-0.0657 (-1.14)	-0.1050** (-2.09)	-0.0218 (-0.37)
Pop	0.1893 (1.4)	0.3265*** (2.7)	0.0837 (-0.6)	0.6752* (1.71)	0.5221 (1.41)	-0.3413 (-0.84)	0.1218 (0.72)	0.3112** (1.97)	-0.1371 (-0.78)
Open	0.0171** (2.28)	0.0287*** (3.95)	0.0298*** (3.82)	0.0402*** (3.51)	0.0259** (2.58)	0.0459*** (4.07)	0.0094 (1.00)	0.0235** (2.42)	0.0244** (2.41)
NExp	-0.0000 (-0.55)	-0.0000 (-0.43)	-0.0000 (-0.44)	-0.0000 (-0.34)	-0.0000 (-0.54)	-0.0000 (-0.19)	-0.0004* (-1.77)	-0.0003 (-1.54)	-0.0004** (-2.06)
FE-CS	YES	YES	YES	YES	YES	YES	YES	YES	YES
FE-Time	YES	YES	YES	YES	YES	YES	YES	YES	YES

续表

被解释变量：Growth

解释变量	Full Data			Developed Countries			Developing Countries		
Countries	170	173	165	38	39	37	132	134	128
Observers	1 641	1 695	1 453	547	630	511	1 094	1 065	942
F - value	5.20	5.53	5.59	9.25	9.97	10.90	3.67	3.70	3.77
Prob > F	0.0000	0.0000	0.0000	0.0000	0.0000	0.0000	0.0000	0.0000	0.0000

注：回归系数下方括号中的数值为该系数的 p - value 值；F - value 值是对回归模型进行 Chow 检验的 F 统计量值；*、** 和 *** 分别代表在 10%、5% 和 1% 显著性水平下显著；FE - CS 代表横截面固定效应，FE - Time 代表时间固定效应，YES 表示相应固定效应。

稳健性检验

表3-7

被解释变量：Growth

解释变量	Full Data			Developed Countries				Developing Countries	
Green	0.6053*** (3.05)		0.4843** (2.28)	0.6305*** (3.61)		0.5735*** (3.20)	0.6790* (1.89)		0.3659 (0.87)
M&A		0.1165 (0.86)	-0.0552 (-0.38)		0.4555** (2.54)	-0.4612** (-2.27)		0.0062 (0.03)	-0.0373 (-0.18)
TI2			1.4254*** (3.06)			1.9071*** (3.71)			1.8639** (2.28)
GDP	0.0001 (0.2)	-0.0002 (-0.28)	-0.0000 (-0.06)	-0.0003 (-0.6)	-0.0006 (-1.36)	-0.0004 (-0.76)	0.0021 (1.54)	0.0024* (1.76)	0.0021 (1.47)
GDPpC	-0.0356*** (-4.65)	-0.0253*** (-4.86)	-0.0335*** (-4.41)	-0.0131 (-1.56)	-0.0163*** (-3.13)	-0.0122 (-1.46)	-0.0484** (-2.23)	-0.0527** (-2.43)	-0.0534** (-2.44)
Pop	1.7936*** (2.95)	1.6179*** (3.16)	1.4992** (2.48)	3.6961*** (3.26)	3.0273*** (2.92)	2.4708** (2.16)	1.0604 (1.38)	1.3074** (1.98)	1.0865 (1.42)
Open	-0.0014 (-0.07)	0.0034 (0.17)	0.0197 (0.94)	0.1654*** (5.39)	0.0863*** (3.11)	0.1272*** (4.04)	-0.0247 (-0.95)	-0.0207 (-0.78)	-0.0059 (-0.21)
NExp	-0.0000 (-0.64)	-0.0001 (-0.71)	-0.0000 (-0.47)	-0.0000 (-0.59)	-0.0001 (-0.95)	-0.0000 (-0.78)	-0.0010* (-1.65)	-0.0010 (-1.63)	-0.0009 (-1.46)
FE-CS	YES	YES	YES	YES	YES	YES	YES	YES	YES
FE-Time	YES	YES	YES	YES	YES	YES	YES	YES	YES

续表

解释变量	Full Data			被解释变量：Growth						
				Developed Countries			Developing Countries			
Countries	104	103	100	35	35	35	68	67	65
Observers	1049	1100	1009	492	561	488	563	544	525
F – value	8.67	9.77	9.27	12.04	11.51	11.75	5.87	6.51	6.14
Prob > F	0.0000	0.0000	0.0000	0.0000	0.0000	0.0000	0.0000	0.0000	0.0000

注：回归系数下方括号中的数值为该系数的 p – value 值；F – value 值是对回归模型进行 Chow 检验的 F 统计量值；＊、＊＊和＊＊＊分别代表在 10%、5% 和 1% 显著性水平下显著；FE – CS 代表横截面固定效应，FE – Time 代表时间固定效应，YES 表示相应固定效应显著。

五、小结

针对现有文献普遍持有的"跨国并购因为不能增加东道国境内的投资总量，所以无法促进东道国经济增长"的观点，本节通过对跨国并购资金进入东道国后的流向进行理论分析，发现跨国并购资金可以通过"再投资过程"转化为东道国的内源投资，从而促进东道国的经济增长；但是"再投资过程"的顺利进行需要东道国金融市场和制度环境的配合。本节利用 1990~2010 年间全世界 173 个国家的大样板面板数据实证研究表明，在健全的金融体系和稳定的制度环境下，跨国并购也能够促进东道国经济增长。进一步的研究表明，在发达国家绿地投资和跨国并购都可以促进经济增长；在发展中国家因为金融体系不健全、制度环境不稳定，只有绿地投资可以促进经济增长。

我们的研究还发现，发达国家的 FDI 在促进经济增长方面比内源投资更有效，发展中国家 FDI 和内源投资对经济增长的促进作用不存在显著差异。这一研究发现可用于指导各国政府制定利用外资政策。在发达国家，FDI 对经济增长的刺激比内源投资更强，因此发达国家应当积极吸引外资，放松对 FDI 的管制，尤其在经济增长低迷时更应如此。而在发展中国家，FDI 和内源投资对经济增长的贡献基本一致，因此对于缺乏内源投资的发展中国家，可以利用政策吸引 FDI，而对于内源投资充足的发展中国家，则不必为了吸引 FDI 而给予外资过多的优惠政策。

第五节　吸引外资并购资金进入我国市场的微观因素研究

一、引言

在经济全球化的推动下，对外直接投资（FDI）取得了迅猛的发展，FDI 已成为全球特别是新兴经济体的重要影响力量。以往 FDI 主要通过绿地投资的形式进入发展中国家，而自 20 世纪 90 年代以来，以跨国收购为主要特征的第五次并购浪潮席卷全球，至今跨国收购已取代绿地投资成为 FDI 的主要形式。自改革开放以来，中国的经济发展举世瞩目，目前已成为世界第二大经济体，而作为第一大发展中国家，日益崛起的中国自然而然地成为了世界经济列强争夺的战略要地。在第五次并购浪潮的推动下，外资也逐渐加大了对中国企业的收购，1995 年日本五十铃和伊藤忠收购北旅股份，开启了跨国公司收购我国上市公司的历史。随着我国资本市场的逐渐完善以及对外政策的不断放松，越来越多的国内上市公司成为大型跨国公司的并购目标，外资并购正成为我国资本市场上备受关注的热点。

目前我国正处于加快产业结构的调整、推进产业升级的关键阶段，外资并购可以为我国目标公司带来先进的管理体制、经营理念和核心技术，有利于我国企业构建国际销售渠道，通过与具有竞争优势的跨国公司合作以提高企业的经营业绩和发展潜力。然而，外资并购是一把"双刃剑"，既有利也有弊，跨国公司并非必然会带来先进的技术和经营理念，可能仅仅是为了抢占庞大的中国市场，一旦外资收购国内某些行业的龙头企业，从而形成行业垄断，就会危害我国的产业安全，2009年商务部否决可口可乐收购汇源果汁就是一个典型的例子。

近年来，国内外学者对外资并购进行了大量研究，许多实证研究已经表明，外资并购可以为目标公司的股东带来显著的超常收益（Kiymaz & Mukherjee，2000；李梅，2008），投资者如果可以事先预测出潜在的外资并购目标公司，提前买进该公司的股票，就可获得反映市场信心的超额收益。而一些想要实现成功收购的海外跨国公司和中介机构，在开始收购行动之前，更要寻找合适的并购目标，而实际收购的成本、收益以及成败很大程度上取决于所选择的目标公司是否合适。同时，不希望被收购的国内上市公司高管和大股东也必须清楚了解目标公司的特征，以使自己不具备被外资收购的吸引力，或者根据这些特征设计出合理的防御策略。因此，无论是投资者、跨国公司、中介机构、管理者和大股东都有很大的动机去辨别外资并购中国目标公司的特征。

为此，本节尝试对外资并购我国目标公司与非并购目标公司进行对比研究，同时还对外资并购的目标公司与境内并购的目标公司进行比较分析，探讨外资并购中我国目标上市公司的财务特征以及非财务特征，相信本节对外资并购的利益相关者以及政府监管机构具有重要的理论价值和现实意义。

本节主要研究外资并购目标公司的特征，围绕该主题，先回顾国内外学者关于并购动因、并购绩效以及目标公司特征的理论研究，接着分别对外资并购目标公司与非并购目标公司、外资并购目标公司与境内并购目标公司进行对比研究。本节的研究变量包括财务指标（盈利能力、营运能力、现金流量能力、流动性、公司规模等）和非财务指标（所有权性质、股权分散程度、行业地位、管理层因素等），而在对比外资并购与境内并购的目标公司时，还将研究两者公告效应（累积超额收益 CAR）的差异。

本节的具体研究方法包括单因素方差分析（ANOVA 分析）、多重共线性检验和 Logistic 回归分析，最后还将基于 2000～2009 年数据得到的模型来预测 2010～2013 年的数据，估计具有相应特征的公司被外资收购的概率，以检验 Logistic 模型的预测能力。

本节第二部分为文献综述，先回顾国外关于并购动因以及外资并购动因的文献，再引出国内外关于并购目标公司以及外资并购目标公司特征研究的文献述评。第三部分为研究设计，包括样本选取、理论假设、变量选择以及实证研究方法。第四部分为实证结果与分析，包括外资并购目标公司与非目标公司的对比分析以及外资并购目标公司与境内并购目标公司的对比分析，先进行单因素方差分析，接着是多重共线性检验和 Logistic 回归分析，最后是对 Logistic 模型的预测检验。第五部分为结论和建议，首先介绍本节的研究结论，接着根据结论提出的问题进行探讨并提出政策建议，最后是本节的不足及展望。

由于国内资本市场尚不完善，学者们对并购方面的研究起步较晚，目前国内学者主要是对国内并购目标公司的特征进行研究，鲜有学者研究外资并购目标公司的特征。此外，国内对目标公司的研究主要集中在财务特征方面，而较少关注目标公司的非财务特征。为弥补这方面研究的不足，本节将分别选取非并购目标公司和境内并购目标公司作为对照样本，基于财务特征和非财务特征两个角度，来研究外资并购我国目标上市公司的特征。

二、国内外有关外资并购目标公司特征的研究成果

企业并购是资本市场发展的永恒主题，外资并购更是政府和利益相关者共同关注的焦点。外资并购目标公司特征的研究与外资并购动因理论的研究密切相关，学者们在发现收购方内在需求的基础上寻求目标公司与此相适应的特征，从而对目标公司的特征提出相关假设，并通过实证来检验假设的合理性。

（一）并购动因

随着并购活动的快速发展，国外学者开始研究并购的动因。Weston（2001）于经营协同效应理论指出，并购可以改善企业的生产经营效率，从而实现规模经济、优势互补以及市场扩张。Slusky 和 Caves（1991）认为同行业间的企业并购更多是为了追求规模经济，以实现横向并购的经营协同效应。Klein 等（1978）强调交易成本、协调成本以及签约成本是解释纵向一体化的重要因素，Arrow（1975）则认为纵向并购可以减少上下游企业间的信息不对称，通过确保产品供应、稳定价格以及降低交易成本，达到经营协同的目的。并购方式从横向并购、纵向并购逐渐发展为混合并购，横向并购和纵向并购可能是为了获得经营协同效应，而混合并购则可能是为了谋求财务协同效应，Myers（1984）指出资金充足但缺乏投资机会的企业往往更倾向于收购投资机会多但缺乏资金的企业，并购可

以有效地降低企业的内部资金成本并提高企业的收益水平。

同时，也有学者基于价值低估理论来研究并购的动因。Weston（1998）发现当一个企业的市场价值低于重置成本时，也即市场价值未能充分反映其真实价值，则该企业可能会成为并购的目标，并购活动可以在一定程度上矫正目标企业的市场定价。Shleifer 和 Vishny（2003）认为金融市场的非有效性导致一些企业被错误定价，价值被高估的企业可以通过收购其他企业来实现生存和发展的目的，而价值被低估的企业则往往成为被收购的对象。

委托代理理论认为管理者的自利行为促进了并购活动。Jensen 和 Meckling（1976）研究发现，当管理者持股比例较低时，管理者和股东的利益并非一致的，且双方的信息不对称，这就产生了包括监督成本、守约成本和剩余损失在内的代理成本，自利的管理者则可能营造企业帝国、提高在职消费，也可以通过自利性并购行为来提高实际权利、分散经营风险。Shleifer 和 Vishny（1989）认为，管理者往往倾向于进行专用性投资，这不但可以降低被股东替换的可能，还可以获得较高的工资和津贴以及更多的公司战略决策权，但管理者的自利行为也可能导致企业的过度投资，比如在自由现金流充裕的时候从事低回报的并购活动。

随着行为金融学的兴起，国外学者尝试用过度自信理论来解释并购行为。Roll（1986）认为决策者往往会高估自己的能力，对并购事件的评估过度乐观，在并购决策时过度自信，这就会导致管理层进行一些收益较低的并购活动，且会为一些并购交易过度支付，损害了公司的整体利益。

（二）外资并购动因

跨国并购浪潮的兴起，吸引了不少国外学者对跨国并购动因的研究。Harris 和 Ravenscraft（1991）基于制度性原因的角度，认为跨国公司更多的是考虑不同国家生产和产品因素的差异、市场的不完善性、政府监管政策的偏差以及信息不对称所带来的成本差异。关于跨国收购的财务动因，Gonzalez 等（1998）以目标公司的价值低估来衡量财务动因，通过采用 Logit 模型进行的实证分析得出以下结论：托宾 Q 值低（即价值被低估）往往导致美国公司成为外资收购的目标，此外，较低的 ROE 以及较低的增长率也是其被外资收购的原因。

同时，也有不少学者从多元化的角度来解释跨国并购。Connell 和 Conn（1993）选取 1970～1980 年间美国和英国的外资并购作为样本，研究发现跨国收购促成了企业的多元化，并提升了企业的价值。Errunza（1977）认为多元化不仅仅局限于发达国家，跨国公司可以通过收购发展中国家的上市公司来实现国际投资组合的多元化，即使扣除相应的成本，投资于发展中国家的收益率仍然可观。同时，多元化导致的资本流动可以极大地提高发展中国家的国际流动资金状况，发展中国家将逐步放宽资本管制以促进跨国公司的国际多元化投资。Heston 和 Rou-wenhorst（1994）通过研究 12 个欧洲国家 1978～1992 年的数据，发现对跨国公司而言，在同行业的国际多元化比在一个国家内的行业多元化更能有效地降低风险。

Amihud 和 Lev（1981）基于管理者动因的角度，通过对比研究发现管理者控制的公司比股东控制的公司更倾向于集团并购活动且更加分散化，这是因为一旦股东控制的公司谋求多元化将削弱股东的控制权，且股东可以通过自己投资其他公司来分散风险，而管理者控制的公司则不必过度考虑跨国收购导致的股东利益受损。Hopkins（1999）从经济动因出发，认为跨国收购可以实现规模经济，在同行业间的并购还可以有效地分担投资和成本，此外被收购公司很可能是另一个国家中价值被低估的公司，且不同国家的宏观环境存在差异，增长率较低（发达国家）的跨国公司往往会投资于增长较快的发展中国家。

在经济全球化的推动下，不同国家间汇率的差异往往是跨国收购的另一动因。Froot 和 Stein（1989）研究发现跨国公司在本币升值时收购海外公司往往成本较低，且通过公司业务的国际多元化可以在一定程度上对冲汇率变动的风险。Kish 和 Vasconcellos（1993）通过对 1982～1989 年美国和日本的跨国并购的实证分析，结果表明股票价格和债务融资成本是跨国并购的主要影响因素，而汇率只能用于预测跨国并购的趋势。

（三）国内外关于并购目标公司特征的研究

对于投资者而言，并购上市公司是一种市场行为。由于在并购过程中，持有目标公司股票的投资者可以获得丰厚的超额收益，这就吸引了投资者以及其他利益相关者积极分析目标公司的特征，寻找潜在的目标上市公司。在这种背景下，国外学者进行了许多有关目标公司特征的研究，这一方面可以解释并购动因，另一方面可尝试用特征指标来建立预测模型。

国外学者对并购目标识别的研究首先关注的是国内市场发生的并购事件。Monroe 和 Simkowitz（1971）对 1968 年混合并购中目标公司和非目标公司的财务指标进行对比研究，发现规模较小、股利支付率较低、市盈率较低以及股本增长率较低的公司更容易成为收购的目标，他们的模型预测了 64% 的目标和 61% 的非目标。Stevens（1973）选取了六个维度的指标来研究目标公司的财务特征，运用因子分析方法剔除存在多重共线性的变量，最终的判定模型只有长期负债/资产、息税前利润/销售额、净营运资本/资产、营业收入/资产这四个财务指标是显著的，该模型对原始数据的准确度为 70%，而对验证样本预测的准确率也达到了 67.5%。Palepu（1986）基于管理无效率假设、增长—资源不平衡假设、产业干扰假设、规模效应假设、账面市值比假设、市盈率假设这六个理论，选取了

163 个目标公司和 256 个非目标公司，运用二项式 Logit 模型和条件最大似然法对相应的财务指标进行研究，发现平均超常收益较低、增长较慢、流动性较低、规模较小的公司更容易被收购，该模型对目标公司和非目标公司的预测准确度分别为 80% 和 45%，并指出对并购目标公司的预测是比较困难的。Adelaja 和 Nayga (1999) 以 1985～1994 年美国食品工业的并购事件作为样本，实证结果表明流动性、债务/杠杆、盈利能力、销售增长率、股票收益率、账面市值比率是显著的，此外公司治理、交易环境、投标价格、谈判过程中存在的诉讼、投标方和目标方在其他收购的参与度也是影响公司是否被收购的重要因素，目标模型达到了 74.5% 的预测准确。Sorensen (2000) 发现选取的变量中只有盈利能力指标是显著的，总体而言财务指标并不能较好的预测被收购公司，此外收购方的盈利能力往往比目标公司和非目标公司都要强，收购方通常都是成功的企业通过外部收购来增加自己的市场影响力。Zahia 和 Taher (2010) 选取了 2001～2009 年法国资本市场上发生并购事件的 58 家目标公司和 122 家非目标公司作为样本，通过对财务、市场和公司治理变量的实证研究，发现目标公司具有规模小、价值被低估、高杠杆、高流动性、股权集中度低、收购前一个月交易量大等特征，且模型具有较好的预测能力。Polemis 和 Gounopoulos (2012) 研究伦敦上市公司陷入财务困境与成为并购目标的关系，发现具有较高盈利能力和运营效率的公司，即使陷入财务困境，也更容易成为并购的目标。

近年来，也有学者开始研究外资并购中目标公司的特征。Georgopoulos 等 (2008) 选取希腊 1989～1998 年间的 229 起并购事件作为样本，基于产业组织理论和贸易理论对希腊外资并购和国内并购目标公司的特征进行对比分析，发现外资更喜欢收购市场占有率高、公司业绩较好，且多为制造业等特征。Caiazza 等 (2010) 以来自 100 多个国家的 24 000 家银行为样本，划分为外资并购目标、国内并购目标以及非目标三类，发现具有低杠杆、高成本低效率、低流动性的银行更容易成为外资收购的目标。Slama 等 (2012) 对 2000～2006 年欧洲银行业发生跨国并购的目标公司与收购公司进行研究，发现目标公司的盈利能力不及收购方，且目标公司处于相对较低的监管和透明度的环境。

随着我国资本市场的逐步完善，并购重组活动无论从次数还是规模都取得了快速的增长，在此背景下，国内学者也开始了对目标公司特征及预测的研究。赵勇和朱武祥 (2000) 对 1998～1999 年我国 A 股市场上发生的兼并收购行为进行了研究，基于 Logit 模型的实证结果表明股权较分散（第一大股东持股比例较低）、总股本较小、每股净资产较低以及市净率较低的公司更容易成为并购的目标。李善民和曾昭灶 (2003) 以 1998～2001 年间我国 A 股市场发生控制权转移的 154 个公司作为研究对象，并基于全样本的概念选取了 2 598 个对照样本，提出了管理无效率假设、流动性假设、财务杠杆假设、增长—资源不平衡假设、公司规模假设、股权分散假设、股份流动性假设以及托宾 Q 假设，通过单因素方差分析和 Logit 分析发现管理效率较低下、流动性差、杠杆较高、资本扩张能力较弱、规模小、股权分散、股权流动性较好、市净率较高的公司更容易发生控制权转移，Logit 模型的预测达到了 71.8% 的正确率。凌春华等（2005）以 2003 年中国市场上发生控制权转移的 109 家上市公司作为样本，同时选取市场指数中的 216 家上市公司作为对照样本，运用单因素方差分析和 Logit 回归模型对样本的 15 个财务指标进行分析，结果表明目标公司的盈利能力和经营能力较差、流动比率较低、资产负债率较高且增长缓慢等特征，Logit 模型准确拟合了 41.3% 的目标公司和 94% 的非目标公司。崔学刚、荆新（2006）选取 1999 ~ 2001 年间我国 A 股市场全部上市公司作为样本来研究发生控制权转移公司的特征，其中目标公司 131 个，非目标公司 2 616 个。运用 Logit 模型对样本的 31 个财务指标进行分析，发现公司规模较小、股权较分散、主营业务利润率较低、资金实力较弱、每股净资产较低的公司更容易发生控制权转移，且 Logit 模型能够有效地预测发生控制权转移的目标公司。张金鑫等（2012）以中国 A 股市场 2001 ~ 2008 年发生并购且控制权转移的目标公司为样本，运用 ANOVA 分析、多重共线性检验和 Logistic 回归模型对目标公司和对照样本进行分析，结果表明具有高财务杠杆、低偿债能力、盈利能力差、增长较慢、股权较分散以及股份流动性强等特征的公司更容易成为并购的目标。

综上所述，国外很早就开始了对并购目标公司特征的研究，而国内由于资本市场尚不完善，对并购方面的研究起步较晚。国外已经有少数学者开始了对跨国并购中目标公司的特征进行研究，而国内学者的研究主要集中在国内并购的目标公司特征，且基本都是研究财务方面的特征。由于目前国内学者缺少对外资并购目标公司特征的关注，为弥补这方面研究的不足，本节将基于财务特征和非财务特征两个角度来研究外资并购中我国目标上市公司的特征。

三、外资收购目标公司特征的假设和检验模型设计

（一）样本选取

本节以 2000 年 1 月 1 日至 2013 年 12 月 31 日中国资本市场上发生的外资并购事件作为研究对象，样本按以下要求选取：（1）在已签订协议的外资并购事件中选取已经获得商务部批准并完成实质交易的上市公司作为样本；（2）对收购方为注册在海外但实际经营在中国的"伪外资"并购事件予以辨别并剔除；（3）目

标公司必须在被收购的前一年已经上市；（4）股权交易规模应在10%以上，这是参照了联合国贸易发展会议（UNCTAD）的标准；（5）剔除银行、证券、保险等传统金融企业，由于这类公司所适用的会计准则与其他行业的公司不一样，财务指标可能会有所差异；（6）剔除数据缺失的样本。

为了更全面的了解外资并购中我国目标上市公司的特征，本节将分别选取境内并购的目标公司以及非并购目标公司作为对照样本，其中境内并购目标公司的选取标准为：（1）已完成实际交易；（2）目标公司在被收购的前一年已上市；（3）股权交易规模在10%以上；（4）如果一个公司同一年被多次收购，则取第一次；（5）剔除目标公司为金融行业的样本；（6）剔除数据缺失的样本。

非并购目标公司的选取标准为：（1）对于每一个外资并购事件，选取与目标公司所处同行业的所有上市公司作为对照样本；（2）样本公司在相应的年份既不被跨国公司收购，也不被境内企业收购；（3）样本公司在相应年份的前一年已经上市；（4）剔除数据缺失的样本。

根据以上的标准，本节总共得到55个外资并购目标公司、330个境内并购目标公司以及2 436个非并购目标公司，数据整理自Wind数据库。

（二）理论假设与变量选择

1. 财务特征

管理无效率假设：收购行为往往产生于管理者不能实现公司市场价值的最大化，管理效率低下的公司经营业绩比较差，公司的股票价格也较低，因此收购方更倾向于收购这样的公司并通过充分利用公司的资源来获利（Palepu，1986）。一般而言，管理效率直接反映在公司的业绩上，而盈利能力、营运能力和现金流量能力则是公司业绩的直接衡量。本节主要以ROA、ROE、销售净利率、EPS等指标来反映公司的盈利能力，以应收账款周转率、存货周转率、总资产周转率等指标来衡量公司的营运能力，以每股现金流量、经营现金流量/总资产、经营现金流量/营业收入、经营现金流量/净利润等指标来衡量公司的现金流量能力。本节假设，盈利能力、营运能力和现金流量能力较差的公司更容易成为并购的目标。

流动性假设：如果公司的流动性过高，则没有充分利用公司的资源，同时也会使管理者追求个人利益、营造企业帝国，也即产生了代理问题，此时外部人通过收购可以有效地降低公司的代理成本（李善民、曾昭灶，2003）。另外，如果公司的流动性过低，公司没有充裕的现金流保障，很可能会由于无法即使偿还短期债务而陷入财务困境，这时收购方基于长远利益的角度也可能收购公司并通过提供相应的流动性来提升公司的价值。本节将以流动比率和速动比率来衡量公司的流动性，不事先假定流动性与被收购可能的关系。

财务杠杆假设：公司的债务融资成本往往比股权融资成本低，因此在存在税收的情况下，公司价值和资金成本随着财务杠杆的变化而变化。如果公司的财务杠杆过低，表明公司没有充分利用杠杆原理来降低资金成本和提高公司价值，此时主并方就可以通过提高目标公司的财务杠杆从而提高公司的价值（李善民、曾昭灶，2003）。本节以资产负债率来衡量公司的财务杠杆，并假设资产负债率越低，公司被收购的可能性越大。

公司规模假设：公司规模越大，并购所需资金越多。一般而言，收购过程中存在几种交易成本，包括整合目标公司、对付目标公司的抵抗以及与潜在收购者的竞争所导致的成本，这些并购成本与公司规模正相关，因此规模越小的公司越容易被收购（Palepu，1986）。然而在新兴经济体的外资并购往往相反，跨国公司更倾向于收购中国各行业中规模较大的龙头企业，也即外资"斩首"行动（宣烨、王新华，2007）。本节将以总资产、主营业务收入的自然对数来衡量公司规模，不事先假定公司规模与被收购可能的关系。

Gonzalez 等（1998）研究发现价值被低估（托宾 Q 值低），以及增长率较低是公司被外资收购的重要原因，而 Palepu（1986）指出市盈率低的公司由于价值被低估往往更容易成为收购的目标。因此，本节还尝试选取目标公司的托宾 Q 值、市盈率、主营收入增长率、净利润增长率等财务指标来检验其与被外资收购可能性的关系。

2. 非财务特征

由于数据获取的便捷性，学者们在实证分析中更偏向于选取财务指标来反映目标公司的特征。然而，外资在选取并购目标的过程中，往往不仅仅考虑目标公司的财务特征，有时考虑更多的是目标公司的非财务特征。

所有权性质：由于我国的监管机构对国有股权转让的监管特别严格，国有企业的股权转让需要通过层层审批，且外资并购往往会涉及产业安全的问题，这就给外资并购带来了很大的限制。本节采用虚拟变量的方法，对国有企业或国有控股企业取值为 1，其他取值为 0，并假设国有企业或国有控股企业相对其他企业而言，成为外资收购目标的可能性更低。

股权分散程度：由于我国法律法规的限制，对股权较集中公司的收购往往只能采用协议收购的形式，而收购股权分散的公司受到的限制较少（李善民、曾昭灶，2003）。并且在股权较分散的公司中，只需要收购较少的股份就可达到控股的目的，大大降低了收购的成本。本节以公司的第一大股东持股比例、第二大股东持股比例、第二大股东持股比例/第一大股东持股比例作为股权分散程度的衡量标准，并假设公司股权越分散（即第一大股东持股比例越小、第二大股东持股比例越大、第二大股东持股比例/第一大股东持股比例越大），越容易成为外资并购的目标。

宏观背景：2008 年爆发的全球金融危机使很多外资企业陷入财务困境，这也削弱了外资企业的收购能力。本节同样采用虚拟变量的方法，对在金融危机后发生的并购事件取值为 1，在金融危机前发生的并购取值为 0，并假设在金融危机后目标公司被外资收购的可能性降低。

除了以上几个指标外，本节还将尝试研究行业地位（如总资产、营业收入占行业的比例）、管理层持股比例、高管薪酬/管理费用等指标与被外资收购可能性的关系。具体的变量见表 3 - 8 所示：

表 3 - 8   变量选取

	变量		备注
财务特征	盈利能力	总资产净利率 ROA	并购上一年的年报数据
		净资产收益率 ROE	并购上一年的年报数据
		销售净利率	并购上一年的年报数据
		每股收益 EPS	并购上一年的年报数据
	营运能力	应收账款周转率	并购上一年的年报数据
		存货周转率	并购上一年的年报数据
		总资产周转率	并购上一年的年报数据
	现金流量能力	每股现金流量净额	并购上一年的年报数据
		经营现金流量/总资产	并购上一年的年报数据
		经营现金流量/营业收入	并购上一年的年报数据
		经营现金流量/净利润	并购上一年的年报数据
	流动性	流动比率	并购上一年的年报数据
		速动比率	并购上一年的年报数据
	财务杠杆	资产负债率	并购上一年的年报数据
	公司规模	ln（总资产）	并购上一年的年报数据
		ln（营业收入）	并购上一年的年报数据
	其他	营业收入同比增长率	并购上一年的年报数据
		净利润同比增长率	并购上一年的年报数据
		托宾 Q 值	市场价值/期末总资产，并购上一年末的数据
		市盈率	每股市价/每股收益，并购上一年末的数据

变量			备注
非财务特征	所有权性质	是否国企	国有企业或国有控股企业取值为1，其他取值为0
	股权分散程度	第一大股东持股比例	并购上一年的年报数据
		第二大股东持股比例	并购上一年的年报数据
		第二大股东持股比例/第一大股东持股比例	并购上一年的年报数据
	宏观背景	金融危机发生前后	金融危机后发生的并购事件取值为1，在金融危机前发生的并购取值为0
	行业地位	公司总资产/行业总资产	并购上一年的年报数据
		公司营业收入/行业营业收入	并购上一年的年报数据
	管理层因素	管理层持股比例	并购上一年的年报数据
		高管薪酬/管理费用	并购上一年的年报数据

（三）研究方法

1. 单因素方差分析

单因素方差分析（one-way ANOVA）是对单因素试验结果进行分析，检验该因素对试验结果是否具有统计显著性的方法。如果某个因变量在各组间具有显著的差异，则说明自变量对因变量有显著的影响。ANOVA 分析方法通过构建 F 统计量（即组内离差平方和与组间离差平方和之比）来检验各个组别中因变量的均值是否相等的假设：

$$F = \frac{SSA/(k-1)}{SSE/(n-k)} \tag{3.24}$$

其中，n 是样本总数，k 是组数，SSA 是组间离差平方和，SSE 是组内离差平方和。最后，通过观察 F 统计量和概率 p 值，判断是否拒绝各组别中因变量均值相等的原假设。

一般而言，即使是来源于同一总体的两个样本的均值也可能不相等，因此本节将对目标样本和对照样本的变量进行描述性统计，计算其均值和方差，并对这两类公司变量的均值进行单因素 ANOVA 分析以检验两者之间的差异。

2. Logistic 回归分析

由于本节中的被解释变量是离散的虚拟变量（外资收购目标公司取值为1，非外资并购目标公司取值为0），因此选用 Logistic 回归模型对相关变量进行研究。令 $p(i)$ 为公司 i 在特定时期被收购的概率，那么可以构造 Logistic 概率分布函数：

$$p(i) = \frac{1}{1 + e^{-bX(i)}} \qquad (3.25)$$

其中，$X(i)$ 是一组用来描述公司 i 特征的向量，b 是待估计的参数向量，并有：

$$X(i) = (1, X_1(i), X_2(i), \cdots, X_m(i))^T, \ b = (b_0, b_1, b_2, \cdots, b_m)$$

本节首先利用公司的特征变量对上式的参数作出估计，估计向量 b 可以用来说明目标公司的特征，然后再通过回代模型，估计具有特征 $X(i)$ 的公司被外资收购的概率，以检验模型的拟合能力。最后，本节还将利用 2000 ~ 2009 年的数据进行 Logistic 回归，然后用 2010 ~ 2013 年的数据估计具有特征 $X(i)$ 的公司被外资收购的概率，以检验模型的预测能力。

四、对理论假设的实证检验结果和分析

（一）外资并购目标公司与非并购目标公司的对比分析

1. 目标公司特征的单因素方差分析

为了研究外资并购目标公司的特征，本节首先计算 55 个外资并购目标公司和 2 436 个非并购目标公司相应财务指标和非财务指标的均值和标准差，并对这 29 个变量进行单因素 ANOVA 分析，结果见表 3 - 9 所示。两组数据间的营运能力、现金流量能力、流动性、财务杠杆、所有权性质、宏观背景等指标并不显著，而净资产收益率、ln（总资产）、ln（营业收入）、第二大股东持股比例、第二大股东持股比例/第一大股东持股比例、公司总资产/行业总资产、公司营业收入/行业营业收入、高管薪酬/管理费用这 8 个变量是显著的。其中，外资并购目标公司的净资产收益率较低，说明股东获利能力较差；ln（总资产）、ln（营业收入）较高，说明公司规模较大；第二大股东持股比例、第二大股东持股比例/第一大股东持股比例较高，说明股权较分散；公司总资产/行业总资产、公司营业收入/行业营业收入较大，说明行业地位较高；此外，目标公司的高管薪酬/管理费用也显著高于非目标公司。总体而言，股东获利能力较差、资产规模较大、股权较分散、行业地位较高的公司更容易成为外资收购的对象。

表 3 – 9　　　　　　　　　单因素方差分析结果

变量			外资并购目标公司		非并购目标公司		ANOVA	
			均值	标准差	均值	标准差	F	p
财务特征	盈利能力	总资产净利率 ROA（%）	2.816	10.177	4.141	10.204	0.907	0.341
		净资产收益率 ROE（%）	− 17.692	175.13	5.430	88.350	3.464	0.063
		销售净利率（%）	5.879	11.210	4.890	40.276	0.032	0.858
		每股收益 EPS	0.199	0.365	0.259	0.628	0.501	0.479
	营运能力	应收账款周转率	28.747	42.939	23.605	60.462	0.386	0.534
		存货周转率	5.815	6.368	18.380	304.70	0.093	0.760
		总资产周转率	0.752	0.506	0.696	0.594	0.483	0.487
	现金流量能力	每股现金流量净额	0.048	0.515	0.154	0.844	0.854	0.356
		经营现金流量/总资产	0.057	0.086	0.064	1.372	0.001	0.970
		经营现金流量/营业收入	− 0.209	2.000	0.034	1.851	0.925	0.336
		经营现金流量/净利润	0.248	5.733	2.019	33.020	0.158	0.691
	流动性	流动比率	1.524	1.151	1.768	2.144	0.707	0.401
		速动比率	1.103	1.004	1.238	1.834	0.295	0.587
	财务杠杆	资产负债率（%）	48.019	18.263	48.357	18.251	0.018	0.893
	公司规模	ln（总资产）	21.573	0.956	21.022	1.171	11.987	0.001
		ln（营业收入）	20.911	1.631	20.355	1.337	9.200	0.002
	其他	营业收入同比增长率（%）	14.342	45.659	24.764	62.511	1.510	0.219
		净利润同比增长率（%）	5.496	93.615	15.377	144.63	0.245	0.621
		托宾 Q 值	1.273	0.706	1.968	33.842	0.023	0.879
		市盈率	48.522	61.449	49.129	80.969	0.003	0.957
非财务特征	所有权性质	是否国企	0.636	0.485	0.531	0.499	2.391	0.122
	股权分散程度	第一大股东持股比例（%）	38.227	16.284	33.553	21.137	2.653	0.103
		第二大股东持股比例（%）	12.372	10.313	7.488	8.050	19.527	0.000
		第二大股东持股比例/第一大股东持股比例	0.409	0.337	0.305	0.300	6.283	0.012
	宏观背景	金融危机发生前后	0.200	0.404	0.252	0.434	0.775	0.379
	行业地位	公司总资产/行业总资产（%）	5.371	9.169	1.802	3.079	61.736	0.000
		公司营业收入/行业营业收入（%）	5.845	8.927	1.793	3.498	64.462	0.000
	管理层因素	管理层持股比例（%）	1.630	6.691	2.370	10.338	0.274	0.601
		高管薪酬/管理费用（%）	9.218	58.216	2.288	3.316	30.614	0.000

2. 目标公司特征的 Logistic 分析

当自变量之间存在多重共线性时，回归模型的准确性将会受到一定的影响。因此，本节在进行 Logistic 回归前，先采用方差膨胀因子（VIF）方法对全部 29 个自变量进行多重共线性检验，逐步剔除 VIF 大于 10 的变量，剔除后再重新检验，直至剩余变量的 VIF 均小于 10，说明剩余变量间不存在严重的多重共线性。本次剔除的变量包括速动比率、资产负债率、ln（总资产）、第二大股东持股比例/第一大股东持股比例这四个变量，将剩余的 25 个自变量代入 Logistic 模型，采用 Backward 的方法（即基于 Wald 统计量向后逐步选择自变量，根据 Wald 统计量的概率值将不符合条件的变量剔除出模型），最终得到各变量回归系数均显著的模型见表 3 - 10 所示。

表 3 - 10 Logistic 模型回归结果

解释变量	系数	标准误差	Wald 值	显著性水平
销售净利率	- 0.00034	0.000124	7.385	0.007
ln（营业收入）	0.217	0.117	3.441	0.064
营业收入同比增长率	- 0.007	0.004	2.746	0.097
第二大股东持股比例	0.05	0.015	11.838	0.001
公司总资产/行业总资产	0.105	0.025	17.033	0.000
高管薪酬/管理费用	0.013	0.007	3.564	0.059
Constant	- 8.924	2.427	13.525	0.000
Chi - square	51.046			
Sig.	0.000			
Nagelkerke	0.113			

模型整体检验的似然比卡方统计量为 51.046，在 0.001 水平上是显著的。而相当于最小二乘法中的 Nagelkerke 为 0.113，也比较高（较好的实证模型的 Nagelkerke 值为 0.0979）。因此，可以认为 Logistic 模型的拟合程度较好。回归模型中 ln（营业收入）、营业收入同比增长率、高管薪酬/管理费用这三个变量在 10% 水平下显著，销售净利率、第二大股东持股比例、公司总资产/行业总资产以及常数项均在 1% 水平下显著。其中，销售净利率和营业收入同比增长率的系数为负，而其他四个自变量的系数为正，说明销售净利率越低（盈利能力差）、营业收入越大（公司规模大）、营业收入增长率越低（增长慢）、第二大股东持股比例越大（股权分散）、公司总资产/行业总资产越大（行业地位高）、高管薪酬/管理费用越高，公司越容易成为外资收购的目标。

将样本数据回代到上面的模型，拟合结果见表3-11所示，模型准确拟合了54家目标公司中的35家，准确率为64.8%，同时准确拟合了2 024家非目标公司中的1 313家，准确率为64.9%，模型拟合的总体准确率为64.9%。

接着本节将基于2000~2009年的数据来预测2010~2013年的样本被外资收购的可能性，以检验Logistic模型的预测能力。同样先对2000~2009年的数据进行多重共线性检验，剔除速动比率、资产负债率、ln（总资产）、第二大股东持股比例/第一大股东持股比例这四个变量，剩余变量的VIF均小于10，说明剩余变量间不存在严重的多重共线性。表3-12和表3-13分别为2000~2009年数据的回归结果以及Logistic模型的预测结果，模型准确预测了6家目标公司中的3家，准确率为50%，同时准确预测了322家非目标公司中的218家，准确率为67.7%，模型的总体预测能力为67.4%。

表3-11　　　　　　　　　原数据回代拟合检验

实际	预测		
	非目标公司	目标公司	准确率
非目标公司	1 313	711	64.9%
目标公司	19	35	64.8%
总准确率	阈值概率为0.022		64.9%

表3-12　　　　　Logistic模型回归结果（2000~2009年数据）

解释变量	系数	标准误差	Wald值	显著性水平
销售净利率	-0.000282	0.000108	6.768	0.009
第二大股东持股比例	0.053	0.015	11.784	0.001
公司总资产/行业总资产	0.126	0.024	26.683	0.000
高管薪酬/管理费用	0.013	0.007	3.221	0.073
Constant	-4.608	0.274	283.182	0.000
Chi-square	46.369			
Sig.	0.000			
Nagelkerke	0.117			

表 3 – 13　　　　Logistic 模型预测检验（2010～2013 年数据）

实际	预测		
	非目标公司	目标公司	准确率
非目标公司	218	104	67.7%
目标公司	3	3	50.0%
总准确率	阈值概率为 0.022		67.4%

（二）外资并购目标公司与境内并购目标公司的对比分析

1. 外资并购目标公司特征的单因素方差分析

由于并购事件的公告往往会引起一定的市场反应，因此对于外资并购目标公司和境内并购目标公司的对比研究，还将新增公告效应（以累积超额收益 CAR 来衡量）这一非财务指标。本节选取（–5，2）作为计算期，运用市场模型来计算 CAR，发现外资并购目标公司的 CAR 显著为正（p 值为 0.0322），而境内并购目标公司的 CAR 并不显著，这说明外资并购可以为目标上市公司的股东带来显著为正的财富相应，与李梅（2008）的研究结论一致。

接着对包括 CAR 在内的 30 个变量进行单因素 ANOVA 分析，结果如表 3 – 14 所示。财务指标中只有净资产收益率、总资产周转率、ln（总资产）、ln（营业收入）、托宾 Q 值这五个变量是显著的，其中，与境内并购目标公司相比，外资并购目标公司的净资产收益率更低、总资产周转率更高、总资产和营业收入更高（公司规模更大）、托宾 Q 值更低（价值被低估）。而非财务指标中除了所有权性质外，其余 9 个变量均是显著的，其中，外资并购目标公司的累积超额收益（CAR）显著高于境内并购目标公司、金融危机发生前后变量显著低于境内并购目标公司（说明金融危机削弱了外资并购行为），此外，外资并购目标公司的股权更分散（第一大股东持股比例较低、第二大股东持股比例较高、第二大股东持股比例/第一大股东持股比例较大）、行业地位更高（公司总资产/行业总资产较大、公司营业收入/行业营业收入较大）、管理层因素也具有显著的差异（管理层持股比例、高管薪酬/管理费用均较高）。总体而言，与境内并购目标公司相比，外资并购目标公司具有显著的非财务特征。

2. 外资并购目标公司特征的 Logistic 分析

在进行 Logistic 回归前，同样先采用方差膨胀因子（VIF）方法对全部 29 个自变量进行多重共线性检验，逐步剔除 VIF 大于 10 的变量，剔除后再重新检验，直至剩余变量的 VIF 均小于 10，说明剩余变量间不存在严重的多重共线性。本次剔除的变量包括销售净利率、经营现金流量/营业收入、速动比率、

143

第二大股东持股比例/第一大股东持股比例、公司营业收入/行业营业收入这五个变量，将剩余的 24 个自变量代入 Logistic 模型，采用 Backward 的方法（即基于 Wald 统计量向后逐步选择自变量，根据 Wald 统计量的概率值将不符合条件的变量剔除出模型），最终得到各变量回归系数均显著的模型如表 3 - 15 所示。

表 3 - 14 **单因素方差分析结果**

变量			外资并购目标公司		境内并购目标公司		ANOVA	
			均值	标准差	均值	标准差	F	p
财务特征	盈利能力	总资产净利率 ROA（%）	2.816	10.177	2.783	17.853	0.000	0.989
		净资产收益率 ROE（%）	-17.692	175.13	5.052	65.511	3.044	0.082
		销售净利率（%）	5.879	11.210	2.895	53.692	0.162	0.687
		每股收益 EPS	0.199	0.365	0.133	0.436	1.144	0.285
	营运能力	应收账款周转率	28.747	42.939	22.457	67.931	0.434	0.510
		存货周转率	5.815	6.368	5.564	7.542	0.054	0.816
		总资产周转率	0.752	0.506	0.602	0.573	3.338	0.068
	现金流量能力	每股现金流量净额	0.048	0.515	0.103	0.552	0.471	0.493
		经营现金流量/总资产	0.057	0.086	0.040	0.199	0.382	0.537
		经营现金流量/营业收入	-0.209	2.000	2.457	40.116	0.242	0.623
		经营现金流量/净利润	0.248	5.733	1.352	9.691	0.674	0.412
	流动性	流动比率	1.524	1.151	1.451	1.450	0.127	0.722
		速动比率	1.103	1.004	1.091	1.358	0.004	0.951
	财务杠杆	资产负债率（%）	48.019	18.263	51.349	21.110	1.190	0.276
	公司规模	ln（总资产）	21.573	0.956	21.099	1.235	7.350	0.007
		ln（营业收入）	20.911	1.631	20.210	1.799	7.319	0.007
	其他	营业收入同比增长率（%）	14.342	45.659	15.262	54.825	0.014	0.906
		净利润同比增长率（%）	5.496	93.615	5.779	174.003	0.000	0.991
		托宾 Q 值	1.273	0.706	1.961	2.684	3.564	0.060
		市盈率	48.522	61.449	64.684	87.639	1.667	0.197

续表

变量			外资并购目标公司		境内并购目标公司		ANOVA	
			均值	标准差	均值	标准差	F	p
非财务特征	公告效应	CAR	2.127	8.340	-0.121	8.424	3.368	0.067
	所有权性质	是否国企	0.636	0.485	0.724	0.448	1.773	0.184
	股权分散程度	第一大股东持股比例（%）	38.227	16.284	44.486	17.867	5.926	0.015
		第二大股东持股比例（%）	12.372	10.313	7.445	7.831	16.910	0.000
		第二大股东持股比例/第一大股东持股比例	0.409	0.337	0.246	0.293	13.691	0.000
	宏观背景	金融危机发生前后	0.200	0.404	0.403	0.491	8.439	0.004
	行业地位	公司总资产/行业总资产（%）	5.371	9.169	2.885	7.198	5.171	0.024
		公司营业收入/行业营业收入（%）	5.845	8.927	2.443	6.799	10.708	0.001
	管理层因素	管理层持股比例（%）	1.630	6.691	0.379	3.065	5.053	0.025
		高管薪酬/管理费用（%）	9.218	58.216	2.652	3.376	4.222	0.041

表 3-15　　Logistic 模型回归结果

解释变量	系数	标准误差	Wald 值	显著性水平
净资产收益率 ROE	-0.005	0.003	2.723	0.099
ln（营业收入）	0.594	0.137	18.717	0.000
是否国企	-0.650	0.377	2.968	0.085
第一大股东持股比例	-0.028	0.012	5.320	0.021
第二大股东持股比例	0.045	0.019	5.360	0.021
金融危机发生前后	-1.853	0.441	17.699	0.000
Constant	-12.347	2.705	20.828	0.000
Chi - square	54.920			
Sig.	0.000			
Nagelkerke	0.243			

模型整体检验的似然比卡方统计量为 54.920，在 0.001 水平上是显著的。而相当于最小二乘法中的 Nagelkerke 为 0.243，也比较高。因此，可以认为 Logistic 模型的拟合程度较好。回归模型中净资产收益率、是否国企在 10% 水平下显著，第一大股东持股比例、第二大股东持股比例在 5% 水平下显著，ln（营业收入）、金融危机发生前后以及常数项在 1% 水平下显著。其中，ln（营业收入）、第二大股东持股比例的系数为正的，而其他四个自变量的系数均为负的，说明相对境内并购目标公司而言，外资并购目标公司具有较差的股东盈利能力（ROE 低）、营业收入高、非国企、股权分散（第一大股东持股比例较低、第二大股东持股比例较高）的特征，且金融危机对外资并购产生了负的效应。

将样本数据回代到上面的模型，拟合结果如表 3-16 所示，模型准确拟合了 54 个外资目标中的 38 个，准确率为 70.4%，同时准确拟合了 320 家非外资目标中的 224 个，准确率为 70.0%，模型拟合的总体准确率为 70.1%。

表 3-16 原数据回代拟合检验

实际	预测		
	非外资目标	外资目标	准确率
非外资目标	224	96	70.0%
外资目标	16	38	70.4%
总准确率	阈值概率为 0.143		70.1%

接着本节将基于 2000~2009 年的数据来预测 2010~2013 年的样本被外资收购的可能性，以检验 Logistic 模型的预测能力。同样先对 2000~2009 年的数据进行多重共线性检验，剔除销售净利率、经营现金流量/营业收入、速动比率、第二大股东持股比例/第一大股东持股比例这四个变量，剩余变量的 VIF 均小于 10，说明剩余变量间不存在严重的多重共线性。表 3-17 和表 3-18 分别为 2000~2009 年数据的回归结果以及 Logistic 模型的预测结果，模型准确预测了 99 个非外资目标中的 78 个，准确率为 78.8%，但对 6 个外资目标的预测准确率为 0，尽管如此，模型的总体预测能力仍达到了 74.3%。

表 3-17 Logistic 模型回归结果（2000~2009 年数据）

解释变量	系数	标准误差	Wald 值	显著性水平
净资产收益率 ROE	−0.008	0.007	1.051	0.305
流动比率	0.400	0.171	5.458	0.019
ln（营业收入）	0.776	0.183	17.929	0.000

解释变量	系数	标准误差	Wald 值	显著性水平
营业收入同比增长率	-0.008	0.005	3.145	0.076
是否国企	-1.094	0.417	6.890	0.009
第二大股东持股比例	0.084	0.020	17.07	0.000
金融危机发生前后	-1.454	0.681	4.565	0.033
公司营业收入/行业营业收入	0.031	0.016	3.773	0.052
Constant	-18.034	3.799	22.534	0.000
Chi - square	55.910			
Sig.	0.000			
Nagelkerke	0.306			

表 3 - 18　　Logistic 模型预测检验（2010～2013 年数据）

实际	预测		
	非外资目标	外资目标	准确率
非外资目标	78	21	78.8%
外资目标	6	0	0.0%
总准确率	阈值概率为 0.143		74.3%

五、本节结论

（一）研究结论

通过与非并购目标公司的对比实证研究，本节发现外资并购目标公司具有以下显著的特征：净资产收益率较低；公司规模较大，表现为 ln（总资产）和 ln（营业收入）较高；股权较分散，表现为第二大股东持股比例较高且第二大股东持股比例/第一大股东持股比例较大；行业地位较高，表现为公司总资产/行业总资产、公司营业收入/行业营业收入均较大；高层管理成本较高，表现为高管薪酬/管理费用较大。而 Logistic 模型也证明了外资并购目标公司的特征是可以识别的，原数据拟合的总体准确率达到 64.9%，而基于 2000～2009 年样本的模型对 2010～2013 年样本的总体预测能力更是达到了 67.4%，说明 Logistic 模型对于外资并购目标公司具有较好的预测能力。

而通过与境内并购目标公司的对比研究，同样发现外资并购目标公司具有显著的特征：净资产收益率较低、总资产周转率较高；公司规模较大，表现为 ln（总资产）和 ln（营业收入）较高；价值被低估，表现为托宾 Q 值较低；股权较分散，表现为第一大股东持股比例较低、第二大股东持股比例较高、第二大股东持股比例/第一大股东持股比例较大；行业地位较高，表现为公司总资产/行业总资产、公司营业收入/行业营业收入均较大；管理层因素显著，表现为管理层持股比例、高管薪酬/管理费用均较大；公告效应明显，表现为累积超额收益（CAR）较大，说明外资并购对资本市场是利好消息；受宏观背景影响大，表现为金融危机削弱了外资并购行为。Logistic 模型同样验证了外资并购目标公司特征的可识别性，原数据拟合的总体准确率达到 70.1%，而基于 2000～2009 年样本的模型对 2010～2013 年样本的总体预测能力更是达到了 74.3%，这同样说明了 Logistic 模型具有较好的预测能力。

两组对照的实证结果均表明外资并购目标公司具有公司规模较大、行业地位较高的显著特征，这与宣烨、王新华（2007）关于外资"斩首"行动的结论是一致的。此外，外资并购目标公司的股东获利能力较差、股权较分散且高层管理成本较高，这就使得目标公司的股东有足够的动机将所持公司股权出售给大型跨国公司，而外资方基于降低收购成本的考虑也更乐意收购这些股权分散的公司，通过改善公司的生产经营状况以及公司治理机制，达到最大化跨国公司自身利益的目的。

（二）不足及展望

本节以上市公司为样本来研究外资并购目标公司的特征，然而上市公司并不能准确地代表目标公司的总体。同时，由于外资并购我国上市公司的样本比较少，2000～2013 年才 55 个，且年度跨度较大，这就使得对照样本的选取比较困难。此外，财务指标和非财务指标可能会因行业、规模的不同而存在一定的差异，不同年份可能也会有一定的影响。

虽然本节的对照样本也选择了大样本，但还不是全样本，未来学者可以尝试选取全部上市公司作对比研究，甚至突破某些指标的限制选取全部企业（包括上市公司和非上市公司）作为对照样本。同时，还可尝试研究外资并购目标公司与非目标公司在技术创新、公司治理等方面的差异。此外，不同行业间的外资并购也具有一定的差异，还可以按行业分类来研究外资并购目标公司的特征。

第六节 本章小结

　　针对外资并购的模式选择问题，本章从三个角度开展了学术研究，探讨了哪些宏观因素会影响到外资进入模式的选择；在此基础上，分析了不同进入模式对东道国经济增长的促进作用；最后，还探讨了哪些微观的企业个体因素会吸引外资并购资金。

　　本章整体结构如下（见图3-4）。

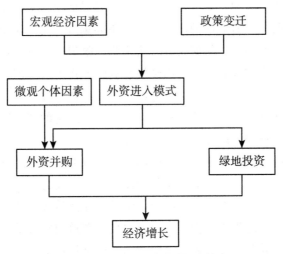

图3-4　第三章研究结构

　　本章在本书第二章基础上，着眼于为我国政府调控外资进入提供政策建议和政策工具。依据本章理论研究的成果，本章可以从三个角度提出政策建议。

　　首先，本章第二节的研究成果可以用来解释为何 FDI 投资在我国的进入模式选择与世界范围的普遍趋势存在巨大的差异。20 世纪 90 年代以来，全球范围内跨国并购发展迅速，跨国并购越来越成为外商直接投资的重要手段。2000 年和2007 年是两个跨国并购高峰年度，跨国并购额占 FDI 投资额比重达到 64.5%、51.9%；1991～2010 共 20 年合计，全球跨国并购额占 FDI 总额的 42.7%，其中发达国家为 57.1%，发展中国家为 16.6%。联合国贸易与发展委员会（UNCTAD）预测，随着经济形势好转和新兴经济体对外并购趋向活跃，未来跨国并购在全球 FDI 总额中的占比将越来越大。但我国的 FDI 却长期以绿地投资为主，1991～2010 的 20 年合计的外资并购额占我国 FDI 总额只有 12.1%；如果剔除 2000 年数据，则只有 8.9%，即使相对于发展中国家的 20 年合计值 16.6%，我国的外资并购占 FDI 比重也依然显著偏低。依据本节结论，我们认为我国现阶段外商直接投资以绿地投资为主的原因，客观方面是我国改革开放以后经济长期高速增长，工程建设速度快，FDI 投资者倾向于采用绿地投资的方式进入；主观方面是我国政府出于引进外国企业先进技术和管理经验、保护本国经济安全和产业安全、防止知名品牌被收购等目的，长期以来对外资并购采取管制政策，鼓励甚至强制外资采取绿地投资（外资独资新建、中外合资新建）的方式进入我国市场，因此大量 FDI 投资者在政策引导下选择了绿地投资的进入模式。同时本章第一小节结论还可以解释近年来外商直接投资进入我国模式的巨大转变，随着我国经济逐渐进入后增长期，经济的增长速度和固定资产投资速度都将会逐渐放缓，因此我国 FDI 投资以绿地投资为主这一状况的客观推动因素将逐渐消失；而主观方面的因素，即我国政府对两种进入模式的不同偏好，将逐渐成为影响我国 FDI 进入模式分布的主要因素。如何充分利用税收、限定外资持股比例、行业禁入等政策手段，引导外资按照有益于我国经济发展的方式进入我国市场，将是我国政府未来需要考虑的重要课题。而学术界则需要通过各种理论、实证研究，分析判断未来各个时期 FDI 的这两种进入模式对我国国民经济的利弊影响，为政府的政策制定提供理论依据和实践建议。

其次，本章第三节的结论分析了跨国并购和绿地投资两种进入模式对我国经济增长的影响，得出了不同于传统文献的新发现，可以为我国政府部门未来调控外资进入提供特有的政策参考。传统上，学术研究文献普遍持有"跨国并购因为不能增加东道国境内的投资总量，所以无法促进东道国经济增长"这一观点，然而本节通过对跨国并购资金进入东道国后的流向进行理论分析，发现跨国并购资金可以通过"再投资过程"转化为东道国的内源投资，从而促进东道国的经济增长；但是"再投资过程"的顺利进行需要东道国金融市场和制度环境的配合。本节利用 1990～2010 年间全世界 173 个国家的大样板面板数据实证研究表明，在健全的金融体系和稳定的制度环境下，跨国并购也能够促进东道国经济增长。进一步的研究表明，在发达国家绿地投资和跨国并购都可以促进经济增长；在发展中国家因为金融体系不健全、制度环境不稳定，只有绿地投资可以促进经济增长。我们的研究还发现，发达国家的 FDI 在促进经济增长方面比内源投资更有效，发展中国家 FDI 和内源投资对经济增长的促进作用不存在显著差异。这一研究发现可用于指导各国政府制定利用外资政策。在发达国家，FDI 对经济增长的刺激比内源投资更强，因此发达国家应当积极吸引外资，放松对 FDI 的管制，尤其在经济增长低迷时更应如此。由此我们可以看出，现阶段美国等多个发达国家因为金融危机导致的经济增长低迷而采取贸易保护措施恰恰是南辕北辙的行为。

而在发展中国家，FDI 和内源投资对经济增长的贡献基本一致，因此对于缺乏内源投资的发展中国家，可以利用政策吸引 FDI，而对于内源投资充足的发展中国家，则不必为了吸引 FDI 而给予外资过多的优惠政策。具体到我国而言，随着改革开放后经济的快速发展，近年来我国的内源投资已比较充足，部分行业甚至出现投资过剩的问题，因而我国应逐渐取消对外资的超国民待遇，并对可能危及我国经济安全、产业安全的外资投资和并购行为加强管制。

结合现阶段我国经济进入增长减速"新常态"的市场实际状况，本章建议我国政府积极有效地利用外资并购资金，保障我国经济的持续活力，提高我国经济发展质量。通过本章第四节对外资并购主要倾向于收购哪些类型企业的研究，以及对哪些类型的外资企业倾向在我国实施并购的研究，本章在为我国政府部门更加有效地利用外资并购提供了政策工具。本章的实证结果肯定了外资的"斩首"行动，在此前的外资并购案例中，德国 FAG 收购西北轴承就是一个典型的例子，收购完成后，中国轴承行业 25% 的市场份额被外资吞并，并最终导致了民族企业西北轴承的没落。同时外资的强势进入在消灭竞争对手的同时也挤压了我国其他传统企业的生存空间，这就引起了政府以及业界关于产业安全的讨论。因此，政府和利益相关者必须重点关注外资并购事件，在引进外资时应该注意：第一，政府不能为追求政绩而盲目招商引资，必须审慎对待外资，在企业并购时鼓励有实力的民营资本与外国资本公平竞争。同时，完善涉及外资并购的法律法规体系，避免跨国公司在收购我国企业时钻法律的漏洞；第二，清晰界定我国的战略产业目录，战略产业往往关系到国计民生，必须谨慎对待。同时，还应该设立专门的外资并购审查机构，防止跨国公司对我国各细分行业特别是传统战略产业的逐步渗透；第三，维护本土企业的自主创新能力，慎防外资对龙头企业的并购。一旦外资控制了市场份额和核心技术，我国产业的对外依存度将提高，这将削弱我国产业的自主创新能力和持续发展能力，因此必须重点关注本土企业的市场和技术。

第四章

外资并购与自主创新能力研究

第一节 外资并购对产业自主创新能力的影响研究

一、引言

　　经济全球化已成为当今世界不可逆转的趋势。在经济全球化的过程中，外商直接投资作为国际资本流动主要方式——同时也伴随着技术转移与扩散和科技人员的流动——对东道国的经济和社会生活产生了非常重要的影响。其中外资并购作为 FDI 的重要组成部分，对我国经济产生了深远的影响。改革开放以来，我国利用 FDI 的资金额不断增长，业已成为世界上最主要的外资流入国。随着落户我国的外资企业不断增加和外资企业经营年限的加长，越来越多的外资企业开始在我国积极开展科研活动。外资的进入既可能通过竞争和技术溢出效应推动本地企业的技术创新，也可能通过低层次的技术转移遏制和延缓本地企业的技术创新，那么 FDI/外资并购对我国企业的自主创新能力究竟产生了怎样的影响，就成为学术界和社会争论的重要话题。

二、外资企业的技术溢出效应理论分析

跨国公司开展对外直接投资的关键因素源于企业拥有某种垄断优势。跨国公司在同当地公司竞争的时候，常常面临着一些不利因素，比如投资环境、经济政策、法律规则的不同，地理距离、社会、风俗以及文化方面的差异。为了克服这些缺点，跨国公司必须拥有更为有效的技术、市场渠道、管理经验以及资本实力（Hymer，1960）。Hymer 认为企业开展对外直接投资必须满足两个条件：一是企业必须拥有一些特定的优势，以抵消企业对外经营中的一些不利因素；二是存在市场不完全，使得企业能够保持并发挥特定优势。垄断优势理论强调对外直接投资企业相对于东道国企业要具有某些特定优势。正是由于这些特定优势，FDI 的技术溢出效应才成为可能。

国内外的学者也对溢出效应进行了系统的研究。因为从行业层面对外资并购的溢出效应进行研究数据较难取得，所以一般都是对 FDI 进行研究。Caves（1974）检验了加拿大和澳大利亚的 FDI 溢出效应发现，在加拿大和澳大利亚的制造业中，当地企业的劳动生产率与行业内的外资份额呈正相关关系，由此他们认为 FDI 存在正向的溢出效应。类似的研究还有 Globerman（1979）对加拿大的研究、Blomström 和 Persson（1983）对墨西哥的研究、Liu 和 Wang（2000）对英国的研究、Kokko，Tansini 和 Zejan（1996）对乌拉圭等的研究，他们都验证了溢出效应的存在。然而，也有一些学者的研究得出了相反的结论。Barrios 和 Strobl（2002）对 1990～1994 年的西班牙制造业面板数据研究表明，整体上不存在正向溢出效应。Haddad 和 Harrison（1993）对摩洛哥的研究指出，跨国公司对于国内企业的劳动生产率没有显著的影响，并认为这是由于外资企业和内资企业之间过大的技术差距阻碍了溢出效应的产生。Aitken 和 Harrison（1999）的研究表明 FDI 对委内瑞拉本地企业的生产率产生负向作用。Damijan 等（2003）选取 8 个转型经济国家 1990～1994 年的数据，指出在这些国家中 FDI 不存在明显的溢出效应。

国内也有不少学者研究 FDI 对中国企业的溢出效应。姚洋（1998）利用第三次工业普查的企业资料，研究得出三资企业对国有企业具有正的外部作用。蒋殿春和夏良科（2005）利用中国高新技术行业的面板数据，得出 FDI 的竞争效应不利于国内企业创新能力的提升，反而会产生负面影响，并且不同所有制企业受 FDI 的影响也不尽相同。蒋殿春和张宇（2006）利用中国高新技术产业的面板数据，研究得出 FDI 的流入对相当一部分行业产生了正向的技术外溢，并同时指出 FDI 的外溢效应与行业特征有紧密联系。冼国明和薄文广（2005）利用行业面板数据研究得出 FDI 有利于中国企业自主创新能力的提高，并且指出内外资企业技

术差距较小的行业，外资企业对内资企业技术提升的作用更明显。冼国明和薄文广（2006）利用地区层面的面板数据研究指出，在全国范围内，不同所有制的企业创新能力差异较为明显，外资企业创新能力的提升会对国有企业产生显著的抑制作用，对其他类型的企业产生显著的促进作用。从已有的研究文献来看，关于FDI 对中国企业的溢出效应，结论也是不尽相同的。

三、外资企业的技术溢出途径

对于 FDI 溢出效应的研究可以追溯到 20 世纪 60 年代，MacDougall（1960）在分析 FDI 福利时，第一次明确提出了 FDI 的溢出效应。此后对 FDI 溢出效应的研究逐渐增多，至今已成为 FDI 理论的一个重要分支。一般认为，溢出效应的传导机制有三种：第一种是竞争效应。FDI 进入东道国，为东道国引进了新的竞争者，而且外资企业的进入在任何时候都比内资企业的进入会导致产业内更加激烈的竞争（Cave，1971），从而迫使本地企业更有效地利用资源，提高技术水平和生产效率。第二种是示范模仿效应。FDI 企业不仅为东道国带来了先进技术和管理经验，使内资企业可以模仿学习，而且外资企业更可以在技术层面上起到良好的示范作用，减小内资企业对新技术的搜寻成本。第三种是人力资本的培训流动效应。该效应主要是指在外资企业工作过或者接受过培训的员工跳槽到内资企业或自主创业，能够将外资企业的先进技术引入内资企业。但同时也存在反向的流动效应，内资企业的员工可以跳槽到外资企业，从而对内资企业造成损失。目前，对于 FDI 溢出效应的研究主要集中在两个层面，其一是研究某个国家特定时期的 FDI 溢出效应是否存在，其二是研究哪些因素影响 FDI 溢出效应的大小。

现阶段跨国公司是技术溢出效应产生的主体。在经济全球化的大背景之下，跨国公司逐渐将其生产和营销全球化。跨国公司的生产要素在不同的子公司或分支机构之间实现转移，提高了生产经营效率。而此后便是研发全球化，这也成为世界经济持续发展的重要动力。研发全球化的推动力量包括市场因素、技术及成本因素、信息通信因素、政策因素等。首先，相比于只在公司总部进行研发，研发的全球化对于市场的适应能力将更强。在东道国进行研发可以更好地适应当地消费者的需求。接近当地市场，可以更快捷地获取消费者信息，及时对产品进行销售测试取得反馈意见，从而更高效地对产品进行开发。其次，跨国公司通过在海外进行研发，可以利用东道国的资源条件，接近技术开发的不同源头，监控并学习先进技术，使自己能够保持与世界先进技术研发的同步。再者，信息通信技术的飞速发展以及全球市场准入壁垒的减少也都为研发全球化提供了保障。一般认为研发全球化对于跨国公司是有利的。虽然相对于生产和营销，研发全球化的程度要低很多，但是近年来扩张速度却很快。20 世纪 90 年代之后，伴随着发展中国家经济的崛起，跨国公司的研发活动也逐渐拓展到这些国家和地区。研发全球化给东道国的本地企业带来了深远影响，其中外资企业的进入对内资企业产生的技术溢出是学术界关注的一个重要话题。

技术溢出效应的理论根源可以追溯到经济增长理论。现代经济社会中，知识积累、技术进步是经济增长的发动机。在经典的经济增长理论中，内生增长理论将知识增长纳入经济系统内部，提出了各种知识积累模型，以更好地解释经济增长。Arrow（1962）认识到新古典经济增长理论的局限性，将技术进步看作是经济增长中的内在因素，提出了"边干边学"模型，指出技术进步或生产率提高是资本积累的副产品，并指出知识是具有非竞争性和部分非排他性的准公共物品，不仅进行投资的厂商可以通过积累生产经验而提高生产率，其他厂商也可以通过学习来获得生产率的提高。Romer（1986）沿着 Arrow 的思路，用知识的外部性及溢出效应来解释经济增长，提出了 Arrow – Romer 模型。在该模型中，企业的技术进步通过资本积累实现，即企业的研发是一种无意识的行为，但企业的投资会产生外溢效应，对社会的技术进步有推动作用。这种外溢会克服资本的边际报酬递减，从而产生内生增长。Romer（1990）则进一步把企业的研发看作是有意识的行为。Romer 的知识溢出理论为经济增长理论提供了新的思路，强调企业有意识研发所形成的知识积累具有外部性和溢出效应，这为 FDI 的溢出效应研究奠定了理论基础。

综上，无论是传统的经济增长理论将知识作为经济增长的外生因素，或者将其看作由政府提供的公共物品，还是内生增长理论将知识增长纳入经济系统内部，技术溢出机制均是客观存在的，是由外部制度环境所决定的。而知识是准公共产品（Arrow，1962）。一家企业所拥有的知识，虽然不能被其他企业完全掌握，但不可避免会被其他企业察觉或者更进一步学习到，这是技术溢出产生的最基本原理。在知识产权保护的前提下，企业的研发行为能够对其他企业产生影响。然而，外生的技术溢出机制是技术溢出发生的必要条件而非充分条件，即机制的存在并不意味着技术溢出确定发生。技术溢出的发生依赖于内资企业与外资企业各自的技术水平，并且需要研发行为来触发。

当内资企业和外资企业的技术水平相差不大、处于同一层次时，技术溢出的发生往往是双向的。两者之间是一个相互学习的过程。而当内资企业与外资企业分别处于技术的低端和高端时，技术溢出的发生则不是双向的，而是单向地从高端流向低端。即处于低端的内资企业进行一项研发，该研发很可能是外资企业已经进行过的研发，或非常类似，其所产生的新的技术或知识外资企业已经拥有，因而内资企业的研发不会对外资企业产生明显的作用，也就不存在明显的技术溢出效应。处于技术高端的外资企业则会对内资企业产生正向技术溢出作用，其研发得到的新技术或知识是内资企业未曾拥有的，可以通过各种渠道自发或非自发地扩散到内资企业中被内资企业学习利用。然而，当内资企业与外资企业的技术水平相差过大时，单向的技术溢出也不可能出现，此时内资企业既没有能力对外产生技术溢出，也没有足够的能力学习和吸收外资企业的先进技术。当技术溢出确实发生时，内资企业（外资企业）能够真正学习吸收并转化为自身拥有的知识量依赖于内资企业（外资企业）自身的吸收能力。通常可以认为，增加自身的研发量有助于提升企业吸收能力，更好地消化吸收从外部获得的知识。

上述理论分析可借助以下模型进一步加以理解。假设内资企业具备的知识储备为 K_1，外资企业具备的知识储备为 K_2。假设内资企业的研发量为 X_1，外资企业的研发量为 X_2。有如下方程：

$$\dot{K}_1 = F(X_1, X_2)$$

$$\dot{K}_2 = G(X_1, X_2)$$

显然，无论是内资企业还是外资企业，均是通过研发来增加自身的知识储备，因此有 $\dfrac{\delta F}{\delta X_1} > 0$，$\dfrac{\delta G}{\delta X_2} > 0$。并且在技术溢出机制存在的条件下，有 $\dfrac{\delta F}{\delta X_2} \geqslant 0$，$\dfrac{\delta G}{\delta X_1} \geqslant 0$。

（1）当 $K_1 \cong K_2$ 时，$\dfrac{\delta F}{\delta X_2} > 0$，$\dfrac{\delta G}{\delta X_1} > 0$

（2）当 $K_1 < K_2$ 时，$\dfrac{\delta F}{\delta X_2} > 0$，$\dfrac{\delta G}{\delta X_1} = 0$

（3）当 $K_2 \leqslant K_1$ 时，$\dfrac{\delta F}{\delta X_2} = 0$，$\dfrac{\delta G}{\delta X_1} = 0$

$K_2 < K_1$ 以及 $K_2 \leqslant K_1$ 的情况可同理推得。

此外，若内资企业（或外资企业）可以通过增加自身研发量从而提升企业吸收能力，则有如下结论

（4）对于内资企业来说，如果 $\dfrac{\delta F}{\delta X_2} > 0$，即外资企业向内资企业的技术溢出发生，有：

$$\frac{\partial^2 F}{\partial X_2 \partial X_1} > 0$$

同理，对于外资企业，如果有 $\dfrac{\delta G}{\delta X_1} > 0$，则有：

$$\frac{\partial^2 G}{\partial X_1 \partial X_2} > 0$$

到目前为止，虽然我国内资企业与外资企业之间仍存在不小的技术差距，但随着内资企业研发投入的加大，二者之间的差距已在不断缩小。

根据以上模型,可以提出如下三个假设:

假设 1:经济体中存在技术溢出机制。

假设 2:由于内资企业相对于外资企业处于技术落后的一方,外资企业向内资企业的技术溢出发生,而反向的技术溢出则不发生。

假设 3:给定外资企业的研发量,内资企业增加自身的研发量,可以更好地消化吸收外资企业带来的技术溢出,提高企业创新能力。

四、外资企业对高技术产业技术创新的影响

(一) 分析指标与模型

在样本和数据选择过程中,鉴于《中国统计年鉴》以及《中国科技统计年鉴》均只给出了行业数据,而未披露每个行业中内资企业与外资企业研发及创新能力相关数据,本节无法实现对所有行业进行实证分析;而《中国高技术统计年鉴2011》则详细披露了每个高技术产业中不同类型企业相关数据,因此,本节主要针对高技术产业进行实证检验。但同时,行业数据里,没有专门区分外资并购与绿地投资,所以本节的实证研究也没有专门加以区别。《中国高技术统计年鉴2011》共披露了 2000、2005、2007、2008、2009、2010 年 6 年的数据,其余年份数据在当年的统计年鉴中均没有详细披露,为尽量扩大样本数量,本节采用 6 年所有的数据。此外,考虑到中国港澳台资企业所占比例较低,同时,本节所关注的主要是大陆经济体中的内资企业,因此,暂将中国港澳台资企业纳入外资企业一并分析。

根据《国民经济行业分类》(GB/T4754-2002)给出的标准,对高技术产业年鉴中的行业进行筛选,最后选出 16 个中类行业,分别是:化学药品制造,中成药制造,生物、生化制品的制造,航空航天器制造业,通信设备制造,雷达及配套设备制造,广播电视设备制造,电子器件制造,电子元件制造,家用视听设备制造,其他电子设备制造,电子计算机整机制造,电子计算机外部设备,办公设备制造,医疗设备及器械制造,仪器仪表制造。其中,雷达及配套设备制造行业没有外资企业的数据,故将其剔除。最终,本节使用了共 15 个行业 6 年的非平衡面板数据。

在指标选择和设计方面,本节以创新能力来反映企业的知识储备水平,创新能力的指标则选用专利申请数,并选用新产品销售收入作为替代变量来进行稳健性分析。研发数据采用新产品开发经费支出。同时,为控制行业性质差异的影响,选用行业的投资额、出口额作为控制变量,并取其自然对数值纳入模型予以分析。主要变量的定义请参见表 4 - 1。

157

表 4 - 1　　　　　　　　　　　变量定义说明

变量名	变量含义
Dpatapp	内资企业专利申请数
Fpatapp	外资企业专利申请数
Dnprev	内资企业新产品销售收入
Fnprev	外资企业新产品销售收入
Drd	内资企业研发支出
Frd	外资企业研发支出
d_frd	内资企业与外资企业研发支出的交互项
Invest	行业总投资额的对数值
Export	行业出口值的对数值

根据本节研究目的和研究假设的需要，建立以下模型进行实证检验：

$$dpatapp = \alpha + \beta_1 drd + \beta_2 frd + \delta_1 invest + \delta_2 export + \varepsilon \qquad (4.1)$$

模型（4.1）中，β 和 δ 是各自变量的回归系数，用于反映各自变量是否能对因变量产生显著影响。该模型将内资企业的专利申请数作为创新能力的代理指标，对内资企业的研发支出、外资企业的研发支出进行回归，主要用于检验外资企业的研发对内资企业创新能力的影响。如果 β_2 显著，则表示外资研发对内资企业的创新能力提升有显著影响。

$$dpatapp = \alpha + \beta_1 drd + \beta_2 frd + \beta_3 d\_frd + \delta_1 invest + \delta_2 export + \varepsilon \qquad (4.2)$$

模型（4.2）在模型（4.1）的基础上，加入了内资企业研发与外资企业研发的交互项。该处理方法是本节的创新点之一，其理论基础源于 Sanna - Randaccio，Veugelers（2007），所得实证结果有助于检验内资企业的研发量是否影响其对技术外溢效应的吸收能力，即假设 3。

$$fpatapp = \alpha + \beta_1 frd + \beta_2 drd + \beta_3 d\_frd + \delta_1 invest + \delta_2 export + \varepsilon \qquad (4.3)$$

模型（4.3）用外资企业的专利申请数对外资企业的研发支出、内资企业的研发支出及两者交互项进行回归。该模型主要用于检验内资企业是否对外资企业存在技术外溢。

同时，在对上述三个模型检验中，只要其中任何一个假设检验成立，则可以推断经济体中存在有效的技术溢出机制。

（二）实证结果

1. 外资企业进入与内外资企业研发情况的描述性分析

从图 4 - 1 可以看出，2000 ~ 2010 年高技术产业中的内资企业与外资企业个数都呈现快速增长。尤其是内资企业个数增长迅速，由 2000 年的 6 767 家增长为

2010 年的 18 905 家，外资企业个数基本保持在内资企业的一半。虽然外资企业个数少于内资企业，但外资企业的收入却毫不逊于内资企业，从图 4-2 可以看出，内资企业与外资企业主营业务收入的增长趋势几乎相同，不过内资企业的收入始终低于外资企业。这也说明外资企业的平均规模大于内资企业。从图 4-3 又可看出，外资企业的新产品销售收入远高于内资企业。这也表明外资企业的创新能力强于内资企业。最后，从图 4-4 可以看出，外资企业与内资企业的研发机构数在近年来都有快速增长。外资企业的研发机构数少于内资企业，不过也已经具有相当的规模。

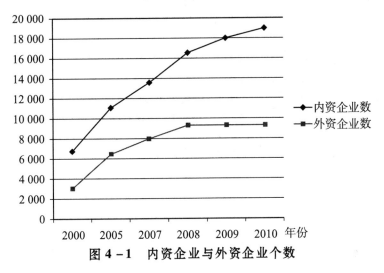

图 4-1　内资企业与外资企业个数

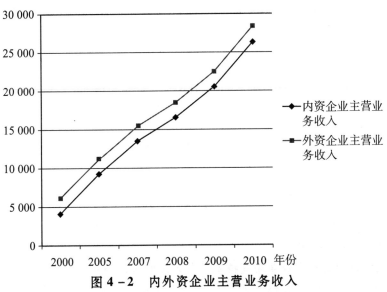

图 4-2　内外资企业主营业务收入

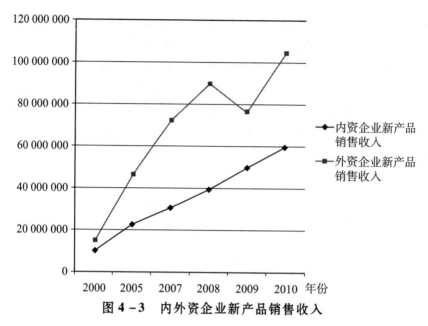

图 4-3　内外资企业新产品销售收入

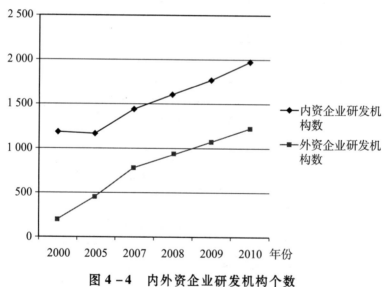

图 4-4　内外资企业研发机构个数

　　从以上分析可以发现，在高技术产业内，外资企业已经成为重要的组成部分，并且经营状况良好，也逐步在华开展研发工作。相对于早年外资企业主要将大陆作为生产基地的情况，近年来这些企业越来越注重在中国进行基础性研发，以更好利用中国的资源。

2. 内资企业与外资企业相互技术溢出效应的实证分析

　　如前所述，本节采用 15 个行业 6 年的非平衡面板数据进行分析。实证过程中分别采用固定效应及随机效应对模型进行回归，并采用 Hausman 检验来判断适用于何种估计方法。所得实证结果见表 4 – 2。

表 4 – 2　　　　内资企业与外资企业相互技术溢出效应回归结果

因变量/自变量	(1)	(2)	(3)
	dpatapp	*dpatapp*	*fpatapp*
drd	0.00734 ***	0.00371 ***	– 0.000645
	(0.000593)	(0.00121)	(0.00112)
frd	0.00235 **	– 0.0000577	0.00559 ***
	(0.00107)	(0.00117)	(0.000822)
d_frd		5.69e – 09 ***	1.51e – 10
		(1.63e – 09)	(1.38e – 09)
invest	– 176.7	– 40.04	322.0
	(160.8)	(256.9)	(208.1)
export	– 47.52	141.7	– 353.4
	(162.1)	(248.6)	(241.1)
cons	405.0	– 562.5	411.4
	(807.8)	(785.2)	(694.9)
样本量	83	83	73
调整的 R^2	0.830	0.889	0.510
F 值		47.46	21.57
chi2	270.2		

注：括号内为标准差。* $p < 0.1$，** $p < 0.05$，*** $p < 0.01$。

模型（4.1）中将内资企业的专利申请数作为创新能力的代理指标，对内资企业的研发支出、外资企业的研发支出进行回归。从回归结果可以看出，*frd* 的系数为 0.00235，同时在 0.05 的水平上显著，即外资企业的研发对内资企业的创新能力有显著的正向作用。这一结果不仅直接支持了假设 2，也支持了假设 1，即在我国存在有效的技术溢出机制，并且外资企业对于内资企业有正向的技术溢出效应。

模型（4.2）加入了内资企业研发与外资企业研发的交互项，从回归结果可以看出，*d_frd* 的系数为正，并在 0.01 的水平上显著。这一结果支持了假设 3，即内资企业从外资企业获得的技术溢出同时依赖于自身的吸收能力。给定外资企业的研发量，内资企业增加自身的研发量，有助于提高其技术吸收能力，可以更好地获得技术溢出。

模型（4.3）以外资企业的专利申请数作为因变量回归分析，从实证结果可以看出，自变量 drd 和 d_frd 的系数均不显著，这表明无论是内资企业的研发支出，还是其与外资企业相乘得到的交互项，均无法显著影响因变量。该结果进一步表明，内资企业的研发对于外资企业创新能力没有显著影响，即没有从内资企业向外资企业的技术溢出效应。

3. 稳健性检验

为检验研究结果的稳健性，本节同时选取新产品销售收入作为创新能力的代理指标，并分别进行模型（4.4）、模型（4.5）及模型（4.6）的回归，所得结果见表4-3。

表4-3　　　　　　　　　稳健性检验回归结果

因变量/自变量	(4)	(5)	(6)
	dnprev	dnprev	fnprev
drd	5. 144 *** (0. 776)	0. 0859 (1. 722)	1. 857 (3. 748)
frd	4. 486 *** (1. 454)	4. 222 ** (1. 667)	11. 51 *** (3. 245)
d_frd		0. 00000621 *** (0. 00000231)	0. 00000755 (0. 00000512)
invest	147 175. 9 (203 232. 8)	872 508. 2 ** (364 854. 9)	− 840 972. 8 ** (413 591. 8)
export	− 226 781. 1 (206 573. 4)	− 690 147. 1 * (353 060. 3)	1 291 452. 2 *** (405 313. 2)
_cons	900 169. 7 (1 086 798. 0)	987 894. 5 (1 115 341. 0)	− 2 579 373. 2 (2 125 556. 1)
样本量	83	83	80
调整的 R^2	0. 680	0. 470	0. 815
F 值		21. 28	
chi2	125. 5		202. 9

注：括号内为标准差。$*p<0.1$，$**p<0.05$，$***p<0.01$。

表4-3中所得结果与用专利申请数作为被解释变量的结果基本相同，验证了存在外资企业向内资企业方向的技术溢出效应，而内资企业对外资企业的技术

溢出效应不显著。并同时证明，给定外资企业的研发量，内资企业增加自身的研发量，可以更有效的获得技术溢出效应。由此可见，本节的实证研究结果具有稳健性和可靠性。

4. 对实证结果的进一步讨论

一直以来外资进入是否会对于产业安全构成威胁是学术界和媒体争论的焦点。而要想保证产业安全，保证内资企业的创新能力是必要条件。本节的实证研究结果表明，外资进入确实在一定程度上对内资企业创新能力的提高起到了正面作用，这种正面作用是通过外资企业的技术溢出来体现的。

1978 年中国开始执行改革开放政策，吸引外资以推动本国经济的发展。在经济发展的初期，外资企业进入中国，最开始是将中国作为生产和销售基地，而随着其在中国经营的不断深入，以及中国自身科技能力的不断提升，科技人才及资源不断增加，外资企业也逐步将研发活动扩展到中国。当越来越多的外资企业在华开展研发活动，这些研发活动便会触发技术溢出效应，从而对内资企业的技术水平产生正向作用。现阶段，我国内资企业的技术水平与外资企业仍有一定的差距，充分利用外资企业在华研发对于我国企业自主创新能力的提升具有重要意义。

首先，我国在发展经济的过程中，应促进外资企业在华开展研发。我国招商引资的政策已经施行多年，然而，在利用外资的过程中，我们不仅仅需要关注外资企业是否在本地落户，更应关注其研发政策，甚至可将高水平研发作为权衡是否引入外资的标准之一。同时政府还可以采取一些鼓励性政策，吸引外资企业在本地进行研发投资。

其次，政府应该促进内外资企业之间进行技术交流。现阶段外资企业的技术水平相对较高，同时内资企业也在积极赶超中，在某些领域也已处于领先地位。技术交流可以互相启迪，给双方带来益处。因此，政府不仅应当指引内资企业积极开展技术创新活动和交流，而且，从技术溢出的角度，更应鼓励和支持内资企业增加自身的研发支出，以更好地消化吸收从外资企业所获的技术溢出，这对于促进经济发展模式的转型尤为重要。从长期来看，也有助于促进内外资企业实现竞争中的共同繁荣。

最后，为从根本上提升我国的自主创新能力，科教兴国战略应彻底地执行。现阶段我国整体制造业技术装备水平较之发达国家仍存在差距，制造业结构低度化。原创产业较为缺乏，多数核心技术仍被跨国公司所掌握。要从根本上完成我国的产业结构升级，就要从抓基础教育出发，尤其要促进基础科研的发展，以提升我国整体科技水平。我国整体技术水平得到有效提升将更有助于吸引更多跨国公司在中国进行研发，并可形成一定规模的高新技术产业集聚。这对我国国家自主创新能力的快速和可持续提高具有重要意义。

"提高自主创新能力，建设创新型国家"已经成为我国中长期的国家发展战略。增强我国的自主创新能力不仅需要自身的原始创新，还需要对外来引进技术以及所获得的技术溢出进行消化吸收，并在此基础之上进行二次创新。我国已成为世界上吸引 FDI 最多的国家，并且外资企业在我国的研发活动在全社会中占有较高比重，如何更好地利用这些研发成果以提升我国的自主创新能力成了一项重要的研究课题。

五、本节小结

本节主要分析了我国高技术产业中内资企业与外资企业之间的技术溢出效应。实证研究的结果表明，在我国高技术产业内，存在技术溢出效应，并且外资企业向内资企业方向存在技术溢出效应，而反向的技术溢出效应则不存在。同时，给定外资企业的研发量，内资企业可通过增加自身的研发量来提升对溢出技术的吸收能力。这一实证结果有效地支持了已有理论分析和模型推导，并丰富了已有的研究成果。

同时，根据本节的研究结果，在利用外资的过程中，我们应鼓励外资企业在华进行基础性研发，以期内资企业能够从外资企业的研发中获得一定的技术溢出，并鼓励内资企业加大研发投入，在提升自身自主创新能力的同时提升技术吸收能力，从而促进内资企业的快速发展。从长远来看，研发活动的普及和深入发展必然有利于我国自主创新能力的提高。

因为数据的限制，本节的行业研究无法基于外资并购单独展开。在后续的研究中，将在这些方面进行弥补。

第二节　外资并购对企业自主创新能力的影响

一、引言

在当今经济全球化发展和科学技术日新月异变革的背景下，国际竞争已经演化为创新和技术升级的竞争，然而，目前我国企业自主创新能力仍较为薄弱。因此，长期以来，我国奉行"以市场换技术"的引资政策，以期通过消化吸收技术进行再创新，并提高我国企业原始创新和集成创新的能力，实现自主创新水平的提升。因此，我国一直是外资引进的大国。自 2002 年有关部门分别发布《关于向外商转让上市公司国有股和法人股有关问题的通知》《合格境外机构投资者境内证券投资管理暂行办法》后，A 股市场原本牢牢关闭的大门开始打开。2006 年 9 月 8 日，有关部门发布的《关于外国投资者并购境内企业的规定》正式施行。至此，中国市场对于外资并购较为全面的放开了。外资的跨国并购数量和金额均快速增长，对中国的投资迅速增长。

　　然而，这些外资并购的快速增长能否有效提高我国企业的自主创新能力？本节将在获取的公开资料和信息基础上，对法国阿尔斯通集团（简称阿尔斯通）成功收购武汉锅炉股份有限公司（简称武汉锅炉）以及凯雷集团收购徐工集团败北两个外资并购案例进行深度比较研究，这两个案例在国内外资并购领域具有一定影响。2007 年，阿尔斯通通过旗下阿尔斯通（中国）投资有限公司成功收购武汉锅炉 51% 的股权，开创了外资控股的先河，曾被看做一个"技术换市场、双赢"的典型商业案例（丁玲，2012）；2005 年开始的凯雷集团收购徐工集团案例则因国内舆论对我国战略产业若被外资控制，可能导致产业核心技术失守，战略产业发展主导权丧失的担忧而于 2008 年宣告失败。此外，武汉锅炉和徐工集团同属工程机械行业的国有大型企业，技术创新对于企业产品更新和未来可持续发展具有重要战略意义。因此，对这两个案例的深度剖析将有助于我们进一步了解企业自主创新与外资并购之间的关系，在此基础上可分析和总结可能影响二者关系的主要因素。

二、我国外资并购发展与自主创新环境变迁的实践

　　近年来，外资的跨国并购数量和金额均快速增长，对中国的投资迅速增长。自 20 世纪 90 年代以来，在直接投资的形式中，收购、兼并所占的比重越来越高（裴长洪和樊瑛，2008）。跨国并购已经成为国际资本流动的主要方式，而跨国并购也成为中国引进利用外资的重要途径。

　　20 世纪 80 年代中后期，大量中小型企业或亏损企业被外资收购。与此不同，进入 90 年代之后，外资对于收购亏损企业的意愿大幅降低，而多是将目标锁定到大中型企业。或者是在原有合资的基础之上，进一步参股转变为控股。而在 2001 年底中国加入 WTO 之后，外资并购得到全方位的发展，广度和深度都快速扩展，形成了不可逆转的趋势。这一时期，外资并购也并呈现出新的特征，比如上市公司成为外资并购的主要目标。上市公司一般具有较好的市场影响力、良好的品牌口碑、大量的无形资产，这些都使得上市公司成为跨国公司收购的目标。

因为通过收购上市公司，跨国公司可以更好地获得品牌和知名度，更好地打开中国市场。另外，跨国公司多采取"斩首式"并购，将主要精力投放到我国行业的龙头企业。外商通过收购这些龙头企业获得了良好的品牌、销售渠道、强大的人力资本，在较短的时间内便可迅速提升自身的市场竞争力，甚至可以对行业产生垄断优势，这可能会对本土企业造成严重打击。而且，"斩首行动"之后，外商有可能会在行业内进行一系列的收购，从而造成绝对垄断。

虽然改革开放 30 年以来，我国体制发生了巨大的变革，促进了我国企业自主创新水平的提高，但仍有一些制度性障碍难以克服，制约了企业自主创新水平的提升空间（邓荣霖，2010；吴芷静，2010），如大多数企业仍旧缺乏提升自主创新能力的紧迫感和危机感；企业的创新行为仍然采取以前中央和地方政府为主的科技研发投资体制，而没有形成以企业为主体的创新体系，企业并没有真正成为自主创新的主体，影响了自主创新的投资；并且知识产权制度尚未健全，从而制约了我国企业发展自主创新能力，目前和国际先进企业相比仍存在不小的差距。

三、自主创新能力评价指标与研究方法

本节将采用事件研究法和比较案例研究相结合的方法，分析外资并购事件发生前后目标企业自主创新能力的变化，以此推导和演绎出外资并购和企业自主创新之间的关系。由于本节所研究的对象均为上市公司，其财务信息和重大事件需要对外予以披露，因此，本节数据和资料均来源上市公司的年度报告以及其他公开渠道。具体所采用的企业自主创新状况衡量指标及其数据来源如下：

第一，企业各项发明专利申请或授权的数量（温军和冯根福，2012）、获奖或获得高新技术产品认证的数量、重点科研开发项目的数量，以此综合度量企业的创新产出。中华人民共和国知识产权局网站的专利检索为获得发明专利相关数据提供了有效的来源。此外，有些上市公司的年度报告也对企业上述相关信息予以详细披露。

第二，无形资产中专有技术、专利权、商标权合计金额在外资并购前后的变化状况。根据王佩和黄园园（2009）的研究，无论哪种来源的自主创新，体现在会计体系中，就是以专利权、商标权及专有技术为代表的无形资产。因此分析企业无形资产的数额、构成、来源等会计数据，一定程度上可以了解企业的自主创新的状况。然而，由于企业的无形资产通常包括土地使用权、专有技术、商标权、软件等，只有以专利等知识产权为代表的技术类无形资产，主要包含专利权、商标权、专有技术等，它们是企业无形资产中的核心资产，能够在一定程度

上代表企业的自主创新状况。这类数据来源于上市公司年度报告财务报表附注中无形资产注释，并根据上述分析对相关数据进行计算。

第三，企业开发支出数量、研发费用数量及研发费用在销售收入中所占比例在外资并购前后的变化，这三个指标通常反映企业研发的投入强度（邓荣霖，2010；王佩和黄园园，2009）。此类数据主要来自于财务报表附注中管理费用注释，以及企业直接披露的开发支出的数据资料。

需要说明的是，根据我国新《企业会计准则——无形资产》的相关规定，企业可将企业内部研究开发的无形资产分为研究阶段支出和开发阶段支出，企业应当根据研究与开发的实际情况加以判断。企业内部研究开发项目研究阶段的支出，应当于发生时计入当期损益（管理费用）；开发阶段的支出在符合条件时才能资本化，计入无形资产成本，确定为一项无形资产，否则计入当期损益。如果实在无法分别到底是研究阶段的支出还是开发阶段的支出时，应将其所发生的所有的研发支出全部费用化，计入当期损益（管理费用）。但在实务工作中，具体划分研究阶段与开发阶段，以及是否符合资本化的条件，应当根据企业的实际情况以及相关信息进行判断。由于这种主观性，不同的企业和个人在面对无形资产研发费用资本化和费用化的问题上，出于不同的经济利益和能力素养，往往会有不同的处理。

因此，不同企业处理方法存在差异并不具有可比性，此时，对于上述第二、三类指标只能对同一企业相关数据变化进行历史比较。

第四，企业技术人员在总员工数中所占比重。技术人员是企业的潜在技术创新资源，技术人员数量的多少不仅反映一个企业对技术专业人员的重视程度，实质上也能够体现一个企业的发展战略（王佩和黄园园，2009）。该数据来源于上市公司年度报告。

四、外资并购对目标企业自主创新能力的影响

（一）阿尔斯通并购武汉锅炉

1. 并购双方介绍[①]

武汉锅炉股份有限公司的前身是成立于1953年的武汉锅炉厂，是新中国成立初期重点建设项目之一。1995年，经有关政府批准，武汉锅炉厂改组成为武汉锅炉集团有限公司，是由武汉市国资委全资拥有的国有独资企业。1998年成

---

① 根据百度百科中武汉锅炉以及阿尔斯通公司信息以及公司官网介绍整理而成。

立武汉锅炉股份有限公司，由武汉锅炉集团以其制造锅炉有关的经营性资产以募集方式独家发起设立，并且公司于该年4月在深圳证券交易所B股上市。在这之前，武汉锅炉是与哈锅、东锅、上锅齐名的四大锅炉生产基地之一，并且善于制造各种类型的中小型火电厂专用的特种锅炉，因此在业界也是备受瞩目。但是在2001年被阿尔斯通收购之后，虽然从盈利上来看武汉锅炉逐年进步，但是在行业内的综合竞争力却明显下滑，行业地位渐渐落到了四名之外。锅炉市场在2005年达到巅峰，之后开始回落，并且国家加大了宏观调控力度，武锅能够新上的项目大幅减少，甚至武锅的主要产品被列为限制项目。这使得武汉锅炉面临了发展危机，并且其在管理水平、技术水平等方面都没有优势。

阿尔斯通集团公司（Alstom）是总部位于法国巴黎的欧洲上市公司，是全球最大的集成电力供应商（其发电设备占全球装机容量的25%），也是全球唯一提供全方位清洁电力解决方案的供应商。与其他跨国公司进入中国市场的路径不同，阿尔斯通较早便开始在中国成立合资公司，而且在合资公司里几乎都是以高比例股权控股。可以将阿尔斯通在华发展的战略分为三个阶段：第一阶段是直接出口能源设备到中国；第二阶段是在中国建厂，生产能源设备销售到中国；第三阶段是建立中国生产基地，生产能源设备并且出口到其他的国家和地区。

2. 并购过程①

2004年7月，武汉市国资委公开挂牌宣布转让武锅集团（原武锅母公司）85%的股份。随后，阿尔斯通、深圳茂业集团、美的集团等企业都表示关注。在众多的备选收购者中，阿尔斯通与武锅迅速达成一致，双方的需求吻合度很高：武汉锅炉需要一个技术水平高、产品实力强的合作伙伴，而阿尔斯通方面需要在中国建立一个锅炉生产基地。经过近一年的磋商沟通，双方基本形成了合作框架和细节。

2005年12月，法国阿尔斯通集团董事长兼首席执行官柏珂龙来武汉拜访湖北省有关领导，并且正式宣布，阿尔斯通将与武汉锅炉集团合作，在武汉建立阿尔斯通全球锅炉中心。

2006年4月14日，阿尔斯通与武锅集团签署了《武汉锅炉股份有限公司股份收购协议》以及《武汉锅炉股份有限公司股东协议》。阿尔斯通拟以3.29亿元收购深圳B股上市公司武汉锅炉51%股权，并成为其控股股东。签订没多久之后，国务院于2006年6月发布《国务院关于加快振兴装备制造业的若干意见》的文件。根据这一文件，外资进入我国装备制造业，必须能够有利于培养民族品

---

① 根据以下信息以及公司公开资料整理而成：丁玲，《武锅的命运》，载于《中国经济信息化》，2012年2月27日；《阿尔斯通并购武锅B的启示》，载于《中国证券报》，2007年10月29日。

牌，而不是将民族品牌雪藏，单纯将企业改造为外资品牌的制造基地。

2007 年 7 月 7 日，证监会做出了对阿尔斯通收购武汉锅炉一案无异议的批复。2007 年 8 月，阿尔斯通完成收购事宜，交易总价约 3.38 亿元。收购完成后，阿尔斯通占武锅 51% 的国有股权，成为控股股东，武锅集团仍持有武锅 6.9% 的股权。

3. 外资并购前后武汉锅炉的自主创新状况

首先，根据中华人民共和国知识产权局网站专利检索统计结果可以发现，自 1986 年以来，武汉锅炉共有 17 项专利发明，其中本次外资并购前共 8 项，外资并购后共 9 项，其中 2012 年 8 项，截至 2013 年 5 月底 1 项。从该指标来看，在外资并购发生之后，武汉锅炉的技术创新成果有了提升。

其次，由表 4 - 4 第 2 列可见，武汉锅炉期末无形资产明细中所披露的专有技术金额呈现出逐年上升的趋势，其中，2011 年增加 34 394 434 元。然而，通过对公司年度报告披露信息可知，这些技术均为从外面购买而得，同时，武汉锅炉历年的开发支出均为 0，2012 年年报披露的研发支出为 0。进一步通过对年度报告中其他关联交易明细的分析发现，在并购发生之后，武汉锅炉也通过购买的方式从阿尔斯通采购技术，其中 2011 年技术采购金额达 7 505 484.4 元。由于新《企业会计准则——无形资产》的相关规定对企业研发费用处理存在可选择性，不排除企业可能将其研发费用纳入管理费用，但由于企业未披露相关信息，所以无法证实。

表 4 - 4　　　　　　　武汉锅炉其他技术创新指标

年度区间	期末无形资产中专有技术（元）	本期增加数（元）	其他关联交易中与 Alstom 相关的技术转让金额（元）	技术人员占比（%）
2012 - 12 - 31	93 251 576.87	1 956 936.46	0	13.45
2011 - 12 - 31	91 294 640.41	34 394 434	7 505 484.4	18.12
2010 - 12 - 31	56 900 206.41	0	23 550 564	16.76
2009 - 12 - 31	56 900 206.41	0	0	19.12
2008 - 12 - 31	56 900 206.41	- 721 142.34	0	18.81
2007 - 12 - 31	57 621 348.75	0	2 743 300	23.29
2006 - 12 - 31	26 795 680.04	0		23.91
2005 - 12 - 31	32 949 234.8	0		24.35
2004 - 12 - 31	39 102 789.56	11 504 891		14.74
2003 - 12 - 31	33 559 705.12	17 816 457.45		12.89

注：武汉锅炉年度报告财务报表附注中无形资产包括专有技术、土地使用权和软件，本表中披露了以原价计量（未摊销）的专有技术期末金额及其年度变化金额。

此外，表 4 - 4 显示，武汉锅炉企业技术人员在总员工数中所占比重呈现出下降趋势，由 2007 年的 23.29% 下降至 2012 年的 13.45%。技术人员相对数量的减少可能降低企业未来的自主创新能力。

（二） 凯雷集团并购徐工集团

1. 并购双方介绍①

徐工集团成立于 1989 年，在成立之后一直保持着行业领先地位，目前仍位于世界工程机械行业的十强之列，是中国工程机械行业里规模最大、最具影响力的大型国有企业集团。徐工集团拥有徐工技术中心和江苏徐州工程机械研究院两大研发中心，其中徐工技术中心是一个国家级的技术中心，在国家企业技术中心评价中连续位居工程机械行业榜首位置。徐工集团不仅建立了覆盖全国各地的营销网络，还拥有 100 多个国外代理商，其产品已销往世界 130 多个国家和地区。作为一个大型国企集团，徐工集团也受到国企的体制性弊病困扰，徐工的销售额虽然很高，但利润率却较低。在面临激烈市场竞争的情况下，徐工集团试图通过改制重组提供企业活力，2000 年，徐工集团开始剥离辅业，到 2002 年底完成了部分改制。2003 年江苏省政府将徐工集团列为 82 家需要改制的国企之一。

凯雷集团 （The Carlyle Group） 成立于 1987 年，总部位于华盛顿，管理资产超过 300 亿美元，是世界最大的私人股权投资基金之一。凯雷是一家具有浓厚政治背景的投资基金，被誉为"总统俱乐部"。作为典型的投资基金，凯雷一直寻求通过多元化投资来分散风险，以获取可观的收益。凯雷一直想收购中国大型国企，但由于中国政府对外资并购大型国有企业设立了种种限制，因此凯雷只好把目标锁定为省属以下的大型优质国企。凯雷希望通过参与国有企业改制重组，间接取得中国上市公司的控制权，从而进军中国资本市场。

徐工集团是中国工程机械行业的龙头老大，拥有最好的产品和最高的市场占有率，此时徐工集团正处于国有企业改制的关键时期，急需寻找合适的海外财务投资者，况且徐工还是省属以下的国企。因此，徐工被凯雷集团确定为合适的并购目标。

2. 并购过程②

在当时"国退民进"的大背景下，徐工集团 2002 年开始进行改制重组，并确定以集团旗下的徐工机械作为改制的平台。2004 年，徐工集团对海外投资者进行公开招标，并圈定可能的六家投资者：美国国际投资集团、摩根大通亚洲投

---

① 根据集团和凯雷集团信息根据 MBA 智库百科以及公司官网介绍整理而成。

② 根据新浪财经"凯雷折戟并购徐工科技 （http：//finance. sina. com. cn/blank/xugong_2008. shtml）"，南方周末"凯雷收购徐工案谢幕 （http：//www. infzm. com/content/8003）"以及徐工相关信息披露等相关资料整理而成。

资基金、凯雷集团、卡特彼勒、华平创业和花旗。但徐工集团提出了引进外资的要求：保留"徐工"品牌、注册地仍留在中国、核心管理团队和现有职工队伍基本稳定。此时，作为财务投资者的凯雷集团承诺能满足徐工集团提出的要求，并于2005年5月获得关于交易细节谈判优先权，至此徐工基本敲定了凯雷作为海外投资者。

2005年10月25日，徐工和凯雷签订协议，凯雷集团将以3.75亿美元收购徐工机械85%的股份。该消息一经披露即引起社会各界舆论，很多人质疑这是贱卖国有资产，还可能危害国家产业安全。2006年4月，凯雷和徐工都在等待商务部对此次交易的批复，但商务部迟迟未审批。2006年6月，三一重工总裁向文波在博客上发表名为"战略产业发展的主导权是国家主权"的文章，质疑凯雷的收购行为将危害国家的产业安全。随后向文波再次发文表示，三一集团愿以四亿美元收购徐工。此时国内对凯雷收购徐工一事的质疑达到新的高潮。为此，商务部和国资委举行了多次听证，最终认定凯雷和徐工的交易方案必须重新修正。

2006年10月16日，收购一案出现转机，凯雷和徐工修改协议，凯雷的持股比例由原先的85%减至50%。2007年3月16日，双方再次修改协议，凯雷的持股比例再减至45%。但这次收购一直都未获得商务部的批准。最后到2008年7月22日，徐工科技公告称与凯雷合作事项正式结束。至此，凯雷收购徐工以失败告终。

3. 外资并购前后徐工集团的自主创新状况

外资并购失败后，徐工集团是否受制于体制问题一蹶不振？从表4-5可见，徐工集团发明专利数量的提升并没有因为外资并购的失败而下降。2008年，徐工集团的外资并购宣告失败，然而，徐工集团的发明专利数量均有显著的上升。此外，企业年度报告所披露的企业研发产品获奖或获得高新技术产品认证数量也逐年显著增加，重点科研开发项目从2008年的28项，上升至2011年的161项。这些结果表明，徐工集团的自主研发能力并没有因为没有引进外资，企业经营不善而降低，反而呈现出显著增强的特征。

表4-5 徐工集团历年发明专利情况

年度	发明专利	实用新型	外观设计	获奖或高新技术产品认证	重点科研开发项目
2003	1	4	NA	NA	NA
2004	1	25	5	NA	NA
2005	2	23	6	8	NA
2006	NA	NA	NA	2	58
2007	NA	NA	1	3	27
2008	NA	NA	NA	13	26
2009	18	30	2	47	87

续表

年度	发明专利	实用新型	外观设计	获奖或高新技术产品认证	重点科研开发项目
2010	33	142	12	45	95
2011	73	280	13	89	161
2012	53	189	22	NA	NA

注：根据中国知识产权局网站专利检索结果整理，数据截至 2013 年 5 月底；实用新型、发明专利以及外观设计均属于专利发明，只不过所设计的专利内容存在差异。获奖以及重点科研开发项目根据徐工集团年度报告整理。部分年度数据或资料缺失则留空。在数据阅读时需要注意，在徐工集团 2008 年成功通过增发实现整体上市前，所获得的数据为徐工集团控制的上市公司徐州工程机械科技股份有限公司相关数据。NA 表示查无数据或数据缺失。

虽然在徐工集团无形资产明细所披露的期末无形资产金额各年度间变化不大，但从总体上看仍呈现出上升趋势（表 4−6）。参考新《企业会计准则——无形资产》的相关规定，徐工集团在会计处理时更可能将相关研发费用纳入管理费用中，表 4−6 第 4~5 列披露了研发费用相关情况。但由于企业未在各年直接披露研发费用，只能从财务报表中获取，其中，2011 年和 2012 年来自于管理费用明细，2008~2010 年企业未在年报中披露管理费用明细状况，故相关数据来自于经营现金流量中明细披露，这一部分仅为涉及现金的研发费用，因此，两项来源均存在着对研发费用低估的可能，而且 2008~2010 年金额被低估更多。但是由于大体取自相同的来源，前后年度具有一定的可比性。从表 4−6 的结果可以看出，2008~2012 年，企业研发费用投入及其在营业收入中的比重不断上升，这一结果必然有助于提升企业的自主创新能力。此外，企业的技术人员在总员工中的比重也在外资并购事件后呈现出总体上升趋势，体现出徐工集团以技术自主创新促进企业持续发展的总体战略。

表 4−6　　　　　　　　　　徐工集团其他技术创新指标

年度	期末无形资产中专有技术、商标权* （元）	本期增加数 （元）	研发费用 （元）	研发费用占营业收入比 （%）	集团合计 （%）
2012	774 063 500	0	863 263 099.5	2.69	17.32
2011	774 063 500	0	682 571 699.8	2.07	10.68
2010	762 263 500	0	429 424 267.3	1.70	8.37
2009	762 263 500	759 951 500	401 995 417.9	1.94	7.49
2008	2 312 000	2 312 000	206 513 376.5	1.30	5.93
2007	2 312 000	− 1 138 000	未披露	未披露	6.38

注：* 2007 年后以账面原值期初值和期末值予以披露，与此后的披露内容存在差异；2006 之前未披露相关数据。

（三）关于外资并购与自主创新的讨论

1. "成功"的外资并购并不一定"成功"

根据上述对外资并购前后目标企业自主创新相关指标的比较分析可以发现，虽然武汉锅炉成功地引进了外国投资者，即阿尔斯通收购武汉锅炉事件最终完成取得成功，但是，从总体上看，外资的进入并没有显著提高企业的自主创新水平和能力。

虽然武汉锅炉在并购之后所申请专利发明数量较之其以前有所上升，然而，其所拥有的专有技术却多是通过购买所形成。正如在公司 2012 年年报中所披露的，"截止目前为止，阿尔斯通对本公司技术转让的核心主体部分已经完成，并提供了最新的超（超）临界锅炉技术、资料、软件及标准以及相应人员培训"，公司在并购后顺利地获得了母公司的技术转让，同时，企业自主的开发支出投入为零，这可能会导致企业过度依赖外方技术，而自身创新水平却无法提升的结果。事实上，在武汉锅炉新的生产基地建成之后，武汉锅炉原有的品牌和标识已经完全被阿尔斯通所取代，武汉锅炉成为阿尔斯通旗下接受技术、生产产品的"生产车间"。

同时，外资并购之后管理和人事方面的问题也可能给企业自主创新形成负面影响，一方面，在并购后大批 10 年、20 年、30 年以上工龄的职工被阿尔斯通解雇了，企业技术人员占比逐年下降，在工程机械行业，具有显著的学习效应，技术创新往往是多年工作经验积累的结果，这些熟练工人尤其是技术工人的解雇必将对企业未来技术创新带来负面影响。另一方面，一位曾经的武锅中层透露，在被阿尔斯通收购后，武锅对于新项目的审批更为复杂，而且公司没有项目谈判的自主权，决策权全部集中在阿尔斯通总部（丁玲，2012）。冗长的管理链条必然也对企业自主创新形成体制性制约（邓荣霖，2010）。

因此，这一案例分析结果为 Stiebale 和 Reize（2011）的观点从微观层面提供了有效支持，即外资并购并没有显著提高企业创新活动，尤其是自主创新活动。所得结论却证伪了 Bertrand 和 Zuniga（2006）、Bertrand（2009）关于外资并购有助于企业增加研发投入、提升研发水平的观点。之所以出现这一结果，可能与目前外资并购在中国呈现的典型特征有关，即外资往往通过控股的形式谋求对目标企业的有效控制。当外资对目标企业实现控股之后，上述武汉锅炉在并购后所呈现的状态就不难解释。此时，阿尔斯通并购的目标就处于首要地位，显然，其目的并非如中方所期望的引进技术、做大做强武汉锅炉。尤其在技术方面，早在收购之时，阿尔斯通在接受法国媒体的采访时就表示中国人实际上不能掌握所有的资料，例如涡轮的叶片造型和合金比例全部掌握在法国，不存在中国获取这些技

173

术的可能性。因此，武汉锅炉可以看做是阿尔斯通在中国的生产基地，生产加工产品然后外销，其作为阿尔斯通在华整体战略的一部分失去了自主性。

2. "失败"的外资并购并不一定"失败"

对凯雷集团收购徐工集团的案例研究表明，引入外资失败的企业同样可以提高其自主创新能力。目前，根据前文对我国企业自主创新现状的分析可以发现，目前制度性障碍是制约国内企业自主创新的主要问题。在外资并购事件失败之后，徐工集团坚持走自主创新道路，强调"走出全新创新之路，突破产品技术先进性和可靠性"，企业形成了技术自主创新的危机感和紧迫感。在此基础上，加大对于研发的人力和资金投入，使得技术人员在企业内的比重得到提升，而且，获得了各项政府专项支持用以研究开发，根据其年度报告财务报表附注中所披露的数据计算，2011 年和 2012 年来自于政府该项补贴分别为 37 935 900 元和63 393 000 元，企业自身的研究经费投入也不断增加。

此外，徐工集团积极拓展海外业务，积极展开与国际大公司的合资合作，这期间，徐工开展了一系列海外并购运作，如 2011 年 5 月，徐工在海外收购了两家液压件生产企业，分别是德国 FT（Fluitronics）公司、荷兰 AMCA 公司，并计划在德国投资研发中心，这两家公司将成为研发中心的重要组成部分；2012 年公司又并购了两家位于西欧的高端液压件制造企业，需找零部件方面的突破；2012 年 7 月，徐工又收购了德国混凝土巨头施维英 52% 的股权，通过该收购徐工获得了施维英的技术、渠道以及品牌影响力。通过自身的海外并购，徐工集团寻求新的企业自主创新能力提升之路。

改革开放初期，我国制定了"以市场换技术"指导政策，目的是为了吸引外资，提升企业的技术水平。虽然这一政策在我国引进外资发面发挥了不可忽视的作用，然而，随着外资在我国的发展以及我国企业自身的不断进步，外资并购并不是企业提升企业自主创新能力的灵丹妙药。

五、本节小结

本节采用比较案例研究的方法，对"成功的外资并购事件"阿尔斯通收购武汉锅炉以及"失败的外资并购事件"凯雷集团试图收购徐工集团两起外资并购事件前后企业自主创新状况的变化进行了研究，比较分析结果表明，外资并购并不一定能提升企业技术的自主创新能力，反而可能带来其他方面损失，如自主品牌的丧失、对产业内龙头企业的控制甚至可能带来威胁产业安全的担忧等。因此，在现阶段企业重组改制过程中，应改变对外资的盲目崇拜，站在平等对话的基础上，按照市场规则与外方签订协议，并确保中方相关目标的实施。同时，我国企业尤其是国有大型企业应在传统的引进外资提升企业技术水平和创新能力之外寻找可行的途径，进一步加大对企业自主创新的重视程度，通过建设和完善企业自主创新制度环境，在全球化的视野下采取多种手段拓展和提升企业自主创新能力和水平。

第三节　外资并购对中国上市公司科技创新的影响研究

一、引言

随着近年来外资入境并购上市公司浪潮的兴起，关于外资入境并购对本土企业科技创新进步的促进作用正越来越被学者们关注和研究。整体而言，对于外资并购的研究，目前阶段主要关注两个问题：第一，外资并购是否对目标公司以及相关产业、行业的科技创新产生影响？第二，这种影响的产生机理是什么？

在微观层面上，外资入境并购主要通过对目标公司的科技创新进行影响。与外资最直接的接触对象是目标公司，外资在对目标公司进行控制之后，目标公司是否学习到了国外的先进技术和管理经验，是否有利于目标公司的技术进步，这些在目标公司的市场表现、财务绩效以及市场的其他相关方面将有所体现。引入外资后，如何利用外资的先进技术，将其转化为自身的优势，是我国企业在外资并购中需要思考的重要问题。但是，由于外国的技术封锁，中国引进的外国技术并不一定是先进技术，同时，国外的技术可能对目标企业自己的自主创新造成挤出效应，从而阻碍国内技术的进步。因此，在分析外资引入对我目标企业科技创新的影响时，需要区分外资进入我国的不同目的，以及目标公司所处的行业以及行业地位等因素。正是由于外资并购对于目标业务的科技创新有正反两方面的作用，使得研究结果更具有现实意义。

此外，在不同的公司之间，存在不同的技术影响效应。通常而言，目标公司受到外资公司控制，它们内部存在技术转移效应；同时，目标公司的技术改变也会对竞争对手产生影响，它们之间存在技术溢出效应。因此，外资公司在对目标公司的研发进行布局时，通常会考虑两种效应的相对收益和损失，由此来确定对目标公司的最佳研发量。外资公司的这个最优化过程直接影响了我国的研发投入，因此在进行微观层面分析的时候，外资公司的最优化是另一个很值得研究的问题。本节预期通过理论分析以及实证研究，厘清外资并购对于目标企业科技创新的影响机理和路径，从而实现更有效地利用外资。

在中观层面上，外资入境并购通过刺激目标公司所在行业的竞争者产生推动行业内科技创新。外资的进入，不可避免的会影响国内相关产业的原有竞争格局。外资给目标公司带来了更为先进的管理技术以及广阔的渠道，将提升目标公司的竞争实力，由此会产生对竞争对手的竞争效应。外资的出现，挤压了竞争对手的生存空间，从而将促使竞争对手做出相应的改变，以在新的竞争中占领一席之地。因此，外资并购一方面会促使竞争对手加大科技创新力度，生产出更加符合市场需求的新产品来占领市场，另一方面，它会对我国的中小企业以及长远的技术进步产生不利影响。中小企业由于竞争实力弱，当市场被外资企业侵占之后，公司利润下降，将造成科研经费紧张，技术进步缓慢，而大企业往往也由于竞争压力的存在，更加关注于短期的利益，而忽视对于长远技术创新的投入，这将导致我国产业相关技术创新的发展迟滞。当前外资并购多为我国相关产业的龙头企业，这种引入外资的方式是否有利于我国相关产业的科技创新和持续发展，将是本节研究的另一个重要问题。

二、跨国公司对 R&D 的影响研究综述

从 20 世纪 90 年代的第五次并购浪潮开始，跨国并购得到了迅速发展，跨国并购在外商直接投资中占比将近 80%（UNCTAD，2000）。然而，由于担心外资并购后目标公司的创新活动将被减少或者转移，因此东道国政府通常对外资并购抱有怀疑态度，而更加欢迎新建投资（UNCTAD，2005）。

之前的理论研究认为，并购会通过两个渠道对 R&D 产生影响：效率的提高和反竞争效应，并且认为并购对效率的提高效应更加明显。一方面，并购可以产生规模经济和技术协同效应，提高研发的效率（Cassiman et al.，2005），使得并购公司加大研发的力度。但是另一方面，经济节奏的加快造成了产品生命周期的缩短，内部进行研发的成本和风险增加，并购公司进行研发投资的意愿下降。

在国外，很多文章实证分析了并购对 R&D 投资和技术创新的影响，但是他们并没有对跨国并购和本地并购进行区分。之前的多数研究结果表明，并购活动降低了目标公司的 R&D 投入（Hitt et al.，1991，1996；Ravenscraft & Scherer，1987）。相反，当前的一些研究则显示，并购对技术进步具有一定的推动作用。在公司层面，Hall（1999）发现并购使得美国制造业的 R&D 支出有所增加；Hagedoorn 和 Duysters（2002）得出美国计算机行业的并购活动使目标公司有更好的技术表现；Arora 等（2004）对美国化工行业的研究也得到了相似的结论。此外，Capron（1999）和 Cassiman 等（2005）发现某些公司的环境和合伙人的

特点会对创新活动产生影响。

跨国并购对于 R&D 活动的影响亦有不少文章涉及。Bertrand 和 Zuniga（2006）研究了跨国并购对经合组织国家 R&D 投资的影响，他们在行业层面上，以 1990 到 1999 年的跨国并购为样本进行分析，发现在某些特定的行业并购活动增加了 R&D 投资。在公司层面，Lööf 等（2006）以北欧国家 1998 年至 2000 年间的外资并购为样本，对比分析外资并购公司和本地公司的差异，他们发现企业的创新投入、创新产出和劳动生产率在这两组样本之间没有明显差异。Bertrand（2009）研究了外资并购对目标公司 R&D 活动的影响，以 1994～2004 年法国创新制造业的外资并购为样本，发现外资并购能提高法国公司的 R&D 支出，表明外资并购并没有阻碍目标公司 R&D 的发展，也没有对东道国的创新体系产生不利影响。相反，Stiebale 和 Reize（2008）发现，跨国并购导致了德国目标公司创新活动很大程度的降低。Stiebale（2010）在公司层面研究了跨国并购和创新活动的关系，他们的研究不是针对目标公司的创新活动，而是讨论跨国并购对于主并公司的影响，他们发现在进行跨国并购之后，德国的主并公司有更高的国内研发支出。

国外有不少文献对跨国并购与 R&D 支出的关系进行了研究，但是他们都是以研发投入为指标进行的分析，而跨国并购对于东道国影响更深的是技术产出，即专利、新产品等成果。此外，国外文献多是以发达国家为背景，很少对发展中国家进行研究。发达国家的技术发展水平通常较我国高出很多，制度背景和经济发展水平存在较大差异，国外的相关研究成果在我国不一定适用。因此，结合我国的特殊环境，采用技术产出等变量衡量外资并购对科技创新的影响，将更具有现实意义。

在国内，有众多学者对 FDI 的技术溢出效应进行了研究（郑秀君，2006；黄菁，2008；蒋殿春，张宇，2008；毕红毅，张海洋，2012 等），该类研究通常借鉴国外学者的各种模型和方法来测算 FDI 的技术溢出效应，再提出相应的政策建议，大多数研究结论认为我国的 FDI 存在正的技术溢出效应。

除了对技术溢出效应的研究之外，其他将跨国并购与研发、技术创新结合起来的文章稀少而且零散，且以理论、模型研究为主。蒋殿春（2001）对跨国公司与发展中东道国企业的技术创新博弈进行了分析，通过博弈模型推演并比较双方 R&D 投资项目和投资规模的战略，发现跨国公司倾向于进行风险较小的技术改良项目，在普通技术竞争中，东道国企业处于不利地位，但是跨国公司能在一定程度上促使东道国进行革命性的技术创新。蒋殿春（2004）的研究则发现，在大多数情况下，跨国公司带来的竞争效应会弱化我国企业的 R&D 动机和能力，并且对本国企业进行 R&D 融资也将产生不利影响。孟凡臣和苗慧（2010）进行了跨国并购与我国企业技术进步的相关性分析，研究分析发现跨国并购增长率对我国企业技术具有影响，但是目前阶段影响力还较小，影响效果不明显。柳卸林和徐晨（2011）对大连机车集团三次跨国并购进行了案例研究，认为跨国并购之后，只有通过有效的整合，建立双方长期互动的技术学习和知识分享机制，才能促进企业整体技术能力的提升。

从以上研究来看，国外对跨国并购与 R&D 关系的研究较多，而国内在该领域研究仍处于初步理论研究阶段。当前，国内外很少有文献将外资并购与科技创新结合，现有的研究也仅仅是从研发投入的角度出发，没有考虑科技创新的成果。我们认为外资并购将从微观和中观两个层面对我国的科技创新产生影响，两个层面的影响效应不同，从而产生的结果也存在差异。本项目的研究将直接针对外资并购产生的技术影响进行分析，试图寻找外资并购推动我国科技创新的路径，一旦上述途径和影响机制得以找出，将对外资利用的效率和我国经济的发展产生重要影响。

三、外资并购对中国上市公司科技创新影响的实证研究

（一）数据筛选

1. 实验组数据

为了获取外资企业入境并购的案例，本节从 BVD – Zephyr 全球并购交易分析库中提取数据。筛选数据的标准如下：（1）目标公司所属国为中国大陆地区；（2）并购交易金额为 1 亿元以上；（3）目标公司是上市公司；（4）并购公告时间为 2000 年 1 月 1 日至 2010 年 12 月 31 日（11 年）间；（5）截至 2013 年 12 月 31 日，该并购交易状态为已完成；（6）目标公司为非金融行业的案例。

基于以上原则，本节共找到 60 家符合要求的目标公司，部分公司在 11 年间被并购两次或两次以上，一共形成 82 个外资并购案例，本节将这 82 个外资并购案例命名为"实验组"案例。本节后续做 t – 检验和回归分析均以"案例"作为基本样本单元。

2. 控制组数据

为了说明实验组与控制了时间、行业等变量下未被并购的公司之间的差异，本节还寻找与实验组匹配的"控制组"。

对于选取控制组样本，本节创新性地使用了"广义最短距离法"作为筛选手段：控制组样本筛选维度的确定。

国内外大多数实证研究认为，目标公司在财务上的表现，与盈利能力、运营

能力、规模、负债 4 个方面有关（李善民，2003；Stulz，1988；Palepu，1986），因此，本节的控制组样本公司筛选也从这 4 个考察角度来匹配与实验组最接近的样本。

在每一个考察角度选择代理变量方面，由于过去的研究中并没有统一的标准，本节将依照下面的原则选择代理变量：（1）代理变量应该更好地体现各考察角度与发生外资并购事件的关系（较好的相关性）；（2）数据完整性（代理变量于 2000～2010 年共 11 年的数据较为完整，这是考虑到数据上过多的缺失会使代理变量与发生外资并购事件之间的相关性的准确度与可信度都不高）。

本节从 CSMAR 国泰君安数据库上筛选了 2000～2010 年 11 年非金融企业四个财务方面的若干指标的面板数据，样本量为 16 941 个。

根据所收集的数据，本部分将通过 logistic 回归模型比较不同考察角度的不同代理变量与外资并购事件的相关性，从而最终确定筛选控制组的代理变量。

以 $p(x) = Pr(发生外资并购事件 \mid X = x)$ 为某家公司被外资并购的条件概率，X 是一组用于描述该公司特征的向量，本节中 X 特指盈利能力、运营能力、规模、负债 4 个考察角度，Y 是其他需要考虑的变量，则 logistic 回归模型是：

$$logit(p) = \ln \frac{p}{1-p} = \alpha_0 + \alpha_1 profit + \alpha_2 turnover + \alpha_3 lgasset + \alpha_4 leverage + \alpha_5 Y$$

通过上述回归方程对于每个代理变量的回归系数的显著性检验，可以比较不同考察角度的不同代理变量与外资并购事件的相关性。

为了研究的完整性，下面我们将采取三种不同的定义方式定义关于"外资并购事件的发生"所定义的虚拟变量，分别是 Mtime、Mfirm 以及 Acq，用于表示 logistic 回归模型中某家公司被外资并购条件概率的因变量。

定义"外资并购事件发生"的虚拟变量 Mtime：根据本节第一部分得到的 82 个并购事件的目标公司以及年份，将该公司该年份的样本对应的 Mtime 变量定义为 1，其余为 0；从未发生外资并购事件的公司，全部年份 Mtime 都定义为 0。所以，Mtime 着重于并购事件发生的时间点，其余年份不管并购前后都理解为没有发生并购。

定义"外资并购事件发生以后"的虚拟变量 Mfirm：根据 82 个并购事件的目标公司以及年份，将该公司发生并购事件年份及其以后年份的样本对应的 Mfirm 变量定义为 1，其余为 0；从未发生外资并购事件的公司，全部年份 Mfirm 都定义为 0。所以，Mfirm 是假设并购一旦发生，就会对该公司以后都有影响，所以并购发生当年以及以后年份都理解为并购事件发生。

定义"外资并购目标公司"的虚拟变量 Acq：根据 60 个并购事件的目标公司，将该公司全部样本对应的 Acq 变量定义为 1，其余为 0；从未发生外资并事件的公司，全部年份 Acq 都定义为 0。可以看出，Acq 更着重于目标公司的表示。

为控制行业的影响，本节按证监会对行业的 13 个大类划分，定义 11 个（本节排除了金融业）行业的虚拟变量 Ind；同样，为控制年份的影响，本节按 11 年定义了 10 个年份的虚拟变量 Year。

考虑到收购方会先考察目标公司再做出并购的决定，本部分的 logistic 回归的自变量都是对应并购事件发生年份的前一年的数据，如并购事件于 2001 年发生，该公司年样本对应的 Mtime 为 1，而自变量如资产负债率等则取 2000 年数据。

对于每一个考察角度（盈利能力、运营能力、规模、负债），本节选择最适合的代理变量所采取的方法是，某一考察角度 A 先确定一个代理变量 a，如盈利能力角度先确定资产报酬率为代理变量，其他三个考察角度各自随机选取一个代理变量，与行业 Ind 和年份 Year 一起对 Mtime，Mfirm 和 Acq 因变量进行 logistic 回归。如果回归方程中变量 a 的回归系数比考察角度 A 的其他代理变量的回归系数有更高的显著程度，那么就选择 a 作为考察角度 A 的代理变量。

在减少了缺失值过多的变量（缺失值超过 100 个）后，本节再进行上文所说的变量间 logistic 回归运行效果比较，最终确定以总资产的对数（lg（总资产））代表规模，以资产负债率代表负债，以资产报酬率代表盈利能力，以总资产周转率代表运营能力。

表 4 - 7 显示部分 logistic 回归结果。要说明的是，这些回归方程都有控制行业以及年份，但由于研究重点不在行业以及年份，本节在这里就把关于行业及年份的结果省略。

表 4 - 7　　　　运用 logistic 回归选择考察变量的回归结果

变量	Mtime	Mfirm	Acq
负债（资产负债率）	- 0. 7879 （0. 6982）	1. 213 （0. 7299）	- 0. 9702 *** （0. 2777）
规模（总资产）	2. 148 *** （0. 2045）	2. 09 *** （0. 2987）	1. 9793 *** （0. 0974）
运营能力（总资产运营能力）	0. 3654 （0. 2222）	1. 243 *** （0. 3045）	0. 4424 *** （0. 0859）
盈利能力（资产报酬率）	0. 00464 （0. 0115）	5. 331 （2. 723）	0. 0055 （0. 0164）

注：表中括号内为系数的标准差。*** 、** 、* 分别表示在 0. 01，0. 05 和 0. 1 的水平上显著。

从回归结果可以看出：（1）无论是 *Mtime*，*Mfirm* 还是 *Acq* 作为因变量，规模这一考察角度对于是否发生并购事件都有高度显著的影响，且规模越大的公司，被并购的概率越大；（2）运营能力对 *Mfirm* 和 *Acq* 有高度显著影响，且运营能力越强，被并购的概率越大，而运营能力对 *Mtime* 并没有显著影响，回归系数仍为正数；（3）在此回归结果中，盈利能力对于发生并购事件并没有显著影响，但盈利能力在三个不同因变量的方程中的回归系数都为正数；（4）负债只有对 *Acq* 有高度显著影响，且其回归系数和对 *Mtime* 一样都为负，负债对 *Mfirm* 的回归系数为正，但并不显著。

（二）筛选控制组对象的方法

1. 倾向得分法

当今寻找配对样本的主流方法是倾向得分法。对于本节而言，"倾向得分"定义为，在给定四个代理变量组成的向量 X 的情况下，某家公司被外资并购的条件概率。若以 *Mtime* 为因变量，即

$$p(x) = Pr(time = 1 \mid X = x)$$

一般会以上文得到的 logistic 回归方程

$$logit(p) = \ln \frac{p}{1-p} = \alpha_0 + \alpha_1 profit + \alpha_2 turnover + \alpha_3 lgasset + \alpha_4 leverage + \alpha_5 Y$$

估计因变量后计算某家公司被外资并购的条件概率，作为倾向得分。

但这种方法明显与 logistic 回归方程拟合质量高度相关，如果 logistic 方程拟合得不好，其所估计的条件概率肯定不准确。这不仅与自变量是否与因变量相关有关，还与方程的形式、数据的质量有关。

基于以下原因，本节认为不适宜使用倾向得分法得到外资并购事件的控制组。

首先，每一家公司有可能有多次被并购事件。在 Zephyr 数据库中，每一家公司在不同时间被外资并购视为一个并购事件。运用倾向得分法去筛选控制组事件时，倾向得分法会把没有被并购每个公司的每个年份视为一个候选的控制组事件。这样会存在以下两个问题：一是忽略了行业这一控制变量的影响。假如实验组事件样本 A 所在行业为 a 行业，如果采用倾向得分法对事件样本 A 匹配到的控制组的最佳事件样本 A′（一一对应匹配），那么本节无法保证 A′是同属于 a 行业。由于不同的行业之间不存在可比性，因此倾向得分法存在这个问题。另一个问题是忽略了年份这一控制变量的影响。假如实验组事件样本 A 是第 y 年被外资并购的，如果采用倾向得分法，本节将会根据控制组候选样本的财务特征来计算得到一个与 A 最相近的事件样本 A′，即使 A′恰好与 A 同属一个行业 a，但是后面在对实验组与控制组公司财务绩效比较时会出现因筛选 A′时本来就是"找最

像 A 样本的事件"而导致的无法区分外资并购影响的怪圈。

其次，发生外资并购事件的样本量与没有发生外资并购事件的样本量相差悬殊。16 941 个公司年样本中只有 82 个外资并购事件，这使得变量 *Mtime* 的 1 和 0 的比例达到 1∶140，这个直接导致了 1 的作用被忽略，所以拟合出来的条件概率也非常小（16 941 个公司年样本中通过上文得到的 *logistic* 回归方程拟合的条件概率最大值为 1.81×10^{-13}，82 个外资并购事件样本拟合的条件概率最大值为 3×10^{-15}）。

最后，上文得到的 logistic 回归方程拟合程度不是十分理想。除了规模是一直显示高度显著之外，其他三个考察角度都在不同程度上不显著。这可能与方程的形式有关，但也可能由于上文所说的实验组数据太少有关。

2. 运用距离筛选控制组

经过上文的讨论，我们认为外资并购事件的控制组通过倾向得分法进行匹配时会对后文的研究结果产生不利影响。于是，本节对如何通过四个考察角度来为实验组配对控制组采用了一个很简单且直观的思想：配对样本就是和实验组特征最相近的样本。

本节先做一个假设：收购方在考虑收购交易时，只会在一个行业内寻找目标企业。这个假设很符合常理，因为收购方收购一定会出于某种战略考虑，究竟是横向并购，纵向并购还是多元化发展。横向与纵向都是事先确定行业的，多元化发展也肯定会根据企业的需要事先确定一个行业来寻找目标公司。所以，在这个假设下，本节以同一行业内，所有并购事件的公司年样本的四个考察角度的平均值向量（$\overline{profit}$，$\overline{turnover}$，$\overline{lgasset}$，$\overline{leverage}$）（其中$\overline{profit}$是行业内发生并购事件的公司年样本中资产报酬率的平均值；$\overline{turnover}$是行业内发生并购事件的公司年样本中总资产周转率的平均值；$\overline{lgasset}$是行业内发生并购事件的公司年样本中 lg（总资产）的平均值；$\overline{leverage}$是行业内发生并购事件的公司年样本中资产负债率的平均值），作为此行业被外资并购的特征。

本节再定义一个"距离"：$A = (X_{a1}, X_{a2}, X_{a3}, X_{a4})$，$B = (X_{b1}, X_{b2}, X_{b3}, X_{b4})$，则 A，B 的距离定义为

$$\sum_{i=1}^{4} (X_{ai} - X_{bi})^2$$

不难看出，这个"距离"类似于离差平方和。可以这样说，如果 A 和 B 四个维度的特征越相近，它们的"距离"也会越小。这个方法类似于倾向得分法，倾向得分法是将多个维度的数据总结成一个倾向得分，然后通过倾向得分最相近来寻找配对样本。而本节因为对拟合得到的倾向得分不是很满意，直接通过多个维度的数据来寻找最相近的配对样本。

基于上文的假设，本节应该在同行业中寻找配对样本。换句话说，就是在没

有发生外资并购的公司中，寻找与此行业被外资并购的特征（$\overline{profit}$，$\overline{turnover}$，$\overline{lgasset}$，$\overline{leverage}$）的"距离"最小的一批公司年样本作为此行业外资并购的控制组。不失一般性，控制组的样本量将与该行业实验组的样本量相等。

配对效果检验

本部分将通过检验同行业内的实验组与控制组的盈利能力、运营能力、规模、负债是否相同来检验配对效果。检验方法采取类似于 t 检验的 Hotelling T2 检验。Hotelling T2 检验是检验两组多元数据的平均值是否相等的统计检验方法。特别地，在本部分中，如果配对后控制组与实验组的 Hotelling T2 检验的显著程度比配对前高，则匹配是有效果的。

表 4 - 8 是各行业所有非外资并购目标的样本（包括配对样本）与外资并购事件的样本的 Hotelling T2 检验 p 值和配对样本与外资并购事件的样本的 Hotelling T2 检验 p 值。

表 4 - 8　　　　　　　非外资并购目标样本与外资并购事件
样本 Hotelling T2 检验结果

行业	所有非外资并购目标的样本组（包括配对样本）与外资并购事件的样本组的 Hotelling T2 检验 p 值	配对样本组与外资并购事件的样本组的 Hotelling T2 检验 p 值
B	1.02e - 06	0.1048
C	< 2.2e - 16	0.7818
D	4.415e - 06	0.0691
E	< 2.2e - 16	0.3434
F	2.008e - 07	0.779
G	< 2.2e - 16	0.0682
J	< 2.2e - 16	（只有一个配对样本）
K	< 2.2e - 16	0.2225

相比之下，在完成匹配后，从各个考察角度来看，两组样本的指标已经非常接近，表明两者的匹配较为成功，各方面的特征较为接近。

（三）实验组与对照组样本维度选取与数据

1. 研发支出

国内外学者的研究中，研发支出这一指标使用广泛。西方学者早于 20 世纪 50 年代起就使用研发强度作为企业及行业创新能力的代理指标进行了诸多研究（Romer，1990；Jones，1995）。我国学术界实证研究同样支持研发强度与企业科技创新能力间的关联关系（刘和东和梁东黎，2006；颜延等，2009）。研发强度一般是以研发支出除以主营业务收入、总资产来衡量，此处采取研发支出除以主营业务收入作为研发强度的衡量指标。

2006 年我国新会计准则要求公司披露研究与开发支出，并分为研究阶段支出及开发阶段支出，研究阶段支出予以费用化，满足 5 项条件的开发阶段支出予以资本化，这有利于企业加大研发投入，激励科技创新。

研发费用予以资本化的 5 项条件如下：（1）完成该无形资产使其能够出售在技术上具有可行性。（2）完成无形资产目的在于使用和出售。（3）能够证明无形资产能够带来经济利益。（4）有足够的能力完成无形资产开发，有能力使用或出售该无形资产。（5）归属于该无形资产开发阶段的支出能有效计量。

同时，新准则亦要求上市公司增设"开发支出"科目，衡量企业开发无形资产中满足资本化五项条件而准予资本化部分。

然而，准则并非强制规定公司披露研发支出，上市公司披露不尽规范。当前研发支出披露主要有以下两种渠道：一是年报。自 2006 年准则规定上市公司披露研究与开发支出以来，大部分公司披露了研发支出，有些甚至在年报中单独辟出一块，列出近三年或者近五年的研发支出。二是财务报表附注。部分企业在财务报表附注中的"支付的其他与经营活动有关的现金流量"项目下披露了与研发相关的明细科目，如研究开发费、技术开发费、新产品研制补助等。若以"开发支出"科目来计量研发支出，一方面忽略了费用化支出，另一方面满足 5 项资本化条件而计入该科目未必能形成无形资产，以其衡量研发支出不尽全面。

因而，为提高数据的准确性，此处本节不纠结于区分相应期限内研发支出的费用化或资本化金额，也不以"开发支出"科目代替研发投入，而是查找企业年报或者财务报表附注中企业明确披露的研发支出的金额。

本节手工查阅 A 股上市 119 家公司的年报及财务报表附注，11 年间共有 929 个公司样本，有效数据 582 个。

2. 专利数

技术创新不仅从经济效益体现，而且还表现为企业经济效益之外自有技术的积累。综合国内外研究，大多数研究将专利技术作为衡量企业技术创新能力的重要指标（Chiesa，1996；黄鲁成，2005）。史鸿（2003）采用层次分析法和模糊集合论，对企业技术创新能力评价指标进行排序，依次是：专利拥有数 > 对引进技术的改造 > 自主创新产品率 > 开发时间 > 产品市场占有率 > R&D 投入强度 > 非 R&D 投入强度 > 净收益率 > 创新战略 > R&D 人员素质 > 创新机制的效率 > 成本降低率 > 技术购买额 > 管理人员比例 > 管理人员素质 > R&D 设备净值。考虑到专利授权数受不同行业、地区、时间的因素影响，此处以专利申请数为准。

同时，专利申请包括发明专利、外观设计及实用新型三部分，发明专利更能反映企业开发新技术能力，故单独列出发明专利数加以考核。本部分专利数来源于国家专利局网站。929 个公司 11 年中获取有效数据 929 个。

3. 技术人员

研发投入包括资金投入及人力资本投入，技术研发人员直接影响新产品的产出而影响企业的科技创新能力。此处也采取技术人员强度指标（技术人员强度 = 技术人员/总人数），以消除规模效应影响。技术人员数目来源于各大公司年报披露的技术人员数目。929 个公司 11 年中获取有效数据 559 个。

（四）实证结果

1. 描述性统计

本节对实验组和对照组的各个维度做了统计性描述，包括实验组样本和对照组样本的研发费用、研发强度、专利数、发明专利数、科技人员、科技人员强度（见表 4 - 9）。

表 4 - 9　　　　实验组、对照组科技创新变量的描述性统计

变量		实验组	对照组
研发费用（元）	最大值	8 829 200 000.00	8 824 597 000.00
	最小值	31 089.90	136 913.07
	平均数	992 870 977.15	471 191 868.34
	标准差	1 816 326 830.99	1 459 383 540.03
研发强度	最大值	21.37%	4.40%
	最小值	0.02%	0.00%
	平均数	2.65%	0.96%
	标准差	3.77%	1.20%
专利数（个）	最大值	8 614	708
	最小值	0	0
	平均数	185	19
	标准差	789	55
发明专利数（个）	最大值	8 048	207
	最小值	0	0
	平均数	130.26	8
	标准差	708.69	24

续表

变量		实验组	对照组
技术人员（人）	最大值	99 285	63 122
	最小值	7	13
	平均数	6 376.86	1 810
	标准差	16 107.66	6 259
技术人员强度	最大值	72.56%	48.00%
	最小值	0.56%	0.16%
	平均数	15.46%	12.70%
	标准差	12.49%	10.19%

2. 基于微观层面的外资企业入境并购对目标公司科技创新的影响

在研究外资企业入境并购对目标公司科技创新的影响时，本节使用了 t - 检验方法，判断实验组并购前后的科技创新指标变化和相应的控制组最有可能被并购年前后的科技创新指标变化的差异是否显著。

具体来说，这组检验包括每个案例发生前后 3 年的（1）专利申请数（发明专利）均值差异；（2）专利申请数差异；（3）技术人员数目差异；（4）技术人员强度差异。

实验组组内并购前后 3 年科技创新指标 t - 检验

本节对案例中的公司并购前后 3 年的 4 种科技创新指标进行了算术平均，并进行了并购前后差值的显著性检验。其结果如表 4 - 10 所示：

表 4 - 10   实验组并购前后科技创新指标变化 t - 检验

变量		实验组并购前后变化
专利数	平均数	113.38
	T 值	1.2391
	自由度	96
	P 值	0.2183
发明专利数	平均数	64.26
	T 值	0.7788
	自由度	96
	P 值	0.438

续表

变量		实验组并购前后变化
技术人员（人）	平均数	2 040.76
	T 值	3.1315
	自由度	47
	P 值	0.002989
技术人员强度	平均数	0.81%
	T 值	1.1433
	自由度	47
	P 值	0.2587

从 t 检验结果看，目标公司并购前后的专利申请数（发明专利），专利申请数以及技术人员强度这三个科技创新的代理变量没有显著变化，只有技术人员数目有显著变化。但从技术人员强度并没有显著变化可以知道，技术人员数目的变化可能是来自目标公司整体规模（人员总数）的增加，所以，外资并购并不会给目标公司的创新带来显著影响。

实验组与控制组科技创新指标变化 t-检验

本节为了说明实验组与控制组在并购前后科技创新指标变化的差异是否显著，对他们之间的差值也做了 t-检验，结果如表 4-11 所示：

表 4-11   实验组与控制组在并购前后科技创新指标变化的差异

指标	实验组	对照组	实验组—对照组
专利申请数（发明专利）	64.26	17.75	46.51 (0.5625)
专利申请数	113.38	6.94	106.44 (1.1629)
技术人员数目	2 040.76	349.52	1 691.24** (2.58)
技术人员强度	0.72%	0.90%	−0.18% (−0.1956)

注：*** 、** 、* 分别表示在 0.01，0.05 和 0.1 的水平上显著。

表 4-11 实验组与对照组在并购前后科技创新指数上差异变化的 t-检验，实验组列数据表示实验组样本在并购年前后三年的科技创新指标均值变化，对照

组列数据表示对照组在最可能并购年（实际上没有发生并购）前后三年科技创新指标均值变化。实验组—对照组列数据是前两列数据的差，括号内的数字为 t 值。

与对照组对比的 t 检验结果与上面实验组前后对比的 t 检验结果基本一致，即实验组经过外资并购事件之后，只有在技术人员数目上与对照组产生显著变化差异，其他指标均没有体现出外资并购对实验组带来的科技创新的显著影响。

科技创新指标影响因素回归分析

本节采用回归的方法，对实验组和对照组的全部样本进行科技创新指标的影响因素分析。本节建立以下模型：

$$\Delta(TechIndex) = \alpha_0 + \alpha_1 Mfirm + \alpha_2 roa + \alpha_3 size + \alpha_4 leveage + \alpha_4 age$$

其中 $\Delta(TechIndex)$ 表示这些科技指标的变化。具体来说，包括了（并购前后三年）发明专利变化、专利申请数变化、科技人员数目变化、科技人员强度变化4个被解释变量。其中 $Mfirm$ 是虚拟变量，1为被并购的实验组样本，0为未被并购的对照组样本。控制变量是目标公司被并购当年的资产报酬率，总资产的对数，资产负债率以及年龄（统计年 - 上市年）。企业年龄（Age）被定义为从企业上市到统计年份的时间长度。年轻的企业更具有创新性，而年长的企业更具备研发实力。

表 4 – 12 科技创新指标影响因素回归分析，在四次回归分析中，$\Delta(TechIndex)$ 分别使用了专利申请数（发明专利）、专利申请数、技术人员数目和技术人员强度。$Mfirm$ 是虚拟变量，根据82个并购事件的目标公司以及年份，将该公司发生并购事件年份及其以后年份的样本对应的 $Mfirm$ 变量定义为1，其余为0；从未发生外资并购事件的公司，全部年份 $Mfirm$ 都定义为0。Roa、$size$、lev、age 是控制变量。

表 4 – 12　　　　　科技创新指标影响因素回归分析

变量	专利申请数（发明专利）	专利申请数	技术人员数目	技术人员强度
样本量 N	162	162	102	102
$Mfirm$	32. 393 (0. 319)	86. 62 (0. 778)	867. 30 (1. 664)	867. 30 (1. 664)
roa	− 230. 387 (− 0. 243)	− 294. 64 (− 0. 284)	− 464. 18 (− 0. 102)	− 464. 18 (− 0. 102)
$size$	90. 055 (0. 952)	191. 64 (1. 847)	1 885. 77 *** (3. 801)	1 885. 77 *** (3. 801)
lev	− 391. 206 (− 1. 004)	− 567. 39 (− 1. 328)	4 579. 44 * (2. 218)	4 579. 44 * (2. 128)

续表

变量	专利申请数（发明专利）	专利申请数	技术人员数目	技术人员强度
age	6.823	14.25	− 21.23	− 21.23
	(0.533)	(1.1016)	(− 0.322)	(− 0.322)
截距	− 771.250	− 1 822.37	− 20 640.52***	− 20 640.52***
	(− 0.744)	(− 1.602)	(− 3.885)	(− 3.885)
R^2	0.01197	0.0348	0.2682	0.2682

从回归结果看，所有四个回归模型中 *Mfirm* 变量不显著。可以看出，无论采用哪一种科技创新指标作为被解释变量，是否被外资并购对公司的科技创新都没有显著影响。

3. 基于中观层面的外资企业入境并购对目标公司所属行业科技创新的影响

本节还将研究外资并购对实验组所处行业的影响。本节依旧从专利申请数、发明专利申请数、技术人员数目、技术人员强度四个维度来考察行业科技创新能力是否发生相应变化。

行业竞争者的样本公司的筛选

本节选择的行业竞争者样本公司必须是能够代表实验组所处行业的。此处选择与实验组同行业的主营业务相同、资产规模最大的前五家公司作为实验组所处行业的代表，以该五家公司并购前后专利申请数等四个科技创新指标的变化代表实验组的行业变化。

具体筛选工作如下：

首先，主营业务类似。为进一步考察实验组同行业可比公司，本节将证监会行业分类的 12 个大类作进一步细分。研究发现，证监会行业分类并不精确，例如采矿业下的"石油与天然气开采业"将中石油与通源石油划分为同一行业，实际上通源石油并不从事石油或者天然气开采，而是为石油公司提供开采设备及服务，二者业务相差很大，不具可比性。本节采用申银万国三级行业分类的基础上选择同行业可比公司。

其次是资产规模类似。在主营业务类似的基础上，选取行业内资产规模最大的前五家公司。业务类似的基础上，资产规模越大，对行业的代表性就越强。若可比企业家数不足 5 家此处不影响分析，例如中石油同行业可比企业只有中石化，以中石化一家企业作为中石油所处代表，往往更具合理性。同时，选择同行业可比公司时，有时出现实验组或对照组中公司，将其一并剔除。

经过以上处理后，实验组可比公司共 295 家，对照组可比公司共 237 家。

行业竞争者科技创新指标的选取

为保持研究的一贯性，依次找出同行业可比公司的专利申请数、发明专利、技术人员数目和技术人员强度等四个维度的数据，数据搜集方法及来源与前述实验组、对照组相同。

行业竞争者在实验组公司被并购前后的科技创新指标变化

通过上述行业竞争者的确定和研究维度的确定，本节研究这些行业竞争者在实验组样本公司被并购年份前后三年的科技创新指标变化及其差值 t-检验。

表 4-13 是行业竞争者在实验组样本公司被并购前后科技创新指标变化及其差值 t-检验。并购前列数据表示行业竞争者在其对应的实验组公司被并购时，前三年的科技创新指标均值，并购后则是后三年的科技创新指标均值。并购后—并购前表示前两列数据的差。

表 4-13　　　行业竞争者在实验组样本公司被并购前后科技创新指标

指标	并购前	并购后	并购后—并购前
专利申请数（发明专利）	3.957	11.634	7.677 *** (5.6201)
专利申请数	12.507	29.412	16.905 *** (6.1344)
技术人员数目	1 873.061	2 865.062	992.000 ** (2.3537)
技术人员强度	15.723%	16.863%	1.140% ** (2.4408)

注：*** 、** 、* 分别表示在 0.01，0.05 和 0.1 的水平上显著。

从 t 检验结果来看，外资并购对目标企业所在行业的代表企业的科技创新有显著影响。行业主要代表的发明专利申请数在目标企业并购后增加了 7.677，而且其 t 统计量为 5.6201，在 1% 的程度上显著。其他三个科技创新代理变量也一样：专利申请数在目标企业并购后增加了 16.905，在 1% 的程度上显著；技术人员数目在目标企业并购后增加了 992.000，在 5% 的程度上显著；技术人员强度在目标企业并购后增加了 1.140%，在 5% 的程度上显著。从此可知，外资并购对目标企业所在行业的科技创新起到了显著提升的作用。

四、小结

本节分析目标公司被并购前后三年的科技创新指标变化，并与未被并购的对照组公司样本比较，发现外资并购事件能够显著促进目标公司的科技研发人员数量增加，但不能证明显著比对照组样本公司增加更多。同时，本节还发现外资并购事件对目标公司所属行业的其他竞争者的所有科技创新指标都有显著的促进作用，这说明，外资入境并购通过刺激目标公司所在行业的竞争者产生推动行业内科技创新。外资的进入，不可避免地会影响国内相关产业的原有竞争格局。外资给目标公司带来了更为先进的管理技术以及广阔的渠道，将提升目标公司的竞争实力，由此会产生对竞争对手的竞争效应。外资的出现，挤压了竞争对手的生存空间，从而将促使竞争对手做出相应的改变，以在新的竞争中占领一席之地。因此，从本节实证结果来看，外资并购促使了竞争对手加大科技创新力度，生产出更加符合市场需求的新产品来占领市场。

第四节　基于多案例分析外资并购的技术溢出效应

一、引言

在对多个典型外资并购案例研究后发现，我国企业引进外资股东的目的与外资股东进入企业的目的并不匹配。对于我国企业而言，之所以引进外资股东往往是因为企业发展遇到"瓶颈"，如一些民营企业希望通过引进外资股东来进一步提升企业经营管理能力，促使企业做成百年老店，或者希望外资能带来资金，尤其是先进的技术；跨国企业则往往根据其全球战略的需求，希望并购能够进一步帮助其拓展中国市场和销售渠道，或利用中国市场的成本优势拓展产能、延展产品生产线。中外双方在技术上的诉求存在差异。正是由于此差异，中方要直接获得外资方的技术核心显然不可能，甚至是否存在技术溢出效应目前仍存在着较多争议。然而，为什么会存在这些争议？哪些因素导致外资的技术溢出效应能否有效/无法发挥？对此问题却缺乏关注。本节将在前文单案例分析以及大样本比较分析的基础上，采用多案例研究的方法，对 20 多例典型外资并购事件研究，着重关注其中技术作为核心要素的外资并购事件，通过对调研资料、文献资料的分析，研究和归纳影响外资并购技术溢出效应的重要因素，并对要素之间的相互关系进行深入分析，构建促进外资并购技术溢出效应发挥的理论框架。

对这一问题的研究具有重要理论意义，尽管国外已有较多关于 FDI 技术溢出效应影响因素的研究，然而，中国特殊的制度环境背景必将使得这一问题在中国情境下具有特殊性；同时，已有的研究多针对 FDI 技术溢出效应而言，多是从宏观层面，采用大样本的研究方法展开，尽管外资并购和绿地投资都属于 FDI，但二者在形式上存在较大差异，这一差异会否导致影响外资并购技术溢出效应的因素存在不同，本节将从微观企业层面对此问题进行实证研究。此外，对这一问题的回答将有助于为促进我国企业引进技术提出更为切实可行的政策建议。

二、外资的技术溢出效应文献分析

外资对东道国的技术溢出效应可通过两条途径来实现，以提高促进东道国全要素生产率：一是直接渠道，即外资企业本身的技术提升能够促进东道国的全要素生产率；另一条是间接渠道，即通过外资企业对东道国企业的技术溢出效应（spillover effects）来间接促进东道国全要素生产率的提高（田素华，2007）。技术溢出效应是在从事生产或其他经济行为时，无意识地输出技术而引起的技术提高（田素华，2007）。Chen（1996）把 FDI 的外溢效应分为水平联动效应（horizontal effect）和垂直联动效应（vertical effect）。水平联动效应通过以下三个渠道实现：竞争效应，即外资企业进入后，会在东道国引起更激烈的竞争，迫使同类型企业努力提升自身的管理和技术水平。人力资本的培训流动效应，在外资企业工作培训过的员工和管理者会逐步流入本土企业，会对本土企业的人力资本产生影响；示范模仿效应，外资企业会对本地企业产生示范效果，加速国内企业提升自身技术水平（李善民等，2014）。纵向联动效应则表现为：国内中间产品（或上游产品）供应商为满足外资企业中间产品质量和标准要求主动学习、主动提升自身技术水平从而带来的效率提高；跨国公司直接向本国供应商提供技术和生产方面的指导从而使生产效率得以提高；下游产业通过利用由外国直接投资企业制造的质量更好或者成本更低的产品进行进一步加工和制造时从中获得的效率提高（何洁，2000；田素华，2007）。

传统对于技术溢出效应的研究多是从劳动生产率角度出发，研究某个国家特定时期的 FDI 溢出效应是否存在（Aitken & Harrison，1999；Caves，1974；Haddad & Harrison，1993；Liu & Wang，2000；姚洋，1998），近期的研究开始从创新能力出发予以研究（蒋殿春和夏良科，2005；蒋殿春和张宇，2006；冼国明和薄文广，2005；郑义和徐康宁，2011；李善民等，2014）。然而，对于 FDI 是否存在技术溢出效应，上述研究结果仍存在着较多分歧。而随着跨国并购的不断发展，其技术溢出效应也得到更广泛的关注。Bertrand 和 Zuniga（2006）发现，跨国并购除了对 medium-tech 行业研发强度带来正向影响外，从总体看对东道国的行业研发不存在影响。由于他们的研究是从行业层面展开，无法将对并购目标公司和其他非并购竞争者的影响区分开来。Liu 和 Zou（2008）研究发现，绿地投资和外资并购对东道国创新绩效影响存在差异。绿地投资的技术溢出效应存在于内部和行业之间，而外资并购的技术溢出效应只存在于行业之间。Stiebale 和 Reize（2011）对跨国并购对于德国中小目标企业创新活动的影响实证检验发现，外资收购对目标企业创新意识以及企业的平均 R&D 支出均形成负面影响，对创新产出未能带来显著影响，从总体上看，外资收购并没有带来显著的技术转移。由此可见，即使针对跨国并购而言，其是否存在技术溢出也存在争议，这可能与研究对象、研究方法的差异存在较大关联（Liu & Zou，2008）。已有的实证研究表明，外资的技术溢出效应受到诸多因素的影响：

首先，东道国的经济发展水平、制度设定、经济环境都会对技术溢出效应产生影响。何洁（2000）对利用中国的数据研究得到，省域的开放程度、经济发展程度和技术溢出大小存在正相关。Borensztein 等（1998）从人力资本的角度，研究发现东道国的人力资本存量越高，技术进步的速度也越快。

其次，行业特征是影响技术溢出的重要因素。尽管较多研究认为行业技术差距是影响技术溢出的重要因素，但是，其研究结果却存在较大差异，Wang 和 Blomström（1992）的研究表明，FDI 技术溢出是内外资企业间技术差距的增函数。而 Imbriani 和 Reganati（1997）对意大利的研究表明，技术溢出与内外资企业间技术差距成反比。Kokko（1994）利用墨西哥的数据进行研究，发现当技术差距较小时，技术溢出较为明显，而当技术差距较大时，技术溢出则不明显。Perez（1997）模型分析指出，技术差距和技术溢出之间呈现出非线性的关系，适度的技术差距有利于技术溢出的发生，差距过大或者过小都不利，技术差距和技术溢出效应之间呈现倒 U 型的关系。其他学者也纷纷对各国进行了这方面的研究，结论并不统一。此外，所处行业的资本密集度、知识密集度也对外资的技术溢出效应产生影响，Kokko（1994）采用"专利付费水平"和"资本密集程度"对企业进行分组，发现只有在付费水平低和资本密集度低的组别中，技术溢出是显著的；产业集聚也是影响技术溢出发生的重要因素，由于劳动力流动具有地域性，距离越远，溢出效应越小（Audretsch & Feldman，1996；Audretsch，1998），区位因素无论是在产业间还是产业内，都影响着技术溢出的效果；同时，市场竞争程度也是能够影响技术溢出效应的重要因素，Girma 等（2001）对英国制造业进行实证分析，发现整体上来看，技术溢出效应并不明显，但在竞争程度高的行业存在正向的技术溢出，并且在竞争程度高的行业里，技术差距越大，溢出效应越小。

再次，本土企业自身的因素也会影响技术溢出效应。如李善民等（2014）利用中国高科技行业的数据，研究发现本土企业通过增加研发投入提升自身的吸收能力，可以更好地获得技术溢出。Li 等（2001）利用中国 1995 年工业普查数据，对不同所有制企业进行实证分析，发现国有企业获得了正向的技术溢出，自身的技术水平得到了提升。而集体企业和私营企业获得的溢出效应则为负；但 Buckleyet 等（2002）研究却得到中国集体企业获得的溢出效应较大。

最后，技术溢出效应也会受到外资行为决策的影响。从市场层面来说，Reuber（1975）、Kokko 等（1996）以及 Javorcik（2004）的研究均指出，市场导向型的外资企业更注重满足本地消费者需求，也会和本地企业更多进行联系，技术溢出效应也更明显。而出口导向型的外资企业则较少与本地企业发生联系。从技术层面来说，技术利用性的外资企业往往拥有更高的技术水平，也能够产生技术溢出效应，而技术需求型的外资企业则较难产生（Driffield et al.，2002）。

综上所述，尽管学者们已经对 FDI 技术溢出效应进行了较多研究并取得了重要成果，但是却存在以下可以进一步拓展研究之处。第一，尽管目前已有研究开始专门关注外资并购在东道国是否存在技术溢出效应，但是，哪些因素会影响外资并购技术溢出效应的发挥仍缺乏系统的研究，目前已有的研究均关注绿地投资或者 FDI 技术溢出效应影响因素。第二，已有的研究多从行业或者宏观层面，构建理论模型或采用大样本实证检验方法，来关注 FDI 技术溢出效应影响因素，无法具体而深入地区分外资进入所带来的技术溢出效应与由于外资进入带来本行业自身技术水平的提升（Bertrand & Zuniga，2006；冷民，2005）。第三，正是由于研究对象或目标的差异导致各研究对外资并购技术溢出效应及其影响因素研究结果的差异，因此，将西方学者的研究结果直接应用到中国范式中肯定存在问题，亟需进一步拓展在中国情境下技术溢出效应影响因素的研究。鉴于此，本节将从微观企业层面，采用比较案例分析的方法，以近期中国典型的外资并购事件企业为研究对象，对影响外资并购技术溢出效应的因素展开实证分析。预期本节的研究发现可为促进外资并购后在我国技术溢出效应的充分发挥提供更有针对性和可行性的政策建议。

三、外资并购技术溢出效应影响因素分析框架

结合前文所述，本节总结了外资并购技术溢出效应影响因素的模型。外资企业在并购了本土企业之后，会对本土企业提供技术支持，而技术支持的效果受到众多因素影响，包括东道国因素、行业因素、外资企业的因素以及本土企业自身的因素。这些因素并非完全独立，而是相互交叉结合，共同作用。本节的研究中，将控制住一些外部因素，主要考察外资并购的动因、国别差异，所处行业的技术差距，及目标企业所有制对外资并购中技术溢出的影响（图 4 - 5）。

根据 Yin（1989）的观点，案例研究必须以理论框架为基础，本节将结合外资并购的特征，构建一个以外资技术溢出路径为导向的分析框架，将主要影响外资并购技术溢出效应的因素联系起来，并将其应用到后续 10 个外资并购案例的分析中去（Yan & Gary，1994）。

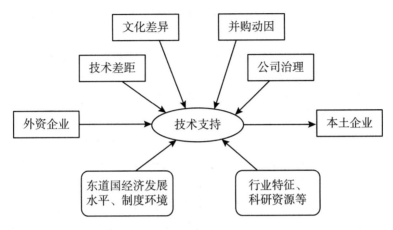

图 4 - 5　外资技术溢出路径分析框架

在引进外资过程中，促进外资技术溢出效应发挥的最终目的是提升企业技术水平和自主创新能力。对于技术水平需要追赶的国家而言，引进外资走的是"二次创新"之路，即在技术引进的基础上，囿于已有技术范式，并沿既定技术轨迹而发展的技术创新（吴晓波，2003）。由于技术引进是国际 R&D 的一个重要溢出渠道，可使得本土企业研发人员通过对技术的学习迸发出技术灵感，从而有助于他们接近技术前沿（Grossman & Helpman，1991；Connolly，Alvarez et al. & Almeida，2000；Alvarez & Robertson，2004；Almeida & Fernandes，2006），最终提升一个国家的创新能力。同时，还降低了创新成本，缩短了技术进步时间（张思民，2000）。但是，在实践中，不同国家、不同产业、不同企业却是走了不同路径。

尽管不管采用什么方式，技术引进的初衷都是提升目标企业、相关产业甚至东道国的技术水平，但在实践中，却走入了不同路径。其中，日本通过"引进—吸收—创新"道路取得了长足的技术进步，而韩国则以"引进—模仿—改进—创新"为技术发展模式（刘勇和雷平，2008；张思民，2000）。改革开放以来，浙江企业的创新之路就非常有特点，从最初的仿制或者小规模改动到引进技术与人才，再到后来合作研发，逐步走出一条有自己特色的自主创新之路（蒋泰维，段姗，宁建荣，2009）；毛蕴诗和戴勇（2006）以格兰仕为例，对新兴经济的企业自主创新路径研究发现，从 OEM 到 ODM 再到 OBM 的路径其实就是引进、消化吸收、模仿到自主创新的过程，也是一个技术积累和技术学习的过程。财政部科研所调研组（2008）调研认为，奇瑞之所以能成为当今中国汽车企业自主创新的标杆，主要是因为抓住战略机遇，发挥后发优势，由"抄"到"超"，从制造走向创造，走出了一条非同寻常的自主创新之路。由此可见，从东道国而言，技术成长表现为一个不断进化的过程，大致遵循后发国家技术成长路径为"引进成熟技术—消化吸收—产品创新"（Linsukim，1997）。

在此技术创新路径中，技术学习的过程对于后进者提升其技术基础并实现追赶目标尤为重要（Liu & Zou，2008）。跨国公司在技术转让时，必然会有所提防，希求以市场换技术的国家很难获得核心技术（吕政，2010；冷民，2005）。此时，技术能力的引进也并不等于同时获得了创新能力，如果无法好好利用技术学习过程，从而形成对国外技术的过分依赖，不利于提升本土企业的创新绩效，进而步入"引进—落后—再引进—再落后"的恶性循环中（Aggarwal & Deregulation，2000；Liu & Zou，2008；冷民，2005）。

根据上述讨论，在分析外资并购对东道国技术溢出效应影响时，可以将外资并购过程与技术溢出路径结合起来，分阶段分析影响外资并购技术溢出效应的重要因素，这也与企业经营管理实践保持一致。在分析中，首先必须强调两点：首先是从微观目标企业层面来分析影响外资并购技术溢出效应的因素。技术溢出效应是一个既涉及宏观（东道国技术水平提升），又涉及中观（产业技术水平提升），同时涉及微观（目标企业和竞争企业技术水平提升）的多层次结果；外资并购则是一个企业微观层面的战略决策结果。本节仅关注如何从微观企业层面，或从目标公司视角，如何协调和控制外资并购过程，从外资股东选择，到并购交易以及并购后的整合，来促进外资并购后技术溢出效应的发挥。对于技术溢出对于竞争对手的影响、产业或者宏观层面的影响，不纳入本节分析的范畴。其次必须强调的是，本节关注的是影响外资并购技术溢出效应的因素而非技术溢出效应本身，这是因为，只有很好地控制和协调好影响技术溢出的各个因素，才可能实现技术溢出。因此，在后文的案例分析中，我们将主要根据第三层次的外资并购过程，从目标企业层面，探讨可能影响技术溢出效应的因素。

四、外资并购技术溢出效应多案例实证分析

（一）研究方法和研究对象

1. 多案例研究方法

已有的研究或采用理论模型或采用大样本实证检验的方法来分析 FDI 技术溢

出效应的影响因素，而本节将从微观层面，采用多案例研究的方法。案例研究的方法可以在一定程度上弥补金融经济研究中普遍采用的大样本研究的不足，对于理解中国上市公司的兼并收购等问题或许能产生新的贡献（叶康涛，2006）。同时，由于单一案例的局限性问题（Eisenhardt，1989），对单一案例研究倚重过高，会在某种程度上降低案例研究结论的普适性。鉴于此，本节将采用多案例比较研究方法，从多个案例推导出的结论往往被认为更具有说服力，更能经得起推敲（Herriott & Firestone，1983；李飞等，2009）。多案例研究遵循复制的法则，即通过对某个或某几个案例研究取得有价值的发现后，接着进行更多案例的相同研究，以分析确认初次发现的真实性和可靠性，并且期间可进行一定的问题调整（李飞等，2009）。

2. 样本选择与资料获取

在案例选择时，首先从清科数据库中将 2000 年至 2013 年所有重要外资并购事件列出，在课题组专家讨论，并考虑行业分布、在国内的影响力等的基础上，选择了 22 起近期典型的外资并购案例进行初步研究（表 4 - 14）。这 22 起外资并购最早发生在 2004 年，最晚在 2012 年，绝大多数为制造业企业，还包括金融业两起外资并购案例。

表 4 - 14　　　　　　　　　典型外资并购案例

序号	案例	股权转让时间	备注
1	米塔尔并购华菱管线	2005	钢铁首例外资并购案
2	德国 FAG 收购西北轴承	2002	合资，典型"合资—亏损—独资"案例
3	卡特彼勒收购山工机械	2005	
4	嘉士伯啤酒并购重庆啤酒	2010	区域性啤酒巨头
5	帝亚吉欧并购水井坊	2012	知名品牌
6	SEB 并购苏泊尔	2007	引发我国首次反垄断审查
7	凯雷集团收购徐工集团	2008	失败
8	新桥投资入主深发展	2004	商业银行第一起外资并购
9	花旗"借道"广发	2006	
10	高盛集团收购双汇发展	2006	外资并购前目标公司为国有；实则 MBO
11	可口可乐收购汇源果汁	2009	根据《反垄断法》否决
12	赛若菲 - 安万特收购 BMP 太阳石	2010	2010 年中国最大的医药企业并购交易，也是跨国兼并收购如何创造协同效应与价值的最佳案例之一

续表

序号	案例	股权转让时间	备注
13	安海斯－布希收购青岛啤酒案例	2008	我国最早啤酒生产企业；知名品牌
14	豪西蒙收购华新水泥	2008	国内水泥行业最大的外资收购案
15	三星康宁收购赛格三星	2004	首例由外资公司受让上市公司国有股权并实现控股的案例
16	奈科明收购天普生化	2010	中国医药市场最大的交易案之一
17	达能收购娃哈哈	2009	中国境内爆发了一场中国最大的饮料生产企业娃哈哈集团与欧洲第三大跨国食品集团法国达能集团之间，以法律为工具的企业经营控制权的争夺战争；娃哈哈反收购成功
18	拉法基并购四川双马	2007	拉法基此举并购双马，使其在西南市场上站稳了脚跟，是外资水泥企业进入中国市场的典型案例
19	雀巢收购徐福记	2011	无
20	德国拜耳收购东盛科技	2008	无
21	阿尔斯通收购武汉锅炉	2007	无
22	葛兰素史克收购南京美瑞	2011	美瑞为外资企业

在此基础上，课题组进行了案例资料采集和样本进一步筛选工作。遵循中国式企业管理基础研究项目的整体要求，我们选择二手资料收集和一手资料采集两种方法（李飞等，2009）。首先，通过二手资料的收集，形成各公司外资并购事件分析初稿。二手资料收集方法主要包括：金融经济数据库关于外资并购案例的数据及信息资料；目标公司所处行业研究报告；目标公司若为上市公司，则通过相关网站获取公司发展历程、重要事件、外资并购相关披露以及后续经营等状况所有重要公告、年度报告；通过搜索引擎获取关于各公司外资并购事件相关的新闻报道、评论资料。

其次，在外资并购案例分析初稿基础上，进一步提炼出实地调研和访谈提纲。与此同时，课题组进行了相关人员配置，形成多个调研小组，每个小组包括由教授或副教授、博士、硕士组成的至少4名以上成员。在小组成员对所负责案例调研提纲讨论修改的基础上，课题组进一步对访谈提纲进行审阅，进行最终修订，并与目标企业联系，确定实地调研事项。需要说明的是，由于本节的研究从属于"外资并购与产业安全研究"课题，因此，访谈的内容并不仅仅涉及外资并购对技术创新的影响，还包括对品牌、公司治理等方面的影响，但是，技术是我们调研过程中关注的重要方面。

再次，在2013年1月至2014年3月期间，各小组对所负责的案例进行了实地调研，并获取一手资料，具体包括：与参与或了解外资并购事件的主要人员，如公司董事长或总裁、董秘、负责研发或技术部门的副总裁等进行访谈，在征得对方同意后全程录音，并对相关录音资料整理；参观企业生产车间、研发部门，了解相关流程，并获取相关内部资料；对参与或了解目标企业外资并购的所属国资主管部门工作人员进行访谈，从另一个视角获取相关资料予以佐证。历次访谈时间均在3小时左右，同时，在后续参观过程中会与企业生产、研发一线人员进行持续交流。

最后，在获取实地调研资料的基础上，进一步修改、完善外资并购案例初稿。根据案例研究报告和访谈记录，以"技术"和"创新""研发"为关键词，进行检索，对包括这些关键词的案例进行进一步阅读分析，并筛选出技术创新是外资并购重要影响的9起案例，将其作为本节的研究对象。表4-15列出了这9起案例的外资并购概况以及调研活动具体情况。

表4-15　　　　　　　　外资并购案例分析报告汇总

编号	案例名称	技术溢出表现	关键词
1	三星康宁收购赛格三星	尽管并购给赛格三星在管理、生产方面带来了提升，但赛格三星高级管理层由三星康宁把持，掌控核心技术，限制技术溢出；以致在三星康宁撤资后，中方缺乏新的技术支持生产，遭受市场重击。	所有制、国别文化、收购动因，技术差距
2	AB收购青岛啤酒	AB和青啤技术交流频繁，AB协助青啤进行技术人员定期培训，通过研发解决了啤酒不同地区"口味一致性"难题；和朝日的合作却未能得到太多深入。	国别文化、技术差距
3	豪西蒙收购华新水泥	外资对华新的资金和技术支持，促进了其由传统水泥向新型干法水泥的转型；并为华新在城市垃圾处理、环保技术方面提供支持。	国别文化、技术差距

续表

编号	案例名称	技术溢出表现	关键词
4	阿尔斯通收购武汉锅炉	尽管并购前阿尔斯通表示入主武锅将会提升武锅的核心技术和管理水平，但在并购后"武汉锅炉"已逐渐消失，企业原有的研发不复存在，通过阿尔斯通技术转让进行生产，成为生产基地。	收购动因、技术差距
5	德国 FAG 收购西北轴承	FAG 首先与西北轴承合资建立富安捷公司，通过"合资—斩首—独资"方式，把合资公司变成生产基地；而西北轴承只能沦为合资公司的零部件供应商，从事上游产业的低端业务。 尽管协议中规定 FAG 以资金和技术投资，但"事实是技术还是在对方手中，我们还是拿不到的，只是做出来的产品是否合格会告诉我们，图纸是不会给我们的，技术提高也仅限于合资厂，西轴本身没有直接受益"。	收购动因
6	奈科明收购天普生化	外资进入后，天普请到奈科明的研发队伍过来，把国外的一些先进的力量引进来了。同时，天普纳入到奈科明全球研发体系，通过与其他企业和研发机构的合作，不仅带来本企业的发展，还促进了其他企业和研发机构发展，提高了它们自主创新能力。	收购动因、技术差距
7	雀巢收购徐福记	雀巢收购徐福记后在徐福记建立了糖果研发中心；同时，雇佣当地科技人员参与研发可大大降低成本；徐福记产品的不断创新改进对行业形成示范效应，促进其他企业的模仿、改进、创新。	收购动因、技术差距
8	赛若菲-安万特收购 BMP 太阳石	太阳石被收购后研发被纳入跨国公司全球研发体系，自身只做应用型研发；但是，出于人力成本的考虑，跨国药企倾向于利用东道国本地研发人员。	技术差距
9	拉法基并购四川双马	收购后拉法基对江油的工厂进行产能改造，将落后的湿法等逐步淘汰，逐步升级为干法生产线；拉法基对于水泥核心技术无太多改变，但对于混凝土有技术创新，比如超强混凝土、保湿混凝土等，其在重庆有自己的技术中心。	技术差距

（二）实证研究

在上述 9 个外资并购案例分析报告以及实地调研资料基础上，结合前述研究框架，本节从外资并购对技术创新影响视角予以讨论，探寻它们共同的特征，总结出以下影响企业外资并购技术创新和溢出的主要因素：

1. 外资方国别差异的影响

在外资方选择时，所形成的国别差异往往会影响技术溢出效应。从调研的结果来看，三星康宁收购赛格三星、AB 收购青岛啤酒以及豪西蒙收购华新水泥案例分别从不同角度体现了外资国别差异的典型特征。

三星康宁收购赛格三星后，客观上在管理文化、生产等方面给赛格三星带来了改进和提升，但是，调研所获取的信息表明，"三星并没有把关键的技术——产品的研发带到中国，他的研发还在韩国。同时，相关技术的'原始代码'中方并没有学到。管理的'原始代码'是领悟出来的。"赛格三星高管甚至认为，"合作十年，人家的技术没学到，经营管理经验我们掌握的不多，外资锻炼出的人才队伍，最后又被打得四分五裂。我们张厂长有句话叫埋头拉车十年，抬头路不见了。三星培养出一个非常好的经营管理队伍，严格经营管理团队，但是随着公司的转让，整个团队全部散掉了。"究其原因，在调研中我们也了解到，韩国三星康宁关于公司的所有重要决策都在集团公司内部协商，并在重要部门对中方形成防备，"他每周二下午都有一个全球的生产调度会。通过电话会议，中方的管理人员都要参加。他这个会议听你也听不懂，全部讲韩语……"。（编号 1）

青岛啤酒在 AB 入股后和后来朝日啤酒入股后同时面临了文化特征差异巨大的两类外资方。AB 入股青岛啤酒后，对青啤产生了全面而深入的影响，"百威把在全球的一些成熟的管理经验、技术无偿提供给青啤。""技术上的交流非常频繁。他们总部在圣路易斯，我们每年都有一批技术人员到他们工厂培训。"但对于和朝日的合作，青啤方面的评价则为"小家子气"，并没有为青啤带去许多帮助。（编号 2）

尽管豪西蒙在 2008 年成为华新的第一大股东，华新的生产经营、研发仍由国内团队主导。作为全球领先的水泥企业，豪西蒙则在生产管理模式、研发技术、环境保护、资源有效利用方面提供全面的支持。对华新高管的访谈为此提供了有效支持，"研发这块还是华新自己在做。豪西蒙那边就一个副总主管社会责任"。"给我们带来技术上的一些理念，对我们的影响可能是无形的，但是实际上对企业的提升会变成有形的。"（编号 3）

综上所述，不同国家的跨国公司具有不同的文化特征，和中国本土企业的文化差异不同，并购后融合协作的程度也不同，便出现了中资企业在被收购后技术发展的巨大差异。有些地域的文化较为开放，也更乐于向收购的公司传播自己的技术、经营理念等。有些地域的文化则较为保守，谨慎向目标公司分享自己的成果。中国企业在选择外资合作伙伴的时候，应当充分考察不同文化的碰撞是否能够产生正向作用，应更多选择能够同自身产生互补提升作用的合作伙伴。

2. 外资方收购动因的影响

外资方收购动因的不同也是影响并购后技术溢出的重要原因。阿尔斯通在入主武汉锅炉后，对原有品牌进行了替代，武汉锅炉原有的研发不复存在，企业研发支出为零，被纳入了阿尔斯通全球研发体系。通过技术转让的方式获取生产技术，这引起原有大股东的不满。最终，武锅以市场换技术失败，丢失了原有的市场和品牌，还导致双方互相诟病。究其原因，一个重要的方面即是阿尔斯通一开始就只打算将武汉锅炉作为生产基地。对相关资料的研究表明，阿尔斯通需要一个火力发电的生产基地，主攻亚洲和东南亚市场；在相关协议中也表示，要将武汉锅炉建设成为阿尔斯通在全球的专用锅炉生产基地。虽然阿尔斯通承诺使武锅最终实现年产量35%用于出口的目标，并为武锅提供国际销售渠道支持，但改变不了将武锅作为生产基地、加工厂的定位。（编号4）

这一现象同样被赛格三星案例所复制。中方引进三星康宁的主要目的是"想把三星康宁当时的显像管玻壳生产技术和经营管理经验完全引进"。但在当时，由于大陆具有良好的制造业基础和廉价的、具有较高素质的劳动力，韩国的电子制造企业有向中国大陆转移的趋势。在此背景下，与阿尔斯通一样，无法排除三星仅仅将赛格三星作为生产基地的目的。这在事后的调研中也得到更为直接的证实，"三星康宁的收购动机，我觉得非常简单，就是寻求在海外建立一个他的加工厂。他没有把赛格三星当作一个上市公司来运作，而是把赛格三星纯粹当作生产车间。三星的销售、采购，几乎都是在国外，赛格三星仅负责生产，完全是工厂化的管理，而三星康宁仅仅做一个指导工作。"（编号1）

同样，在德国 FAG 收购西北轴承案例中，也有类似的问题。"外资过来就是要拿市场，拿资质，不投入，反而加大成本，派人来把你了解透，然后全部吃掉。""2005 年来，西轴想自己再干，一直在跟铁道部重新申请该资质（铁路轴承资质），未果。同时合资合同中也规定，FAG 不许在宁夏境内有两个铁路轴承供应商存在。现在铁道路又把这部分交给第三方去认证，更加困难。"合资的失败，也导致西北轴承失去了自己的品牌和技术，沦为德资的加工厂。（编号5）

与上述三个案例的收购动因不一样，奈科明收购天普生化、雀巢收购徐福记两个案例则从另一个角度证明了动因对技术溢出效应的影响。天普生化和徐福记在外资进入后均在技术创新方面获得了外方的支持，得到较好提升。天普生化在被外资并购后，不仅通过向奈科明学习，自身企业技术水平得到有效提升，同时，进一步强化了合作研究理念，利用奈科明的全球研发网络关系，加强与当地企业和研发机构合作，有效地促进了技术溢出。这可能与奈科明"希望可在短时间内通过天普的研发来使其生物制品领域得到发展"有关。因此，进一步推动天普生化的研发对于奈科明战略目标的实现具有重要意义。通过促进其与社会专门研发机构的合作，一方面可以最有效地利用社会研发资源促进企业发展，另一方面，可以有效降低医药行业研发成本占比过高、研发风险较大的问题，快速、有效地实现其战略目标。（编号6）

雀巢对徐福记的收购动因之一为完善雀巢在中国的产品生产线，虽然雀巢是全世界最大的食品公司，但其在中国做得比较好的产品主要是咖啡和奶粉，糖果产品等相对薄弱。通过此次收购，雀巢在稳定自身主营业务的同时，可以进行产品多元化，完善产品线。因此，为了促进徐福记在本地市场更好地发展，雀巢在东莞建立糖果研发中心。对徐福记的访谈了解到，"雀巢的研发团队还是中国人多。另外整个研发团队本土化很强。"同时，雀巢收购徐福记也促进了本地竞争企业的进步，"对于本地企业，在面对更加强大的徐福记和雀巢的时候，可能会加快自身前进的步伐。如果本地企业当前能力不足的话，就是模仿，而这种模仿本身就是一种进步"，从而在人力资源和对竞争企业的示范效应视角，形成了更为广泛的技术溢出。（编号7）

综上所述，外资方收购的动因是影响技术溢出效应的重要因素。本土企业在选择合作伙伴时，单纯表达自己的诉求不够，还需要全面考察对方的动因。在签订合约时，也应仔细考量每一个条款，确保自身的利益，防止被收购后沦为单纯的加工厂。

3. 目标公司所有制的影响

目标公司所有制对外资并购的技术溢出也会产生重要影响。在三星康宁收购赛格三星案例中，尽管技术溢出甚微，但对赛格三星生产工艺等带来了改进，对人力资源也起到了提升作用，原赛格三星高管认为，"从一线工人到管理层，收购改变了这个中国企业的基因。在我们赛格三星工作五年以上的工人，到任何没有合资背景的工厂里面，都可以当厂长，很优秀。合资结束后的失败主要是自身的原因，但自身的原因就复杂了。"（编号1）

其一，是国企领导任期的影响，"当时国有企业还有一个，主要领导者任职时间太短。像我们这个行业非常特殊，技术开发成本极高、技术开发周期很长，我们想把这个产业建立起来，三星也想发展这个产业……"，领导较短任期与行业发展的长期性形成矛盾，使得企业无法从战略角度来进行决策，无法系统地加强技术消化、吸收，形成长期利益。（编号1）

其二，国企经营管理制度的不完善，导致三星康宁退出后，企业也如一盘散沙，无以维系。在三星康宁退出赛格三星之后，正如赛格三星原高管所表述的，"未能把学到的东西留作他用，我们的集团、国资委也没有（将学到的东西和人力资源留下）。所以干完后（三星退出后）基本是各找各的事干。……这些人，包括在我那里的基本都消失了"。体制的原因导致已学到的工艺和已获提升的人力资源未能很好保留，同时，受行业限制，这些人力资源多流向其他行业，未能人尽其用，"国家当时如果愿意，把这个团队维持住、转型、继续干，那么在这个基础上是有可能的。现在这个队伍没有了，平台都散了，产业积累实际上又归零了，又重新积累了"，进一步弱化了外资并购的技术溢出。（编号 1）

由于大陆的特殊环境，不同所有制企业共存。在和外资方合作过程中，不同所有制企业表现出不同的应对。部分原国有企业，因为在收购谈判过程中政府介入过多，并非完全市场化的决策，导致后续合作过程中出现许多问题。同时也有一部分国有企业在和外资方合作过程中表现得良好，这多与公司细致的考察和市场化决策有关。

4. 目标公司与外资方技术水平差距

调研结果表明，目标公司与外资方技术水平的差距也是影响外资并购技术溢出的重要因素。太阳石公司是一家 OTC 公司，在外资入股之前，已是儿童用药领域第一块牌子。太阳石坚持自主开发、与高等院校、科研部门合作开发并重，积极引进消化吸收国内外研究成果。从行业角度来看，中国医药工业作为中国最早实行对外开放政策的工业之一，行业技术水平的提升以及研发人力资本的积累也为外资并购后技术溢出提供了基础。在被赛若菲－安万特收购后，虽然企业研发被纳入了跨国公司研发体系，但是由于企业、产业研发基础较好，加上研发人员人力资本成本相对较低，跨国公司会选择把研发中心建在东道国，加强与当地研究机构、高等院校合作，从而有利于进一步促进外资并购后的技术溢出。与太阳石一样，作为医药企业的天普生化在并购前也具有较强的研发能力。同样受益于医药行业本身较好的技术、研发人员人力资本积累，虽然被外资并购后，天普生化也被纳入了奈科明全球研发体系，但同时也不断加强与当地研发机构合作，在更广泛范围内实现了技术溢出。（编号 6 & 8）

从食品制造业的雀巢收购徐福记以及 AB 收购青岛啤酒来看，尽管食品行业整体技术含量不如医药行业，但是徐福记和青岛啤酒自身良好的研发基础也促成了他们和跨国公司研发体系的有效对接，为其迅速学习、吸收外资方的研发技术奠定了基础。（编号 2 & 7）

从拉法基并购四川双马案例中，尽管由于"水泥的技术已经很成熟，国内外差别不大（就是干法、湿法、半干法）很多国内企业比拉法基做的好"从而导致水泥行业本身无法形成较强的技术溢出效应。但是在另一水泥行业的收购案例

中，华新水泥在水泥协同处理、环保产业等方面有效地实现了同豪西蒙的技术合作。（编号 9 & 3）

相反，对比阿尔斯通收购武汉锅炉的案例我们发现，由于"我国国内所有锅炉技术都来源于国外"，"中国 40% 的电站锅炉技术是由阿尔斯通提供"，中外双方技术水平的差距过大导致双方无法在平等的基础上展开技术合作，甚至导致日后中方研发机构逐步被取消的尴尬局面，无法形成有效技术溢出。（编号 4）

技术提升的需求往往是本土企业寻求外资合作伙伴的关键因素，但是被收购后能否获得技术提升却是不尽相同。本土企业与外资企业之间已存的技术差距是影响技术溢出的重要因素。差距过大或者过小都不适合技术溢出的发生。在双方的技术差距适中的情况下，本土企业具有足够的吸收能力，外资企业具有传递先进技术的能力，从而技术溢出较易发生。

五、进一步讨论

（一）影响外资并购技术溢出因素的进一步讨论

1. 关于对外资并购技术溢出效应的讨论

根据上述对各案例技术溢出效应的分析，我们可以发现，现阶段外资并购在我国的溢出效应体现为以下几个层面：（1）跨国公司直接向本国供应商提供技术和生产方面的培训，或者指导、协助本地企业进行技术研发，从而促进了当地企业研发能力提升和生产效率提高。这是外资并购技术溢出的最主要方面；（2）外资并购后水平联动所产生的竞争效应、示范模仿效应、人力资本培训流动效应。如在雀巢收购徐福记后，徐福记产品的不断更新对行业其他企业形成示范和竞争效应，给其他企业技术工艺进步带来积极影响。这与 FDI 所形成的技术溢出效应基本大体一致。此外，通过对制药企业外资并购技术溢出效应的影响研究还发现，在本地企业被外资收购后，会将企业研发纳入企业研发体系，通过促进企业与当地研发机构、高等院校的合作，不仅为企业提供了最新的应用技术，也有效促进了我国相关技术研究水平的提升。

2. 关于外资并购技术溢出影响因素与技术溢出路径

从企业层面来看，与以往对 FDI 技术溢出效应影响因素不一样，我们对外资并购的技术溢出效应影响因素的研究发现，外资方国别差异是重要的影响因素。不同的出资国难免会将自身的文化特征带到了目标企业（赵龙凯等，2014），在三星康宁收购赛格三星以及朝日啤酒在 AB 退出后入资青岛啤酒案例中，我们可以发现，相对保守的亚洲文化特征对并购后的技术溢出形成了一定的抑制效应。

相反，AB 在入资青岛啤酒后以及豪西蒙在收购华新水泥后外资方积极促进双方技术交流，而 AB 和豪西蒙是典型的欧美文化的代表。相对而言，开放度较高的欧美文化有助于促进并购后的技术溢出。当然，从案例我们还可以发现，国别差异并非直接影响技术溢出，而是先通过影响其他因素，再作用于技术溢出。比如，在这些案例中，均是体现为是否进行系统的技术人员培训、是否进行有效的研发或技术交流等。

　　同时，与已发现的影响 FDI 技术溢出的因素一样，对外资并购的研究同样发现外资并购的动因、目标公司的所有制以及中外技术水平差距会对其技术溢出产生影响。与 Reuber（1975）、Kokko 等（1996），以及 Javorcik（2004）在大样本研究中，通过区分不同市场导向来分析外资并购动因差异对 FDI 技术溢出的影响存在不一样，由案例可见，外资并购的动因差异主要体现为外资方是否通过目标公司来扩大其制造和生产能力，如在武汉锅炉和赛格三星案例中，外资方对目标企业成为生产或制造基地的预期抑制了其对目标企业的技术溢出。同样，在所有制因素方面，与 Li 等（2001）发现国有企业可以获得正向的技术溢出不一样，本节对在对三星康宁收购赛格三星案例研究后发现，国有企业的一些弊端如领导任期的短期化、企业管理制度建设的不完善均弱化了外资所形成的技术溢出效应。当然，并非所有的国有企业都存在这样的问题，如华新水泥在外资并购后较好的融合反而进一步提升了技术水平，但是，国有企业所存在的弊端确实对外资并购的技术溢出形成了抑制。在技术水平差距对技术溢出效应所形成的影响方面，本节的研究发现从另外一个视角为李善民等（2014）的研究提供了支持，他们利用中国高科技行业 FDI 数据进行大样本实证研究发现，本土企业增加研发可以获得更好的技术溢出。从外资并购的视角来看，如果目标企业或所在行业具有较好的研发基础，如华新水泥、太阳石、天普生化等企业，有助于获得更大的技术溢出。

　　在上述影响因素中，国别的差异和外资并购动因的影响主要体现为并购过程中对外资方的选择层面，即技术引进对技术溢出路径的影响；而所有制因素以及并购双方技术差距因素的影响则会更多体现在并购后的整合层面，对技术溢出路径中的消化、吸收以及推动创新环节产生影响。

　　当然这些因素也不是互相孤立的，一方面，外资方选择的不善不仅在引进阶段存在问题，还对后续的整合带来较大障碍，从而影响对技术的消化、吸收；另一方面，对于外资并购后的目标企业而言，企业或所在行业所获得的技术溢出效应往往是多种因素共同作用的结果，如三星康宁收购赛格三星案例，所有制、国别差异以及技术差距共同成为了外资并购后技术溢出效应较低的原因。

　　但是，综合各案例比较分析结果我们认为，并购双方技术水平差距是影响外资并购技术溢出效应的最重要因素。在东道国企业或行业技术水平与外资方差距较小，或者东道国具有跨国企业研发所需科技资源时，跨国公司通过全球化的研发体系，加强与当地企业、研究机构或高校的合作进行研发，更多地在东道国进行基础研究，有利于技术的扩散和本土企业的学习，这种研发将使得技术溢出更为活跃，有利于提升东道国整体的科技实力（Shimizutania & Todo，2008）。

（二）关于外资并购与绿地投资

绿地 FDI 是指在东道国建立新的生产设施，如办公室、厂房、机器设备等固定资产，以及一些无形资产（主要指服务）。跨国并购是指跨国公司部分或全部接管或兼并已经存在的当地企业的资产和负债（World Investment Report，2006；Liu & Zou，2008）。由于技术溢出来源的不同，外资并购和绿地 FDI 给当地带来的技术溢出效应必然存在差异（Liu & Zou，2008）。相对于绿地 FDI 而言，外资并购一个已经存在的本土企业必然比新建企业有更强的供应链联结，从而使得其可在短期内给当地供应商带来创新激励，形成更快的行业间技术溢出效应（Liu & Zou，2008）；相对而言，在一些高科技行业，外资企业则会选择通过新建全资子公司来保护产权，从而限制技术溢出（Liu & Zou，2008）。同时，成为外资并购目标公司的企业相对于本地其他企业具有更好地承担创新活动的能力（Liu & Zou，2008），从而有效促进跨国公司的技术知识将在各分部或者不同区域市场之间进行转移（Belderbos，2001；Harzing，2002）。

但是，外资并购能否带来更快、更高效的技术溢出也受制于多个因素。首先是外资并购的动因。外资并购的目的可能是由于东道国的成本优势、快速进入当地市场或者获取某国特定的资产等（Helpman，2006；Liu & Zou，2008）。如何将本地企业对技术的需求与外资并购的动因有效结合起来，是引进外资股东必须首先考虑的因素。其次是并购交易后的整合。尽管 Stiebale 和 Reize（2011）以及 Roller 等（2001）等均认为并购可通过发挥协同效应的发挥提高研发效率，提升研发水平和进一步促进创新，但是，并购后的整合也存在风险，整合失败则可能使得技术溢出的可能性大大降低甚至为零。

六、小结

本节采用比较案例研究的方法，以近期我国典型的外资并购为例，从微观层面对外资并购技术溢出影响因素进行了实证研究。本节的研究结果表明，现阶段，不同企业、不同产业的外资并购所形成的技术溢出效应主要受到外资国别、外资并购动因、目标公司所有制以及中外双方技术水平差异的影响。结合 FDI 技术溢出路径，本节进一步分析发现，这些因素相互影响，共同作用于外资并购技术溢出过程，其中，中外双方技术溢出水平差异对外资并购技术溢出效应的影响最为突出。

与跨国并购成为 FDI 主导方式的国际发展趋势保持一致，随着我国资本市场改革开放的进一步放宽，并购也逐步成为外资进入我国的主要模式。作为发展中国家，促进企业和行业的技术发展和科技创新对于提升我国企业、产业甚至国家经济的发展具有重要意义，因此，在引进外资的同时，尤其应重视外资的技术溢出效应。为促进外资并购后技术溢出效应的充分发挥，根据本节的研究发现，首先，必须从外资合作方选择开始，慎防外资仅仅通过并购将我国企业作为制造工厂的做法，同时，在并购前应加强对外资方文化的考察，避免为引进外资而引进外资的做法，可通过细致、严密的协议、条款设计和谈判，将技术引进纳入进去，为促进技术溢出效应发挥提供前提；其次，对本地企业而言，则应完善现代企业制度建设，建立建设完善的创新机制，提升自身的研发水平和能力，并为技术吸收、消化奠定良好的技术基础和提供完善的制度保障。

本节采用比较案例的方法开展研究，尽管遵循了严格的复制程序，但是不可避免案例具有一定的特殊性，本节的研究结论是否具有普遍意义，仍需要更多的研究予以证实，同时，也可通过大样本实证检验予以进一步论证。

第五节　本　章　小　结

本章从宏观和微观两个层面，研究外资并购对东道国技术创新的影响。首先，从产业层面分析了外资的进入是否存在技术溢出效应，实证结果发现，外资企业对内资企业存在技术溢出效应，但是内资企业却无法形成对外资的技术溢出效应；同时，研究表明，在外资企业研发量一定的情况下，内资企业可以通过增加自身研发量从而提升自身对外资技术溢出的吸收能力。本章还分析目标公司被并购前后三年的科技创新指标变化，并与未被并购的对照组公司样本比较，发现外资并购事件能够显著促进目标公司的科技研发人员数量增加，但是，这并不能证明由此增加的科技研发人员数量比样本公司增加更多；同时，我们的实证研究还发现，外资并购事件对目标公司所属行业的其他竞争者的所有科技创新指标都有显著的促进作用，即外资入境并购通过刺激目标公司所在行业的竞争者产生推动行业内科技创新。

从微观层面，我们主要采用深度案例研究的方法，对近期典型外资并购的多案例分析结果发现，不同目标企业在外资并购后企业技术创新状况存在显著差异，一些企业因此技术水平得到提升，但是一些企业却因此丧失原有的技术创新能力。现阶段，不同企业、不同产业的外资并购所形成的技术溢出效应主要受到外资国别、外资并购动因、目标公司所有制以及中外双方技术水平差异的影响；这些因素相互影响，共同作用于外资并购技术溢出过程，其中，中外双方技术溢出水平差异对外资并购技术溢出效应的影响最为突出。对"成功的外资并购事件"阿尔斯通收购武汉锅炉以及"失败的外资并购事件"凯雷集团试图收购徐工集团的比较分析结果进一步表明，外资并购并不一定能提升企业技术的自主创新能力，反而可能带来其他方面损失，如自主品牌的丧失、对产业内龙头企业的控制甚至可能带来威胁产业安全的担忧等。

综上所述我们可以认为，外资通过并购方式快速收购中国企业，从总体上来看，外资企业所拥有的先进技术对我国目标企业及同行业的竞争企业产生了一定的技术溢出。但是进一步的分析表明，外资所产生的技术溢出和推动效应受到多种因素的干扰，其中，目标公司自身的技术水平是影响其吸收外资技术溢出的主要因素。同时，在外资并购我国企业的过程中，也存在一些恶意并购现象，并给我国目标企业技术创新带来巨大损失。因此，现阶段，我国应在积极引进外资的同时，改变对外资的盲目崇拜，站在平等对话的基础上，按照市场规则与外方签订协议，并确保中方相关目标的实施，并尝试通过其他渠道，如通过建设和完善企业自主创新制度环境，并在全球化的视野下采取多种手段拓展和提升企业自主创新能力和水平。

第五章

外资并购与市场垄断研究

第一节 外资并购对我国市场结构的影响

一、引言

外资并购对市场结构和竞争的影响较为复杂，既可以促进竞争，也可以抑制竞争。若外资收购本地处于困境的企业，则可以促使企业生存和发展，有助于促进市场竞争，反之，若是外资大量收购同一行业大量企业，则可能导致市场垄断，抑制市场竞争，从而形成较大的负面效应和影响。尤其对发展中国家而言，即使跨国公司没有蓄意的反竞争行为，其强大的所有权优势以及并购后与当地企业所有权优势的融合，在一定程度上会使并购活动存在着潜在的反竞争效应。

在短期中，外资并购对市场结构和竞争的影响存在多个方面，一般而言，在短期内不会在东道国产生新的竞争，即维持竞争状况不变；但是，从另一个视角，外资并购也可能导致市场竞争被强化，即如果外资并购中国优质企业，形成强强联合，则会对国内的寡头企业形成有效竞争。此外，外资并购也可能导致竞争弱化局面，如进行收购的企业在购买东道国某个特定市场上的竞争性企业之前，对该市场已有大规模的出口效应；在该市场已建立子公司的外国企业又收购了其他企业，从而获得了占统治地位或垄断地位的市场份额；进行投资的跨国公司收购了以前和它竞争的市场领先企业（杨平，2005）。

从长期来看，外资并购则会对加强市场集中度，对于横向并购尤其如此。但是，市场集中度的提升并不一定意味着降低竞争，也可能提升企业效率、形成规模经济效应。究竟外资并购对市场竞争产生何种影响，还需要综合考虑东道国的经济发展水平、贸易开放程度、当地竞争强度以及外资并购活动所在产业特征（黄日福，2007）。

二、外资并购的垄断倾向与限制竞争

尽管外资并购对市场竞争的影响是多方面的，受诸多外资因素的作用，可能导致不同的结局，但是，其所形成的垄断倾向和限制竞争的负面效应则是最应予以关注。在外资并购中，国外投资方，可能存在一些滥用市场优势的行为，如搭售或附加不合理条件、实施价格歧视、进行掠夺性定价或独家交易以及限制竞争协议行为（杨平，2005）。

在我国外资并购实践中，随着我国对外开放领域的逐步扩大，外国投资者在并购进入中国市场过程中，存在加大并购控股力度等一些典型特征，如西门子对中国境内多家合资企业发力增资，使其旗下 45 家合资公司控股率达到 90%；松下旗下企业全面走向独资道路；荷兰飞利浦在苏飞公司中所占的股份由 51% 增至 80% 等（杨平，2005）。比较我国加入 WTO 前，外资控股比例明显提高，股东排名更加靠前。这种控股并购是跨国公司全面衡量在华投资风险、资源投入、技术保密、企业控制和投资效率等因素后所做出的一种战略选择，也在一定程度上为其垄断中国市场奠定了微观基础（杨平，2005）。同时，外资还通过在行业内的系统化并购，加强行业控制权；通过控制品牌，实现市场控制。

三、外资并购对我国市场结构的影响

适应经济全球化发展的趋势，发展中国家在引进外资并购时面临着两个问题：一是如何吸引外部资本进入本国；二是反垄断、反控制。总体来看，到目前为止前一个问题已经得到了广泛的关注，发展中国家普遍都制定出优惠政策以吸引外资并购，这种趋势正在不断加强。后一个问题则没有引起学术界和政策制定者的高度重视，它在经济全球化进程日益加速的条件下越来越具有紧迫性。

目前，从总体看，跨国公司对我国进行并购投资将有利于市场结构调整，对目前存在过度竞争的产业，外资并购将有助于规避盲目竞争，发挥规模经济效

211

应，进一步提高产业集中度。在过度垄断的行业，外资的进入将有助于增加厂家的数量，减少不合理的产业集群（尹涵龄，2005）。但是，我们同时应该看到，外资积极并购国内企业绝非扶弱济贫，而是在全球化背景下为增强其自身核心竞争力的一种战略性市场行为。因此外资并购也给市场结构带来了一些负面效应（莫晓芳、宋德勇，2007）。

（一） 市场垄断效应

外资控股并购最大的负面效应就在于它可能导致垄断，跨国公司利用资本运营并购国内企业后，凭借其雄厚实力逐步占领较大市场份额，将可能垄断或图谋垄断国内一些产业（莫晓芳、宋德勇，2007）。在垄断的基础上，还可能导致市场竞争秩序遭破坏，以及消费者的福利损失。

（二） 技术边缘化效应

技术竞争是企业竞争的核心，通过并购引进外国投资者的先进技术获取技术溢出效应的空间相对较小。跨国公司一贯依靠技术垄断来实现其对市场不同程度的垄断，而且往往对市场垄断程度越高，就越不愿将技术转移给东道国。所以，如果引导措施不当，外资的大举并购反而可能阻碍我国产业结构升级（莫晓芳、宋德勇，2007）。在实践中，这样的案例也非鲜见，在前一章节中，在外资阿尔斯通并购并控制武汉锅炉后，武汉锅炉越来越依赖外资方的技术转移，企业自身的自主创新几乎沦失。

（三） 就业挤出效应

更具竞争实力的外资往往会选择投资回报率更高的资本密集性行业，甚至通过并购促进劳动密集型企业的转型。而且，一般而言，外资往往具有更高效率的管理模式，因此，在并购进入本土企业后会进行人事调整和冗员解除，从而导致大量失业的产生，形成就业挤出效应。

四、外资并购对市场结构影响的差异化动机——以品牌为例

并购的实质是企业控制权转移、变更的过程，对于被并购企业而言，则是对企业控制权的一种权利让渡行为。那么，在什么情况下，企业愿意做出这种权利让渡？通过对上述案例的数据分析，我们发现，企业的战略障碍成为企业选择出售的第一诱因。这些战略障碍包括：技术"瓶颈"、财务困境、管理水平及品牌

发展受阻。这些障碍在不同的公司表现程度各不相同，我们根据访谈内容及二手资料的分析，根据其当时面临障碍的严重程度依次整理见表 5 - 1 所示。

表 5 - 1　　　　　　　公司出售时面临的战略障碍及出售结果

公司	战略障碍	结果
西北轴承（国有）	1. 技术。"首先是技术。起初西轴看中 FAG 的制作工艺，精湛先进，以及在装备业其领先的管理理念"。 2. 管理。"希望对于产品质量、寿命、制作工艺上，对中国市场有所推动，提高现场管理水平，想将其技术融合进我们的产品中"。 3. 政策环境推动。1996 年上市之后……开始了全国的合资热……国企为了提升品牌、技术、管理，都在求发展，都在寻找发展方向，寻求合作，包括对内对外的合作	完全失去品牌。中方丧失了经营了多年的 NXZ 牌铁路货车轴承的品牌和产品，失去了占中国铁路轴承行业 40% 的市场份额，从此西北轴承不能再生产铁路轴承，而只能沦为富安捷公司的零部件供应商，从事上游产业的低端业务。"外资过来就是要拿市场，拿资质，不投入，反而加大成本，派人来把你了解透，然后全部吃掉"
山工机械（国有）	1. 资金。山工机械希望需求海外战略合作伙伴的支持，以改变资金不足的被动局面	品牌保留。在山工机械股权被收购之后，山工机械的产品并没有贴上卡特彼勒品牌，而是使用山工的自有品牌
四川双马（国有）	1. 技术。双马一方面希望引进外资，以现有市场的优势换得外商先进技术，帮助自己挺身高端水泥市场。 2. 资金。希望外资的进驻能够缓解其财务困境，使其获得持续发展的动力	品牌保留。拉法基对四川双马的经营以及技术提升都起到了一定的促进作用。并且拉法基方面带来了对于生产现场的安全整改措施，有效实现了公司节能减排的新目标
华新水泥（国有）	1. 资金。1999 年豪西蒙通过华新的 B 股再融资进入华新。2008 年豪西蒙第二次增持股份，因为当时企业要发展，企业要资金。 2. 合作的历史。"豪西蒙有个感慨：和华新合作的十年，是满意的。""我们合作这么多年没有大矛盾，是因为豪西蒙对我们领导班子的认可"（可略）。 3. 政策机会：2006 年中国证监会出了向境外战略投资者可以发行 A 股的政策，华新就是走这个政策	品牌保留、发展。从上到下的经营理念的变化，我觉得是第一重要的。第二就是可持续发展，关注环境、关注周边的社会环境、关注企业的运营环境。第三他给我们带来技术上的一些理念，对我们的影响可能是无形的，但是实际上对企业的提升会变成有形的

续表

公司	战略障碍	结果
青岛啤酒（国有）	1. 生产、管理的问题。战略合作伙伴。90年代的急速收购带来生产、管理上的问题。 2. 资金。"要解决入不敷出、债台高筑等问题"	控制权保留，品牌保留。青啤要求必须保持国有控股地位。青啤在与AB的联盟中获得的资金、技术以及品牌管理等方面的支持，加速青啤向国际化大公司迈进
武汉锅炉（国有）	1. 置换国有身份。竞争力与下滑。引进一个战略投资者，置换国有职工身份，成为首选之策	完全失去品牌。成为制造基地。外资控股，亏损，失去品牌，罢工
全兴（水井坊）	1. 资金。为解决MBO带来的财务困境，他们为了偿债，水井坊开始大量分红，但仍然不能填补这一资金缺口。盈盛投资不得不做出出售股权的决定	品牌保留。"双方的深入合作使公司在风险防范水平、质量控制、创新研发等方面都有了不同程度的提升"
苏泊尔	1. 技术。"对于我们来说资金不是发展的瓶颈，真正的瓶颈是技术。"在技术上苏泊尔始终觉得底气不足。尽管现在每年公司将销售额的3%用于研发，但是与国际知名企业相比还是有很大的差距。 竞争力提升。主动采取措施	品牌保留。除了技术和专利上的互相开放外，SEB与苏泊尔在海外市场的现有网络也将实现共享。这意味着苏泊尔可以借船出海
徐福记	1. 技术。在跟雀巢谈的时候，最需要的有三个方面，最大的是两个方面。第一是研发。 2. 管理。第二是现代化管理。 3. 品牌存续。但是有一个百年品牌的愿景……所以希望寻找可持续的管理模式来经营下去	品牌保留。雀巢给我们带来了更严格的生产的控制，品牌进一步发展

（一）外资并购对市场结构影响的战略障碍

对收购方而言，并购是通过对目标企业的收购实现经营协同效应、管理协同效应或者单纯作为一个财务投资者实现资金的增值。我们发现，对目标企业而言，则有主动与被动并购之分。这里的主动是企业在自己发展状态良好的情况下，将并购作为发展的战略选择，如美即、苏泊尔和徐福记。而被动则是指企业为解决生存问题被迫选择出售。前者如Eisenhardt（2012）所言的"主动求偶"，后者则更接近于"被迫就范"。但无论是主动还是被动，中国企业过去十来年的并购皆是基于以下原因：

1. 技术落后

对于早期被动通过并购寻求生存机会的企业而言，还是对于最近两年希望通过并购主动提升自己竞争力的企业而言，技术都是他们最迫切的需求之一。

"首先是技术。起初西轴看中 FAG 的制作工艺，精湛先进，以及在装备业其领先的管理理念。"（西北轴承）

"对于我们来说资金不是发展的瓶颈，真正的瓶颈是技术。"（苏泊尔）

"在跟雀巢谈的时候，最需要的有三个方面，最大的是两个方面；第一就是研发。"（徐福记）

"双马希望引进外资，以现有市场的优势换得外商先进技术，帮助自己挺身高端水泥市场。"（四川双马）

其中最典型的一种动机是用市场换技术。然而，并购真的带来了技术的提升吗？这里可以分为两种情况。在 10 家案例企业中，青岛啤酒、苏泊尔、徐福记都认为收购方对自己的技术创新带来了积极的影响。

"我们和 AB 在技术方面的交流非常频繁。我们每年都有一批技术人员去 AB 总部圣路易斯参加培训。AB 对青啤技术上的帮助是很全面的，尤其是在口味一致性方面。……他们请青啤的工艺技术人员到百威啤酒进行学习，无偿地传授他们的经验。"

而 SEB 在完成对苏泊尔要约收购的第一年后，双方在技术工艺、战略市场、生产和销售等各个方面的多层次合作，给苏泊尔带来了积极的效应。徐福记也主要为收购后自己的产品研发能从雀巢受益。然而，另一些案例反映出并购并未带来预期的技术升级。通常人们会将此完全归罪于收购方的吝啬，但事实并不尽然。我们发现，双方技术严重不对等是外方进行技术转移的一个障碍。以武汉锅炉与阿尔斯通的并购案为例。两家企业在锅炉技术存在较大差距。在并购之前，武汉锅炉仅能生产 30 万的亚临界锅炉，而阿尔斯通则拥有 100 万及以上锅炉的生产技术，技术上的差距导致了双方合作中存在不对等关系，武汉锅炉技术承接能力直接影响阿尔斯通领先技术的转移，尤其是锅炉生产的核心技术。收购后，阿尔斯通建成了包括一个 6 000 平方米的研发中心的武锅新厂。在新厂建立之后，武汉锅炉已经获得了除部分核心技术外的 100 万以上锅炉的生产技术。另一个案例是西北轴承与德国 FAG 的合作。时至今日，西北轴承的管理层依然认为：

"事实是技术还是在对方手中，我们还是拿不到的，只是做出来的产品是否合格会告诉我们，图纸是不会给我们的，技术提高也仅限于合资厂，西轴本身没有直接受益"。

但他同时也提到"图纸要按照铁道部的来，要符合中国的路况，所以并没有完全用到 FAG 的先进技术。但如果后面铁轨要更新提速，那么 FAG 的新技术就能够得以体现。"这表明中方本身的基础设施甚至行政的审批程序、要求也是限制收购方进行技术转移的一个重要障碍。

更为重要的是，我们发现，希望借助外资并购直接获得而不是自主研发获得行业先进技术，一直是我国企业在外资并购中的一大误区，他们总是试图通过拿来的方法将自己落后的技术一步升天。但事实证明，并购后大多数企业并未如愿，因为技术转移涉及的不仅是技术强势方的意愿，也受到技术承接方的基础设施及技术现状的影响。对于想要通过并购获得技术创新的企业而言，首先要评估的是双方技术的差距，并且企业并购后，也必须采取干中学的策略。但无论如何，自主研发始终是获得核心技术的主要途径。

2. 财务困境

财务困境通常是被动出售企业的一个重要特征。财务困境让他们挣扎在企业存亡的边缘。在所选择的十个案例中，山工、四川双马、华新水泥、全兴及青岛啤酒的并购动因中都直接提到了解决资金问题。例如成立于 1965 年的西北轴承，1996 年 4 月在深交所挂牌上市，是中国首家上市的轴承企业。在被收购前，西北轴承生产轴承的能力位于行业前列，产品占据了全国轴承行业 25% 的市场，铁路轴承销售占了全国市场的 40%。但是，由于大量资金沉淀在流通环节，其2000 年资金沉淀高达 6 亿元，每年欠银行存款的利息就有 4 000 多万元。同时从1998 年至 2001 年，企业自有现金流下降，净资产收益率（ROE）由 1.67% 下滑为 0.46%，公司财务状况不断恶化。在这种情况下，他们将外资作为自己走出财务困境的救命稻草。

另一个例子是山工机械。山工在被凯特彼勒收购之前，已处于亏损边缘，2004 年的企业年利润基本为零，而企业的资产负债率更是高达 98.3%，这意味着山工机械负担着较高的财务费用，此时公司已陷入严重的财务困境，因此希望借海外战略合作伙伴改变自己在市场扩张中面临的资金不足的被动局面。同样，青岛啤酒则是由于 90 年代的快速通过并购扩张企业所带来的入不敷出、债台高筑的境况。全兴（水井坊）MBO 后为了偿债，水井坊大量分红，但仍然不能填补这一资金缺口，为此不得不做出出售股权的决定。

财务困境一方面由于公司经营不善导致，另一方面则是基于公司的扩张需求。例如华新水泥因为发展在 1999 年、2008 年对豪西蒙进行的两次定向增发。美即的出售也考虑到国内竞争环境下发展带来的竞争压力，希望有更强大的资金作为后盾。但是，对于企业而言，是否将自己出售就是财务困境的最好解决方案？而且，由财务困境导致的出售在选择收购对象时所看重的因素是否与其他障碍下的收购对象选择不同？这些问题还有待将来深入研究。

3. 管理能力和品牌发展受阻

从并购发生的时间上看，虽然几乎所有的企业都提到了希望通过外资企业提升自己的管理水平，但很明显的是，最近五年左右发生的外资并购本土品牌的案例显示，管理能力的提升与品牌发展开始成为出售企业的核心诉求。用徐福记新闻发言人孙天珍自身的说法：

"短期内徐福记没有遇到瓶颈，徐福记预计，这个市场还有高的发展空间。但是长期会有，肯定会遇到各种挑战和困难。"

从现实的状况来看，与国际食品巨头相比，他们招不到名牌大学的毕业生，人才的"瓶颈"直接带来研发的薄弱和管理的停滞不前。由于老板有一个百年品牌的愿景，所以希望寻找可持续的管理模式来经营下去。正是对现代化管理能力的渴求及品牌永续经营的愿望，徐氏兄弟在事业高峰以及具有较强的盈利能力的情况下主动选择了雀巢的收购。与徐福记的出售动因类似的是美即。以做面膜起家的美即公司作为土生土长的本土化品牌，骨子里仍带有家族经营特色，原有管理团队成员主要为亲属和朋友，是种包干制的粗放式的经营模式，仍停留在土匪式的粗放经营阶段，缺乏完备的团队管理体系，没有建立现代化的公司治理结构。虽然目前公司经营状况不错，但从长期来看难以得到良性发展。他们认为欧莱雅集团作为成熟的跨国大企业，在公司治理上经验丰富，美即公司需要借助欧莱雅成熟的国际性大企业，建立现代公司治理机制，吸收先进的公司治理经验，以实现其更长远的发展。

我们发现管理能力的落后不仅是我国企业在发展中遭遇的现实问题，更是一种心理弱势。然而，并购后的整合绩效依赖于双方的文化，西方的管理理念是否适用于国有企业或本土的民营企业还有待观察。正如美即的创始人佘雨原目前面临的困境。他既然想在欧莱雅基础上把企业从家族式经营向现代化的公司治理结构转变，就不得不接受他的原有亲属团队慢慢撤离美即高层这一事实。而一起与他打拼下来的本土团队是否能够在"改换东家"后迅速调整心态，接受东西方管理模式差异，这对于双方来说都是一大挑战。

综上所述，企业的技术"瓶颈"、财务困境、管理和品牌发展障碍是企业出售的驱动因素。当面临战略障碍时，出售方的动机在于通过控制权转移解决企业的危机，通过收购方的财务或技术、管理的能力从而获取自身的发展。即通过控制权来换取企业的发展。原因在于出售方认为，企业能从并购中获取管理协同效应、经营协同效应及财务协同效应。他们会认同如果收购公司的管理层比目标公司的管理者更有效率，而且收购公司在并购之后能够将目标公司的管理效率提升到收购公司的水平，那么并购参与双方都将从中获益，而且，并购后可能产生规模经济、优势互补、成本降低、市场份额扩大以及降低破产风险和融资成本等方面的优势。在本身战略障碍的驱使下，再加上对未来乐观的期望，企业选择出售的概率将会大大增加。

（二）外资并购对市场结构影响的机会窗口

如上所述，企业通常是在面临各种战略障碍时做出出售的决策。但是，同样的战略障碍下，为什么有的选择自我消化，而有的选择了转移控制权的出售行为？表面上，似乎战略障碍已经威胁到公司的存续，但事实上这些障碍在公司成长过程中不可避免（Gersick，1994），它甚至也可能是未来成功的信号。这种选择的差异固然涉及公司性质、公司历史及收购方的原因，但通过案例研究我们发现，对于转型期的中国企业，尤其是国有企业而言，一个更合理的解释是外部力量形成的"机会窗口"推动了企业的出售行为。这种强大的外部力量就是多家企业访谈对象不断提到的"政府"和"政策"。

的确，对外资并购各国的政府都会进行不同程度的干预，中国政府也不例外。其中，宏观调控手段包括设定不同性质企业的税收政策，不同产业的准入比例限制及进出口关税等形式，以引导外资企业在中国市场的投资行为。而微观规制主要是实施并购个案的审批权，其次是通过国有企业实施政府行为。在上述的十个案中，6 家国有企业在并购之时都不同程度地受到了来自政府的影响。这些影响通过以下两种方式发生：

1. 政府通过提供有限机会形成稀缺性，从而引起企业获取政策资源及利益的冲动

西北轴承股份有限公司副总经理、总工程师索战海介绍说："当时的历史背景下，国企为了提升品牌、技术、管理，都在寻找发展方向，寻求合作，包括对内对外的合作，和 FAG 的合作受到了宁夏市政府的大力支持和推动。"

为什么宁夏政府会大力支持和推动呢？这与当时的政策环境密切相关。2001年，世界第一轴承企业瑞典 SKF 在国内合资建立了南口斯凯孚轴承厂，铁道部为打破轴承行业仅一家合资企业的垄断局面，允许且只允许再建立一家合资企业。在这种情况下，西北轴承判断这是一个重要的市场机会。他们认为，如果能获得这个唯一的合资企业机会，借用 FAG 的力量，西北轴承就可以在西北地区获得绝对的市场领导地位。

但是，FAG 却一步一步对西北轴承实施斩首行动。最后，西北轴承不能再生产铁路轴承，而沦为富安捷公司的零部件供应商，从事上游产业的低端加工业务。原本希望借唯一的合资机会发展的西北轴承的结果是，彻底丧失了经营了多年的 NXZ 牌铁路货车轴承的产品和品牌，失去了占中国铁路轴承行业 40% 的市场份额。而德国 FAG 则通过此次并购完善了其在中国的战略布局，并加强了对中国轴承产业的控制能力。这样，由铁道部引导、地方政府推动的这一次并购不但没有扶植出本土的大型轴承企业，反而将自己的品牌和可能的发展前景完全葬送。可以看到，在这个过程中，铁道部的指标管理可能带来的优惠期待对企业形成了强大的吸引力，加上地方政府在招商引资过程中的用力过度便共同推动了并购的发生，甚至扭曲了其正常的市场判断。

2007 年发生的武汉锅炉并购案的发生也是源于政府对国有企业的改制浪潮。2003 年 5 月，武汉锅炉与其他 318 家市属国有及国有控股企业一起被武汉市政府启动的国有企业重组改制浪潮推到了"靓女先嫁"的企业之列。然而，嫁出去的结果也是失去品牌，失去市场，最终成为收购方的加工厂。

2. 通过法令、行业政策引导外资企业的收购方向，并影响国内企业的发展

第一，对外商投资的政策引导带来外资企业的并购热潮。根据汤姆逊金融公司统计，2004 年外资在华共完成 2 141 个跨国并购项目，价值 240 亿美元，占我国实际吸收外商投资的 40%，这一外资并购热潮与我们当时出台的一系列吸引外资的法规如《关于上市公司涉及外商投资有关问题的若干意见》《关于向外商转让国有股和法人股有关问题的通知》《利用外资改组国有企业暂行规定》《外国投资者并购境内企业暂行规定》和《合格境外机构投资者境内证券投资管理暂行办法》等政策紧密相关。

第二，行业监管及引导政策。中国政府对行业发展的引导和监管通常会带来行业结构的调整。以水泥行业为例。2003～2007 年，国务院、发改委等先后出台《关于防止水泥行业盲目投资加快结构调整的若干意见》《关于加快水泥工业结构调整的若干意见》《水泥工业产业发展政策》《水泥工业发展专项规划》《关于做好淘汰落后水泥生产能力有关工作的通知》等产业政策，明确了水泥工业发展的基调和结构调整的目标，对支持和加快发展新型干法水泥、淘汰落后产能及提高水泥产业集中度均产生了积极的影响。产业政策的支持和推动为国内大型水泥企业的快速发展带来了巨大的机遇。这里就出现了一个很有意思的结局。2007 年 1 月，华新水泥成为国家重点支持的全国性大型水泥企业，将在水泥行业结构调整中享受一系列优惠政策。为此，他们通过两次定向增发，获得豪西蒙的入股并最终控股。而四川双马虽然同为水泥行业的上市公司，由于其产品集中在竞争激烈的低端市场，利润空间较小；同时面临银行紧缩银根，缺少有效融资途径的困局。在这种情况下，这时的水泥行业结构调整改革将四川双马推向了被淘汰的边缘，为了化解生存危机，他们选择了出售。如果没有行业结构调整政策，用他们自己的话说，"四川双马以自身的实力，完全能够很好控制其在西南水泥市场的地位"，但为了不被"调整"成"被淘汰"的结局，他们被迫选择将所有权交予外方所有。

我们可以发现，行业调整政策对华新水泥而言是机遇，他们主动地利用政策将自己做大，选择了已经有良好合作历史的企业作为合作方。而对于并不强大的四川双马而言，则是为了化解政策可能给自己带来的风险而选择出售。在这种情况下，外资借我国股改之机，将国家或者地方龙头企业作为首选目标，以低成本完成收购。尽管二者的动机不同，但目的都是为了充分利用本行业的政策优惠。因此，对于二者而言，行业政策都扮演了推动者的角色。然而，政府并不总是开放机会窗口，或者说，政府并不总是在并购中起推导作用。无论哪个国家，企业的并购行为都会受到国家的监管。无论是凯雷收购徐工，还是可口可乐收购汇源果汁的失败都是政府作为无形之手干预甚至控制外资并购发生的重要力量。

尽管如此，机会窗口依然带给我们了一个重要的启示：企业出售行为的发生不仅受到自身战略障碍的影响，对于转型期的中国而言，政府干预形成的"机会窗口"作为一种重要的外部力量影响了出售企业在面临战略障碍时的战略选择，成为了企业的战略障碍与出售行为之间的调节变量。这种调节变量有时成为一种不可阻挡的助推器。当政策优惠的力量或政府对企业改革的力量足够强大时，企业尤其是国有企业会主动或被动地追逐这种外部的力量，期望通过外部力量改善自己的困境。相反，如果这种机会窗口的诱惑力较小时，企业则可能更多地从内部寻求解决方案，通过自身的成长化解可能的危机。

（三）外资并购过程中中国企业出售的时机选择

通过文献研究我们知道，出售企业尽管可能有较好的盈利能力和营运效率，但是由于规模较小、成长能力较低、财务杠杆高或股权分散等问题而成为收购的对象。我们的案例研究发现，这些出售企业通常都面临各种战略障碍，这些障碍对于不同的企业程度不一样。虽可能各有侧重，但都包括：技术创新及财务困境，管理及品牌发展障碍。当企业面临这些障碍时，企业更容易做出出售的策略选择。

然而，战略障碍并不是推动企业出售的唯一力量。对于中国这样正在通过各种试验性的政策发展经济的新兴市场而言，政府干预所形成的政策窗口对企业的出售决策起到推动作用，成为战略障碍与出售意向之间的调节变量，企业面临的战略障碍强度正向影响企业的出售意向，而政府干预调节战略障碍与出售意向之间的关系。当政府干预有利于企业获取政策红利或优惠时，战略障碍与出售意向之间的正向关系显著增强；当政府干预阻碍企业获取政策红利或优惠时，战略障碍与出售意向之间的正向关系减弱甚至消失。

如前所述，政府干预对企业而言是一种影响企业出售与否的一种机会窗口，是企业的战略障碍与出售意向之间的调节变量。那么，这种调节变量何时发挥作用以及它的作用效果如何？为此，我们需要进一步讨论：这些机会窗口通常对谁开放？政府干预究竟带来了怎样的结果？为此，我们进行了案例分析。我们将这些企业按是否上国家的保护品牌名录分成两类。

一类是上了国家品牌目录的具有高品牌资产的老品牌，如青岛啤酒和全兴。这一类品牌被看作"民族品牌"，代表了国家的形象和实力，或者独特文化。例如，创办于 1903 年青岛啤酒被认为是中国民族品牌的代表。政府对这类品牌的干预方式是设立受保护品牌的名录，从而在涉及与外资合资或并购时进行特别研究和处理。事实上，政府的态度直接影响青岛啤酒在进行合资时的对象选择及合作后对自身品牌和控制权的管理，国有股份始终谨慎地维持着大股东的地位。更重要的是，2008 年 8 月 1 日我国反垄断法正式生效。我国反垄断法中设置了民族品牌保护方面的条款。英博收购 AB 后，在全球 12 个国家都触发了反垄断调查，也是我国反垄断法生效后受理的第一个反垄断调查案例。商务部最终按照民族品牌的条款给百威英博附加了条件，包括任何情况下英博持有青啤的股份不能超过 27%，从而保住了青啤的品牌和控制权。我们认为，对这类品牌，政府的干预是有效的。

另一类是未进入国家保护品牌名录，但有一定品牌资产，属于竞争性行业的市场化的品牌如西北轴承、武汉锅炉、苏泊尔、美即等。我们再按所有制的不同将这些品牌分成两类：国有企业品牌和民营企业品牌。这是因为，资源观认为，企业是一系列异质性资源的集合，独特的资源与能力是构成企业竞争优势的基础。在中国经济转型过程中，资源属性的差异会造成其拥有的资源与能力不同，进而影响到该企业的经营绩效。Peng 和 Luo（2000）认为企业所有制是导致中国企业绩效差异的重要因素之一。事实上，案例分析也显示出不同所有制在并购中表现出来的不同特质。

国有企业品牌：武汉锅炉、西北轴承、山工及华新水泥与四川双马。这些企业均是有较长历史的可称得上老牌的国有企业。作为上市公司，他们不仅是其所处行业的代表性企业；作为"被赋予一定的社会政策目标"和"以社会效益为首先目标"的国有企业（金碚，1999），更是支撑地方政府经济、就业及官员政绩的核心经济力量。显然，与民营企业相比，他们与政府有着天然的"血缘"关系。因此，当政策性的机会窗口开放时，国有企业常常能获得更多的优先权。而国有企业也常常在这个过程中成为政府推行政策的试验品。例如，武汉锅炉、西北轴承及山工等在出售之初均怀着政府倡导的"通过市场换技术"的理想，然而最终不但没有换来技术，武汉锅炉和西北轴承还彻底失去了原有的市场和品牌。由此推断，政策性的机会窗口首先对国有企业开放，然而这种机会却未必然给获

221

得者带来正向价值。那么，什么情况下这种机会才是有价值的？这显然是一个需要更深入研究的问题，在此我们仅通过对西北轴承与山工、华新水泥与四川双马的对比分析初步概括性地推断，除了前述的企业本身的技术承接能力外，还涉及出售前对对方并购意图、自身品牌与对方的关联度、甚至对方并购历史的考察。

民营企业品牌：徐福记、苏泊尔和美即。这三家民营企业所属行业均是充分竞争的行业。他们通过自身的积累和发展形成了自己的品牌资产，并深知自己的品牌价值。在并购的过程中，除了最后的审批阶段外未受到政府干预的影响。从这三个案例的并购经历来看，其更多是基于自身的发展需要，也就是说，内部的战略障碍成为企业出售最核心的推动力，政策性引导所形成的机会窗口对他们的影响甚微。

粗略地看，虽然前述几家国有企业在出售过程中，政府强调要保住品牌，甚至将品牌保留写入合同，但是由于自身品牌意识及品牌管理能力太弱，对"品牌的保护"事实上只是一个抽象的概念。例如，山工机械在出售作价时"基本未计入品牌的价值"，这充分反映出当时无论是企业还是政府对"品牌"的价值还没有基本的认知。事实上，在很多并购案中，中国企业品牌的增值能力几乎被完全忽略，而以接近于净资产的价格出售（杨攀、马艳霞和何佳讯，2008），由此，当收购方基于自身的全球品牌布局对收购品牌进行整合时，与其原有品牌定位相重合的，或技术及品牌能力完全不能匹配的都可能在其战略版图上被放弃或被整合成一个简单的加工者就是一种必然的命运。这也是西北轴承和武汉锅炉会彻底失去品牌的核心原因。在这种情况下，政府的干预，无论是出售前的指标给予支持，还是出售后的政策优惠以及过程中对收购后企业的管理，其影响在外资公司的全球战略布局下都是极其有限的。即这种情况下政府的干预是失效的。我们也能从两家水泥企业的案例上看到同样的结论。虽然华新和双马都是国有企业，因为水泥的行业特征，属于区域内的竞争，以地方品牌为主，所以即使政府不干预外资收购方也会保留品牌。这更进一步地说明，外资的品牌整合策略更多地出于自身的战略需求，而不是目标方的情绪和政府的意愿。

反过来看，徐福记和苏泊尔都是民营企业，政府并未就其品牌保护做出特别的举措，但它们的品牌反而在收购后获得了发展。其根本原因在于，这些品牌的自身实力及其发展方向符合收购方在全球的品牌战略布局，能真正地实现收购方期望的管理协同效应。这是市场的作用。例如，雀巢对徐福记的收购对雀巢的发展来说无疑是一条捷径。而徐福记之所以能在收购后获得发展最根本的原因在于其品牌影响力及市场占有率符合雀巢对公司整体的年增长4%的要求，符合其全球战略布局。相反，如果拒绝市场的作用，反对外资的引进，如可口可乐并购汇源案，对品牌的长远发展而言未必就是最佳的选择。

（四）外资并购与国内自主品牌保护的进一步讨论

从 1990 年到现在，外资并购在中国已有二十余年的历史。这二十余年，也是中国经济转型的二十余年。转型期的政策不确定性极大地影响公司的价值及行为取向，这也直接导致中国企业的出售时机选择会表现出自身的特点：企业通常是在自身面临严重的战略障碍时做出出售抉择，但国家宏观层面的政策导向、地方政府对外资并购的积极支持等政府干预所形成的机会窗口增加了出售的利益期望，从而影响并购的促成。尤其是国有企业，因为其国有属性，在并购中更容易受到国家不同时期政策的影响而成为被"出售"者。但是，政府干预对外资并购后的影响却极为有限。我们发现，除了进入国家品牌保护名录的企业外，政府的干预无法影响国内出售企业的品牌存续，决定出售品牌存续与否的是出售企业自身的品牌能力及其是否符合外资收购方的全球战略布局。具体而言，在上文分析的基础上，我们所得基本命题如下：

第一，出售的时机选择首先决定于企业自身面临的战略障碍的严重程度。

本部分主要理论贡献是对外资在中国的并购这样一个重要的理论和现实问题从出售方的视角出发提供了一个新的解释框架。首先，出售方面临的技术、财务及管理障碍提高了其出售意向，这时他们在通过自身的成长还是通过出售控制权以借用外力获取发展之间进行权衡。这些管理障碍包括技术障碍、财务困境、管理问题及品牌的发展问题。我们的研究表明，事实上，这些障碍是任何企业在发展中都可能遇到的障碍，这些障碍本身虽然是企业出售的根本原因，但并不是决定其出售与否的唯一力量。之所以，他们最终在这些障碍面前选择了出售而不是自我成长，还可能基于外部力量的推动。

第二，政府干预调节企业战略障碍与其出售意向之间的关系。

作为一个新兴市场和经济转轨的国家，中国政府无论是在外资企业并购重组的动因和机制上，还是政府参与干预程度上，都凸显出与发达国家资本市场不同的特征（李哲，2007）。因此，研究我国外资并购中目标企业的出售动因，不能不考虑政府干预行为及政府的目的。宏观层面的法令法规及地方政府从微观层面进行的直接干预都是政府介入经济领域的重要方式。通过有限的指标管理合资企业的数量，通过行业引导政策对企业进行规范和淘汰，通过国有企业的资产重组影响企业的发展。如果企业在这些政策的引导下试图通过自己的顺势而为，获取政策红利，那么，他们就更可能为了政策条件而做出出售的选择。对于国有企业而言，这种选择不但是企业的，也是政府的。因为长久以来，政府都有招商引资的压力，为此，地方主管部门为了吸引和扩大外商投资数量，在外资并购案中，容易成为推动者和双方的利益协调者，并最终成为促成并购发生的重要外部力量。

可以推断，这种动机下的出售选择并不是完全基于自身的需求和能力，而且容易忽视对其他利益相关方利益的关注和整体利益的协调，导致了一些利益相关方的损失。在西北轴承案例中，西北轴承丧失了传统优势产品、品牌和市场。因此，不仅对于轴承行业，对于其他涉及国民经济发展的重要行业，在发展和引进外资过程中都应该注意尊重市场而不是政府的政绩。

第三，企业自身的实力是反出售及获取并购后发展的核心力量。

按照 Eisenhardt（2012）的观点，并购是出售方与收购方之间的一种社会交换，价格和两者之间的长期适配构成了这一交换过程，因此，并购的过程是一个求偶而不是占有的过程。然而，这种主动求偶的过程要求出售方是主动的、积极的，甚至是有影响力的。这样，虽然有来自于收购方的拉力，然而面对"是否出售"以及"何时出售"这样的问题时，出售方是清晰而又明确的。在我们所研究的十个案例之中，后期的出售企业如苏泊尔、徐福记和美即的确在并购中表现出了这样的主动性和影响力。然而，更多的企业，则是在面临战略障碍时被自己或收购方看为一种低绩效公司被出售，加之早期的企业对外资并购领域不熟悉，无论是谈判还是合同签订及执行，都可能处于弱势地位，从而最终在整个并购中处于被动、失败的地位。因此，在外资并购中，中方企业的出售存在两种情况：主动求偶和被迫就范。

但无论是哪种情况，决定企业被收购后的发展策略的都是企业自身的能力。我们发现，当企业的技术与收购方的巨大差距，基础设施及管理体制，甚至员工都不足以承接外资企业的技术转移时，出售方所期望的"以市场换技术"或通过出售控制权来获取技术的创新发展就没有可实现的根基；当出售方自己都没有品牌意识，不知道企业品牌作为无形资产计入出售价格时，出售方单纯地期望保留甚至发展品牌就可能是一厢情愿的。事实上，作为一个理性的经济人，收购方对目标企业的发展及品牌存续一定是基于其全球战略定位，因此，政府干预作为一种外部力量是无法影响收购后的品牌整合策略，对品牌的保护只可能在收购之前。

五、小结

本部分主要从出售方的视角出发，在中国的背景下研究了外资企业并购中品牌出售时出售方时机选择问题。通常出售企业面临的战略障碍时他们会考虑出售，而政府干预形成的机会窗口对战略障碍与出售意愿之间的关系具有重要影响。我们认为，政府干预的对象可以从品牌的角度进行界定，例如，对进入国家品牌名录的企业进行保护，而对于市场化的企业则可减少干预，因为企业的存续和发展最根本的还是要依赖企业自身，无论是出售与否还是并购后品牌存续与否，企业自身的实力才是最好的盾牌。

第二节　外资并购与公司绩效的实证研究

一、引言

伴随着中国股市进入全流通时代、中国进入全面开放时代以及政府推出注重引资质量政策等因素的影响，外资并购发展呈现出与以往不同的特征。特别是2006年以后，资本市场向外资定向增发 A 股出现了要约收购的方式；没有最终完成的外资并购案例比以前明显增多。2006～2010年，外资并购主要是跨国公司以国内龙头企业为目标，对中国巨大的消费市场和销售渠道的占有为目的，以完善外资在经济全球化背景下的生产和销售布局作为出发点。

2008年，在全球经济危机中，由于企业盈利恶化以及资金迅速回流母国自救，致使发达国家产业资本的可投资规模急剧下降。而金融资本由于股权市场的急剧萎缩以及信贷市场的冻结，其对风险的偏好以及可动用的投资资金也均大打折扣。从而导致外资对我国境内企业并购活动相对减少。根据清科研究中心的统计，2008年中国市场共发生外资并购66起，披露交易金额129.58亿元，相比2007年下降了30.6%；2009年外资并购交易数量和交易额继续下降，共33起，披露交易金额为25.94亿元；随着2010年全球经济的回暖，国际金融市场也将迎来并购新热潮。同时在国内经济快速增长、央企重组以及鼓励和支持有实力企业"走出去"的背景下，我国企业跨国并购态势越来越强。据普华永道公布的数据显示，国内跨国并购交易数量及披露金额均达到历史新高。2010年公布的跨国并购交易数量达到创纪录的 4 251 宗，已披露的交易金额超过 2 000 亿美元，较2009年分别增长了16%和27%。中国企业跨国并购增长趋势十分显著，2010年跨国并购交易数量增长超过30%，达到创纪录的188宗，已披露的交易金额合计约380亿美元。

二、外资并购绩效评价方法

会计指标研究法是利用企业公开的相关财务信息，以体现企业绩效相关的财务指标为评价标准，通过对企业并购前后的财务指标变化情况，使用会计指标或建立财务指标体系来评价收购公司的经营状况，用统计分析的方法判定并购事件

225

对企业绩效的影响。目前国内对于会计指标研究法的应用主要通过企业财务报表披露的公开数据，对并购公司盈利能力、资本营运能力、偿债能力、发展能力和现金流量水平进行并购前后的对比，对比的方法有配对 T 检验、选取代表性财务指标进行对比检验以及通过主成分分析法对财务指标进行主成分提取，得到并购公司的综合得分，进一步对比并购前后的综合得分，从而判定企业绩效的变动情况。主成分分析法是目前较为理想也较多人采用的并购绩效衡量方法（余力、刘英，2004；毕克龙，2007；黎平海等，2010），因而本节也将采用主成分分析法对收购公司并购前后的绩效进行评价。主成分分析法是一种依据各原始指标的实际观察值所提供的信息量大小来决定各指标权重的一种客观赋值法。相对于主观赋值法，主成分分析法更遵循数据间的内在规律，更能客观体现数据间的内在联系。运用主成分分析法，需要对多个指标进行观测，收集较多数据以便分析进而寻找规律，在尽量保留原有信息的原则上，将多个指标简化为少数潜在的因子并赋予其客观权重，这几个简化后的因子可以高度概括原有大量数据中的信息，在减少指标个数和方便数据处理的同时，又保留了指标之间的内在联系。这些简化后的因子不仅均可以表示为各原始指标的线性组合，而且彼此之间都不相关，最后由它们所组成的新指标体系也将反映不少于原指标体系的信息量。简而言之，主成分分析法的核心便是对若干个原始指标进行因子分析提取主因子，再以每个因子的方差贡献率作为权数，与该因子得分进行相乘，最后将各乘积相加作为综合得分函数。利用主成分分析法进行综合评价的步骤如下：

主成分分析法一般是采用主成分分析寻求因子变量。由于各原始指标数据的单位不同、量纲不同、数值大小差异大，这样在计算方差贡献率的时候，大数值的指标的作用往往会被放大，而使得数值小但实际贡献率可能更大的指标作用被弱化，最终导致综合得分函数有失客观，因而为使主成分分析能够客观对待每一个财务指标变量，消除量纲和数量级这些非合理因素的影响，通常需要对原始指标进行数据标准化处理，将其转化为均值为 0，方差为 1 的无量纲数据，即：

设 K 家样本公司的财务指标值序列为 $X_{ij}(i = 1, 2, \cdots, p; j = 1, 2, \cdots, K)$，则经过正态标准化处理后的指标值为：

$$X_{ij} = \frac{X_{ij} - \overline{X}}{S}, \text{ 其中} \overline{X} = \frac{1}{K} \sum_{j=1}^{K} X_{ij}, \text{标准差} S = \sqrt{\frac{1}{K-1} \sum_{j=1}^{K} (Xij - \overline{X})^2},$$

$i = 1, 2, \cdots, p; j = 1, 2, \cdots, K; p$ 为原始财务指标的个数。

第一，计算经过数据标准化处理后的指标数据矩阵的相关系数矩阵 R 并检验设 r_{ij} 为经标准化处理之后指标 i 与指标 j 之间的相关系数，则 $R = (r_{ij})_{p*p}$，其中 $i, j = 1, 2, \cdots, p$。

第二，计算相关系数矩阵 R 的特征值以及综合因子的权重系数。

由特征方程：$|R - \lambda_i| = 0 (i = 1, 2, \cdots, p)$ 求 R 的特征值 $\lambda_1 \geq \lambda_2 \geq \lambda_p \geq 0$，根据各特征值求出特征向量 $\gamma_1, \gamma_2, \cdots, \gamma_i, \cdots \gamma_p$。其中 γ_i 反映了在经营绩效中起到支配作用的因素，称为综合因子，γ_i 是各原始变量的线性组合，任意两个因子反映的信息绝不重复。由于 R 的特征值 λ_i 就是综合因子 γ_i 的方差，计算第 i 个综合因子保持原始数据信息总量的比重为：

$$Ci = \frac{\lambda_i}{\sum\limits_{i=1}^{k} \lambda_i}，其中 C_i 为第 i 个综合因子对原始数据的贡献率。$$

在实际测评中，通常只选取前若干个方差大的综合因子，达到用尽可能少的指标反映尽可能多信息的目的。通常要求选取的 m 个综合因子的信息量大于原始数据信息量的 80%。

第三，进行因子载荷矩阵的旋转。综合因子 γ_i 线性组合中的系数构成了因子载荷矩阵，如果这些系数的大小差别不大，则难以对因子进行解释。为了得到比较明确的综合因子解释，需要进行因子载荷矩阵旋转，一般采用方差极大旋转法，本节亦采用此种方法。

第四，计算各主因子的综合得分。$Z = \sum\limits_{i=1}^{m} c_i Y_i$，其中 c_i 为综合因子贡献率，Y_i 为因子得分，m 为综合因子的个数。

三、外资并购绩效的评价指标选取

关于经营业绩的评价衡量是上市公司外资并购绩效的基础，但是单个指标难免反映片面，且容易受人为因素的影响（如操纵会计利润等），因而通过选取多个财务指标，构建综合指标体系，将可以更客观准确地反映收购公司的绩效变化。本节将利用样本公司所提供的公开财务报表，选用多个财务指标对样本公司的经营绩效进行综合评价。在借鉴 2002 年 2 月国家五部委共同修订后的《企业绩效评价操作细则》中规定的财务分析指标的基础上，本节从盈利能力、偿债能力、资产管理能力和发展能力四方面进行财务指标的选取。

第一，上市公司外资并购的经营业绩应当首先体现在其盈利能力上。净资产收益率是一个综合性较强的指标，可以充分反映上市公司资本运营的综合效益；总资产报酬率表示上市公司全部资产获取收益的水平，可以全面反映企业的获利能力和投入产出状况；主营业务是企业的重要业务，是上市公司收入的主要来源，主营业务产生的利润越大，表明上市公司主营业务的盈利能力越强；此外，每股收益是测定股票投资价值的重要指标，也是综合反映上市公司获利能力的重要指标。

第二，偿债能力是指上市公司用其资产偿还长期债务与短期债务的能力。上市公司有无支付现金和偿还债务能力，是企业能否健康生存和发展的关键。一家公司的偿债能力也是反映其财务状况和经营能力的重要标志。一般经营业绩良好的上市公司的长期和短期偿债能力都应该比较强。资产负债率用来反映上市公司偿还债务的综合能力，其值越小，表明企业偿还债务的能力越强，反之越弱；流动比率常被用于衡量上市公司短期偿债能力，其值越大，表明企业偿还债务的能力越强，反之越弱；速动比率（又名酸性测验比率），是衡量上市公司流动资产中可以立即变现用于偿还流动负债的能力，其值越大，表明企业偿还债务的能力越强，反之越弱。

第三，资产营运能力是指通过上市公司生产经营资金周转速度的有关指标所反映出来的企业资金利用的效率，它体现了企业管理人员经营管理、运用资金的能力。上市公司生产经营资金周转的速度越快，表明企业资金利用的效果越好效率越高，企业管理人员的经营能力越强。总资产周转率用于反映上市公司全部资产的使用效率，其值越大，表明企业利用全部资产进行经营的效率越高，最终有助于企业获利能力的提高；应收账款周转率越高，表明应收账款回收速度越快，企业的管理工作效率越高，最终也将有助于企业获利。

第四，发展能力是上市公司在生存的基础上，扩大规模、壮大实力的潜在能力。通常经营业绩较好的上市公司也应该具有较好的发展能力，同时具有良好的发展前景的上市公司，其盈利能力也较强。主营业务收入增长率值越高，表明上市公司增长速度越快，其市场前景越好，上市公司具有较好的发展潜力。

综上所述，上市公司的外资并购绩效评价指标体系见表 5 - 2 所示。

表 5 - 2　　　　　　　　外资并购绩效的原始评价指标

指标类型	指标名称	指标计算公式
盈利能力	每股收益 X_1	净利润/总股本
	净资产收益率 X_2	净利润/平均净资产
	总资产报酬率 X_3	净利润/平均总资产
	营业利润率 X_4	净利润/主营业务收入
偿债能力	资产负债率 X_5	负债总额/总资产
	流动比率 X_6	流动资产/流动负债
	速动比率 X_7	（流动资产 - 流动负债）/流动负债
资产营运能力	总资产周转率 X_8	主营业务收入/平均资产总额
	应收账款周转率 X_9	主营业务收入/平均应收账款
发展能力	营业收入增长率 X_{10}	（本期营业收入 - 期初营业收入）/期初营业收入

四、样本选取

本节以 1995～2010 年外资并购我国上市公司（在深圳或上海证券交易所挂牌上市的公司）事件为研究样本，并且样本的选取符合以下标准。

第一，单个外资持股比例在并购当年应不低于 5%。采用此标准的原因之一是《证券法》和《上市公司收购管理办法》规定，通过证券交易所的证券交易，投资者及其一致行动人拥有权益的股份达到一个上市公司已发行股份的 5% 时，应当进行报告并公告；原因之二是外资往往采取分步走的策略，逐步渗透，先参股，再相对控股，最后实现绝对控股。

第二，如果同一目标公司在不同的年度发生两次或两次以上并购的，则作为不同的并购时间一起计入（其中，江铃汽车 2 次，佛山照明 3 次，赛格三星 2 次，华新水泥 2 次，中远发展 2 次，重庆啤酒 2 次，水井坊 3 次，青岛啤酒 2 次，大冷股份 2 次），发生在 2006 年前的同一目标公司并购前后两次的时间间隔都至少在 3 年以上。

第三，目标上市至少在外资并购发生年份的前一年上市，以及外资并购后没有停牌。外资并购发生年份为上市公司首次公告外资并购事件日的所属年份。

第四，排除以资产收购的方式发生的外资并购事件，也排除外资并购上市公司子公司股权的事件。

按照以上标准，最终选取 78 家目标上市公司，91 次外资并购事件。

五、描述性统计分析

（一）外资并购我国上市公司呈现阶段性发展特征

历年发生的外资并购我国上市公司事件数见表 5 - 3。

表 5 - 3　　　　　　　历年外资并购上市公司事件数

年度	1995	1996	1998	1998	2001	2002	2003
事件数	3	1	3	2	5	7	16
年度	2004	2005	2006	2007	2008	2009	2010
事件数	11	10	14	8	6	3	2

　　从表中可以看出，2001 年以前，外资并购我国上市公司发展缓慢，基本上处于停滞状态；进入 21 世纪以后，外资并购的速度明显加快，并购事件明显增多。这种特征是与我国外资并购总的发展相一致。

　　通过运用 SPSS 17.0 统计软件对 37 家样本公司的财务指标数据进行描述性统计，所获得样本公司在外资并购前后各年的财务指标变量的基本统计信息见表 5-4 所示。

表 5-4　　样本公司外资并购前后财务指标的描述性统计

变量		并购前一年	并购当年	并购后第一年	并购后第二年
每股收益	均值	0.2963	0.3593	0.1786	0.2895
	中位数	0.3100	0.2889	0.2000	0.1910
	标准差	0.1786	0.3497	0.4239	0.3119
净资产收益率	均值	0.1127	0.1111	0.0212	0.0949
	中位数	0.1078	0.1127	0.0724	0.0785
	标准差	0.0625	0.1201	0.1971	0.0975
总资产报酬率	均值	0.0787	0.0771	0.0470	0.0589
	中位数	0.0719	0.0669	0.0519	0.0550
	标准差	0.0436	0.0553	0.0552	0.0376
营业利润率	均值	0.0856	0.0855	0.0387	0.4406
	中位数	0.0640	0.0408	0.0274	0.0405
	标准差	0.0788	0.1201	0.0973	2.2884
资产负债率	均值	0.5573	0.5704	0.5942	0.5930
	中位数	0.5849	0.5311	0.6073	0.5978
	标准差	0.1635	0.1666	0.1778	0.1647
流动比率	均值	1.2596	1.4094	1.2863	1.1459
	中位数	1.1920	1.2566	1.0571	1.1343
	标准差	0.5200	1.1854	0.9978	0.5957
速动比率	均值	0.8713	1.0363	0.8901	0.7605
	中位数	0.9155	0.7421	0.7514	0.6624
	标准差	0.4420	1.1348	0.8663	0.4909
总资产周转率	均值	1.0190	0.9956	0.9862	0.9321
	中位数	0.8491	0.8052	0.7687	0.6853
	标准差	0.6648	0.6749	0.7085	0.7109

续表

变量		并购前一年	并购当年	并购后第一年	并购后第二年
应收账款周转率	均值	23.6454	17.2905	17.9715	17.4854
	中位数	8.1632	8.1773	8.3435	7.2976
	标准差	62.2353	19.5965	19.6467	19.0815
营业收入增长率	均值	0.2617	0.2032	0.1806	0.0577
	中位数	0.2072	0.1898	0.1729	0.0389
	标准差	0.4035	0.2491	0.3567	0.2779

从表5－4中，我们发现，在反映上市公司外资并购前后盈利能力的指标中，净资产收益率与总资产报酬率相对并购前一年略有降低，在并购后第一年持续降低，并购后第二年虽有上升，但仍未达到并购前一年的水平；每股收益虽在并购当年有所上升，但在并购后第一年又下降，并购后第二年有较大幅上升，但同样未达到并购前一年的水平；营业利润率自外资并购事件发生后持续下降，但在并购后第二年明显上升，从四个指标难以判定并购对样本公司盈利能力的影响，有待进一步检验。

在反映上市公司外资并购前后偿债能力的指标中，资产负债率自外资并购事件发生后持续上升，并购后两年的值虽略低于并购后第一年，但仍高于并购前一年；流动比率与速动比率在外资并购事件发生当年的值虽略有上升，但在并购后一年及并购后第二年便下滑，且明显低于并购前一年，整体而言，可见外资并购行为并未能提高样本公司的偿债能力。

在反映上市公司外资并购前后资产营运能力的指标中，总资产周转率自外资并购事件发生当年至并购后第二年持续下降，应收账款周转率在外资并购事件发生后也持续下降，在并购后第一年略有回升，但到并购后第二年便下降，且明显低于并购前一年，整体而言，可见外资并购行为并未能提高样本公司的资产营运能力。

在反映上市公司外资并购前后发展能力的指标中，营业收入增长率从外资并购事件发生当年便一直下降，可见外资并购行为并未能提高样本公司的发展能力。

通过对样本公司绩效指标的描述性统计发现外资并购事件未能从整体上改善样本公司的经营状况，但描述性统计仅从均值进行判断，未考虑各指标间的内在联系，使得结论不具有完全的说服力，因而本节将继续运用主成分分析法，通过对各绩效指标进行定量分析，对样本公司的经营绩效进行客观评价。

（二）外资并购我国上市公司地区分布状况

地区经济发展不平衡是我国经济发展的一个显著特征。我国东部地区经济高度发达，而西部地区经济较为落后，这种状况也影响了外资投资的地区选择。如表 5 – 5 所示，外资并购一直集中于东部地区。

表 5 – 5　　　　　　　　　78 家目标公司的地区分布

类别	数量（个数）
东部地区目标公司数量	51
中部地区目标公司数量	13
西部地区目标公司数量	15

（三）外资并购我国上市公司的行业分布

外资并购我国上市公司进入的行业非常广泛，但行业结构分布不均衡。对 91 次并购事件进行分类，发现制造业发生的并购最多，共 75 个，占全部外资并购事件的 82.4%。

（四）并购后外资股东地位

如表 5 – 6 所示，在 91 次外资并购事件中，有 38 次并购使得外资取得上市公司的绝对控股股东地位或相对控股地位，占比 42%。外资在并购后成为上市公司第二大股东的有 31 次，成为上市公司母公司的第二大股东的有 11 次，在这两种情况下外资一般都能对上市公司的经营和财务决策施加重大影响。并购后外资成为上市公司第三或第四大股东的有 11 次。在 91 次事件中，外资并购后持股比例小于 10% 的只有 6 次。

根据上述数据，有 88% 的并购使得外资在并购后能够控制上市公司或能够对上市公司施加重大影响。

表 5 – 6　　　　　　　　　并购后外资股东地位

并购后外资股东地位	控股股东	第二大股东	上市公司母公司第二大股东	第三或第四大股东
并购次数	38	31	11	11

六、主成分分析过程

本节将使用 SPSS 17.0 对 37 家样本公司并购前一年、并购当年、并购后一年、并购后两年的财务数据分别进行主成分分析。使用主成分分析要求原有变量间具有较强的相关性，因为原有变量之间相关性太弱，则无法提取可以综合反映某些原始变量共同特征的少数公因子。因此在对原始数据进行标准化处理后，需要对原有变量进行相关分析。本节将利用 SPSS 提供的巴特利特（Bartlett Test of Sphericity）球度检验和 KMO（Kaiser-Meyer-Olkin）检验进行原变量之间的相关性检验。

巴特利特球度检验是以变量的相关系数矩阵为出发点，其零假设相关系数矩阵是单位阵，若通过 SPSS 检验出的统计量值较大，而且其对应的相伴概率值小于显著性水平，则应当拒绝零假设，认为相关系数据矩阵不是单位阵，表明各变量之间存在相关性，适合主成分分析，反之则表明主成分分析法不适用。

SPSS 中的另一种相关性检验方法为 KMO 检验，KMO 统计量用来比较原始变量间的简单相关系数和偏相关系数，其取值介于 0 到 1 之间，且值越趋近 1 则表明越适合做主成分分析。一般 KMO 值小于 0.5 则认为主成分分析法不适用。

如表 5 - 7 所示，并购前一年（M_{-1}）、并购当年（M_0）、并购后第一年（M_1）、并购后第二年（M_2）的 KMO 值均大于 0.5，且 Bartlett 的相伴概率均为 0.000，因此认为四年的样本都适合进行主成分分析。

表 5 - 7　　　样本公司并购前后 4 年的 KMO 和 Bartlett 检验

		M_{-1}	M_0	M_1	M_2
KMO		0.575	0.547	0.682	0.555
Bartlett	近似卡方	266.570	343.783	315.379	207.747
	自由度	45	45	45	45
	显著系数	0.000	0.000	0.000	0.000

在进行相关性检测后，即可利用主成分分析法进行综合因子提取。表 5 - 7 显示了提取出的全部综合因子对于解释原始指标变量的总方差所作的贡献，它表示全部综合因子反映出的原始变量信息的百分比，即变量的共同度（communality）。共同度取值介于 0 到 1，越趋近于 1 表明所有方差都可以被因子解释，反之则表明因子不解释任何方差。一个因子能够解释的方差越大，也表明该因子所包含的原有变量信息的量越多。从表 5 - 8 不难看出，自取综合因子后，变量的共同度比较大，表明因子分析的效果会较好。

表 5 - 8   共同度

	提取			
	M_{-1}	M_0	M_1	M_2
X_1	0. 786	0. 865	0. 919	0. 841
X_2	0. 902	0. 924	0. 839	0. 877
X_3	0. 854	0. 908	0. 915	0. 843
X_4	0. 874	0. 883	0. 723	0. 812
X_5	0. 848	0. 716	0. 825	0. 788
X_6	0. 948	0. 969	0. 901	0. 902
X_7	0. 936	0. 946	0. 829	0. 909
X_8	0. 909	0. 870	0. 834	0. 841
X_9	0. 886	0. 842	0. 856	0. 852
X_{10}	0. 876	0. 921	0. 500	0. 754

从表 5 - 9 的特征值和方差贡献率可以看出，提取的综合因子的累计方差贡献率在四年分别达到了 88. 199%、88. 425%、81. 408%、84. 178%，这意味着每一年所提取的综合因子所反映的信息量已经达到了所有原始信息量的 88. 199%、88. 425%、81. 408%、84. 178%，因而我们可以用提取后的主因子代表原始总体变量。为使矩阵更简洁，本节进一步对因子载荷矩阵进行旋转。

旋转后的因子提取结果如表 5 - 10 所示，以并购前一年为例，并购前一年的主因子 $Factor_{-11}$ 在流动比率和速动比率上的载荷值较大，我们可以认为 $Factor_{-11}$ 是反映样本公司偿债能力的主因子；同样 $Factor_{-12}$ 在每股收益和净资产收益率上的载荷值较大，认为其为反映样本公司盈利能力的主因子；同理可知 $Factor_{-13}$ 是反映样本公司资产营运能力和发展能力的主因子，$Factor_{-14}$ 是反映样本公司资产营运能力的主因子。

表 5 - 9   四年的累计方差解释率

表 5 - 9 - 1   并购前一年的累计方差解释率

成分	提取平方和载入			旋转平方和载入		
	合 计	方差的%	累积%	合 计	方差的%	累积%
1	3. 652	36. 525	36. 525	2. 674	26. 741	26. 741
2	2. 293	22. 929	59. 454	2. 520	25. 198	51. 939
3	1. 528	15. 282	74. 735	1. 901	19. 006	70. 945
4	1. 346	13. 463	88. 199	1. 725	17. 254	88. 199

表 5 - 9 - 2　并购当年的累计方差解释率

成分	提取平方和载入			旋转平方和载入		
	合计	方差的%	累积%	合计	方差的%	累积%
1	3.844	38.440	38.440	3.249	32.491	32.491
2	2.577	25.771	64.211	2.504	25.044	57.535
3	1.419	14.194	78.405	1.911	19.111	76.646
4	1.002	10.020	88.425	1.178	11.779	88.425

表 5 - 9 - 3　并购后第一年的累计方差解释率

成分	提取平方和载入			旋转平方和载入		
	合计	方差的%	累积%	合计	方差的%	累积%
1	4.136	41.358	41.358	3.608	36.080	36.080
2	2.434	24.342	65.700	2.748	27.476	63.556
3	1.571	15.708	81.408	1.785	17.852	81.408

表 5 - 9 - 4　并购后第二年的累计方差解释率

成分	提取平方和载入			旋转平方和载入		
	合计	方差的%	累积%	合计	方差的%	累积%
1	3.085	30.852	30.852	2.553	25.528	25.528
2	2.526	25.261	56.113	2.515	25.154	50.682
3	1.452	14.519	70.633	1.698	16.979	67.661
4	1.355	13.545	84.178	1.652	16.517	84.178

表 5 - 10　　　　　旋转后的因子载荷矩阵

表 5 - 10 - 1　并购前一年的因子载荷矩阵

因子	成分			
	$Factor_{-11}$	$Factor_{-12}$	$Factor_{-13}$	$Factor_{-14}$
X_1	0.023	0.856	-0.050	0.226
X_2	0.063	0.942	0.079	-0.069
X_3	0.259	0.749	0.279	-0.385
X_4	0.320	0.521	0.049	-0.705
X_5	-0.822	-0.156	0.101	0.371

因子	成分			
	$Factor_{-11}$	$Factor_{-12}$	$Factor_{-13}$	$Factor_{-14}$
X_6	0.958	0.089	0.141	0.044
X_7	0.948	0.053	− 0.172	− 0.071
X_8	− 0.047	0.152	0.088	0.936
X_9	− 0.019	0.057	0.940	− 0.001
X_{10}	− 0.070	0.079	0.928	0.059

表 5 – 10 – 2　并购当年的因子载荷矩阵

因子	成分			
	$Factor_{01}$	$Factor_{02}$	$Factor_{03}$	$Factor_{04}$
X_1	0.855	− 0.057	0.347	0.098
X_2	0.916	0.055	0.202	0.202
X_3	0.886	0.272	− 0.120	0.188
X_4	0.842	0.210	− 0.354	− 0.063
X_5	− 0.080	− 0.706	0.434	0.150
X_6	0.133	0.972	0.014	0.072
X_7	0.118	0.956	− 0.030	0.129
X_8	− 0.045	− 0.094	0.918	0.124
X_9	0.222	− 0.091	0.760	− 0.455
X_{10}	0.309	0.063	− 0.016	0.906

表 5 – 10 – 3　并购后第一年的因子载荷矩阵

因子	成分		
	$Factor_{11}$	$Factor_{12}$	$Factor_{13}$
X_1	0.945	0.061	0.147
X_2	0.897	0.176	0.064
X_3	0.950	0.109	0.033
X_4	0.795	0.228	− 0.197

因子	成分		
	$Factor_{11}$	$Factor_{12}$	$Factor_{13}$
X_5	-0.334	-0.823	0.188
X_6	0.187	0.930	-0.043
X_7	0.143	0.890	-0.124
X_8	0.070	-0.173	0.894
X_9	-0.023	-0.014	0.925
X_{10}	0.451	-0.533	-0.109

表 5 - 10 - 4 　并购后第二年的因子载荷矩阵

因子	成分			
	$Factor_{21}$	$Factor_{22}$	$Factor_{23}$	$Factor_{24}$
X_1	0.912	0.006	0.016	0.097
X_2	0.931	-0.087	-0.035	0.032
X_3	0.894	0.185	-0.095	-0.038
X_4	0.056	0.107	-0.034	-0.892
X_5	-0.054	-0.778	0.343	0.250
X_6	0.101	0.942	0.039	-0.041
X_7	-0.050	0.941	-0.130	-0.060
X_8	-0.125	-0.011	0.889	0.187
X_9	0.037	-0.268	0.872	-0.136
X_{10}	0.141	-0.106	0.027	0.850

根据因子载荷矩阵，可写出各原始变量的因子表达式（以外资并购前一年的每股收益为例）：

$$X_1 = 0.023\ Factor_{-11} + 0.856\ Factor_{-12} - 0.050\ Factor_{-13} + 0.226\ Factor_{-14}$$

其他外资并购年度的原始各变量类似。

各年的方程采用最小二乘法回归分析可得到各变量的因子得分系数矩阵见表 5 - 11 所示，各主因子的协方差矩阵见表 5 - 11 所示。

表 5 – 11　　　　　　　　　　因子得分系数矩阵

因子	成分			
	$Factor_{-11}$	$Factor_{-12}$	$Factor_{-13}$	$Factor_{-14}$
X_1	– 0. 044	0. 408	– 0. 117	0. 219
X_2	– 0. 074	0. 408	– 0. 048	0. 034
X_3	– 0. 008	0. 256	0. 096	– 0. 163
X_4	– 0. 017	0. 145	0. 001	– 0. 379
X_5	– 0. 286	0. 030	0. 029	0. 106
X_6	0. 427	– 0. 067	0. 109	0. 180
X_7	0. 395	– 0. 060	– 0. 058	0. 106
X_8	0. 111	0. 136	0. 013	0. 622
X_9	0. 026	– 0. 067	0. 510	– 0. 017
X_{10}	0. 010	– 0. 046	0. 498	0. 017

表 5 – 11 – 1　外资并购前一年的因子得分系数矩阵

因子	成分			
	$Factor_{-11}$	$Factor_{-12}$	$Factor_{-13}$	$Factor_{-14}$
X_1	– 0. 044	0. 408	– 0. 117	0. 219
X_2	– 0. 074	0. 408	– 0. 048	0. 034
X_3	– 0. 008	0. 256	0. 096	– 0. 163
X_4	– 0. 017	0. 145	0. 001	– 0. 379
X_5	– 0. 286	0. 030	0. 029	0. 106
X_6	0. 427	– 0. 067	0. 109	0. 180
X_7	0. 395	– 0. 060	– 0. 058	0. 106
X_8	0. 111	0. 136	0. 013	0. 622
X_9	0. 026	– 0. 067	0. 510	– 0. 017
X_{10}	0. 010	– 0. 046	0. 498	0. 017

表 5 - 11 - 2　外资并购当年的因子得分系数矩阵

因子	成分			
	$Factor_{01}$	$Factor_{02}$	$Factor_{03}$	$Factor_{04}$
X_1	0.276	− 0.068	0.135	− 0.025
X_2	0.280	− 0.047	0.070	0.051
X_3	0.271	0.009	− 0.082	0.020
X_4	0.320	− 0.046	− 0.240	− 0.222
X_5	− 0.009	− 0.259	0.159	0.194
X_6	− 0.070	0.442	0.152	0.027
X_7	− 0.079	0.428	0.129	0.080
X_8	− 0.095	0.099	0.530	0.182
X_9	0.108	0.059	0.383	− 0.414
X_{10}	− 0.041	− 0.025	0.033	0.797

表 5 - 11 - 3　外资并购后第一年的因子得分系数矩阵

因子	成分		
	$Factor_{11}$	$Factor_{12}$	$Factor_{13}$
X_1	0.273	− 0.048	0.075
X_2	0.250	− 0.005	0.038
X_3	0.273	− 0.040	0.013
X_4	0.220	0.000	− 0.107
X_5	− 0.027	− 0.286	0.035
X_6	− 0.029	0.357	0.063
X_7	− 0.038	0.337	0.012
X_8	0.020	0.011	0.504
X_9	− 0.022	0.087	0.539
X_{10}	0.186	− 0.269	− 0.124

表 5 - 11 - 4　外资并购后第二年的因子得分系数矩阵

因子	成分			
	$Factor_{21}$	$Factor_{22}$	$Factor_{23}$	$Factor_{24}$
X_1	0.360	− 0.005	0.044	0.028
X_2	0.370	− 0.062	0.000	− 0.023
X_3	0.349	0.046	0.003	− 0.034
X_4	0.052	− 0.054	0.032	− 0.562
X_5	0.000	− 0.274	0.095	0.066
X_6	0.022	0.428	0.173	0.070
X_7	− 0.044	0.404	0.057	0.069
X_8	− 0.021	0.151	0.566	0.088
X_9	0.061	− 0.006	0.535	− 0.152
X_{10}	0.028	0.044	− 0.026	0.528

根据表 5 - 12，可以得到各主成分因子的得分表达式（以外资并购前一年的 $Factor_{-11}$ 为例）：

$$Factor_{-11} = - 0.044 X_1 - 0.074 X_2 - 0.008 X_3 - 0.017 X_4 - 0.286 X_5 +$$
$$0.427 X_6 + 0.395 X_7 + 0.111 X_8 + 0.026 X_9 + 0.010 X_{10}$$

表 5 - 12　　　成分得分协方差矩阵（以外资并购前一年为例）

因子	$Factor_{-11}$	$Factor_{-12}$	$Factor_{-13}$	$Factor_{-14}$
$Factor_{-11}$	1.000	0.000	0.000	0.000
$Factor_{-12}$	0.000	1.000	0.000	0.000
$Factor_{-13}$	0.000	0.000	1.000	0.000
$Factor_{-14}$	0.000	0.000	0.000	1.000

其余各主成分的得分表达式同理。

由表 5 - 12（外资并购当年、并购后第一年、并购后第二年的协方差与之类似）可知，各提取后的主因子得分的协方差矩阵为单位阵，表明提取的各个公因子之间是不相关的。因而根据所提取的各个公因子，再根据各因子得分以及方差贡献率，得到外资并购绩效的综合得分函数：

$$Z_{-1} = (26.741 Factor_{-11} + 25.198 Factor_{-12} + 19.006 Factor_{-13} +$$
$$17.254 Factor_{-14})/88.199 \tag{5.1}$$

$$Z_0 = (32.491 Factor_{01} + 25.044 Factor_{02} + 19.111 Factor_{03} + 11.779 Factor_{04})/88.425$$

$$\tag{5.2}$$

$$Z_1 = (36.080\ Factor_{11} + 27.476\ Factor_{12} + 17.852\ Factor_{13})/81.408 \quad (5.3)$$

$$Z_2 = (25.528\ Factor_{21} + 25.154\ Factor_{22} + 16.979\ Factor_{23} + 16.517\ Factor_{24})/84.178$$
$$(5.4)$$

Z_{-1}、Z_0、Z_1、Z_2 分别为各样本公司在外资并购前一年、并购当年、并购后第一年、并购后第二年的综合绩效得分（具体得分见附表1）。

七、综合检验结果

根据公式 3.1、3.2、3.3、3.4 综合得分函数及并购前后相应年份因子得分差值对本节全部样本公司外资并购绩效进行检验，检验结果如表 5 – 13 所示。图 5 – 1 反映了全部样本公司外资并购前后综合得分差均值的变动趋势。

表 5 – 13　　　　　　外资并购前后相应年份全部样本公司
经营绩效综合得分均值及正值比

F差值	$Z_0 - Z_{-1}$	$Z_1 - Z_0$	$Z_1 - Z_{-1}$	$Z_2 - Z_1$	$Z_2 - Z_0$	$Z_2 - Z_{-1}$
F差均值	2.70E – 07	1.08E – 07	3.51E – 07	– 2.43E – 07	1.35E – 07	1.62E – 07
正值比	0.486	0.649	0.486	0.541	0.649	0.514

注：F差均值是综合得分差值的算术平均，均值的符号反映绩效变动的趋势（上升或下降），均值的大小反映绩效变动的程度。正值比反映综合得分差值为正的样本公司数目占总体样本公司的比例。

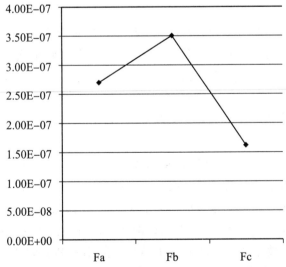

图 5 – 1　样本公司外资并购前后综合得分差均值的变动趋势

注：其中 Fa 代表 $Z_0 - Z_{-1}$，Fb 代表 $Z_1 - Z_{-1}$，Fc 代表 $Z_2 - Z_{-1}$。

通过分析表 5-13 中的数据变化，可以得知我国上市公司在发生外资并购事件后，并购当年的绩效整体来看虽未变差，但仍有超过 50% 的公司当年绩效不及并购前一年绩效，这可能是由以下两方面造成：一方面是因为我国企业外资并购的经验不足，另一方面是由于我国企业在外资并购时大多采用现金支付，只有少数公司采用换股方式，造成资金的暂时短缺，导致并购当年绩效不理想。

在经过过渡期之后，收购公司通过吸收国外先进管理经验和技术，并随着资源整合，外资并购开始对我国上市公司发挥正效应，外资并购后第一年的绩效好于并购当年，有 65% 的公司绩效明显上升。但这种好景在外资并购后的第二年便不再持续，并购后第二年上市公司的绩效相对于并购后第一年有了较明显下降，其下降速度甚至超过了并购后第一年提升的速度，观察并购正值比，发现有一半的上市公司并购后第二年的绩效又回到并购前一年的水平。

总体而言，外资并购虽在短期内改善了企业的绩效，但这种改善缺乏持续性和长期性，其原因值得深思。

第三节　跨国并购股东财富效应及其影响因素实证分析

一、外资并购绩效评价方法

外资并购是引进国外企业，跨国并购则是中国企业主动"走出去"。从并购主体来看，我国企业在外资并购和跨国并购中的角色刚好相反。以往对外资并购的研究中，侧重关注中国企业，即目标公司，忽略了对并购公司的相关研究。因此，以中国企业"走出去"为契机，利用中国企业跨国并购事件研究并购公司的股东财富效应，对进一步了解外资并购中国外企业的并购动因、并购模式等具有重要启示作用。

随着 2010 年全球经济的回暖，国际金融市场也将迎来并购新热潮。同时在国内经济快速增长、央企重组以及鼓励和支持有实力企业"走出去"的背景下，我国企业跨国并购态势越来越强。据普华永道公布的数据显示，国内跨国并购交易数量及披露金额均达到历史新高。2010 年公布的跨国并购交易数量达到创纪录的 4 251 宗，已披露的交易金额超过 2 000 亿美元，较 2009 年分别增长了 16% 和 27%。中国企业跨国并购增长趋势十分显著，2010 年跨国并购交易数量增长超过 30%，达到创纪录的 188 宗，已披露的交易金额合计约 380 亿美元。从长期看，中国一定会有相当数量的不同规模企业实行全球化经营，成长为跨国公司，由于跨国并购的最直接体现在并购的股东财富，在此轮跨国并购热潮中，有个问题值得研究：一是中国企业的跨国并购被市场认可了吗？换句话说，"走出去"战略下的中国企业的跨国并购是否创造了价值，产生了财富效应？因此，研究我国上市公司跨国并购股东财富及其影响因素无论是对上市公司本身还是中国政府决策都具有重要的现实意义。

二、国内外文献综述

最近 30 年有大量研究北美和欧洲兼并与收购的成果问世。由于发达国家和新兴发展中国家发生了大量的兼并与收购事件，所以大多数研究又都针对于美国、英国、中国及巴西等发展中国家。而公司并购理论中讨论最多、争论最激烈的问题之一就是公司并购的财富效应。

金融市场的财富效应是指在金融市场上，金融资产持有人的财富随着资产价格的上涨或下跌而同步增加或减少，进而对消费产生刺激或抑制的影响。金融市场的财富效应侧重于从宏观层面分析整个社会的财富是否与金融市场有关。并购的财富效应指市场对并购的反应导致股票价值的变化，从而引起股东财富的变化。并购的财富效应侧重于从微观层面研究并购对收购公司和目标公司股东财富的影响。

以 Jensen 和 Ruback（1983）为代表的研究人员在 20 世纪 80 年代就开始研究公司接管与兼并对股东财富的影响。他们的研究发现，在公告期间，对于成功的并购事件，采用兼并方式时目标公司股东享有 20% 的超额报酬，而收购公司股东则无法享有显著的超额报酬，采用接管方式时目标公司股东享有 30% 的超额报酬而收购公司股东仅享有 4% 的超额报酬。他们的研究结果引起了经济学家对财富效应的关注与争论。

另一个颇受关注的问题是哪些因素影响着财富效应。国外学者的研究主要集中在并购类型、行业、收购方式、并购成功性和并购相关性等方面。Mulherin 和 Boone（2000）研究了 1990 ~ 1999 年 59 个行业中 1 305 家公司的收购和剥离活动，发现收购和剥离有显著的行业集中性，并且财富效应与重组的相对规模直接相关。Shelton（2000）用目标公司股份的供求模型来分析和探讨收购公司和目标公司的收益问题，并对影响目标公司股份供求关系的因素进行了综合分析。他认为，目标公司股份的需求和供给是决定收购公司和目标公司收益的关键因素，而在影响供求的诸多因素中，战略相容性、兼并周期、机构投资者、相对规模、管制和收购方式会对收购公司和目标公司股东的收益产生明显的影响。

Markides 和 Oyon（1988）研究了 236 起 1975 ~ 1988 年间美国企业收购欧洲

和加拿大公司的跨国并购案例，发现并购方在非对称窗口期内的累积超常收益为0.38%，且在5%的水平统计显著。Francoeur（2007）考察了加拿大551起于1990~2000年间参与跨国并购的上市公司在股票市场上的股东财富表现，整体上看，在并购交易完成的第一年股票市值出现下降，并且在并购后5年内并没有产生超常收益，只有那些拥有高水平研究与开发（R&D）能力的企业创造了股东财富。Aybar和Ficci（2009）对发生在1991~2004年的433起拉美和亚洲等新兴市场经济国家企业的跨国并购进行研究时发现，平均来说跨国并购未给主并方股东创造价值，Aneel Karnani（2010）对2000~2009年印度公司的17起大额跨国并购所作的研究也得出了类似的结论。但是Gubbi等（2010）对2000~2007年425起印度公司的跨国并购进行研究后则得出了相反的结论，认为主并方股东获得了价值增值；David K. Ding（1996）对新加坡的研究也支持这一结论。

Hu. Jog和Otchere（2011）针对20个新兴市场进行了实证研究，以检验外资在新兴市场上的并购的两个相对的动因假说：控制权市场动因假说和市场进入动因假说。实证结果显示，被跨国并购的企业，在被并前股东财富显著优于被本土企业收购的企业。但是并购后，被本土企业收购的企业的股东财富会有显著的提升，而被外资收购的企业则没有显著变化，外资在新兴市场上的并购体现的是市场进入动因。

以上的结论大多是以美国或英国的数据进行实证研究得出的成果，国内对上市公司兼并与收购的财富效应的实证研究则起步较晚。国内现有的研究成果基本上都是定性的分析，只有少数学者采用定量的方法来研究有关并购的问题。洪锡熙和沈艺峰（2001）研究了三个公司多次收购同一个上市公司普通股的案例，发现并购并不能给目标公司带来显著的超额报酬。魏小仑（2010）通过建立跨国并购经营股东财富综合评价体系，对样本公司的跨国并购股东财富进行了评价，结果表明，跨国并购并没用改善我国上市公司的经营股东财富，超过一半的企业并购后出现经营业绩下滑，李梅（2010）也得出中国企业跨国并购股东财富不佳等类似结论。何先应、吕勇斌（2010）等以2000~2007年中国上市公司发生的跨国并购事件为样本，运用长期事件研究法（BHAR）检验中国企业跨国并购的长期股东财富。研究显示，中国企业跨国并购的长期股东财富整体来看并没有得到改善。

顾露露和Robert Reed（2011）运用市场模型、FF3FM模型和事件研究的基本方法评估1994~2009年中国157个企业跨国并购事件的短期和中长期股东财富。结果显示，尽管外界对海外并购股东财富看法各异，中国企业跨国并购事件公告日的市场股东财富明显为正，反映了对中国企业跨国并购的正面评价，体现了政府"走出去"战略的良好开局。邵新建等（2012）通过跨国并购事件研究发现：无论是战略资源类并购，还是创造性资产并购，二者总体上都获得了市场的积极评价。这意味着投资者预期的跨国并购能够成功创造协同效应。并且管理层的能力表现越强，预期其创造的协同价值越大。

就目前国内学者对中国企业跨国并购的研究现状来看，综合现有的研究结论发现，由于研究角度不同，研究结论并未达成一致，认为跨国并购没有显著改善中国企业股东财富的结论占多数，这意味着国内企业在并购后的整合能力有待进一步加强。同时由于中国企业跨国并购可供研究的案例数量相对有限致使研究分散且结论的差异性较大，其结论缺乏普遍性和广泛性。本节拟运用事件研究方法深入探讨跨国并购的股东财富效应。

三、样本选择与研究设计

（一）样本选取与数据来源

为方便追踪并购事件对上市公司并购前后长期经营股东财富（并购前二年、并购当年、并购后二年、并购后三年）的影响，因而我们选择从 2005 年 1 月 1 日到 2010 年 12 月 31 日之间在我国上海证券交易所和深圳证券交易所发行 A 股股票的上市公司发生跨国并购的公司作为基本样本，在此基础上：剔除所选择年份当年新上市的样本公司及终止上市的公司；剔除公司财务数据披露不全的样本公司及在相关指标上出现极端异常值的样本公司；剔除并购规模过小、对样本公司业绩影响甚微的跨国并购事件；为方便研究行业因素对外资并购股东财富的影响，剔除行业为综合类的样本公司；同年间发生两起或其以上跨国并购事件的公司，选取交易额较大的一起作为样本，若发生不同类型的外资并购但外资并购规模差异很大，则选取规模较大的跨国并购事件作为样本。经过以上筛选，本章选择了 103 家在 2005 ~ 2010 年间发生我国跨国并购上市公司。具体样本分布见表 5 – 14。

表 5 – 14　　　　　　　跨国并购样本统计分类

跨国并购分类		样本个数	占总样本比例
并购公司类型	国有企业	78	76%
	民营企业	25	24%
并购公司行业	制造业	23	22%
	采掘业	46	45%
	金融业	18	17%
	其他行业	16	16%

续表

跨国并购分类		样本个数	占总样本比例
并购方式	横向并购	37	36%
	纵向及混合并购	66	64%
目标企业所属区域	亚太	27	26%
	欧洲	35	34%
	北美	51	40%
总体样本合计		103	100%

　　2009 年我国企业跨国并购交易额相对 2008 年略微降低，但依然达到近 300 亿美元的交易额。2010 年，伴随国际金融大环境的复苏和我国经济的强劲发展，越来越多的中国企业活跃于跨国并购市场。跨国并购交易数量呈现出逐年上升趋势，2011 年达到最高值 139 起，较 2006 年 22 起上升 532%，交易规模整体呈上升趋势，2011 年交易规模达到 1 783.2 亿元，已达 2010 年全年规模的 92%（见图 5 - 2）。

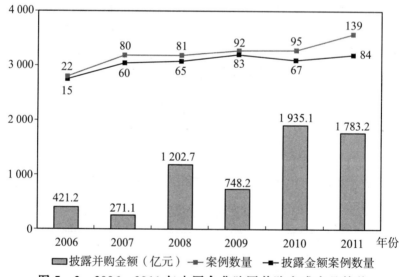

图 5 - 2　2006 ~ 2011 年中国企业跨国并购完成交易趋势

　　从并购交易市场来看，跨国并购在中国并购市场中数量占比份额从 2006 年占比 1.5% 提升至 2011 年的 4.2%；规模占比整体也呈现上升趋势，从 2006 年占比 19.3% 上升至 2011 年 22.5%，跨国并购案例中，能源矿业并购处于绝对优势占比 28%，制造业占比 21%，其余比例见图 5 - 3 所示。

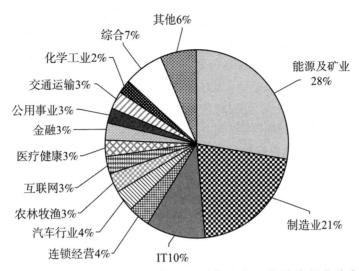

图 5 – 3 2006 ~ 2011 中国企业跨国并购交易数量按行业分布

（二）研究方法

事件研究法是根据某一事件发生前后时期的统计资料，采用某项研究方法对这一事件的影响进行定量分析的方法。在对并购绩效的分析中，事件研究法主要通过观察事件发生前后股价的变动来考察事件（如并购活动公告发布等）对股票超额累计收益率的影响，从而反映并购活动在短期对投资者财富的影响。

所谓超额收益率是指超过预期（"正常"）收益率的那部分收益率，预期收益率则是指并购事件不发生时股票可获得的收益率。而当事件发生时，如果投资者普遍将其视为利好消息，则公告公司的股票价格将会上扬，超额累积收益率为正，反之为负。通过分析累积平均超额收益率，可以从总体上考察并购事件带给公司的市场反应。本节将通过计算跨国并购事件的平均超额收益（Average Abnormal Returns，简称 AAR）和累积平均超额收益（Cumulative Average Abnormal Returns，简称 CAR），从总体上观察中国企业跨国并购事件对收购公司所带来的影响。

在计算超额收益时，需要先测算出样本公司股票的预期收益率值。通常有市场调整模型法、均值调整法、特殊条件下的市场报酬率调整法和市场模型法四种方法。其中市场模型调整法简单的将市场指数的收益率作为每只股票在事件期内当天的预期收益率；均值调整法则是利用事件估计期的数据作为研究期间来估算在此期间内股票的日平均收益率，进而将计算出的日平均收益率作为预期收益率；而特殊条件下的市场报酬率调整方法则是在事件公告日之前的某个事件期内，计算每家样本公司的个股收益率与市场指数收益率之差的均值，然后将均值与市场指数日收益率之和作为最终的预期收益率；第四种市场模型法也是目前应用最广泛的计算预期收益率的方法之一，其核心是利用证券资产定价的理论模型（CAPM）来计算预期收益率。本节也将采用 CAPM 模型估算预期收益率。之所以会选取 CAPM 模型，一方面因为其有着坚实的理论基础；另外目前我国的学者研究表明中国资本市场已经达到弱势有效，王少平和杨继生（2006）通过对中国证券市场的各组成部分的价格指数进行综列单位根检验，得出我国证券市场各主要价格指数服从综列单位根过程的结论，同时隐含了我国证券市场具有弱式有效性；最后，CAPM 模型简易明了，操作简单，而且有部分学者通过实证研究发现不同模型的选择对于计算结果的差异影响很小（LeeCh & Borth，2000）。事件研究法的具体步骤如下。

1. 事件的定义

事件研究法的第一步就是对重要事件进行定义，并确定该事件所涉及的样本公司的证券价格进行考察的"事件期"（Event Period）。事件期一般包括事件发生之前及之后的一段交易时期，将并购事件公告日确定为第 0 日，事件期选择为 [−40，40]，即从我国企业发生跨国并购事件公告日前的第 40 天到公告日后的第 40 天。确定事件期以后，为了计算超额收益率，我们必须估计正常收益率，这需要在事件没有发生的一段时期进行估计，这段时期被称为估计期。为保证对不发生该事件时样本公司股票价格情况进行无偏估计，估计期的窗口不能与事件窗口重叠。本节的正常收益率的估计期定为 [−180，−41]，即从并购事件前 180 天道事件前 41 天。

2. 计算每个样本公司的股票与市场指数在 [−180,40] 期间每日的实际收益率

第 i 家样本公司的股票在第 t 日的实际收益率的计算公式为：$R_{it} = \dfrac{P_{it} - P_{i,t-1}}{P_{i,t-1}}$

其中，P_{it} 是第 i 家样本公司股票在第 t 天的收盘价，计算时采用复权后的收盘价，以消除样本公司所发生的派息、配送股等因素对股票价格的影响。

市场组合的收益率用 R_{mt} 代表，本节选用上证综合指数和深证成分指数作为市场组合的代表。市场组合收益率 R_{mt} 在第 t 日的的计算公式为：

$$R_{mt} = \frac{P_t - P_{t-1}}{P_{t-1}}$$

P_t 为第 t 日市场指数的收盘点数，由于指数点数已经考虑了派息、配送股等

因素的影响，因而无须再进行复权处理。

3. 计算各样本股票在事件期 ［－40，40］ 内每一天的预期收益率 $\hat{R}_{it}$

本节将依据证券资产定价的理论模型来计算预期收益率。使用此方法一般是利用事件估计期的数据为考察对象，计算公式为：

$$\hat{R}_{it} = \alpha i + \beta i Rmt + \varepsilon it$$

4. 计算各样本公司股票在 ［－40，40］ 事件期内每日的平均超额收益率 （AR_{it}），计算公式为：

$$AR_{it} = R_{it} - \hat{R}_{it}$$

5. 计算 K 种样本股票在 ［－40，40］ 事件期内每日的平均超额收益率 （AAR_t），计算公式为：

$$AAR_t = \frac{1}{K} \sum_{i=1}^{K} AR_{it}$$

6. 计算所有样本公司股票在 ［－40，40］ 内的每日累计平均超额收益率 （CAR_t），第 t 日的 CAR_t 的计算公式为：

$$CAR_t = \sum_{-40}^{t} AAR_t$$

7. 对 AAR_t 和 CAR_t 进行显著性检验

为检验以上计算出来的 AAR_t 和 CAR_t 是否是由样本公司的跨国并购事件引起的，本节将对 AAR_t 和 CAR_t 进行统计显著性检验，即检验结果是否与 0 有显著性差异。如果检验结果显著，则表明事件期内股价的变动不是由随机因素产生，样本公司的跨国并购事件对股价有显著影响，若 $CAR_t > 0$，则表明并购事件给股东带来了正收益，收购公司的价值增加，反之则表示其价值减少。

（1）原假设：$AAR_t = 0$，$CAR_t = 0$

（2）构造检验统计量：

$$tAAR_t = \frac{AAR_t}{S(AAR_t)/\sqrt{k}}, \text{ 其中 } S^2(AAR_t) = \frac{1}{k-1} \sum_{k-1}^{1} (AR_{it} - AAR_t)^2$$

$$tCAR_t = \frac{CAR_t}{S(CAR_t)/\sqrt{k}}, \text{ 其中 } S^2(CAR_t) = \frac{1}{k-1} \sum_{k-1}^{1} (CAR_{it} - CAR_t)^2$$

其中，$t = -40，-39，-38 \cdots 0 \cdots，38，39，40$。统计量 $tAAR_i$、$tCAR_i$ 服从自由度为 $k-1$ 的 t 分布，给定显著性检验可以得到结果。

四、描述性统计分析

按照事件分析法的研究方法，本节对样本股票按时间窗口 （即公告期间）

[−40，40] 的平均超额收益率 AAR 和累积平均超额收益率 CAR 进行计算。结果如表 5 − 15 所示。

表 5 − 15　　[−40，40] 内的平均超额收益和累积平均超额收益

日期	AAR（%）	CAR（%）	日期	AAR（%）	CAR（%）
− 40	− 0. 2067	− 0. 2067	1	− 0. 0876	0. 8448
− 39	− 0. 261	− 0. 4677	2	0. 0651	0. 9099
− 38	− 0. 3554	− 0. 8231	3	0. 2935	1. 2034
− 37	− 0. 105	− 0. 9281	4	− 0. 0386	1. 1648
− 36	0. 3079	− 0. 6201	5	0. 1363	1. 3011
− 35	− 0. 0417	− 0. 6619	6	− 1. 0855	0. 2156
− 34	− 1. 0474	− 1. 7093	7	− 0. 9523	− 0. 7367
− 33	0. 3355	− 1. 3738	8	− 0. 9845	− 1. 7212
− 32	− 0. 0323	− 1. 4061	9	− 0. 2406	− 1. 9618
− 31	− 0. 03	− 1. 4361	10	− 0. 1309	− 2. 0927
− 30	0. 3305	− 1. 1056	11	− 0. 384	− 2. 4767
− 29	− 0. 0756	− 1. 1812	12	0. 433	− 2. 0437
− 28	0. 4054	− 0. 7759	13	− 0. 391	− 2. 4347
− 27	− 0. 5265	− 1. 3023	14	− 0. 4355	− 2. 8702
− 26	0. 2303	− 1. 072	15	− 0. 1309	− 3. 0011
− 25	− 0. 0075	− 1. 0795	16	− 0. 2035	− 3. 2046
− 24	0. 8628	− 0. 2167	17	0. 0674	− 3. 1373
− 23	0. 1912	− 0. 0255	18	0. 4611	− 2. 6762
− 22	− 0. 378	− 0. 4035	19	− 0. 5927	− 3. 2689
− 21	0. 1397	− 0. 2638	20	− 0. 5441	− 3. 813
− 20	0. 1273	− 0. 1365	21	− 1. 2674	− 5. 0804
− 19	0. 3315	0. 195	22	1. 146	− 3. 9345
− 18	1. 034	1. 229	23	− 0. 6096	− 4. 5441
− 17	− 0. 2409	0. 9881	24	0. 9161	− 3. 628
− 16	− 0. 7273	0. 2607	25	0. 9455	− 2. 6826
− 15	− 0. 4001	− 0. 1393	26	− 0. 4957	− 3. 1783
− 14	0. 5434	0. 404	27	− 0. 394	− 3. 5723
− 13	− 0. 4189	− 0. 0148	28	− 0. 0789	− 3. 6512

续表

日期	AAR（%）	CAR（%）	日期	AAR（%）	CAR（%）
-12	-0.6266	-0.6415	29	-0.6173	-4.2685
-11	-0.0549	-0.6964	30	0.0751	-4.1934
-10	0.0993	-0.5971	31	-0.419	-4.6124
-9	0.696	0.099	32	-0.3519	-4.9643
-8	0.129	0.228	33	-0.3817	-5.346
-7	-0.1045	0.1236	34	0.0349	-5.311
-6	0.1305	0.254	35	-0.0246	-5.3356
-5	0.0842	0.3383	36	-0.4194	-5.7551
-4	-0.1958	0.1425	37	0.1524	-5.6027
-3	-0.1662	-0.0237	38	0.3883	-5.2144
-2	-0.4138	-0.4375	39	-0.1688	-5.3832
-1	0.3199	-0.1176	40	0.4078	-4.9754
0	1.0501	0.9324			

计算出时间窗口期内的 AAR 与 CAR 之后，本节进一步运用 SPSS17.0 统计软件对 36 家样本公司进行描述性统计及显著性检验，结果见表 5-16 所示。

表 5-16　　　　　总体样本 AAR、CAR 在 [-40，40] 的
描述性统计及显著性检验

类型	均值	最小值	最大值	标准差	T 检验
AAR	-0.0006	-0.0016	0.0005	0.0049	-1.122
CAR	-0.0148	-0.0168	0.0213	0.0204	-7.408 ***

注：*** 表示在 0.01 水平上显著。

通过上表可以看出，总样本的平均超额收益的均值趋近于 0，与 0 的显著性在显著水平 5% 下没有通过检验；而累积平均超额收益则在 1% 的显著性水平下明显通过了检验。总体样本公司的累积平均超额收益均值为 -1.48%，显著小于零。因而可知，从 [-40，40] 时间窗来看，跨国并购给所有样本公司股东带来了 -1.48% 的超额收益，跨国并购事件没有创造价值。

从总体样本的 AAR 和 CAR 的时间序列图（图 5-4）可以观察到每日平均超额收益和累积超额收益的变化。AAR 围绕 0 值上下波动，从公告日后的长期 AAR 来看，股东获得的收益有所下降。从图中可明显看到 CAR 在跨国并购公告当日前后均有所上升，但之后一直下降，虽在公告后第 15 天左右有短暂的上升

趋势，但其值依然为负，整体依旧呈较明显下降趋势。而且结合表 5 - 16 可发现，在 [-40, 40] 的时间窗口内，股东的财富损失显著。

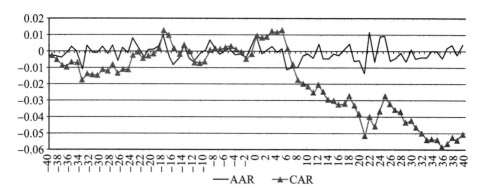

图 5 - 4　总体样本的 AAR 和 CAR 的时间序列

表 5 - 17 列出了总体样本在各不同事件期的 CAR。从其中可以看出，在跨国并购公告日前后较短的事件期如 [-5, 5]、[-1, 1]、[1, 5] 内，总体样本的 CAR 为正。但事件期稍微延长后如 [-10, 10]、[-20, 20]、[-30, 30]、[-40, 40]、[1, 10]、[1, 10]、[1, 30]、[1, 40]，CAR 则为负。其中，[-1, 1] 的 CAR 在 10% 的水平下显著为正（1.28%），表明我国上市公司跨国并购事件存在一定的公告效应，但从 [-40, 40] 来看，CAR 则在 1% 的水平下显著为负，表明我国上市公司的股东并不看好其跨国并购。

表 5 - 17　　　　　　总体样本在不同事件期的 CAR

事件期	CAR（%）	t
[-40, 40]	-4.98	-7.408***
[-30, 30]	-2.75	0.985
[-20, 20]	-3.54	-1.736*
[-10, 10]	-1.39	3.261**
[-5, 5]	1.04	1.673
[-1, 1]	1.28	2.946*
[1, 5]	0.37	1.723
[1, 10]	-3.02	-2.298**
[1, 20]	-4.73	-6.130***
[1, 30]	-5.1	-9.423***
[1, 40]	-5.88	-12.056***

注：***，**，* 分别表示在 0.01、0.05、0.1 的水平上显著。

五、跨国并购绩效的影响因素实证研究

（一）研究假设

1. 支付方式

信息与信号理论认为公司特别的行动会传递其他形式的重要信息，就跨国并购而言，如果收购公司通过换股或者其他非现金方式为并购融资，是因为收购公司管理者认为其普通股价值被高估，若采取现金支付方式，则在传递公司股价被低估的信号的同时，也表明收购公司拥有充足的资金来源，可以增强投资者信心，有利于收购公司绩效的提高。基于以上分析，本节提出如下假设：

H1：现金支付方式与收购公司并购绩效正相关。

2. 文化差异

社会认知理论认为，组织成员为了提高自己群体的相对地位，一般都偏爱自己群体内的成员，而对群体外相对成员持否定态度。当目标公司面临收购时，成员之间的凝聚力会加强，就有可能拒绝收购公司的接管。与此同时，收购公司的经历可能有优越感，认为目标公司是他们的下级，此时如果继续沿用旧文化，则很容易使目标员工产生厌恶情绪，工作激情不高，达不到管理、经营或者财务的协同效应。基于以上分析，本节提出如下假设：

H2：文化差异程度与收购公司并购绩效正相关，即并购双方的文化差异越小，收购公司的绩效越好，反之越差。

3. 行业差异

市场势力理论和内部资本市场理论都支持多元化并购可以为企业创造价值，前者认为企业多元化会改变传统的竞争模式，可以改善经营绩效，后者认为通过多元化，企业可以创造一个比外部资本市场更有效率的内部资本市场，从而改进企业的资源配置效率，提高企业经营绩效。但是，委托—代理理论却认为，企业多元化是在信息不对称条件下由经理人追求私人利益的道德风险行为引起的，因此，企业多元化将损害企业经营绩效和投资者的利益。国内外目前关于多元化的并购绩效的研究结论也尚未统一，因而本节也将做尝试性研究，提出如下假设：

H3：行业相关程度与收购公司并购绩效正相关，即并购双方的行业相关性越高，收购公司的绩效越好，反之越差。

4. 国有股比例

在国内并购中，张新（2003）的研究表明政府在我国上市公司的并购重组中将利益在并购公司股东和其他利益相关者之间进行了再分配或者转移，提高了并

购公司的价值，李善民、朱滔（2006）的研究也表明政府关联对并购绩效差的公司有显著影响。在跨国并购中，相当多国家的经验表明，政府的支持对企业走出国门进行跨国并购具有促进作用，政府关联度高的企业将会获得更多来自政府的支持，但在我国的上市公司中，政府事实上处于所有权缺位状态，并未发挥有效的监督作用，难以对收购公司的绩效产生正面影响。基于以上分析，本节用国有股比例作为政府关联程度的量化指标，提出如下假设：

H4：政府相关度与收购公司并购绩效短期内正相关，但长期可能有损收购公司的并购绩效。

5. 公司规模

自有现金流量理论认为，当企业拥有较多自有现金流量时，经理会将其用于扩大公司规模，而忽略其投资收益。经理主义也认为，经理人会投资一些低收益的并购从而扩大公司规模，达到增加自身收入的目的。但市场势力理论则认为通过并购，可以扩大市场份额，在一定时期内可能享受垄断利润。同时收购公司规模越大，其抵御风险的能力越强，从长期来看，将有利于并购绩效的提高。基于以上分析，本节提出如下假设：

H5：短期内，公司规模与收购公司并购绩效负相关，但长期来看，公司规模将与收购公司并购绩效正相关。

（二）变量定义及研究方法

1. 变量定义

基于前述假设，设置各自对应的变量。同时为避免公司治理因素对并购绩效也会产生影响，本节将第一大股东持股比例作为控制变量。各变量的具体定义见表 5–18 所示。

表 5–18　　　　　　　跨国并购绩效影响因素变量定义

指标类型	指标名称	指标计算公式
因变量	并购当年绩效：Y_0	主成分分析法得到的收购公司当年绩效得分
	并购后第一年绩效：Y_1	主成分分析法得到的收购公司并购后第一年绩效得分
	并购后第二年绩效：Y_2	主成分分析法得到的收购公司并购后第一年绩效得分
	并购当年相对于并购前一年的绩效变化：Y_{01}	Y_0 –（主成分分析法得到的收购公司并购前一年绩效得分）

续表

指标类型	指标名称	指标计算公式
因变量	并购后第一年相对于并购前一年的绩效变化：Y_{11}	$Y_1 -$（主成分分析法得到的收购公司并购前一年绩效得分）
	并购后第二年相对于并购前一年的绩效变化：Y_{21}	$Y_2 -$（主成分分析法得到的收购公司并购前一年绩效得分）
自变量	支付方式：$PayM$	虚拟变量，现金支付为 1，其余为 0
	文化差异：Cul	虚拟变量，若目标公司处于亚洲，则视为文化差异小，为 1；其余地区视为文化差异大，为 0
	行业差异：$Indus$	虚拟变量，若并购两方行业差异小，为 1，差异大则为 0
	政府关联度：Gov	收购公司并购前一年国有股比例
	公司规模：LNA	收购公司并购前一年总资产取对数
控制变量	第一大股东持股比例：FH	收购公司并购前一年第一大股东持股份额/全体股东持股份额

2. 研究方法

基于前文对我国企业跨国并购的影响因素分析，本节拟采用多元线性回归的方法检验各个因素对并购绩效的影响程度，研究模型为：

$$Y_t = \alpha_t + PayM\beta_1, t + Cul\beta_2, t + Indus\beta_3, t + Gov\beta_4, t + LNA\beta_5, t + FH\beta_6, t + \xi_t$$

其中，Y_t 分别为 Y_0，Y_1，Y_2，Y_{01}，Y_{11}，Y_{21}。

（三）实证过程

通过表 5 - 19 可以看出，我国企业在进行跨国并购时，有近 90% 的公司选择了现金支付，表明我国绝大多数企业在跨国并购时倾向于现金支付，传递有利于投资者的信号；仅有 24% 的样本公司在亚洲实行并购，表明越来越多的企业倾向于"走出去"，走出亚洲进行并购；过半数（59%）的公司依然倾向于相关行业的并购，但也有近一半的公司开始进行多元化并购；进行跨国并购的企业国有股持股比例普遍较第一大股东持股比例低；通过对 LNA 的观察发现，进行跨国并购的公司资产规模较平均。

1. 相关性分析

表 5 - 19 列示了 2005 ~ 2007 年的 37 个跨国并购样本的自变量之间的相关性分析结果。

255

表 5 – 19　　　　　　　　　　　自变量间的相关性分析

变量	PayM	Cul	Indus	Gov	LNA	FH
PayM		0.197	0.244	0.046	− 0.169	− 0.020
Cul	0.197		− 0.045	− 0.167	− 0.409	− 0.057
Indus	0.244	− 0.045		0.008	0.153	0.313
Gov	0.066	− 0.10	− 0.01		0.496	0.443
LNA	− 0.196	0.113	0.113	0.476		0.320
FH	− 0.016	− 0.077	0.356	0.412	0.272	

2. 回归分析

在进行回归分析中，本节针对每一个回归模型分别作了多重共线性分析，发现最终的回归方程中自变量的方差膨胀因子（VIF）均小于 5（以并购前一年为例，VIF 为 1.024），因而可认为不存在多重共线性问题。

采用李善民和曾昭灶等（2004）、李祥艳（2006）的做法，本节首先将表 5 – 2 的全部变量作为自变量，分别以并购后各年绩效及其变动值作为因变量进行回归，采用使 F 值增大的原则逐步剔除不显著变量，再从整体回归 F 检验显著的回归方程中，选取调整 R^2 最大的回归方程，作为某一因变量的最终回归方程，见表 5 – 20 所示。

表 5 – 20　　　　　跨国并购绩效影响因素的多元线性回归结果

变量	预期符号	Y_0	Y_1	Y_2	Y_{01}	Y_{11}	Y_{21}
C		1.405 (0.169)	4.221*** (0.000)	− 0.709 (0.484)	− 3.577*** (0.001)	2.496** (0.018)	− 3.050*** (0.005)
PayM	+				2.770*** (0.009)	2.570** (0.015)	
Cul	+			1.279 (0.210)			0.775 (0.444)
Indus	+	1.878* (0.069)		− 1.434 (0.162)	1.309 (0.200)		− 0.786 (0.438)
Gov				− 2.651** (0.013)	1.523 (0.137)	1.544 (0.132)	− 2.137** (0.040)
LNA		− 1.530 (0.135)	− 4.395*** (0.000)			− 2.935*** (0.006)	3.138*** (0.004)
FH	+		1.763* (0.087)	1.987* (0.069)			

变量	预期符号	Y_0	Y_1	Y_2	Y_{01}	Y_{11}	Y_{21}
调整 R^2		0.080	0.34	0.158	0.244	0.332	0.154
模型 F 值		2.555^*	4.712^{***}	2.352^*	4.878^{***}	5.468^{***}	2.633^*

注：*** 表示在 1% 的水平显著；** 表示在 5% 的水平显著；* 表示在 10% 的水平显著。

从表 5 - 20 的回归结果可以看出，所有模型的整体 F 值均显著，调整 R^2 除并购当年较低为 0.08 外，其余均超过 0.1，最高达到 0.34，表明在每个独立方程中，自变量对因变量的解释效果总体而言较好。由于本节采用了 F 值和调整 R^2 最大化的原则来选取最终的回归方程和进入回归方程的自变量，因而各回归方程的因变量不完全相同，因此不能全面评价某个因素对跨国并购的绩效影响。但通过观察某些方程中显著的自变量以及在多个回归方程中都出现的自变量，发现以下几个因素对收购公司跨国并购绩效有明显影响。

从并购当年、并购后第一年二者与并购前一年的各自的绩效差值来看，现金支付方式对其产生显著正影响，即采用现金支付方式的收购公司并购当年和并购后第一年的绩效相对并购前一年都有显著提高，验证了本节的假设 H1。

从并购当年、并购后第一年以及并购后第一年与并购前一年的绩效差值来看，公司规模越大，绩效越差；但从长期来看，公司规模与并购后第二年与并购前一年绩效的差值显著正相关，验证了本节的假设 H5。

从并购后第一年及并购后第一年相对于并购前一年绩效的差值来看，政府关联程度与绩效关系虽不显著，但依然存在正向关系，表明短期内政府关联度越高，收购企业的绩效越好，从并购后第二年及并购后第二年与并购前一年绩效的差值来看，政府关联程度越高，绩效却越差，呈现显著负相关，与何先应（2009）出的结论一致，验证本节的假设 H4。

从并购后第二年及并购后第二年相对于并购前一年绩效的差值来看，文化差异与绩效虽不显著，但依然存在正向关系，表明长期来看，文化差异越小，收购公司的绩效越好，一定程度上验证了本节的假设 H2。

从并购当年、并购当年相对于并购前一年绩效的差值来看，行业差异越小，收购公司的绩效越好，并购绩效的提高来自相关行业的并购，但这种正向关系未能持续，到并购后第二年，并购绩效的提高却来自不相关的并购，与李善民、曾昭灶（2004）得出的结论一致，未能验证本节的假设 H3。

此外，作为控制变量的第一大股东持股比例与并购后第一年以及并购后第二年的绩效显著正相关，表明第一大股东持股比例越高，收购公司的绩效越好，第一大股东发挥了其正向的监督作用。

第四节　外商直接投资对我国上市公司的行业垄断效应研究

一、外资并购绩效评价方法

根据前文的研究结论可以看出，外资并购虽然能够改善企业的短期绩效，但这种改善缺乏持续性和长期性。这可能在于跨国公司为了实现行业垄断，攫取更多的垄断收益进行的有意识的选择。本部分将进一步分析背后的原因。由于我国外资并购数量较少，更多地为外商直接投资，同时外资并购与外商直接投资只是跨国企业两种不同的进入模式，其对行业垄断的长期影响差异不大。我们希望通过对外商直接投资的研究间接考察外资并购对我国上市公司的行业垄断效应影响。由于外商直接投资对行业长期的影响应体现为外资在该行业中的占比，因此我们考察行业的外资依存度对行业垄断程度的影响。鉴于我国大部分的外资并购都集中在制造业领域当中，因此本节将着眼点选定为中国的制造业部门。

二、实证模型设定

为了考察外资直接投资对我国市场结构以及行业垄断程度的影响，本节建立如下计量模型：

$$\ln(CR_{it}^{n}) = \partial_j \sum_{j=1}^{n} \ln(X_{it}^{m}) + \theta\ln(FDI_{it}) + C$$

其中，CR_{it}^{n}为第i个行业在第t年时的市场集中度指标，用该行业产销量排名前n位的企业的主营业务收入占该行业全部企业主营业务收入的比重来衡量，为了确保结果的稳健性，选取CR^3和CR^5作为被解释变量分别进行回归。

FDI_{it}为第i个行业在第t年时的外资进入状况。为了反映外资在该行业中所处的地位，在计量分析中选择了外商投资企业在该行业中的比重，即该行业的外资依存度作为分析的指标。该变量的系数代表了外商投资企业的参与对该行业市场集中度变化所起到的影响，如果显著为正，则说明该行业中外商投资企业比重的增大导致了该行业市场集中度的提高，即外资企业的进入产生了一定的行业垄断效应；如果显著为负，则说明该行业中外商投资企业则说明该行业中外商投资企业比重的增大导致了该行业市场集中度的下降，即外资企业的进入增加了该行业的市场竞争性；如果的回归结果不显著，则表明外商投资企业在该行业当中比重的增加没有对该行业的市场结构产生明显的影响。

变量为模型中可能影响到市场结构变化的其他控制变量。一般而言，可能对某一个制造业的市场竞争程度和市场结构状况产生影响的因素主要包括以下几个方面。

（一）市场准入壁垒

所谓的市场准入壁垒，主要是指由东道国的政策规制所造成的某些行业限制新企业进入的情况。根据我国所制定的市场准入规则，一些制造企业比如名优白酒、卷烟、毛纺与棉纺、出版物印刷、石油冶炼、感光材料、管制药品、血液制品、部分抗生素和疫苗以及卫星接收器材等都限制非公有制企业进入，另外一些诸如保护性中药材、武器、漆器、珐琅、宣纸以及象牙虎骨制品等则严格禁止非公有制经济的参与。所有这些限制都导致了以上这些行业具有一定的市场准入行政壁垒，从而限制了新企业的进入并导致该行业维持了较高的市场集中度水平。

为了控制市场准入壁垒对市场集中度所产生的影响，考虑在模型中引入如下两个控制变量：一是市场中的企业数量 NU_{it}，它反映了企业进入该行业的难易程度。市场中的企业数量越多，也就意味着这个行业具有越低的市场准入壁垒，从而该行业的市场竞争程度也就会越强，而如果市场中仅有少量的企业，则表明该行业存在一定的市场准入壁垒。二是私营企业从业人员在国内企业从业人员当中的比重 PS_{it}，由于我国的市场准入管制主要是针对非公有制经济做出的，而新进入某个行业的企业大都属于非公有制经济，因此如果该行业对非公有制经济的准入限制越严格，则企业进入该行业中的难度也就越大，该行业的市场集中度水平也就会越高。由此我们考虑用私营企业从业人员在国内企业从业人员中的比重来代表该行业对非公有制经济的准入开放状况，以此来控制市场准入壁垒对行业市场集中度所产生的影响。

（二）规模经济效应

即便在没有市场准入壁垒的情况下，某些行业在市场竞争的过程中也会自行产生出比较高的市场集中度水平。这主要是由于规模经济效应造成的。某些行业由于具有特殊的技术特点和生产条件，在这些行业当中会呈现出明显的规模收益特征，即随着企业规模的增加，企业会获得更多的收益或实现更大的成本节约。在这样一些行业当中，企业的最优规模往往会较其他企业更大，因此每个企业所控制的市场势力也就相对越强。有鉴于此，为了控制各行业当中的规模经济特征，我们考虑引入两个控制变量：一是该行业的平均企业规模 AS_{it}，它反映了该行业企业规模的平均状况，另外一个是该行业中最大规模企业在该行业中的市场地位 $CR1$，它体现了该行业龙头企业的规模大小与市场力量。同时，作为该行业在位的领导者，领先企业市场力量的大小也决定了新企业进入该行业所面临的进入壁垒的强弱，因此该变量也可以反映在位企业规模对市场准入情况的影响情况。

（三）技术特征

行业的技术特征也是影响市场集中度和市场结构状况的一个重要因素。通常情况下，技术含量越高，技术密集度越大的企业通常也具有较强的技术壁垒。要进入这样的行业不仅要具备雄厚的资金和技术实力，甚至还要掌握一些其他企业所无法享有的核心技术与专利技术。因此相对于低技术行业而言，高技术行业当中的市场集中度往往会处于更高的水平。为了准备体现行业的技术状况，本节选用劳动生产率 LE_{it} 作为衡量产业技术密集度的代理变量。

（四）竞争力差异

此外，国内企业与国外企业之间的竞争力差异也可能影响到行业的市场集中度。由于国内企业与国外企业相比在总体上处于技术劣势，因此如果国内企业和外国企业之间的技术水平和生产效率相差过于悬殊，则对外资并购的开放将会引起外国企业对国内市场的蚕食，从而引起外国企业对市场控制力的增强和市场垄断程度的提高。有鉴于此，我们在模型当中将外国企业与本国企业的技术差距 TG_{it} 作为控制变量引入模型，以期考察外国企业和本国企业技术差距对市场集中度所可能造成的影响。

三、变量与样本的选择

考虑到跨国公司在中国的直接投资大都集中在制造业领域，因此我们的检验以中国制造业为样本来进行。样本跨度为中国 29 个制造业在 2004～2006 年期间的面板数据，共计 87 组样本指标。具体的指标构建和数据选择方法如下：

市场集中度 CR^n：市场集中度指标所计算的 29 个制造业在 2004～2006 年期间的 CR 指数来衡量。为了确保检验结果的稳健性，在检验过程中分别采用 CR^3 和 CR^5 作为被解释变量。

外资依存度 FDI：外资依存度指标选择了中国 29 个制造业在 2004～2006 年期间外商和港澳台投资企业的固定资产净值占全行业固定资产净值的比重来衡量。

平均企业规模 AS：平均企业规模变量以中国 29 个制造业 2004～2006 年期间的工业总产值／企业数量，即企业平均的工业总产值水平来进行衡量。

企业数量 NU：企业数量以中国 29 个制造业 2004～2006 年期间的企业数目来衡量。

领导者地位 $CR1$：行业的领导者市场地位以中国 29 个制造业在 2004～2006 年期间行业中销售规模最大的企业的主营业务收入占全行业主营业务收入的比重来衡量非公有制准入状况 PS：非公有制准入状况以中国 29 个制造业在 2004～2006 年期间私营企业（内资企业减国有及国有控股企业）的从业人员占国内企业（国有及规模以上非国有企业减外商及港澳台投资企业）的比重来衡量。

行业劳动生产率 LE：以中国 29 个制造业在 2004～2006 年期间各行业的增加值与从业人口的比重来衡量。

国内外技术差距：以 29 个制造业中外商投资企业的劳动生产率与国内企业的劳动生产率之比来衡量。全部检验的样本数据均来自《中国大企业集团》以及《中国工业经济统计年鉴》。

四、检验结果

根据模型所得回归结果表明，中国制造行业的市场集中度首先与行业中的市场准入程度存在密切的关系。这一方面表现为市场集中度与行业中的企业数量之间存在一定的负相关关系，即随着行业中企业数量的增加，行业的市场集中度会呈现出下降的趋势；另一方面，如果行业当中的私营部门在内资部门中所占的比重较大，行业的市场集中度也会随之下降。因此推进市场化进程，打破国有企业对行业的垄断对于提高市场竞争程度也具有一定的正面作用（见表 5－21）。

表 5－21 　　　　　　　　　FDI 的行业垄断效应检验结果

变量	CR^3			CR^5		
	回归系数	t 统计量	置信概率	回归系数	t 统计量	置信概率
$\ln(CR1_{it})$	0.5994	60.9637	0.0000	0.4993	36.3653	0.0000
$\ln(AS_{it})$	0.1814	47.6239	0.0000	0.1285	4.2713	0.0001
$\ln(NU_{it})$	-0.0521	-1.0907	0.2805	-0.0442	-3.1389	0.0028

续表

变量	CR^3			CR^5		
	回归系数	t 统计量	置信概率	回归系数	t 统计量	置信概率
$\ln(LE_{it})$	0.0525	4.4346	0.0000	0.0648	1.9999	0.0508
$\ln(PS_{it})$	-0.2348	-5.4508	0.0000	-0.2214	-7.6228	0.0000
$\ln(TG_{it})$	0.0482	1.8675	0.0676	0.0691	1.9508	0.0566
$\ln(FDI_{it})$	0.2751	5.3614	0.0000	0.3203	11.4971	0.0000
常数项	-0.5992	-1.4461	0.1543	-0.3294	-1.9766	0.0535
调整的 R^2	0.9989 [0.9982]			0.9991 [0.9985]		
标准差	0.0554			0.0657		
F 值	1 346.618 [0.0000]			1 585.814 [0.0000]		
$D\text{-}W$ 检验	2.0360			2.0410		
$Hausman$ 检验	16.5960 [0.0202]			12.0945 [0.0975]		

　　另一方面，中国制造业部门的市场集中度还与行业的企业规模呈正相关关系。无论是企业平均规模的提高还是领导企业市场势力的增强，都会导致行业的市场集中度呈现出提升的态势。因此，行业的规模经济特征对于行业的市场竞争程度会产生一定的负面影响。

　　此外，我们注意到行业的劳动生产率与行业的市场集中度呈正相关关系，而行业中国外企业与国内企业之间的技术差距也与市场集中度之间保持了一定的正向联系。前者意味着技术含量越高的行业具有的技术壁垒也相应越大，从而行业的垄断特征会更加明显；而后者则说明外资企业与内资企业之间的技术鸿沟会导致外资企业具有比国内企业更强的竞争力，从而更容易使外资企业垄断国内的某些市场。

　　而从行业的外资依存度水平与行业的市场集中度之间的关系来看，二者之间存在较为显著的正相关关系。外资依存度水平每提高 1%，会引起 CR^3 提高0.28%，CR^5 提高 0.32%。这意味着行业当中外资企业的比重越高，行业的市场集中度会变得越大，即外资在进入中国制造业之后会产生较为明显的行业垄断效应。结合前面的结论可知，这主要是由于外资企业具有比国内企业更高的技术水平和竞争力所造成的。

五、结论

　　在本节的实证检验当中，我们利用中国制造业近年来的市场集中度和外资依存度指标检验了 FDI 的进入对行业垄断程度的影响。通过检验，我们可以得到如下一些基本的结论。

首先，行业的市场集中度或行业的竞争状况与行业所具有的一些基本特征，如行业的市场准入程度、规模经济效应以及技术密集度等存在密切的关系。行业的市场准入壁垒越强烈、规模经济效果越突出、技术密集度越高，行业的市场集中度会变得越大，市场的垄断程度也会变得越明显。相反，行业的市场准入壁垒越低、规模经济效应越弱、技术密集程度越轻微，则行业的市场集中度也会变得越小，市场将变得更富竞争性。

其次，行业的市场集中度水平与行业中外商投资企业的参与程度之间存在着明显的关系。行业中外资企业所占的比重越高，则行业所具有的市场集中程度也就变得越大。这意味着外商直接投资在我国的制造行业当中产生了较为明显的行业垄断特征。

最后，竞争政策反对垄断、排除市场竞争障碍，目的在于建立和维护自由公平的市场竞争秩序，促进市场机制更充分发挥作用。从竞争政策角度，外资并购是否可行，主要取决于外资并购是否能提高市场竞争水平，是否有利于改善福利。在不涉及国家安全领域，只要外资并购的竞争效果评估是能提高社会总福利（消费者福利）的，反垄断执法机构都应该批准。从产业政策视角，由于产业政策是政府根据本国一定阶段经济发展的战略目标制定的，为实现规模经济，政府通常鼓励企业间兼并，但更强调本国成长性产业的重组合并。

第五节　本章小结

本章主要围绕外资并购与市场垄断展开实证研究。首先分析外资并购对市场结构的影响，理论分析表明，外资并购对市场结构和竞争的影响较为复杂，既可以促进竞争，也可以抑制竞争，结果如何则取决于诸多外资并购相关因素。在此基础上，我们采用多案例研究方法，从品牌的视角，分析了在中国的背景下外资企业并购中品牌出售时出售方时机选择问题。研究结果表明，通常出售企业面临的战略障碍时他们会考虑出售，而政府干预形成的机会窗口对战略障碍与出售意愿之间的关系具有重要影响，因此，在外资并购实践中，政府干预对象可以从品牌的角度进行界定，分类处理。

同时，我们还对外资并购对公司绩效的影响进行了实证研究，结果表明，外资并购虽然在短期内改善了企业业绩，但是这种改善缺乏持续性和长期性；进一步，我们通过计算超常收益和累计超常收益，还考察了我国企业跨国并购的股东财富效应及其影响因素，研究结果表明，企业的跨国并购并没有给股东带来财富效应，即股东并不看好跨国并购；而跨国并购绩效受到行业差异、公司规模、政府关联度、支付方式等因素的显著影响。

此外，我们还从宏观层面，利用中国制造业近年来的市场集中度和外资依存度指标检验了 FDI 的进入对行业垄断程度的影响。所得结果表明，行业的市场集中度或行业的竞争状况与行业所具有的一些基本特征，如行业的市场准入程度、规模经济效应以及技术密集度等之间存在密切的关系；行业的市场集中度水平与行业中外商投资企业的参与程度之间存在着明显的相关关系；以及应完善竞争政策、反对垄断、排除市场竞争障碍，以建立和维护自由公平的市场竞争秩序，促进市场机制更充分发挥作用。

第六章

外资并购规制研究

20 世纪 90 年代起，国际贸易自由化和区域整合兴起，跨国并购显著增多，各国为应对日益增多的外国投资纷纷建立规范外商投资的法律法规和政策体系，在外资并购的法律规制方面表现尤其突出。在崇尚自由投资竞争的时代，越来越多的国家倡导竞争的公平性，建立反对垄断和保护竞争的法律体系，但仍然有一些国家存在为了保护本国经济发展和产业成长而对个别产业进行贸易投资保护的行为，通过异化为"国家安全"等形式得以表现。同时，为了保护本国部分产业和促进局部地区发展，各国均通过财政税收和建立贸易投资特区的形式来实现产业和地区发展的目标。

在实行改革开放后，随着我国对外开放的范围逐渐扩大、程度不断加深，外资并购在我国外商直接投资中比重越来越大。完善外资并购安全审查体系有利于进一步保护我国产业安全，优化企业的资源配置，推动企业的技术进步和管理水平的提高。

本章将介绍主要西方发达国家以及部分新兴国家的外资并购规制体系，以及我国的外资并购法律规定和制度体系，比较中西方在利用外资的法律和政策的异同，为我国更好地利用外资提供参考。

第一节　美国的外资并购规制

美国是世界上较早建立外资规制体系的国家，自 1920 年《商船法》起，迄今已近百年历史。在经历百年的建设，美国不断修缮规制体系，并随着外资并购的兴起，将并购的规制纳入外商投资规制体系当中，美国成为目前世界上外资并购规制最完善的国家。美国通过对外资并购的灵活规制有效地促进了经济发展与国家安全双重目标的实现，其规制外资并购的经验尤其值得借鉴。

一、美国外资并购规制体系的建立和发展

美国外资并购规制体系的建立和完善，经历了一个相当长期的过程。大体而言，可分为四个阶段。

（一）第一阶段：宽松的规制

第一阶段是 20 世纪 70 年代之前。自一战起，美国国会逐渐立法对广播、交通等特定行业和领域的外商投资行为加以规制，以应对相关领域外商投资对国家安全可能产生的威胁，如 1920 年《商船法》、1934 年《通讯法》修订案和 1958 年《联邦航空法》（Larson & David，2006；胡盛涛，2007）。受战争的影响，美国也将因战争带来的威胁考虑进了经济规制中。例如，1917 年出台《对敌国贸易法》应对当时来自德国的投资，1950 年出台的《国防生产法》则源于朝鲜战争带来的战时国防需求。但是，这些立法在数量和范围上都相对有限。"二战"后，美国成为世界经济霸主，资本的流出远远大于资本的流入，对外资的监管需求不大。可以说，该阶段美国对外商投资的规制总体而言是非常宽松的。

（二）第二阶段：逐步收紧

第二阶段从 1973 年石油危机爆发到 1988 年。国际局势的突变促使美国迅速做出调整。20 世纪 70 年代，世界主要石油输出国的大量资本流入美国，美国国会担忧这一举动是出于政治目的而非经济利益。外国投资者在美国大规模的新设投资和兼并收购也引起广泛争议，外资并购在外商投资中的比重逐渐增加。1975 年，时任美国总统福特颁布第 11858 号行政命令，组建美国外国投资委员会，负责监控在美外商投资的影响，并协调有关投资政策的实施。国会也相继通过了许多法律对外国投资进行管制，如《国际投资调查法》（1976）规定了政府对外国投资调查的内容；《外国投资研究法》（1974）、《国际投资调查法》（1976）、《改善国内外投资申报法》和《关于农业外国投资申报法》（1978）规定了外国投资者的申报义务；《国际紧急经济权力法》（1977）、《国际武器贸易条例》和《出口管理法》（1979）也对涉及国家安全的外商投资进行了规定。这标志着美

国外资并购规制体系的逐渐收紧。

（三）第三阶段：正式建立

第三阶段从 1988 年开始到 2001 年的 "9·11" 事件。1988 年埃克森－佛洛里奥修正案的出台，是美国构建外资并购国家安全审查体系的关键一步。随着20 世纪 80 年代经济全球化的出现，各国经济联系加强，对外投资增长迅速。大量的新设投资和外资并购凸显了美国国家安全审查制度的缺位。1986 年，日本富士通试图收购美国仙童半导体公司的交易震惊美国朝野，国会对半导体生产行业未对外资收购设立限制所产生的国家安全问题表示担忧（Larson & David, 2006）。在通过外交途径迫使富士通放弃收购后，美国国会立即启动立法程序修改外资并购安全审查制度。1988 年，美国国会颁布《国防生产法》第 721 节的埃克森—佛洛里奥修正案，授予总统制止对美国国家安全构成威胁的外资并购的权力，这是美国第一部有关外资并购的专门立法。同时，时任美国总统里根授权CFIUS 对外资并购进行安全审查。为配合埃克森－佛洛里奥修正案的实施，美国财政部于 1991 年出台了《关于外国人合并、收购和接管条例》作为埃克森－佛洛里奥修正案的实施细则，对有关条目进行了解释。为了增强 CFIUS 审查外资的力度和透明性，次年美国国会又通过了《国防授权法》第 837 节修正案（俗称伯德修正案）。该修正案要求 CFIUS 在 "收购公司为被外国政府所控制的实体或代表外国政府的实体" 的情况下，对收购公司展开为期 45 天的强制调查，除非CFIUS 确认该等收购公司不会影响美国国家安全。该修正案同时强化了总统的报告义务，要求总统每四年定期向国会提交报告。

（四）第四阶段：加强管制

第四阶段自 "9·11" 事件起至今。"9·11" 事件的发生凸显了国家安全问题的新挑战，美国对外资并购的国家安全审查更加严格。2005 年中国海洋石油总公司收购优尼科公司（全称加利福尼亚联合石油公司）和 2006 年迪拜环球港务公司收购半岛东方航运公司的两起收购案，引发美国部分民众对美国外资审查法律和机构的不满，认为不能很好地维护美国国家安全，这促使美国进一步收紧外商投资审查的法律。2007 年，美国国会出台了《外商投资与国家安全法》，再一次对《国防生产法》第 721 节进行修正，增加了 6 个新的威胁国家安全的因素，并提出了关键基础设施的定义。同时颁布的《国家安全外国投资改革与加强透明度法》（2007）将涉及国土安全的问题也包括在 "国家安全问题" 内。2008年，美国财政部发布《关于外国人合并、收购和接管条例的最终规定》作为《外商投资与国家安全法》的实施细则。

267

二、美国外资并购安全审查规制的框架

（一）美国审查外资并购的流程

CFIUS 的审查一般分为自愿申报和通报、初审、调查和总统决策四个阶段，如果交易在初审就获得批准的话，则不必进行后面两个步骤（见图 6-1）。

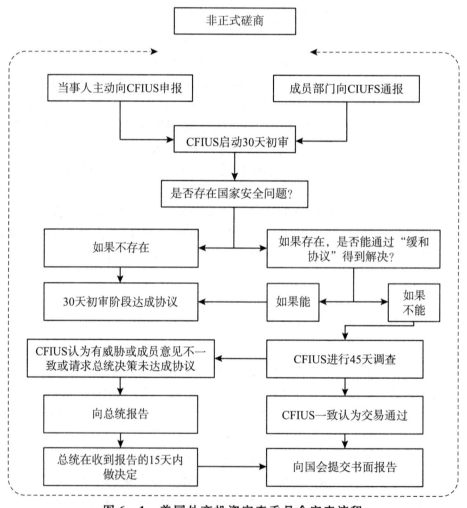

图 6-1　美国外商投资审查委员会审查流程

2008 年的《关于外国人合并、收购和接管条例的最终规定》要求，在正式的自愿申报前，交易各方可以和 CFIUS 进行磋商，通过向 CFIUS 常务主席咨询，

并在适当时候向 CFIUS 提供自愿申报草案或其他相关文件，以帮助 CFIUS 在审查前对交易是否威胁国家安全做出初步结论，并向有关交易方提供合适建议，例如是否需要正式申报或还需要补充何等申报材料等。如果交易方事前未进行磋商，交易也未得到 CFIUS 审查批准，且产生了国家安全问题，根据《国防生产法》的埃克森－佛洛里奥修正案，总统在任何时候都可以强制收购公司剥离被收购公司的股权。总统的这种行政权力行使具有无限追溯力，甚至可以在一项并购交易完成后很长一段时间行使，这就可能给交易各方带来巨大的损失。为了避免这种情形，投资银行和律师一般都会建议收购方主动与 CFIUS 进行事前磋商，并申请 CFIUS 的审查。

自愿申报和通报是审查程序的第一阶段。自愿申报是指交易方主动向 CFIUS 提出审查申请，而通报是指在 CFIUS 成员部门认为交易需要审查时，可以向 CFIUS 提出要求审查的申报。交易方在申报后，也可以主动撤回申报。当事人可以在总统决策前的任何时候书面申请撤回申报。

CFIUS 审查的第二个阶段是初审，即 CFIUS 在接受申报或通报后对有关交易的审查。初审时 CFIUS 需要确认交易是否涉及外国人控制、威胁国家安全等事实，《国防生产法》第 721 节和《国际紧急经济权力法》以外的其他法律的规定是否能提供总统充足和恰当的权力来保护国家安全等问题。如果交易不产生国家安全问题，或者通过"缓解协议"（mitigation measures）等形式可以消除国家安全问题，则无须启动接下来的调查等程序。

如有关交易属于《关于外国人合并、收购和接管条例的最终规定》中规定需要进行调查的收购，则 CFIUS 进行第三个阶段的调查工作。《关于外国人合并、收购和接管条例的最终规定》规定，任何成员部门认为交易需要调查，CFIUS 都必须启动调查程序。经调查程序后，如 CFIUS 认为审查可以终止，则无须启动第四个极端程序——报总统决策。

总统决策程序的启动，需符合如下三种情形之一：（1）CFIUS 建议总统中止或禁止相关交易；（2）成员部门对是否建议总统中止或禁止相关交易未达成一致意见；（3）请求总统自行对相关交易做出决定。总统在收到有关报告后，应依《国防生产法》第 721 节做出决定。《国防生产法》第 721 节规定，总统的决定不受司法审查。

美国外商投资审查委员会在审查外资并购时，实行严格的审查期限规定。初始审查原则不超过 30 天，必要情况下的第三个阶段调查原则上不超过 45 天，总统决策期原则上不超过 15 天。在这些规定下，投资者在 90 天内将得到 CFIUS 的答复，整个审查程序的可预见性较强。

（二）美国审查外资并购所考虑的主要因素

CFIUS 和美国总统在审查外资并购时主要依据《国防生产法》第 721 节和《国际紧急经济权利法案》。《国防生产法》第 721 节的 F 部分 ［50U. S. C. APP2170 （f）］列举了总统在国家安全审查时必须考虑的 11 个因素。

（1）国防需求的国内产品；

（2）国内产业满足国防需求的能力，包括人力资本、产品、技术、材料和其他供给和服务的可用性；

（3）外国人对影响国防需求的美国国内产业的控制和外国人的商业行为对美国应对国家安全威胁能力的影响；

（4）向其他国家出售军需品、设备或技术交易的潜在影响：

①被国务卿认定的支持恐怖活动的国家、支持导弹技术扩散的国家和支持生化武器扩散的国家；

②被国防部长认定的对美国利益造成潜在的区域军事威胁的交易；

③被列入"不扩散核武器具体国家表"或其他任何对该表补充继承的表；

（5）在影响美国国家安全的领域的交易对美国国际技术领导地位的潜在影响；

（6）对美国关键基础设施的潜在的国家安全影响，包括主要能源资产；

（7）对美国关键技术的潜在的国家安全影响；

（8）是否由外国政府控制的交易；

（9）外国政府与美国之间在多边反恐、防止和扩散及出口管制等方面的政策的一致性；

（10）美国应对能源资源和其他关键资源和材料的长期项目；

（11）总统或 CFIUS 认为适用的其他因素，一般取决于具体的初审和调查。

这 11 个因素包含了关键基础设施、关键技术、国际恐怖主义和不扩散核武器等对影响国土安全、经济稳定和公民生活秩序的重要因素，成为美国政府审查外资并购的主要依据。

此外，戴维德（David N. Fagan，2009）曾专门从外国收购公司和美国标的公司或资产两个方面归纳了 CFIUS 审查外资并购时所考虑的因素。针对外国收购公司的考察主要包括了收购人的守法记录、高管的声誉、在母国的表现、与母国政府和政党的关系以及交易是否对美国重要科技成果的影响；而针对美国本土的标的公司（或资产）的考察则包括了该标的是否属于关键基础设施或与之密切相关、是否为政府提供服务或接近机密单位等政府系统、对美国国防的影响和对法律强制力的影响、是否属于敏感技术以及交易之后对标的公司的其他影响等。

显然,与《国防生产法》第 721 节列示的 11 个因素相比,戴维德(2009)从交易双方的角度解读了 CFIUS 审查时对交易信息的关注,更为具体地分析了交易当事人涉及的"国家安全"审查内容,如关键基础设施、重要技术和能源资产、外国人控制以及武器扩散的历史声誉等问题。

(三)CFIUS 近年来外资并购的审查情况

根据 CFIUS 的 2007~2011 年五年年报,2005~2011 年,CFIUS 共审查外资并购 737 件,进入调查程序的 137 件,进入总统决策程序的共 2 件(见表 6-1)。受经济形势的影响,2009 年和 2010 年受审的交易较少,随着经济复苏,2011 年接受审查的交易又开始增加。2007 年《外商投资与国家安全法》及实施细则出台后,美国对外资并购的安全审查更为规范、更加严格。一方面事前沟通的加强使得审查阶段中主动撤销的交易减少,显著提高了审查的效率;另一方面进入调查的交易明显增多,比例迅速上升,这凸显了安全审查较以前更为严格。

表 6-1　　　　　**2005~2011 年 CFIUS 安全审查件数**　　　　单位:件

年份	审查数	初审期撤回	调查数	调查期撤回	总统决策
2005	64	1	1	1	0
2006	111	14	7	5	2
2007	138	10	6	5	0
2008	155	18	23	5	0
2009	65	5	25	2	0
2010	93	6	35	6	0
2011	111	1	40	5	0
总计	737	55	137	29	2

资料来源:根据 CFIUS 的 2009 年和 2011 年年报统计(CFIUS,2009,2012)。

从安全审查所涉及收购公司东道国前 10 位的统计来看,来自欧美发达国家企业的并购交易受到安全审查居多,来自亚太地区的国家只有日本、中国和澳大利亚(见表 6-2)。其中第一位的英国接受审查的交易共 196 件,这是第 7 位的中国的 6.5 倍,英国一直以来都是接受安全审查最多的国家。2008 年以后来自中国的交易所占比重迅速增加,受到审查的交易也开始增加。而受欧洲债务危机的影响,欧洲国家的交易略有减少,受到审查的交易也逐渐减少。

表 6 - 2 　　　　2005 ~ 2011 年 CFIUS 审查收购公司东道国前 10 位 　　单位：件

排名	国家	2005 年	2006 年	2007 年	2008 年	2009 年	2010 年	2011 年	总计
1	英国	24	23	33	48	17	26	25	196
2	加拿大	6	8	21	6	9	9	9	68
3	法国	9	9	7	12	7	6	14	64
4	以色列	1	9	6	12	5	7	6	46
5	澳大利亚	2	7	9	11	1	3	4	37
6	日本	3	6	1	8	4	7	7	36
7	中国	1	0	3	6	4	6	10	30
8	荷兰	0	4	7	2	5	2	7	27
9	德国	2	4	6	3	1	2	3	21
10	意大利	1	3	3	5	2	3	2	19

资料来源：根据 CFIUS 的 2009 年和 2011 年年报统计（CFIUS，2009，2012）。

三、三一重工关联公司罗尔斯公司收购案分析

（一）罗尔斯公司收购案简介

2012 年 9 月 28 日，美国总统奥巴马以"威胁美国国家安全"为由，否决了罗尔斯公司收购美国 TERNA 能源有限公司控制的四个风力发电项目。这是近 22 年以来第一起被美国总统否决的外资并购案。2012 年 10 月 1 日，罗尔斯公司修改了于 2012 年 9 月 12 日提起的诉状，将美国总统奥巴马增列为被告人，请求法院认定此次行政否决违反美国宪法以及 1950 年《国防产品法》第 721 条。2013 年 2 月 22 日，美国华盛顿的哥伦比亚特区联邦地方分区法院做出了初步裁决。虽然此案尚待美国法院最终判决，罗尔斯收购案作为二十多年来被美国总统基于国家安全原因否决的唯一外资并购交易，对于我们全面了解美国对外商投资的安全审查规制框架，提供了难得的样本，具有重大的价值。我们首先回顾一下在罗尔斯公司收购案中，美国安全审查制度的运作过程。

罗尔斯公司是一家在美国注册的、从事风电投资与建设的公司。其股东段大为和吴佳梁均为中国公民，分别持股 80% 和 20%，段大为和吴佳梁同时也是三一集团有限公司（以下简称三一集团）的高管。三一集团是我国著名的工程机械制造商之一，主营混凝土机械和风电设备等产品，其核心企业三一重工股份有限公司在香港证券交易所上市。

2012 年 3 月，罗尔斯公司与美国 TERNA 能源控股公司达成资产转让协议，收购 TERNA 手中的 Butter Creek 风力发电场项目。该项目位于美国俄勒冈州西南部，包括四个风力发电场，分别是 Pine City 风力发电场、Mule Hollow 风力发电场、High Plateau 风力发电场和 Lower Ridge 风力发电场，并计划使用三一集团生产的风机。收购协议签署后不久，美国海军即对交易涉及的 Lower Ridge 风力发电场所处的位置表示了关切，因为该风力发电厂位于美国海军一个飞行训练基地的限制空域内，该空域主要用于海军轰炸、电子战训练及无人机开发等。美国海军期望罗尔斯公司将该风力发电场外移，以减少对相关海军基地的威胁。考虑到美国海军的关切，罗尔斯公司主动对 Lower Ridge 风力发电场实施了搬迁，并于 4 月 23 日开始建设风机场。

在风力发电厂的建设过程中，美国外国投资委员会（英文简称 CFIUS）于 2012 年 6 月通知罗尔斯公司，要求罗尔斯公司就并购交易提请国家安全申请。CFIUS 是由美国财政部主持，由 11 个成员单位和 5 个观察员单位组成，专门负责在美外国投资的审查工作的政府部门。CFIUS 的介入表明罗尔斯公司的交易可能存在威胁"美国国家安全"的问题。6 月 28 日，罗尔斯向 CFIUS 提交了国家安全审查申请，CFIUS 正式对罗尔斯公司的收购行为展开为期 30 天的初始审查。7 月 25 日，CFIUS 发布命令，认定罗尔斯收购交易属于国家安全审查涵盖的交易，且该收购交易威胁美国国家安全，并做出了罗尔斯公司停止修建该项目、立即移除所有设备，除经 CFIUS 允许的美国人外，禁止任何人进入项目区移走设备等一系列要求。为了减少损失，罗尔斯公司告知 CFIUS，其欲将该项目公司转让给美国投资者。8 月 2 日，CFIUS 发布了修改后的命令，增加了一系列新的禁令，包括禁止罗尔斯向任何第三方转让相关权益。

与此同时，CFIUS 于 7 月 30 日开始了对罗尔斯并购交易的正式调查工作，并在法定的 45 天调查期结束时，于 9 月 13 日将调查报告呈送给总统奥巴马。2012 年 9 月 28 日，即在 CFIUS 向总统提交报告的 15 天之后，奥巴马总统发布行政命令（The White House，2012）认定，有可信的证据表明罗尔斯的收购交易可能对美国国家安全造成威胁。为此，奥巴马总统发布如下几项主要命令：（1）禁止段大为和吴佳梁二人收购 Butter Creek 风力发电场项目的交易，解除二人因交易所获得的对 Butter Creek 风力发电场项目公司的所有权；（2）要求罗尔斯公司在 90 天内放弃通过相关交易所获得 Butter Creek 风力发电场项目公司资产、知识产权、技术以及同员工和顾客的合约，和任何直接或间接有项目公司建成、持有或控制的项目等；（3）14 天内移除所有资产；（4）除非得到 CFIUS 允许的美国员工，与罗尔斯公司有关的任何人员都不允许进入项目区域；（5）段大为和吴佳梁二人及罗尔斯公司不能将由三一集团制造的设备出让给任何第三方安装使用；

（6）在没有得到 CFIUS 允许前，罗尔斯公司不能将项目公司转让给任何第三方。

至此，美国当局对罗尔斯公司收购案的审查基本宣告结束。

（二）罗尔斯公司收购案被否决的原因分析

各国的外国投资政策的制定和执行始终要在谋求促进经济增长和维护国家安全的双重目标之间寻求有效平衡（Larson & David，2006）。外商投资既带来经济利益，也可能产生对国家安全的威胁。因此，在外资的国家安全审查方面，既不能饮鸩止渴，也不能因噎废食，需要在经济利益和国家安全之间，不断寻找和维持一个动态平衡。同样地，纵观美国外资并购规制演进历程，尽管美国标榜其对外资采取相对自由和开放的姿态，但美国审查制度的制定和执行，究其根本，始终坚持谋求在促进经济增长和维护国家安全双重目标之间的有效平衡。

美国当局在做出关于外资并购国家安全审查决定时，除了单纯的国家安全因素外，还会考虑外资并购审查个案和总体趋势对整体经济和投资发展的影响。除此之外，特定时期的美国国内政治环境，以及特别的、偶发性的事件，都可能影响国家安全审查的结果。因此，收购个案国家安全审查的结果，既取决于收购个案的具体情况，还很大程度上取决于特定时期的美国经济状况、对外资需求程度、美国国内政治环境等宏观因素，以及特定事件等微观因素的共同影响。基于上述框架，本节从国家安全、美国经济状况以及美国国内政治环境等多个维度，对罗尔斯公司收购案被否决的原因进行深度剖析。

1. 国家安全因素

对国家安全造成威胁是罗尔斯收购交易被否决最直接的原因，也是该交易被否决最冠冕堂皇的理由。奥巴马总统的行政命令认定，有可信的证据表明罗尔斯公司的收购威胁了美国国家安全。该行政命令中所指的可信证据，指的是罗尔斯公司所收购的四座风力发电场在地理位置上接近美国海军训练场所。同时，风力发电场均使用了由三一重工制造的风电设备和设施。且不论企业的主观意图和目的，该种类型的收购交易在客观上确实会对美国的国家安全造成潜在的威胁，也很可能构成美国《国防生产法》第 721 节的修正案中"外国人的商业行为对美国应对国家安全能力的影响"的情形。

当然，根据罗尔斯公司的诉讼材料，其收购的风力发电场附近，还分布着众多由其他各国公司拥有的风力发电场。美国当局没有对这些风力发电场提出反对，罗尔斯因此主张美国当局的决定实际上是歧视中国企业。这涉及美国国家安全审查中的一个重要因素，即收购公司母国因素。作为美国在全球范围内重要的竞争对手之一，中国的崛起受到广泛关注的同时，也受到诸多的限制。中美在战略、政治和军事利益关系等方面，存在着既合作又竞争的关系。这种关系无疑增加美国国会和政府的猜疑，使得中国企业在美国收购受到和其他国家投资者不同的待遇。美国外商投资国家安全审查虽然宣称不针对个别国家，但对中国企业的审查可能会比其他国家更为严格。戴维德（2009）的报告还指出，针对来自中国的收购案，CFIUS 还会重点考察以下六大因素：（1）国有控股和被认为与中国军方有关联的中国公司；（2）政府补贴支持的中国投资人；（3）通过交易从事间谍活动；（4）中国企业遵守法律的记录，尤其是遵守美国《出口管制法》的记录；（5）中国企业在美国以外地区的商业行为；（6）中国军方和美国军方的军事竞争。

其中，收购公司与中国政府或政党的关系也是美国审查中国企业收购的重要因素之一。虽然罗尔斯公司的股东所在的三一集团不是国有企业，但三一集团仍被视为一家政治关联度较高的企业。三一集团的主要控制人是中共党员，曾担任多届党代表和全国人大代表，多次受到党和政府的荣誉表彰。这样的政治关联，也可能是美国当局审查罗尔斯收购交易的诸多考虑因素之一。有鉴于此，2012年 12 月 19 日的 23 届中美贸易联委会会议上，时任中国副总理王岐山批评美国政府对中国投资者的政治背景审查，要求美国政府应以实际行动公平对待中国的贸易和投资（Richard，2012）。

2. 美国经济状况

外商投资对一国经济增长的重要性不言而喻，对外资的监管力度也随着经济形势的变化而变化。尽管国家安全因素不可忽视，但选择审查的时间和当时的经济政治形势密切相关。

2008 年的金融危机使美国经济陷入低迷，为了实现经济复苏和就业增长，美国政府不断出台宽松的货币政策和积极的财政政策。持续的量化宽松政策不断向市场注入流动性，降低市场利率刺激国内投资的需求。政府还通过税收减免、新能源计划和税制改革等积极的财政政策来刺激经济，鼓励美国制造业"回流"。奥巴马总统在 2012 年的国情咨文中大谈对美国制造业的规划，通过制定减税和税制改革等方式鼓励包括汽车制造、电气设备、计算机电子产品制造等 7 个制造业回归本土，这不仅可以创造新的就业机会，还可增加出口。同时美国对来自中国等新兴市场的产品展开更严格的反补贴税等的检查，并鼓励企业新建厂房、培训员工，从控制进口和支持企业建设等方面帮助制造业振兴。政府还减小了外资并购的审查范围，只对产生国家安全威胁可能性较大的交易进行严格的审查，表 6 - 1 的数据表明，2009 年和 2010 年两年 CFIUS 安全审查的交易总和，仅为 2008 年一年的交易数（尽管这里面也有外资并购减少的原因），对制造业交易的审查更是迅速减少。

美国组合政策持续出台使得美国经济增长内生动力转强，WIND 数据显示美国制造业采购经理人指数（Purchasing Managers' Index，简称 PMI）从 2008 年底的 33.1 上升到 2011 年底的 53.1 表明，截至 2011 年底美国经济已经持续了连续 33 个月的回升。美国降低失业率的措施也取得阶段性成果，失业率从 2009 年底的 10% 降到了 2011 年底的 9.0%。2012 年 9 月美联储又推出第三次量化宽松政策，以每月 400 亿美元进度购买机构抵押支持债权（MBS），并且将联邦基金利率维持在 0～0.25% 之间，至 2012 年 11 月，美国失业率再降至 7.9%，2012 年 12 月 12 日美联储再推出第四次量化宽松政策来巩固经济复苏的成果。

经济的复苏使美国政府对外资并购的安全审查重新严格起来。在 2011 年度，CFIUS 进入审查交易的案件达到 111 件，与 2006 年持平。2012 年美国总统在 22 年后再一次行使否决权，否决了罗尔斯收购案，其对外商投资的影响不可谓不大，若非美国经济的复苏，不能支持奥巴马政府否决的决心。

3. 美国国内的政治环境

罗尔斯收购交易适逢美国 2012 大选前夕，美国的国内政治错综复杂。民主党候选人奥巴马和共和党候选人罗姆尼频繁打出"中国牌"。罗姆尼曾宣称，如果当选，第一件事就是将中国列为汇率操纵国，并攻击奥巴马政府对中国过于软弱。在这种政治压力下，奥巴马也需要表明其对中国相关问题的强硬立场。对罗尔斯公司收购案从严审查，有助于宣示其有关立场。否决罗尔斯收购案，对于奥巴马政府而言，可以成为一张恰逢其时的、上好的"中国牌"。

总之，本次罗尔斯公司的交易被否决既有不容置疑的国家安全因素，也有具有较大不确定性的政治环境因素。美国安全审查当局对安全审查内容的模糊定义给了审查当局充分的灵活性，这种灵活性使得当时的国际关系和政治环境可以得到充分的考虑。罗尔斯公司收购案被否决一方面是因为当事人自身对规制的不了解，另一方面也是因为交易本身触及的国家安全问题是可以灵活处理的。一个政治氛围浓厚的时期和一起来自中国的收购案使得案件的结果容易产生不确定性。

四、完善我国外资并购国家安全审查制度的建议

对于罗尔斯收购交易被美方行政否决事件的深入研究，一方面有利于在中国企业"走出去"背景下，加深对美国外资并购审查制度的理解，另一方面也为完善我国外资并购安全审查的制度建设提供了重要的借鉴和启示，对此，我们提出如下建议。

（一）设立国家外国投资委员会，把加强外资并购安全审查提升到国家战略层面

我国现行的外资并购安全审查工作机制，是根据国务院办公厅 2011 年发布

的《关于建立外国投资者并购境内企业安全审查制度的通知》中所确立的外国投资者并购境内企业安全审查部际联席会议（以下简称联席会议）制度。联席会议在国务院领导下，由发展改革委、商务部牵头，根据外资并购所涉及的行业和领域，会同相关部门开展并购安全审查工作。在具体审查工作中，形成了由商务部受理，联席会议具体审查，国务院为最终审查人的格局。联席会议制度的建立，是我国外资并购安全审查体系建设的重要里程碑。

但是，联席会议制度存在若干问题。第一，联席会议由发展改革委和商务部牵头，多个相关部门组成，组成部门各自的职能和职责范围不明晰，责权不统一，容易产生外资并购安全审查政出多门，联席会议组成部门之间相互扯皮和推诿的问题。第二，联席会议的工作重点，集中在具体外资并购交易的审查上，缺乏从国家战略层面，对外资并购安全审查的重大问题进行系统深入研究的机制和安排。第三，联席会议为非常设机构，其成员部门组成，很大程度上受到被审查交易的特征影响，因交易而异，具有较大的不稳定性和不确定性，影响并购安全审查标准、政策把握的连续性和稳定性。

因此建议国家设立外国投资委员会，明确为国务院直属常设机构。其职能包括研究和制定外资并购安全审查的国家战略和政策，起草外资并购安全审查的法律法规草案及制定部门规章，履行外资并购安全审查的职能等。应依法明确委员会成员的组成，以及各成员职责和分工。委员会具体组成可依照我国安全审查的需要，包括相关部委和直属机构，如商务部、国防部、发展改革委、工业和信息化部、国家安全部、司法部、国土资源部、环境保护部等部委以及国资委、法制办、港澳办、国台办等直属机构，并依照各部委和各直属机构的职能匹配相关成员职责和分工。委员会的办事机构可以设在商务部。

（二）完善我国外资并购安全审查启动机制，明确安全审查可追溯原则和"安全港"原则，减少外国投资者规避安全审查的动机

我国现行外资并购安全审查制度，规定了两种安全审查的启动机制。第一种是由外国投资者主动提请审查；第二种是由国务院有关部门、全国性行业协会、同业企业及上下游企业通过商务部提请审查。主动提请审查和通过商务部提请审查相结合的启动机制模式，扩大了外资并购安全审查的启动主体，增加了外资并购安全审查的启动渠道，对于有效发现具有国家安全威胁隐患的外资并购交易，具有积极的意义。

但对于一种特殊情形，即未被提交安全审查或已通过安全审查的外资并购交易，发生变更的，现行外资并购安全审查制度仅规定适用第一种安全审查启动机制，即外国投资者主动提请审查机制。商务部《实施外国投资者并购境内企业安

全审查制度的规定》第 10 条规定，出现上述情形的，当事人应当停止有关交易和活动，并由外国投资者向商务部提交并购安全审查申请。也就是说，在上述情形中，原则上只能依赖于外国投资者主动提请安全审查，而不能经通过商务部提请审查的方式启动安全审查。这在很大程度上增加了外国投资者规避安全审查的动机。

因此建议对于上述发生变更，并产生潜在国家安全威胁的外资并购交易，应既可以由外国投资者主动提请安全审查，也可以经通过商务部提请安全审查而启动安全审查程序。同时，我国还应借鉴美国外资并购安全审查的可追溯原则。任何外资并购交易，如果发生上述变更的情形，即使有关交易已经完成，均可随时予以追溯，对交易启动安全审查。另一方面，对于已经通过安全审查，且未发生变更的外资并购交易，应当规定"安全港"制度，不再就同一交易启动多次安全审查。这将有效减少外国投资者的规避动机，提高我国安全审查的效率。

（三）完善我国外资并购安全审查法律法规体系

我国现行外资并购安全审查的法律法规体系，存在两个较为突出的问题。

第一，法律层级过低。关于外资并购安全审查的现有法律法规中，由全国人大及其常委会制定的法律，仅有《反垄断法》第 31 条，笼统地规定了外资并购境内企业涉及国家安全的，应当按照国家有关规定进行国家安全审查。作为安全审查主要法律依据的国务院办公厅 2011 年发布的《关于建立外国投资者并购境内企业安全审查制度的通知》和商务部 2011 年颁布的《实施外国投资者并购境内企业安全审查制度的规定》，均为《立法法》规定的立法层级最低的部门规章。

第二，安全审查规则相对粗糙、模糊。例如，国务院办公厅的《通知》中对并购安全审查范围的规定，关系国家安全的"重要农产品""重要能源和资源""重要基础设施""重要运输服务""关键技术"以及"重大装备制造"等核心概念未进行明确的定义。在实践中，商务部通过《安全审查行业表》等内部文件，列举属于并购安全审查范围的相关行业，透明度较低。

因此建议尽快总结现行外资并购安全审查法律法规实施的相关经验，适时由全国人大及其常委会，或者国务院出台较高立法层级的法律和行政法规，完善和细化外资并购安全审查的具体实施规则。

第二节　德国的外资并购规制

德国是典型的大陆法系国家，具有深厚的成文法传统，但到目前为止，德国还没有一部专门的并购法，有关并购的法律规定比较分散，而且总体而言这些法律规定都比较宽松；建立起外资并购国家安全审查制度至今，德国还未有因为安全审查被否决的案例。德国对外资并购保持开放态度，原因之一就是德国有多种间接的机制可以限制、阻止不合理的并购，从而最大化外资并购给本国带来的利益。研究德国当前对外资并购规范的手段，能从中获得许多规范外国投资、合理引进外资的经验。但是必须认识到，中国国情与德国国情有很大差异，因此借鉴德国的经验必须结合中国的国情理性吸收。

一、德国规范外资并购的规制的组成和特点

德国是大陆法系的代表国家之一，其法律体系的建设历史久远、框架非常完善，其中规范国内外资并购活动的法律主要在民法和商法中。在这些民法商法中，《对外贸易与支付法》及其修正案规定德国政府监管外国贸易（包括外资并购德国企业）的指导原则以及安全审查制度的基本框架，还有一些条款分散在《反限制竞争法》《就业促进法》《有价证券收购法》等民法和商法中。同时，德国作为欧盟的重要成员国，由欧盟通过的规范非欧盟国并购欧盟国企业的法规可以直接在德国生效，甚至有部分尚未在国内具体话的法规，也可以直接生效。总体而言，德国外资并购的规制体系比较宽松，也有其独特之处。

（一）《对外贸易与支付法》及修正案和德国外资并购安全审查制度

德国管理对外经济贸易活动的最基本依据是《对外贸易与支付法》（the Foreign Trade and Payments Act，简称 AWG）。《对外贸易与支付法》不仅规范德国企业的经济贸易活动，也同样适用于外国企业在德国境内的经济贸易活动（包括外国企业收购德国企业）。

《对外贸易与支付法》的主导思想是尽可能减少对对外经济活动的限制，该法在的第一章第一款就表明了该法的基本原则：外国经济体与德国居民的货物贸易、服务贸易、资本资产贸易、支付手段交易以及其他类型的贸易，原则上是不受限制的。该法从 1961 年 9 月 1 日其颁布最初版本以后，除了在敏感领域（如国防、军事、文化产业等），在大部分经济领域规定外国投资者在德国投资时，享受与本国国民一样的待遇，基本未对外资并购活动设限。在 2009 年 4 月《对德国对外经济法和对外经济条例第十三修正案》（以下简称第十三修正案）生效以前，规定除了欧盟（EU）、欧洲自由贸易联盟（EFTA）等地区以外的外国投资者，如果要并购德国军事产品生产业务或者加密系统生产业务，且收购后直接或者间接控制的股票权达到或者超过 25% 时，须告知德国政府。可以说，在第

十三修正案生效前，德国所有关于并购的规章制度对德国国内、欧盟内部和其他国家或者地区的投资者一视同仁。

2009 年 4 月第 13 次修订生效后，《对外贸易与支付法》建立了较为健全的安全审查制度。《对外贸易与支付法》规定，德国联邦经济与技术部（The Federal Ministry of Economics and Technology，BMWi）对欧盟及欧洲自由贸易联盟以外的机构后或者个人收购德国企业 25% 及以上股权的收购项目有权进行审查，也就是说，原来的审查只针对目标企业为德国军工企业、加密系统生产企业或者其他国防有关产品生产企业的达到或者超过 25% 股份的并购，第 13 次修订后扩大到所有行业和企业。如果 BMWi 审查后认为该外资并购项目可能危害国家公共安全和社会秩序，可宣布并购合同无效，并委托财产管理公司将项目复原到外资并购前状态；也可以禁止或限制投资者在收购后行使表决权。如果并购活动威胁到德国国家安全和外部利益，德国政府有权对交易活动进行干预。同时还规定，德国上议院和联邦参议员授权 BMWi，对危害公共秩序和安全的外资并购项目有追溯否决权力，亦即允许国家阻止某些国外投资者在被视为战略性的企业中获得超过 25% 的投票权。

德国联邦经济与技术部主导的外资并购国家安全审查的过程包括初审和复审两个部分，流程见图 6 - 2 所示。

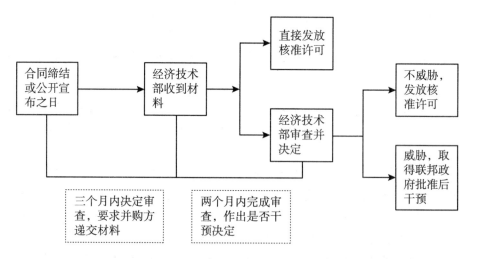

图 6 - 2　德国外资并购安全并购审查初审和复审流程

（1）初审。在并购合同签订日、收购要约公告日或者并购公告之日起的 3 个月内，BMWi 可能会要求审查非德国公司对本国公司的购买，或者对德国公司股票直接或间接的收购，以决定该购买或者收购会不会威胁国家公共秩序或者公共安全。一般来说，除了军工等敏感领域的并购，并购方没有主动申报的义务，但

BMWi 依职权审查后，该交易可能被禁止。

（2）复审。BMWi 收到全部收购文件之日起的两个月内，如果 BMWi 认为该外资并购可能会对德国的公共政策和公共安全造成威胁，则 BMWi 有权暂停该交易或者对项目附加限制条件。如果 BMWi 认为收购危害德国的公共政策与安全，则可以暂停该交易或者对并购附加限制条件（例如在必要时发出干预），并对这些决定予以公布。在此期间内，BMWi 应当通过在联邦公报公布的方式确定要上交的文件，并须将审查后的决定（暂停交易或者附加限制性条件）通知联邦政府，并取得联邦政府的批准。在禁止或限制命令发出前，必须先从联邦政府获得同意。如果交易没有对公共秩序或公共安全造成威胁，BMWi 应出具无异议证书，表明该收购项目不影响德国公共安全和秩序。如果不开始检验程序，则应视为已颁发无异议证书（见图 6 – 3）。

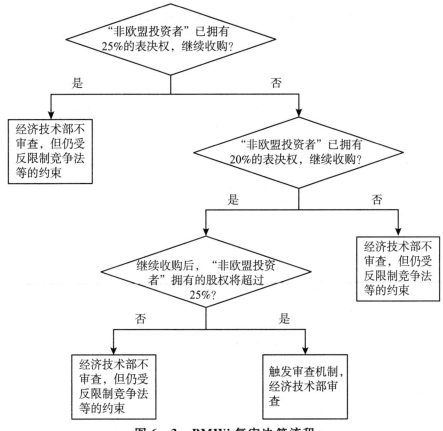

图 6 – 3　BMWi 复审决策流程

（二）其他法律法规

德国规范外国并购的法律，除《对外贸易与支付法》及其修正案以外，还有一些审批规定分散在《反限制竞争法》（Act Against Restraints of Competition）《信贷法》（KWG）《有价证券收购法》（Wertpapiererwerbs-und übernahmegesetz, WpüG）《就业促进法》《辞退保护法》《公司法》《和平利用核能及核能风险保护法》《武器法》《电力和煤气供应法》（EnWG）《电信法》（TKG）《战争武器控制法》（KrWaffKontrG）《联邦排放保护法》《药品法》《旅店法》《监理法》等法律中。但是这些分散的规定并不只适用于外国投资者，这些审查规定同样也适用于德国国内投资者、欧盟投资者、欧洲自由贸易联盟投资者对德国企业的并购。各个法律的关于并购的规定见表6-3所示。

表6-3　　　　其他法律法规中关于外资并购的条款和规定

法律名称	关于并购规定
《反限制竞争法》	适用于所有行业的企业并购。主要条款有： 1. 第35条规定并购案需经联邦卡特尔局审批的情况； 2. 第37条规定如果并购交易会产生或者加强市场控制地位，或者产生重大竞争，参与并购的企业需向德国联邦卡特尔局申报； 3. 第38条第4款专门规定了对银行、金融机构和建筑储蓄银行的营业额和市场份额的计算方法。
《信贷法》	对国内企业和国外企业并购德国境内信贷机构或金融服务公司（或参股达到10%以上）作出规定。
《有价证券收购法》	有关并购的主要规定有： 1 收购标的企业30%以上有表决权的股份，或在2002年1月1日后第一次获得标的企业控制权的收购必须公开要约； 2. 在公布收购决定后，要约方原则上需向BaFin提交要约报告书； 3. 针对标的企业决定是否接受并购要约做出一些规定； 4. 关于收购价格的规定； 5. 关于收购失败的规定。
《就业促进法》	规定了输入非德国籍的劳工的相关原则。
《和平利用核能及核能风险保护法》	该法明确外国投资者禁止参与建设和经营核电站，禁止进入核垃圾处理业务。
《武器法》	规定外籍投资者有可能不被批准在德国投资武器生产。
其他法律	《联邦排放保护法》对企业的生产排放进行严格规定。还有在《药品法》《旅店法》《监理法》等律法中也都做出了不同领域的审批规定。

（三）欧盟企业并购的规定

根据德国法律规定和欧盟关于企业并购的控制政策，规模较大的并购还需符合欧盟关于企业并购的规定。如《欧共体企业合并控制条例》第 1 条第 3 款规定，若合并参与方一年内国内外营业收入总额大于 25 亿欧元，至少在欧盟三个成员国的营业收入总额分别大于 1 亿欧元且至少两个企业各自在任何一个成员国的收入大于 2 500 万欧元，仍应适用欧盟合并控制。如参与各方在欧盟的营业收入总额的 2/3 来自同一成员国，则不用经过欧盟批准。与此相关的规定还有 2005 年的《欧委会关于第 1392004 号理事会条例中处理某些企业并购的简化程序的通知》、2004 年的《关于控制企业并购的理事会条例中并购的评估指南》等。

（四）德国规范外资并购的间接手段

德国运用正式的机制，包括如上文介绍的规范外资并购的法律规制体系，以及还有一些政策规定，如外汇管制、敏感领域（如国防、军事、文化产业等）对外国投资设限。除正式的机制外，德国更擅长运用一些间接的机制防范不合理的外资并购，而且间接手段更加多种多样，主要包括利用国有企业控制经济命脉、对恶意并购设定接管限制、签订协定规定具体要求（如绩效要求、零部件采购当地化、出口额度要求、产量增长控制等要求）、利用行业与银行存在密切关系限制投资、利用劳工通过监事会行使权力而给敌意接管造成巨大障碍。

实际上，外国企业在德国并购，面临的间接阻碍可能会多过法律、政策上的阻碍，其中最重要的一个间接障碍，就是劳工通过监事会行使权力而给敌意接管造成巨大障碍，这是因为在德国，与中国情况不一样的是，雇员非常注重维护自身利益，甚至在德国公司内部也常常发生雇员将公司告上法庭的情况，而且在德国，企业工会也有非常大的权利。同时，政府、法律对劳工的保障非常完善，规定了劳工保护条款的法律非常多，包括德《民法典》、德《就业促进法》、德《辞退保护法》、德《公司法》等。外国投资者并购德国企业，引起标的企业经营变化而导致裁员，应对被裁员工提供损失补偿（德《辞退保护法》）。因此，仅劳工防御这一间接手段的阻碍，可能给并购企业带来沉重的法律负担、时间成本和巨额赔偿负担，也加大了潜在的并购后的整合风险。

2000 年，英国沃达丰电信公司（Vodafone）对德国曼内斯曼集团公司（Mannesmann）实行恶意并购，就导致了曼内斯曼员工大规模的示威游行。2008 年，市场传言新加坡海皇轮船（NOL）考虑收购德国赫伯罗特（Hapag-Lloyd），赫伯罗特工会声明计划罢工，并表示已取得国内外其他劳工组织的支持。2012 年三一重工发布公告称将联合中信产业投资基金以 3.6 亿欧元并购德国普茨迈斯特公司（Putzmeister Holding GmbH，也称"大象"）股权后，购协议即将达成之际，遭到普茨迈斯特上海公司数百名员工于上午前往上海市松江政府抗议。最后三一重工提出令普茨迈斯特员工满意的补偿方案此事才得以解决。

二、德国规范外资并购的手段的特点

作为西方发达国家，作为大陆法系的代表，德国没有对外资并购进行例外的规定。相对而言，德国规制对外资准入限制较少，其特点如下。

（一）规制分散，总体而言比较宽松

德国针对外国投资者并购德国企业的法律规定，除《对外贸易与支付法》及其修正案以外，还分散在其他法律中，同时，欧盟有关对外经济的规定可以直接在德国生效。因此，外资在德并购时要考虑的法律规制比较多。

尽管法律规制分散，但是外国投资者的审查申报负担和风险并不非常高。德国《对外贸易与支付法》声明，一般情况下，外国投资者并购德国公司时不需要上报审批，大多数领域也只是实行主动审查制度，也就是说，只有并购案例达到德国法律规定的安全审查门槛，才会触发安全审查。在其他在少数领域，才强制企业进行申报审查，实际上也就是事前审批制，而如果外资企业并购德国企业不属于这些"少数领域"，则并购参与方无须申报。这样就尽可能把外资审查申报负担和风险降到最低。

况且，到目前为止德国尚未有因为安全审查被否决的案例，这也说明德国对外国直接投资仍保持开放态度。尽管外国投资增加，但德国政府仍然坚持认为甚至反复强调，来自这些国外企业的投资有助于保障就业率、促进经济增长，有益于德国经济和社会的发展。政府对外资进入德国持肯定态度，也是德国与外资并购的相关法律规定较宽松的原因之一。

（二）违法惩处明确、严格

德国虽然对外资准入限制较少，但是如果外国投资者违反安全审查，德国法律的规定是相当明确、严肃的惩处，并完善了法律法规和执行机制，以保证相关规定的有效落实。例如，德国法律规定，如果参与收购的一方或者双方有意或者无意地违反审查机构关于收购交易做出的最终决定，或者所提交的资料有较严重的缺陷或者较严重的错误，过错方将会受到行政处罚，并可能会被罚款，最高达50万欧元。

（三）赋予外国投资者质疑审查机构的权利

德国赋予了审查机构审查外资并购交易的权利，也建立了联邦政府行政责任和行政诉讼的司法监督机制，赋予外国投资者质疑外资并购交易审查机构的权利。在 BMWi 对外资并购交易进行审查时，对 BMWi 所做出的任何裁定，并购方都有法律权利在柏林行政法庭上质疑裁定的正确性。另外，德国政府要求审查机构作出的禁止交易或者添加附加条件的决定必须具有权威性和严肃性。为了保障这一点，法律规定 BMWi 做出这些决定时，决定的最终生效必须经过联邦政府同意。

（四）正式与非正式的防范机制与管制手段相结合

德国针对外资并购的法律规制比较宽松，外国企业到德国并购法律负担较轻，但这并不意味着外国企业不会遇到其他防范手段，实际上，德国还采用了间接的防范机制，对外资进入德国进行间接控制。法律法规方面的规范手段以上文介绍的法规为主，同时还包括各种政策规定，如外汇管制、敏感行业的外资设限等。间接的规范手段更加多样化，就德国政府采取的措施而言，主要包括三种：一是通过国有企业控制国家经济命脉，使外国投资者很难进入这些部门；二是加强对恶意并购的限制，如规定严格的劳工保护法律、赋予德国企业工会较大的权利等，增加外国企业并购的难度；三是与外国企业签订自愿协定，实现对重大外资项目的规范与引导。德国对外资原则上采取中性的管制政策，除战略性产业明确规定了一些比较严格的限制，一般性产业中，更多是采用各种间接的机制规避外资进入带来的消极影响，从而引导外资为本国经济发展的整体利益服务。

三、对完善我国外资并购审查规制的建议

（一）根据我国的实际情况选择规范外资并购的方法

虽然德国安全审查程序被《金融时报》称为美国安全审查程序的精简版，但德国并未盲目照搬美国的全部做法，而是根据德国国内市场的情况和经济发展的需要，有选择地采纳吸收。这也告诉我们实现外资并购监管的实用性、有效性、均衡性的方法是多种多样的，我国要根据本国的具体实际情况选择适合我国国情的方法。

（二）进一步细化现有规定，使之更具有权威性、可操作性

我国从国家经济安全视角规范外资并购国内企业的法律法规较少，长期以来都是以部门规章为主，总体上规定分散，不成体系，权威性也不够。2011年颁布的《国务院办公厅关于建立外国投资者并购境内企业安全审查制度的通知》法律位阶低，难以有效规定法律责任条款，更不用说切实落实法律责任条款。我国可以参考OECD在《投资接受国与国家安全相关的投资政策指南》中提出的无差别待遇原则、透明度或可预见性原则、监管的均衡性原则、问责制原则这四项监管原则，出台位阶更高的法规以及相关规章制度，对外资并购安全审查的范围、内容、标准、程序、法律责任、乘除规定等基本问题作出更有权威、更具体的规定，并发布配套实施的更具实操性的规章。

（三）规范外资并购，同时保障外资合法权益

规范外资并购、维护投资安全是对本国民众负责，而保障外资的合法权益，是为了维持本国投资环境的相对公平性和开放性，为进一步引进外资打下基础。目前我国并未明确规定外资并购安全审查机构的监督问题，更没有规定审查机构的问责事项，仅规定在特别审查程序中，当审查部门的评估意见非常不统一时，才由联席会议报请国务院进行最终裁定。显然，这样的规定是远远不能满足监督、问责审查机构的要求的。因此，我国必须加强对审查机构的行政监督，赋予外国投资者的行政诉讼权利，维护安全审查的权威性、严肃性，也为外国投资者营造一个更加公平、透明的投资环境。

（四）借鉴德国经验，采用多种间接规范手段

当前我国规范外资企业并购的间接手段多样化程度也不够，也极少付诸应用。借鉴德国的做法，我国可尝试采用的间接手段有：利用实力较强的国有企业控制国民经济命脉；与跨国公司之间签订自愿性协定，规定零部件采购当地化、出口额度、绩效要求等；保障职工利益，这样，如果外资并购会危害到企业、职工自身利益，员工也能有权利维护自身利益、阻止恶意并购，而非坐以待毙。通过这些间接手段，可以限制甚至阻止没有触犯并购法律和审查门槛，但事实上危害经济社会安全和人民利益的外资并购。

（五）扶持本国民族工业，提高国内企业核心竞争力

这是各国既实行经济对外开放又保护国内产业安全的共同做法。实际上，只

有国内企业已经拥有与跨国企业竞争的足够大的实力，政府才能减少行政约束，仅仅依靠市场的手段来抵御对国家经济安全有冲击性影响的外资并购。同时，我国政府往往过度依赖国有企业，对民营企业信心不足，给予的支持也不足。我国政府应当支持国有企业和民营企业的做大做强，培育在世界范围内具有竞争力的大企业、强企业，共同形成防御跨国企业恶意并购、保障国家经济安全的强有力防线。

第三节　日本的外资并购规制

与美英法德等欧美国家不同，中日两国先后经历经济腾飞，后发赶超阶段，且两国有着类似的地域、文化背景。日本的赶超历史使得对日本经验的借鉴有别于其他西方发达国家。

日本战后一度处于百废待兴时期，之后后发赶超，迅速复苏，同时日本也开始了缓慢的资本自由化进程，但日本在经济高速发展阶段并不欢迎外国投资，对外资依然管制较多。《广场协议》之后，日元迅速升值，日本对外投资与对内投资形成巨大反差，国内出现产业"空洞化"，到 20 世纪 90 年代经济泡沫出现，增长缓慢。此后，日本政府为摆脱经济长期低迷，开始积极地开展引进外资的工作，放松管制，鼓励外商投资。我国当前正处于经济转型、产业结构升级的关键阶段，如何借鉴日本对外资并购规制的经验教训，特别是避免重蹈日本之覆辙，显得尤为重要。

一、日本外资并购规制体系的建立和发展

日本外资并购规制体系的建立和完善，随着日本经济的发展阶段而改变，经历了一个相当长期的过程。小宫隆太郎等（1985）对将 1985 年前的日本经济划分为三个阶段，随着 1985 年以后不久，日本经济从小宫隆太郎之所谓"次高速增长"步入经济低迷阶段。由此，我们在小宫隆太郎等（1985）的基础上将日本战后以来的经济阶段划分为四个阶段：分别是 1945～1960 年的复兴时期，1960～1973 年的高速增长时期，1973 年至 1990 年的次高速增长阶段，以后 1990 年后至今的低速增长阶段。表 6-4 展示了日本战后以来 GDP 的增长情况。

表 6 - 4　　　　　　　　日本经济腾飞期间经济增长率

阶段	战后经济复兴期			高速增长期		次高速增长期	低速增长期
	1946～1951	1951～1955	1956～1960	1961～1965	1966～1970	1971～1990	1991～1910
经济增长率	10.0	10.9	8.7	9.7	12.2	4.42	0.97

注：1946～1960 年的数据引自小宫隆太郎等，《日本的产业政策》（1984），1960 年以后数据来自世界银行的统计。

与此同时，日本队外资的规制也经历了相应的阶段。"二战"后，日本对外资的规制就是一个随着经济发展进程逐步放开的过程。我们根据自战后以来日本政府在外资并购规制中体现的态度将战后以来日本外资并购规制的发展分为三个阶段，分别是战后至资本自由化前期的严格管制阶段、资本自由化的被迫放松管制阶段、"经济泡沫"之后 90 年代至今的主动放松管制的阶段。

（一）战后至资本自由化前期的严格管制阶段（1946～1967 年）

"二战"后，日本上下百废待兴，为了迅速重建，日本推行了一系列的变革措施。1949 年（昭和二十四年），日本成立通商产业省（Ministry of International Trade and Industry，简称通产省），专门负责经济产业和通商等政策的制定和实施，通产省在战后重建和经济腾飞阶段发挥了核心作用。

在重建的过程中，由于战后生产停滞，当时的日本物资和资本都严重短缺，急需国际市场的补给（小宫隆太郎等，1984）。但日本政府并不希望外国资本直接参与战后重建，而是希望通过外汇与贸易的形式来利用外资。因此，为了规范国际贸易和投资等问题，1949 年 12 月日本颁布《外汇及对外贸易管理法》（下文简称《外汇及外贸管理法》）。

《外汇及外贸管理法》规定政府有权集中外销所得外汇，来管制进口产品，鼓励技术和机械进口。为解决引进技术方面的问题（主要是如何进口价格低的技术），并且为了统一技术引进在科技所有权、专利法、技术协定、合资方式、外资比例、股东权限、外籍经理的工作等方面的方式，规定外商投资若想保护技术专利、取得股份、分项专利或是通过契约在日本拥有资产，都必须通过外资审议会发给执照才行。

《外汇及外贸管理法》第 5 章对"对内直接投资"做出了规定，涵盖了外国资本在日本的绿地投资和并购等所有的外国投资行为。日本依此法设立外汇管理委员会，负责外汇外贸及对内直接投资等事务。

1950 年朝鲜战争爆发，为日本经济重建带来了难得的机遇。1952 年，日本通过"企业合理化促进法",开始大规模兴建港口、铁路、电力和能源以及工业区等基础设施。1955 年是日本近代经济史上被视为"界标"的一年(安场保吉、猪木武德,1997),这一年日本加入关贸总协定(General Agreement on Tariffs and Trade,GATT,世界贸易组织前身),工业化基础初步建立。1956 年日本发表《经济白皮书》,宣称"这已不是战后",开始进入被称为"神武景气"的高速增长阶段。

尽管日本战后迅速得以重建,但在资本自由化之前,几乎没有外商投资获得批准(徐立军,马安家,2007),这期间外商投资被严格限制,外资很难直接参与日本国内经济建设。日本为了实现产业合理化、现代化,加强本国企业的国际竞争力,出台了一系列的产业扶植政策和产业调整援助政策,包括对钢铁、汽车和计算机等产业的扶植,对纤维、造船和炼铝工业的援助。为了改善产业结构,进行产业调整,20 世纪 50 年代后期至 70 年代初,日本大力推动产业内企业的兼并与重组,产生了一批具有一定规模和国际竞争力的企业集团。

《外汇及外贸管理法》的出台,在重建经济的过程中,有效地扶植了本国产业,尤其是新兴产业在国内的能够同外企进行竞争,为日本企业发展壮大提供了很好的保护。

(二) 资本自由化的被迫放松管制阶段 (1967 ~ 1990 年)

随着日本经济的复苏,日本开始加入一些国际性的经济贸易组织。50 年代末,欧洲各国开始恢复货币兑换,实行外汇自由化。1955 年,日本加入 GATT,1963 年,日本加入经济合作与发展组织(The Organization for Economic Cooperation and Development,OECD)。虽然日本 1955 年就加入了 GATT,但日本始终对出口和外汇进行限制。1960 年,日本接受美国的建议,制定了"贸易与外汇自由化计划大纲",对自由化进行了初步的规划(小宫隆太郎等,1984)。1966 年,日本才开始履行入市职责,逐步推进资本自由化。这一发展阶段中,日本仍然不太欢迎外国直接投资,但为了履行加入 WTO 的职责,才逐步放开对外资的管制。根据 OECD 中"资本移动自由化法则"的规定,对部分行业实施外资管制,主要包括武器、原子能、航空航天、煤电热、铁路交通、通信广播等涉及国防和公用事业等行业。

1967 年 6 月,日本内阁决定开始资本自由化进程,并制定了资本自由化的基本方针。资本自由化进程主要是绿地投资和并购投资中对投资领域和投资比例的放开。日本的资本自由化大体经历了四个阶段,尽管这些阶段的划分在时间上显得十分紧凑,但是对外商投资的限制区别却非常明显。1971 年后,绿地投资比例在 50% 以内已经完全放开,1973 年后,原则上,绿地投资完全没有持股比例的限制。资本自由化阶段，日本对绿地投资的开放程度很大，但在外资并购方面仍然谨慎，对外资并购分别提出了外国投资者个人持股比例和集体持股别的限制。在绿地投资原则上完全自由化的 1973 年，日本对并购投资的持股比例仍然限制得很紧（见表 6 - 5）。

表 6 - 5　　　　　　　　日本对内直接投资自由化历程

自由化阶段	绿地投资自由化		兼并收购自由化		
	自动认可外资比率占 50% 的产业	自动认可外资比率占 100% 的产业	外国投资者每人持股比率	外国投资者全体持有股份比率	
				非限制产业	限制产业
1967 - 07 - 01 前			< 5%	< 15%	< 10%
1967 - 07 - 01 （第一次）	33	17	< 7%	< 20%	< 15%
1969 - 03 - 01 （第二次）	（累计）160	（累计）44	< 7%	< 20%	< 15%
1970 - 09 - 01 （第三次）	（累计）447	（累计）77	< 7%	≤ 25%	< 15%
1971 - 04 - 01 （汽车产业）	（累计）445	（累计）77	< 7%	≤ 25%	< 15%
1971 - 08 - 04 （第四次）	原则 50% 自由化	（累计）228	≤ 10%	≤ 25%	< 15%
1973 - 05 - 01 （原则 100%）		原则 100% 自由化	≤ 10%	≤ 25%	< 15%
1980 - 12 - 01 以后	农林水产、矿业（外资比率 50% 以下自由化）、石油业、皮革、皮革制造业除外的全部产业。				

注：1973 - 05 - 01（原则 100%）这一阶段的并购，如获得企业同意，原则上 100% 自由化。资料来自小宫隆太郎等，《日本的产业政策》，1984 年。

1973 年后，在日本基本完成资本自由化之后，日本随即对行业也开始了自由化进程。行业自由化进程之前，基本上主要行业的投资比例都在 50% 以内，自由化就是要将外商投资在这些行业的持股比例取消（见表 6 - 6）。

表6-6　　　　　　　　1973年以后自由化的主要产业

产业名称	100%自由化时间	备注
集体电路制造业	1974.12.01	左示期限到期前50%自由化
药品或农药制造业	1975.05.01	左示期限到期前50%自由化
电子精密器械（医疗及电气计测用）制造业	1975.05.01	左示期限到期前50%自由化
电子计算机或自动化设备的制造、销售及出租业	1975.12.01	1974.08.03以前个别审查，以后左示期限到期前50%自由化
资讯处理业	1976.04.01	1974.11.30以前个别审查，以后左示期限到期前50%自由化
照片感光材料制造业	1976.04.01	左示期限到期前50%自由化

　　资料来源：日本关税协会《贸易年鉴》，1983年，第190~191页。

　　1980年旧的《外汇及对外贸易管理法》废止，取而代之的是新的《外汇及对外贸易法》，在法律的名字上，日本取消了"管理"二字，标志着日本对利用外资的态度更加开放。

　　这一阶段，日本先后经历了经济高速增长和次高速增长阶段，经济实力迅速扩张至仅次于美国的经济强国。长期的高速增长，为日本培养了大量高素质的劳动力和广阔的国际市场。但随着日本对外投资的扩张，对内投资出现严重下滑，丰富的"后天"资源得不到有效利用。

　　1985年《广场协议》后，日元迅速升值，日本企业大举向外扩张，同时外资受到汇率和严格管制的影响，对日直接投资减少。这一阶段日本FDI尽流入增多，导致国内投资严重不足，客观为后来放松对外资的管制提供了条件。

（三）"经济泡沫"之后至今的主动放松管制阶段（1991年至今——"迷失的20年"）

　　《广场协议》以后，日元急剧升值，日本开始大规模对外投资，而对内投资仍然极低，资本出现严重的尽流出。由于资本尽流出严重，经济泡沫迅速膨胀，日本几十年培养的高素质的劳动力资源不能得到有效利用，国内部分产业甚至出现"空洞化"现象。1990年起，日本经济陷入长期低迷，被称为"迷失的二十年"。由于长期对外资的管制，日本国内跨国并购一直很少。与此同时，国际跨国并购市场却飞速发展，呈现并购浪潮之势。对于日本来说，"内冷外热"的跨国并购局面迟迟没有打开。而国内市场，受经济低迷的影响，股市低迷，企业绩

291

效不佳，许多中小企业濒临破产。急需并购重组来优化资源配置。另一方面，由于企业间相互持股是股权关系错综复杂，企业组织制度和文化的差异，导致日本企业普遍不欢迎外资并购。这些都导致外资不喜欢并购日本企业。

90 年代后期，为了摆脱经济的低迷，日本决心放松对外资并购的管制，鼓励外国投资（崔健，2009）。1994 年日本成立"对日投资会议"，1996 年 4 月，日本投资委员会发表了题为《关于完善日本并购环境措施》的报告，鼓励外国资本对内投资。日本先后修订《外汇及对外贸易法》《促进进口和对日投资法》及《商法》，调整会计准则，简化审批；减免财务困难的中小企业的债务；在东京都、神奈川县和大阪府等地设立"促进对日投资区"，并指出鼓励投资的产业；2003 年，日本改"日本贸易振兴会"为"日本贸易振兴机构"。日本对政府认定的鼓励性行业给予税收优惠，如制造业、批发业、流通行业和服务业等，为投资比例超过 1/3 的外国投资者提供优惠税率和债务担保。这些都客观上为外资并购创造了条件。徐梅（2006 第一期《日本学刊》）研究发现，在这段时间，日本国内的外资并购规模变大；金融和电信等领域的管制有所放松；来自中国的并购越来越有影响。

目前，日本主管对内直接投资的格局依然是经济产业省主导，外加几个相关部门的格局，同时还有"对日直接投资综合指导窗口"和"日本贸易振兴机构"两个旨在促进对日投资的机构。

二、日本外资并购的审查制度

日本对外商投资采取"原则放开，例外禁止"的态度，大部分的行业均可自由投资，只有涉及国家安全的领域才需要审查。

（一）法律依据

日本为外资并购安全审查建立了一套完善的法律体系，包括了法律、部门规章和特定行业对外资的规制。主要包括了以《外汇及对外贸易法》为主、《对内直接投资等相关政令》（直投政令）、《对内直接投资等相关命令》（直投令）和《输出贸易管理令》的相关政府命令，以及个别行业法规，如《日本电信电话株式会社法》（简称 NTT 法）、《电波法》、《广播法》和《航空法》等。

《外汇及对外贸易法》是整个体系中的最高法律，其中第 5 章是关于"对内直接投资"的法律，对"对内直接投资"的投资主体、投资行为、主审部门、审查内容和审查程序等内容都做了细致的规定，并通过直投令、直投政令和行业法规加以补充。

（二）审查对象

《外汇及对外贸易法》第 5 章第 26 条分别对"外国投资者""投资行为"做了相关定义。"外国投资者"主要包含四类：（1）非日本籍居民；（2）根据外国法律设立的法人团体，或在外国有主要事务所的人团体；（3）上述（1）类或（2）类中直接或间接合计持有公司 50% 及以上决议权的企业法人；（4）非本国居民占员工过半数的日本法人。

"投资行为"中对外资并购的行为主要包括：（1）股份有限公司股份的取得；（2）上市公司股份的取得。

（三）主审部门

《外汇及对外贸易法》第 5 章第 27 条规定，主持审查对内直接投资的工作由日本财务大臣及相关产业的主管大臣负责，并规定财务省的关税、外汇等审议会是协助财务大臣审查外资并购，该审议会的意见对审查结果影响重大。

（四）审查的原则和主要考虑因素

《外汇及对外贸易法》第 27 条第 3 项认为，对"对内直接投资"的审查应遵循以下 4 条基准：

第一，对国家安全的损害情况；

第二，对维持公共秩序的影响；

第三，对公众安全保护的影响；

第四，对本国经济运营的不利影响。

《外汇及对外贸易法》基本上确立了外资并购安全审查的原则就是：维护国家安全、维护公共秩序、维护公众安全和维持国民经济健康稳定发展。在《外汇及对外贸易法》对审查基准的基础上，个别产业的立法对外商投资进行相关的规定。比如日本的《日本电信电话株式会社法》（简称 NTT 法）、《电波法》、《放送法》和《航空法》等。NTT 法规定外国投资者不得拥有日本电信电话株式会社三分之一及以上的直接议决权，同时法律规定的三种外国投资者每一种的决议权不得超过 10%；《电波法》和《放送法》规定外国投资者对相关企业直接和间接决议权不得超过 20% 及以上，外国投资者收购相关企业的股权不得超过 20%；《航空法》规定外国投资者不得拥有航空运输事业企业三分之一及以上的直接议决权。

日本对可能威胁国家安全及未实行资本完全自由化的行业中的外商投资予以限制。根据《外汇及外贸法》，外国投资者获取日本非上市企业股权或上市企业股份超过 10% 时，在农林水产业、矿业、石油业、皮革及皮革产品制造业、航空运输业等保留行业，实施提前申报手续。根据 OECD 中"资本移动自由化法则"的规定，对部分行业实施外资管制，主要包括武器、原子能、航空航天、煤电热、铁路交通、通信广播等涉及国防和公用事业等行业。2007 年 9 月，管制行业又加入可能转为军用的碳素纤维和钛合金、光化学镜头制造业等。采矿业、通信业、广播业、水运业和航空运输业的行业法规有具体的外资准入限制。

（五）审查流程

审查流程主要包含以下几个方面内容：首先是事前申报义务和事后申报义务，审查时限、对部分投资的重审的规定，对部分产业的特别规定。

1. 事前申报义务

如果外国投资者拟收购日本上市公司 10% 及以上的股份或拟收购非上市公司时，在农林水产、皮革、皮革品制造业和航空运输等产业，当事人需要履行事前申报义务（审查内容处介绍），见图 6-4。

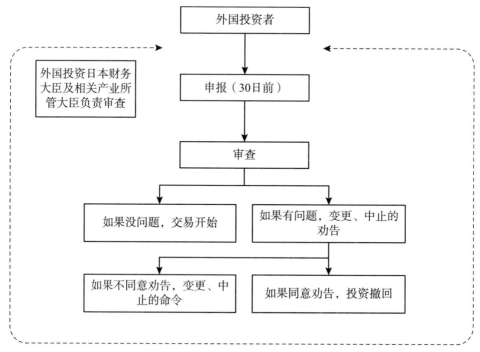

图 6-4　日本对内直接投资事前申报流程

对于需要履行事前申报义务的投资行为，当事人应当就投资内容、投资目的、金额和实行日期等内容，投资日期等向日本银行递交《对内直接投资报告书》，然后由日本银行将报告书递交给财务大臣和相关事业大臣。财务大臣及相关事业大臣必须在 30 日内审查，期间当事人不得进行交易。如果财务大臣及相关事业大臣认为有必要延长审查期限，最多延长 4 个月，并且如果关税、外汇等审议会（Council on Customs，Tariff，Foreign Exchange and Other Transactions）认为有必要，亦可申请将审查延长 5 个月。审查时间跨度较大，视具体情况而定。

2. 事后申报义务

除了需要事前申报的投资行为，其他投资行为都只需事后申报，当事人须在进行收购后 15 日以内向日本银行递交《对内直接投资报告书》，然后由日本银行将报告书递交给财务大臣和相关产业主管大臣。

3. 需事前申报的产业

《对内直接投资的相关命令》的第 3 条第 3 项规定了需要事前申报的产业，这一审查内容由日本内阁府、总务省财务省、文部科学省、厚生劳动省、农业水产省、经济产业省、国土交通省和环境省联合制定，包括了与国家安全保障有关的各种产业，并将各产业中所涉审查内容以别表形式列出，包括了武器、航空、人造卫星和原子能等的相关制造业、机械修理业、软件程序设计业；人造卫星和火箭的发射及软件程序设计。还有《输出贸易管理令》中所列的部分制造业，包括了核能、皮革、油气、武器和电气通信等产业。

此外，《外汇及对外贸易法》还专门规定了禁止伊朗企业投资的产业。

三、日本外资并购案例

随着日本政府对外资并购管制的放松，大规模的外资并购开始涌现，日本规制外资并购的法令却暴露出很多漏洞。另一方面，尽管政府有意放松管制，但长期形成的有别于其他国家的企业文化、人事晋升制度以及国民对外资并购的态度显然对外资并购形成了巨大的挑战。一些著名的收购案猛烈地冲击了日本当时的外资并购规制体系，并对日本长期形成的企业文化和管理制度形成了巨大的冲击。日本的外资并购的规制体系在外资企业与日本政府和日本企业间的艰难博弈中不断完善。

（一）2005 年活力门敌意收购日本放送

2005 年 2 月，在美国投行雷曼兄弟的支持下，活力门股份有限公司（Livedoor Co.，Ltd.）通过二级市场对日本放送进行闪电式收购，增持 29.63% 的股权，加上之前持有的 5.36%，活力门已持有 34.99% 的股权，成为日本放送的第一大股东。但活力门真正的目标其实是日本放送的子公司富士电视台，富士电视台当时的市值为 7 000 亿日元，资产规模相当于 10 个日本放送。由于日本相互持

295

股普遍、股权分散等原因，日本放送虽持有富士电视台股份不多，但却是富士电视台的控股股东。如果活力门控制了日本放送，就等于间接控制了富士电视台。这一"四两拨千斤"的交易对活力门这家崇尚并购扩张的新兴企业来说无疑具有强大的吸引力。由于活力门的控股股东具有外资背景，这一收购引起日本外资并购安全审查部门的注意。日本《电波法》和《放送法》对外资收购相关企业 20% 及以上的股权有严格的限制。但是日本当时的《电波法》《放送法》和《金融商品交易法》对外商投资企业的定义中，仅对外资企业为主体的收购进行了规定，没有对外资控股的日本企业法人做相关规定，也就是说相关法律并没有追究日本企业法人的最终控制人这一问题。因此，在当时没有法律可以规制这一敌意收购。

为了阻击活力门的敌意收购，日本放送实施"毒丸计划"，决定授予富士电视台 4 720 万"新股预约权"，试图通过定向增发来反击活力门。但这一决定立即遭到活力门的起诉，认为这一行为违反了日本《商法》的规定"不得为维护经营权而发行新股"。最终这一决定被东京地方法院否决。最后，富士电视台通过各种途径对活力门施压，迫使活力门放弃了对日本放送的收购。2006 年，日本政府立即着手修改《电波法》和《放送法》，对日本企业法人的最终控制人这一问题进行了补充。

（二）2009 年澳大利亚马克里空港败走收购羽田空港

澳大利亚马克里空港（Macquarie Airport）是澳大利亚投资银行马克里集团旗下基金公司，以基础设施投资为主。日本空港大厦股份有限公司（俗称羽田空港大厦）是一家不动产管理公司，主管着东京都两个主要民用机场——成田机场和羽田机场，是日本国内收益最高的机场管理公司。

2007 年 5 月，马克里根据日本《证券交易法》的规定，披露了自己持有羽田空港大厦 5% 以上的股份，这一行为引起羽田空港股东的不安。7 月，马克里已持有羽田空港 9.95% 的股份。

马克里的收购引起了日本国土交通省对这起外资并购导致的"国家安全"问题的担忧。国土交通大臣冬柴铁三公开表示，羽田空港作为重要基础设施，若是被外资控制，将危害国家安全。

10 月，马克里已增持股份至 19.9%，这期间马克里总裁数次登门拜访羽田空港，并表示不再增持羽田空港的股份，也不参与公司运营。根据日本《金融商品交易法》的规定，收购股份超过 20% 的收购需要得到公司的认可，否则将自动触发反收购条款。但马克里的收购显然遭到了原有股东的排斥。在坚持持有两年之后，马克里决心退出。2009 年 7 月，羽田空港通过二级市场回购，回购了 19.9% 的股份，并注销了其中 16% 的股份。马克里败走羽田空港。

马克里的收购并没有受到日本规制层面过多的限制，但却受到原有股东和相关利益者的极力排斥。能否与原有股东同心协力、能否得到利益相关者和员工的支持，这些因素也是外资企业能否成功收购日本企业的关键。

（三）2008 年儿童投资基金折载收购日本电源开发株式会社

2006 年 10 月，儿童投资基金（TCI, The Children Investment Fund Management）首次入股日本电源开发株式会社（J-Power, Electric Power Development Co., Ltd.），持有其 5.07% 股份，因按法规披露而被 J-power 注意到其存在。同马克里一样，TCI 也先后增持 J-power，2007 年 3 月，TCI 增持 J-power 至 9.9%，根据日本《外汇及对外贸易法》的规定，该行业的外资并购超过 10% 股份时需做事前申报。

但 TCI 显然不满足于仅持有 10% 以下的股份，2008 年 1 月 TCI 公开表示要增持股份，并立即向日本银行递交对内直接投资的相关申请。当月 15 日（15 号开始审查是依据《外汇及对外贸易法》的规定），日本财务省的关税、外汇等审议会立即开始协助财务大臣（相当于财务部长）审查 TCI 的投资申请。3 个月后的 4 月 15 日，财务大臣及相关产业的主管大臣在审查之后向 TCI 发出"中止劝告"，要求 TCI 放弃增持。但 TCI 并不认可这一审查结果。5 月 13 日财务大臣和经济产业大臣联名发布了"中止命令"，成为日本首个被"中止命令"否决的外资并购。TCI 增持失败。2008 年 11 月，由于 TCI 对 J-power 的战略表示异议，J-power 依据日本《公司法》回购了 TCI 所持的 9.9% 的股份。这一场博弈就此结束。

（四）近年来日本外资并购情况介绍

日本近年来引进外资已初见成效，根据日本内阁府近年来公布的对内直接投资的调查报告，我们将数据整理成表 6-7、图 6-5。

表 6-7　　　　　　1985~2008 年日本对内直接投资情况　　　　单位：件

年份	2008	2007	2006	2005	2004	2003	2002	2001
M&A	83	169	101	179	206	158	129	158
年份	2000	1999	1998	1997	1996	1995	1994	1993
M&A	175	129	85	51	31	33	33	24
年份	1992	1991	1990	1989	1988	1987	1986	1985
M&A	29	18	19	11	14	17	14	21

注：数据经内阁府对内直接投资调查报告整理得来。

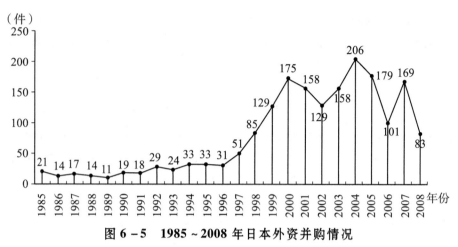

图 6 – 5　1985 ~ 2008 年日本外资并购情况

注：数据经内阁府对内直接投资调查报告整理得来。

四、小结

日本外资并购的规制始终围绕着日本经济的发展状况而变迁。战后恢复的30年，日本并没有采取依靠外资的发展模式，通过对外汇和贸易的管制，日本经济迅速恢复，并逐渐实施资本自由化，日本政府也逐步放开了对外资的管制。"广场协议"后日元迅速升值，导致国内劳动力成本上升，投资成本上升，国内资产泡沫严重，房地产居高不下。资本迅速流出后，投资不足摧毁了日本良好的产业发展进程。为了重振经济，日本不得不转变一直以来对外资的谨慎态度，但放松管制的过程中也暴露出诸多问题。

首先是法律规制的缺位。由于长期日本对外资的压制，对内直接投资的规制体系少有受到巨大的挑战。但随着管制的放松，外资并购逐渐增多，规制不足的缺陷逐渐暴露，这也迫使相关利益者甚至政府运用非正常手段迫使外资放弃并购。

其次是日本上下长期抵制外资所"熏陶"出的对外资的排斥态度。日本经济发展与外资并购规制的几条线索中，我们发现，日本政府对待外资的排斥态度促成了如今日本企业盘根错节的股权关系、等级森严的企业文化的现状，正是这种态度导致了今天尽管政府努力为对内直接投资铺平道路，但外资并购仍然面临着法律和政策以外的巨大障碍。

随着经济缓慢增长和产业结构转型升级的压力，20世纪90年代后期，日本政府开始转变对外资并购的态度，从过去对外资并购严格的监管和约束变成支持和鼓励外资并购，在政府规制层面给外资企业并购日本企业带来的阻碍已经远远小于过去。然而，日本长期形成的企业经营理念、企业间交互持股的错综复杂的关系和森严的人事晋升制度，以及国民对待外资并购的排斥态度，这些因素都成为政府监管因素以外外资企业并购日本企业时需重点考虑的因素。这些因素导致目前日本依然是发达国家中外商投资较少的国家。对于日本政府而言，想要通过对内直接投资来促进经济转型升级，除了放松法律规制方面的管制，还要进一步梳理的日本企业股权结构，改变国民对外资并购的排斥态度，减少外资企业进入日本企业的阻力。

日本的经验教训对中国政府如何利用外资并购规制规范外商投资、充分利用外资并购，有着重要的借鉴意义。首先，虽然随着经济发展，外资并购规制逐渐暴露不足、缺位的弊端，但在经济发展过程中，日本政府总体上使外资并购的发展与国内经济发展的需求相适应：战后百废待兴，日本政府希望通过外汇与贸易的形式来利用外资，采用严格管制的外资并购规制，严格限制外商投资；随着日本经济逐步复苏、逐步国际化，日本被迫放开对外资的管制，但在外资并购方面依然保持谨慎态度；20世纪80年代中后期开始，日本经济陷入"迷失的20年"，经济陷入长期低迷，资本净流出严重，经济泡沫迅速膨胀，日本政府主动放松对外资并购的管制，采用简化审批、税收优惠、鼓励投资等更为宽松的并购规制，只对日本对可能威胁国家安全及未实行资本完全自由化的行业予以限制。新中国成立至今，我国经济经历了不同的发展阶段，但关于外资并购的法律法规长期缺位，或者作用甚微。相关法律法规与经济发展需要脱节，或者法律法规虽然出台，但是法律效力不够、作用甚微，政府运用的非法律手段作用效果也不甚理想，很难做到与时俱进、服务经济、保护国内企业、扶植国内产业。在这方面，我国政府可以借鉴日本经验，认真研究经济发展需要，与时俱进地改善外资并购相关法律法规，以外资并购法律规制为主，非法律手段为辅，管理外资并购。

其次，在外资并购规制发展过程中，日本政府对外资并购一直保持谨慎的态度，以保护本国企业、促进国内经济健康发展为宗旨。在这一点上，最直观的体现就是在外资并购规制中，最重要的《外汇及对外贸易法》对外资并购安全的审查始终坚持维护国家安全、维护公共秩序、维护公众安全和维持国民经济健康稳定发展的原则，规制体系中的其他法律法规也围绕这一原则，整一个外资并购法律规制体系原则统一、作用明确。美国、德国等国家的外资并购法律规制同样明显地体现类似的宗旨。我国在外资并购规制的立法和实践当中，也应该突出并坚持这样的原则。

第四节　法国的外资并购规制

法国是中国在欧洲的第二大引进技术来源国和第四大投资来源国。截至 2009年底，中国自法国引进技术 3 968 项，合同金额达 190.5 亿美元；法国对中国的投资项目达 3 938 个，合同金额总计 157.7 亿美元，实际投入 95.1 亿美元，以能源、汽车、化工、轻工、食品等领域为主。另一方面，中国政府十分重视推动国内企业对法投资。近年来，中国企业在法投资获得较大发展，投资形式多样化。据中国商务部统计，截至 2009 年末，中国对法国直接投资累计达 2.21 亿美元。截至 2013 年 2 月，在法国开展投资合作的中资企业达 181 家，主要来自航运、金融、电讯、家电等行业。为了保持中法两国良好的经济贸易关系，以及促进更多的中国企业顺利开拓法国市场，并实现"走出去"的扩张战略，本节将介绍法国外商直接投资（以下简称 FDI）政策，并剖析法国外资并购国家安全审查的规制体系，以使中国企业在进入法国市场之前，能充分认识法国外资并购国家安全审查规制体系，从而更顺利地完成海外并购。

一、法国经济发展与 FDI 情况介绍

"二战"后，法国国民经济损失惨重，各行业都亟待发展，法国政府在大力发展国内经济的同时，也制定了一系列政策来吸引国外直接投资，如简化手续、加强激励、减少税收和加大对外国投资者的开放程度等。在政策支持与全球并购浪潮的背景下，法国 FDI 得到了飞跃式的发展。

一方面，20 世纪 90 年代后半期，在全球第五次并购浪潮的推动下，法国 FDI 出现了突飞猛进的增长。据世界银行（The World Bank）投资报告统计，在 1995 年法国 FDI 突破 23.7 亿美元，占 GDP 的 1.51%；1999 年突破 45.9 亿美元，占 GDP 的 3.16%；2001 年达到顶峰，为 50.34 亿美元，占 GDP 的 3.76%。而此后受到全球大部分地区经济增长放慢的影响，特别是网络经济全球范围出现泡沫，外商跨国投资活动因此剧减，法国的 FDI 也大幅下跌。2004 年法国 FDI 跌至 32.83 亿美元，较 2001 年减少 34.79%；GDP 的占比也从 2001 年 3.76% 下降至 2004 年的 1.59%，减少了 57.55%（具体数据变动情况见图 6-6）。

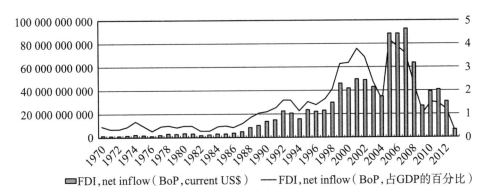

FDI, net inflow（BoP, current US$）　——FDI, net inflow（BoP, 占GDP的百分比）

图 6 - 6　法国 1970 ~ 2013 历年 FDI 统计数据

其中，大部分的跨国并购动因是公司试图进行资本结构和业务优化、企业重组以及降低成本。法国跨境并购的增长，一部分是由于出售非核心资产，如法国的"家乐福"以 31 亿美元剥离了西班牙子公司，一部分是来源于汇率贬值或股票市场低迷所带来的投资机会。

另一方面，法国在工人素质、基础设施以及研发创新能力上的优势，吸引了大量的外国投资者。法国国际投资署（AFII）与战略分析中心（CAS）2010 年 7月份公布的《2010 年法国外资吸引力报告》称，2010 年，法国 FDI 总额排名世界第三，仅次于美国和中国。同时，在引进外资创造就业数量方面，法国在欧洲排名第二，仅次于英国。报告称，截至 2010 年底，在法国的外资企业总数超过 2万家，外企雇佣员工共计 280 万，外资企业出口额占法国出口总额的 40%，外资企业的研发投资额占法国企业研发投资总额的 20%。

然而，近几年法国的外资并购市场出现了一定程度的下滑。据 Epsilon Research（从事欧洲收购兼并案的研究机构）发布的研究报告显示，2012 年法国全部并购案中的外资并购案占 24%，低于 2002 ~ 2008 年的平均水平（35%）。报告显示，法国外资并购数量从 2010 年的 168 起下降至 2012 年的 140 起，下降幅度达 16.8%。此外，企业并购平均金额也下降，2012 年前 9 个月与去年同期相比下降了 18%。7/10 的受访者认为，经济不景气、并购融资难度加大和政府税收政策调整对法国整个企业并购市场产生"负面冲击"。该机构主席 Grégoire Buission 称，欧元区危机、经济停滞和法国投资基金税务规定复杂以及收购资金交易税不稳定是法国企业并购市场下滑的主要原因。

二、法国外资并购规制体系的建立与发展

法国外资并购规制体系的建立和完善，是一个从被动开放到主动开放，再到

自由开放的长期发展过程，经历了以下三个阶段。

（一）第一阶段：被动开放式的规制体系

"二战"后到 20 世纪 70 年代末，法国对 FDI 持被动开放态度。"二战"前，法国政府排斥外国投资，"二战"后，为了恢复经济，加上美国援助欧洲国家的"马歇尔计划"，法国才开始引进外资，但所有外商在法国的投资项目，事先必须获得法国财政部国库司的批准。1966 年 12 月 28 日法国颁布了第一部规管外资的法律第 66 - 1008 号法令，成为法国规管外资的起点。

（二）第二阶段：主动开放式的规制体系

第二阶段是 20 世纪 80 年代到 1995 年，这一时期法国的 FDI 政策逐渐转向主动开放。20 世纪 80 年代后，由于欧共体的发展，欧洲经济一体化的进程迫使法国开始主动开放 FDI，加快了吸引外资的步伐，否则法国企业就无法进入其他欧盟国家的市场。然而，相对于欧盟其他国家，法国政府对外资的行政审批手续和管制仍然较多，如：影响公共职能、公共秩序、健康、安全或国防工业等部门的外国投资需要经过政府部门的事先批准；法国的财政与经济部有权禁止没有获得适当授权的外资进入；如果投资涉及与国家安全相关的企业，财政与经济部就会向国防部门征求意见。

（三）第三阶段：自由开放式的规制体系

第三阶段是 1996 年至今，这一时期法国的 FDI 政策实现自由开放。1996 年后，法国制定新的外汇及外贸管理法，对投资者是否来自欧盟国家进行区分，来自欧盟国家的投资者投资国家安全、公共健康、安全或秩序等领域并取得法国公司控制权的，不需要获得事先批准。然而，一方面，该法没有明确国家安全的具体含义和涵盖领域；另一方面，法国政府占据了主要国防公司的多数所有权，使得外国投资者难以进入这些领域。由于这些阻碍，外国投资者在法国的投资效果甚小，故欧洲法院先后多次要求法国修改其法律条例。因此，法国持续地修改其法律体系。1996 年 2 月 14 号发布第 89 - 938 号政令的修改令——第 96 - 117 号政令，2000 年颁布第 2000 - 1223 号法令，2004 年出台第 2004 - 1343 号法令。2005 年颁布的第 2005 - 1739 号政令作为《法国货币和金融法》第 L.151 - 3 条的实施细则提出了 11 个敏感产业。2008 年修订了外国投资审查法律程序，规定：在影响公共政策、公共安全或国防利益等特定领域，在法国建立的公司若获得超过 33.33% 的股份时，就需要适用事先审批程序的规定；对于来自欧盟、冰岛、挪威和列支敦士登的投资，批准程序的范围相对较小；而且只有在投资者存在违反刑法嫌疑，或是在其无法保证设立特定企业的能力、研究、技术或安全时，或是无法确保公共服务或军事物质的生产时，交易才被禁止。欧盟委员会屡次要求法国修改外资并购审查法律的原因在于：法国在外资并购领域的审查制度不具有透明度和可预见性，可能会被滥用，从而侵蚀欧共体条约资本自由的基本原则。

三、法国外资并购的审查制度

（一）法律依据

目前，法国政府关于外资并购安全审查的主要法律法规是：1966 年 12 月 28 日颁布的第 66 - 1008 号法令；1996 年 2 月 14 号发布的第 89 - 938 号政令的修改令——第 96 - 117 号政令；2000 年颁布的第 2000 - 1223 号法令；2004 年出台的第 2004 - 1343 号法令和 2005 年颁布的第 2005 - 1739 号政令（作为《法国货币和金融法》第 L. 151 - 3 条的配套规定）。该法令成为目前法国规管外资并购的主要制度安排。

（二）主管部门

法国负责审批并购的机构为经济财政和工业部（原名为经济财政和就业部，简称财政部）。在涉及国防军事等问题的交易时，国防部也会参与调查。由于欧盟国家注重对公平交易和反垄断问题的重视，竞争委员会、公平交易委员会、消费者事务和欺诈控制局等相关部门也常常参与调查。

（三）审查对象

法国政府对以下三类的交易进行审查：第一，获取在法国注册的公司的控制权的交易。根据法国法律 233 - 3 的规定，如果符合以下情形，则视为一家公司被另一家公司控制：直接或间接掌握股东大会的大多数投票权；通过虚拟协议或一致行动人控制大多数投票权；通过投票权能显著影响股东大会的决定；有权利人占大多数的管理层和监管层。第二，收购在法国注册的公司的分公司的控制权的交易。第三，收购在法注册的公司超过 1/3 的股权或表决权的外国投资者。在定义外国投资者的含义时法国还对欧盟投资者和非欧盟投资者做出了区别定义。

（四） 审查所考虑的因素

根据 2005－1739 号政令，法国将 11 个行业列为敏感行业：（1）博彩业；（2）私人安保；（3）用于应对非法活动如传播治病因子或毒药、恐怖活动等方面的医药研发和卫生产业；（4）拦截通信和通话监听设备；（5）信息技术产品和系统安全性测试与认证；（6）保证信息系统安全的产品、供应和服务的生产和提供；（7）军民两用的物品和技术；（8）密码设备和服务；（9）受国家国防机密，特别是在国防合同或安全条款的条款下委托生产的企业；（10）武器、弹药、炸药粉末等用于军事目的或战争物资的研究、生产和贸易；（11）与国防部签订的科研技术支持与物资供货合同的企业，无论是作为直接还是分包商，其提供的产品和服务涉及上述第 7 条到第 10 条。

在此基础上，法国将欧盟成员国投资者和非欧盟成员国投资者区别开来，来自欧盟成员国的投资者不受第 1 条到第 7 条的约束，无须进行安全审查；但必须同来自其他国家的投资者一起遵守其余条款的约束。

（五） 审查程序

法国的外商投资准入制度，包括审查、审议、批准与登记等四个环节，原则上，法国政府对外来投资没有任何行政限制，只需在项目实施时进行行政申报，对于符合规定的项目，可免除行政申报手续。

法国外资并购的行政申报并非强制性的，可是如果法国经济财政部决定对该并购交易进行安全审查，而交易当事人没有事先申报，则经济财政部对并购案的审查期限将不受法定限制。而一旦出现这种情况，并购交易双方很可能错失最佳的交易时机，并遭受巨大的损失。因此，为了避免出现该种情形，并购交易中介一般都会建议并购双方主动与经济财政部联系并申请审查。

国第 2005－1739 号政令规定了具体的审查程序（见图 6－7），并规定对于欧盟投资者进入敏感行业、非欧盟投资者（及其在欧盟成员国设立的子公司）并购交易活动必须进行安全审查。从并购发起方递交申请报告开始至审查结束，持续时间为 2 个月。在这两个月内，经济财政部在收到并购案件的申请报告后将授权竞争委员会进行安全审查。法国竞争委员会将根据收到的申请报告判断其是否将对法国的国防安全、经济安全、公共秩序、公共环境、以及法律法规的执行效力造成不良影响，并考虑并购完成后实际控制经营权是否将转移至外国政府手中。在这一系列的审查工作完成后，竞争委员会根据审查情况拟定并向财政部递交审查结果报告书，财政部再依据该项报告做出批准或者禁止并购的决定并告知并购相关企业该交易是否可以进行。

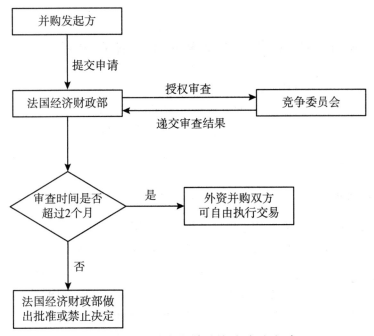

图 6 - 7　法国外资并购安全审查程序

如果经济财政部做出答复的时间超过 2 个月，则该项外资并购自动转入可执行期，外资并购双方可以自由进行并购交易。如果经济财政部认为现已掌握的信息不足以做出准确的判断，可以合理延长审查期限并要求并购双方提供更多真实有效的信息。在此过程中，外国投资者需要与经济财政部保持联系，以便在有需要时能够及时修改协议内容，从而使并购交易获得批准。如果经济财政部无法确定外资并购项目是否以及将多大程度威胁国家安全，也可以强制要求外国投资者签订减缓协议。实际上，2006 年法国的外资并购项目其中超过 50% 以上的并购交易被要求都签订了该项协议。另外，外国投资者在完成并购交易后，每年还必须向法国政府提交年度报告。

如果法国经济财政部在审查期限内给予了否定的答复，那么应做出正式的书面通知，告知外国投资者该项并购交易未获得批准，并告知外国投资者答辩期为 15 天，且经济财政部必须等答辩期满后才能发出禁令。如果外资并购项目不被批准，且外国投资者有确凿的证据证明法国经济财政部没有依法裁决，那么外国投资者有权利上诉法国行政法院，行政法院判定情况属实，则该项并购交易准允执行。不过事实上，从 2005 年实行新的政令到今天为止，还没有一项财政部的部长决议遭到过否决。

四、法国外资并购国家安全审查的经验总结

通过以上对法国 FDI 政策以及外资并购国家安全审查体系的阐述，法国在外资并购国家安全审查这一方面的确极具参考价值。法国外资并购国家安全审查的特点，对我国完善外资并购国家安全审查机制，有以下 3 点经验可以借鉴。

（一）专设审查机构，细化审查标准

法国的外资并购国家安全审查规制体系，从审查机构、审查对象、审查标准到审查程序，都十分完善。审查机构专设，以法国经济财政部为主，带领其他部门一同负责外资并购项目的审批；审查对象按是否拥有控制权细分三类，并给予区别对待的政策优惠；审查标准细化战略性行业，对每一类别的行业制定了明确的规定；审查程序明确并购双方与法国经济财政部的权利与义务，并购方需要提交申请，若审查时间超过期限（2 个月）则给予并购双方自动执行交易的权利。这一完善的体系，不仅有助于法国保证国家安全，也有利于外资并购的顺利进行。我国在 2011 年确立了外国投资者并购境内企业安全审查部际联席会议制度（以下简称联席会议制度），这一制度的建立是我国外资并购安全审查体系建设的重要里程碑。但从目前来看，这一制度规定不够具体，例如，《关于建立外国投资者并购境内企业安全审查制度的通知》中规定，"联席会议在国务院领导下，由发展改革委、商务部牵头，根据外资并购所涉及的行业和领域，会同相关部门开展并购安全审查"，"相关部门"如何定义、如何确定，并没有详细的描述；又如，在审查过程中，各部门如何协调运作、如何得出审查结果，也没有具体说明；同时，目前联席会议并非常设机构，这样的设置会大大弱化联席会议的作用和效率。同样，在审查对象、审查标准等各个方面，法律规定仍存在很大的缺陷。这些缺陷对我国国家安全审查制度的执行效果和效率有非常大的负面影响。基于此，我国可以借鉴法国的外资并购国家安全审查规制体系，完善关于审查机构、审查对象、审查标准、审查程序等各个方面的法律规定。

（二）将国家战略性行业列为重点保护产业，限制外商进入

法国第 2005 - 1739 号政令明确定义了 11 个国家战略性行业，这是法国在外资并购审查中最具特色的一点。这 11 个战略性行业主要是有可能对国民生命健

康造成伤害的医药卫生行业和有可能对国家经济军事安全造成威胁的科研技术行业。为了对其进行严格保护，法国外资并购的审查标准将其细化为两个大类，对不同类别的战略性行业实行不同的限制，防止外商侵占，有力地保障了国家战略性行业的安全。目前我国外资并购安全审查主要考虑国防安全、经济安全、技术安全与社会安全四个方面的因素，在考虑这四个方面因素的情况下，把《外商投资产业指导目录》由证明清单模式，改进为以正面清单为主、负面清单为辅的混合清单模式，这对于保护国家战略性行业有非常重要的实践意义。但从全国范围来看，我国仍需要加紧完善负面清单管理方法，并随着实践不断完善负面清单的内容和国家安全审查制度，防止外商通过各种隐蔽手段涉足我国战略性行业，严格限制外商侵占战略性行业的企业，保护我国产业安全、经济安全。

（三）保护重点企业

法国在对 11 个敏感行业实施外资并购限制的同时也提出了对战略性重点企业进行保护。家乐福等 20 家国际知名企业均是各行业的领导者，已成为法国的一张张名片，既是国家产业支柱，也承载着民族情感，法国在外资并购安全审查过程中，将这些大公司列为特别保护企业，严格禁止外国资本对其并购。我国国内也不乏国际知名企业、承载民族情感的企业，这些企业对国内产业、社会经济有非常大的影响，但是我国政府对这些企业的保护措施少之又少，甚至对外资采用隐蔽手段，通过并购相关企业形成外资垄断打压国内企业这种现象并不敏感，导致很多国内知名企业在势单力薄的情况下被实力雄厚的跨国企业并购，成为外资企业的附庸。例如，柯达逐步形成感光材料行业的垄断、法国利威亚逐步占领中国城市水务市场、四大跨国粮商（美国 ADM、美国邦吉、美国嘉吉、法国路易达孚）在中国油脂市场原料与加工及其食用油供应上达到绝对控制地位。同时，政府很少重视对企业管理人、股东的相关教育、引导、监督，这也是导致外资并购国内企业时，国内企业管理人、股东常常表现得危机感不足、远见力不够、并购谈判不力，甚至将好的企业拱手让人这些现象的原因之一。在我国的对外开放逐步深入、外资通过各种各样的手段慢慢渗透国内经济、而国内企业与外资跨国企业实力悬殊的时候，我国政府应该站在维护国家利益的角度进行长远的筹谋，综合运用多种手段，保护国家战略性行业，也保护关系国计民生、面临巨大威胁的国内企业。

第五节　其他国家的规制

一、韩国

（一）投资主管部门及相关法律

韩国主管投资及外国投资的政府部门是产业资源部，该部门负责制定和执行外商直接投资政策。每年，韩国政府各行政部门对外商直接投资的各种限制政策，都由产业资源部汇总后通过"外商投资统合公告"发表。具体的投资备案或前置审批手续均由该部下属的大韩贸易投资振兴公社进行办理。该部长官（部长）依法担任跨部门的"外国人投资委员会"委员长，由企划财政部、未来创造科技部等 12 个部门的次官（副部长）以及各市道政府负责人（汉城市为副市长）以及其他相关部委的次官和大韩贸易投资振兴公社社长组成，负责讨论决定吸引外资的基本政策和减免税等相关鼓励政策，协调各部门出台改善投资环境政策，指定外国人投资地区等特殊经济区等。该委员会在产业通商资源部设立"外国人投资事务委员会"，由产业通商资源部次官、其他部委的高级公务员和各市道的副负责人（汉城市为 1 级公务员）、专家、Invest Korea 负责人和外国投资监察官组成，负责该委员会交办的政策执行工作，办公室设在产业通商资源部的贸易投资室。该事务委员会还设立了由产业通商资源部局长担任的招商分委会。

韩国颁布了外国人投资促进法等多部法规和部门规定，形成了较为完备的外资法律体系。主要分为两个层级：基本法令和其他法令。基本法令包括《外商投资促进法》《施行令》《施行规则》《关于外商投资与技术引进的规定》（知识经济部通告）、《外商综合投资公告》（知识经济部通告）《关于外商投资等的赋税减免规定》（企划财政部通告）《赋税特例限制法》（第五章关于外商投资等的赋税特例）《施行令》和《施行规则》；其他法令包括《外汇交易法》（有关外商投资的外汇及对外交易的事项）《关于指定及运营自由贸易区的法律》《关于指定及运营经济自由区的法律》《关于指定及运营金融投资区的法律》等。

其中最主要的是《外商（外国人）投资促进法》。1997 年韩国爆发外汇危机后，韩国政府发现以外债为主的外资利用政策给国家经济带来巨大的危机，因此在危机后，韩国政府转变外资利用政策，从对外国直接投资持抵制态度、片面依靠外债利用外资，转向大举引进外商直接投资。为吸引外资，韩国政府在 1998 年实施了新《外商投资促进法》，大幅放宽了外商投资领域限制，加大了对外商直接投资的优惠力度，延长了外资企业法人税和所得税的减免期限，实行制定外国人投资区制度，为了升级产业结构，甚至允许外国企业对韩国企业的恶意并购等，这些都表明韩国政府果断放手开放市场和采取自由化措施。《外商投资促进法》是规范外商投资的基本法律，其下级法令规定了包括由该项法律委任的事项及法律施行所需事项，及《外商投资促进法施行令》《施行规则》，以及《关于外商投资与技术引进》的规定。

此外，还有《外汇交易法》规定外国投资商的外汇及对外交易等事项；《赋税特例限制法》及其《施行令》《施行规则》以及《关于外商投资等的赋税减免规定》规定外国投资商的赋税减免事项。不仅如此，外资企业到韩国投资，须依国内法律设立国内法人，这样设立的国内法人，还遵守各个别法有关国内法人的规定。因此，若各个别法规定了外资企业在韩设立的国内法人必须通过认可程序、许可程序时，则外资企业在韩设立的国内法人须通过该认可程序，经许可方可营业。

（二）外商投资行业的限制

根据《外商投资促进法》，外国企业在韩投资行业分为两级：禁止投资和限制投资。在韩国 1 145 个标准产业分类中，公共行政、外务、国防等共 60 个行业为外商投资禁止行业；其余 1 085 个投资行业中，有 29 个行业为外商投资比例受限行业。

1. 外商投资禁止行业

根据《关于外商投资与技术引进的规定》和《外商投资综合通告》相关规定，外商投资禁止行业分为四大领域：

（1）邮政业、中央银行、私募基金业、养老金业、金融市场管理业以及其他金融支援服务业；

（2）立法、司法、行政机构、驻韩外国公馆及其他国际与外国机构；

（3）教育机构，包括幼儿、小学、初中、高中、大学、研究生院和特殊学校等；

（4）艺术家，宗教团体，产业、专家、环境运动、政治与劳动运动团体等。

2. 外商投资限制行业

根据《关于外商投资与技术引进的规定》和《外商投资综合通告》相关规定，外商投资相关限制行业须在规定标准范围内进行。外商对经营两项或两项以上受限制行业的企业进行投资时，投资规模不得超出行业中的最低投资允许比例（见表 6 - 8）。

表6-8   投资受限行业和规定比例表（以 2010 年 3 月 8 日为准）

行业名称（标准产业分类）	规定标准
谷物及其他粮食作物栽培业	除水稻和大麦栽培
肉牛养殖业	外商投资比例低于 50%
沿海近海渔业	
其他基础无机化学物制造业	除原子能发电燃料的制造、供应以外
其他有色金属冶炼、提炼及合金制造	
水力发电业	外商从韩国电力公社购买的发电设备合计不超过国内整体发电设备的 30%
火力发电业	
其他发电业	
供电及配电业	外商投资比例低于 50%；外国投资商拥有表决权股份比例，韩国人为第一股东
放射性废弃物采集、运输及处理业	除《放射性废弃物管理法》第 9 条规定的放射性废弃物管理项目以外
肉类批发业	外商投资比例低于 50%
内港旅客运输业	限于从事南北韩间旅客或货物运输，与大韩民国船运公司合作，外商投资比例低于 50%
内港货物运输业	
（非）定期航空运输业	外商投资比例低于 50%
报纸发行业	外商投资比例低于 30%
杂志及期刊发行业	外商投资比例低于 50%
节目制作业	外商投资比例低于 49%（包括 49%） 综合编辑及报道节目专门编辑频道使用项目未开放
有线广播业	外商投资比例低于 49%（包括 49%）
卫星及其他广播业	外商投资比例低于 33%（包括 33%） 但网络多媒体广播事业限外商投资比例低于 49%（包括 49%）
有线通信业	外国政府或外国人持有股份（限表决权股份，包括具有表决权的股份等价物及出资参股）之和低于发行股份总数的 49%（包括 49%）；外商不能成为 KT 的最大股东，限持股低 5%；允许投资通信材料销售租赁业；附加通信业无限制
无线通信业	
卫星通信业	
其他电器通信业	
新闻提供业	外商投资比例低于 25%
国内银行	仅限于投资商业银行及地方银行

（三）外商投资程序

在韩国，外商投资大致需要经过外商投资申报、投资资金汇款、法人成立登记与事业者注册、外商投资企业注册这四个阶段（见图6-8所示）。如果和韩国国内法人成立的程序相比的话，外商在韩直接投资的程序中只不过多了"外商投资申报"和"外商投资企业注册"这两个程序，其余的基本上是一致的。但是，外商直接投资时采用个人事业者方式注册时，则不需要经过"法人成立注册"这一程序。

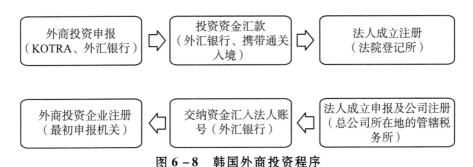

图6-8 韩国外商投资程序

外国投资者或其代理人以申报人的身份，向韩国国内银行总行分行支行、外国银行国内分行、Invest KOREA（KOTRA）或KOTRA海外投资据点KBC（韩国商务中心）申报后，其申报会得到有关部门的及时处理。外国投资者的直接投资申报可分为"事前申报"——在取得标的企业的股份前已经申报，和"事后申报"——在标的企业的股份取得后或投资合约签署后才申报。事前申报和事后申报相关形式和详细内容见表6-9所示。

表6-9　　　　　　　　　事前申报和事后申报

区分	申报项目	备注
事前申报	• 新股等取得或根据出资方式的外商投资申报 • 新股等取得或根据出资方式的外商投资内容变更申报	
	• 因获得原始股等的外商投资申报及批准申请 • 因获得原始股等的外商投资的内容变更及批准申请 （防御产业企业的情况必须向知识经济部申请批准）	在取得上市法人股份的情况下，作为例外可在取得后30天内进行申报
	• 长期贷款式的外商投资申报及内容变更申报	作为例外，在允许事后申报的情况下，必须在取得日后30天内进行申报

续表

区分	申报项目	备注
事后申报	通过合并等的股份取得申报 • 通过外商投资企业的准备金、重估价准备金等无偿增资而获得股份 • 因合并、企业分割、一揽子股票交换转让等取得股份 • 以所获股票产生的成果（分红）出资 • 因买入、继承、遗赠、赠予而取得股份 通过转换、交换、收购可转换公司债券（CB）、可交换	必须在自取得日起 30 日以内申报
	• 股份等的转让申报	自合同签订日起 30 日以内
	• 股份等的减少申报	对于《商法》第 439 条所规定的债权人，必须在催告期间终了日起 30 天内进行申报
	• 外商投资企业注册申请 • 外商投资企业的注册取消申请	事由发生日起 30 天内

（四）韩国外商投资规制特点

韩国经济较发达，与大部分发展中国家不同，对于金融服务业、基础设施建设、农业等产业，韩国政府一般是限制投资或者禁止投资的。一方面韩国国内的企业可以完成这些投资，另一方面韩国政府担心外商投资扰乱了国内秩序。外商投资大部分集中于服务业，服务业的外商投资申报和到位的外资规模双双增长，相比之下外国投资者对韩国制造业的投资增长比较缓慢。

同时，韩国没有鼓励外商投资的行业，这与韩国自身的经济发展水平及实体经济竞争力有关。且外商进入门槛相对较高，审批程序较为严格，再加上韩国民众对本土企业和产品保护意识强，导致近年来具有竞争力的发达国家申报投资大增，而产品处于弱势的新兴国家申报锐减，其中中小项目的申报数量增加，而大项目申报数量减少。

二、印度

（一）投资主管部门及相关法律

印度主管国内投资和外国投资的政府部门主要是商工部下属的工业政策与促

进司（the Department of Industrial Policy and Promotion，DIPP）和财政部及其下属外国投资促进委员会（the Foreign Investment Promotion Board，FIPB）。工业政策与促进司的主要职责是从宏观层面制定符合印度国家和经济发展目标的产业政策和战略，并执行这些产业政策和战略，监管经济产业和技术发展相关事宜，促进和审批外国直接投资、引进外国技术以补充国内资本、技术和技能，制定知识产权政策等。财政部主管外国投资者涉税事务，其下属外国投资促进委员会负责审批高科技、外向型、能源、基础设施、咨询和贸易等领域的外商独资经营项目，是实际行使审批权的部门。其他一些辅助部门包括储备银行和公司事务部。储备银行主管外资办事处、代表处的审批及其外汇管理。公司事务部主管公司注册审批。

从 60 年代初以来，印度政府非常注重通过投资立法促进外国投资。为了吸引外国投资和规范外资的运用，印度政府先后颁布四部外商投资相关法律——《外商投资鼓励法》、《外资企业管理法》、《外国投资法》和《合资经营企业法》，为外国投资者到印度投资创造了规范、有利的法律环境，从而促进大量外国资本进入印度，并有效规范了外国资本在印度的运营管理。这 4 部法律中，起最主要作用的是《外资企业管理法》、《外国投资法》和《合资经营企业法》，这 3 部法律构成了外资法的主体及核心部分。此外，印度还针对外汇，颁布了外汇管理法，对资金跨境流动做出规定，赋予印度储备银行对跨境资金流动的监督以及司法解释权；规定了外国代表处、联络办公室、分公司等非独立法人机构在印度经营范畴。

（二）投资行业的规定

印度政府将外商投资行业分为三级：禁止的行业、限制的行业、鼓励的行业。禁止外国投资者进入的行业包括核能、赌博博彩业、雪茄及烟草业、风险基金等；限制的行业包括电信服务业、铁路运输业、保险业、私人银行业、工业爆炸品、危险化学品、多品牌零售业、航空服务业、太空和国防电子产品及相关产业、基础设施投资、房地产业、广播电视转播等；鼓励的行业包括电力（除核电外）、石油炼化产品销售、采矿业、金融中介服务、农产品养殖、电子产品、计算机软硬件、特别经济区开发、贸易、批发、食品加工等。

此外不同行业对于外商持股比例限制也不同，具体见表 6-10 所示。

表 6-10　　　　　部分限制领域外商投资持股上限

行业领域	持股上限
原子矿物、私有银行、电信服务业、卫星制造	74%
多品牌产品零售（需外国投资促进委员会批准）	51%
空运服务、资产重整公司、电视、基础设施建设（电信除外）	49%

313

续表

行业领域	持股上限
新闻电视频道、军工产品、保险、新闻时事报纸	26%
调频广播	20%

资料来源：印度财政部。

值得注意的是，由于近几年印度经济发展变得疲软，印度政府已经在逐渐放宽外商在印度投资行业的规定，以吸引长期投资的外国资本，促进印度经济增长。2013 年 7 月，印度联邦政府针对包括国防建设行业和电信行业在内的 12 个领域推出外商直接投资条件改革措施，提高外国直接参与的投资的比例上限，并缩减了外商直接投资审批流程，拓宽"自动生效"领域，大大地放宽了对外资进入电信、石油、天然气、保险和国防等重点行业的限制。

（三）印度政府审批外资项目的程序和要求

1."自动生效制度"

只要符合"自动生效制度"审批的外资项目，申请人只需向设在印度孟买的印度"储备银行"外汇控制部总经理填报 No. FNC1 表格，一式七份，即可自动获得项目批准。

2. 印度政府审查流程

印度政府机构没有统管涉外和国际间经贸合作的政府部门，涉外和国际间经贸合作的相关职责和权力分别由不同的政府部门独立行使，各部门对政府内阁负责。属于"自动生效"范围的外商投资项目直接报备"储备银行"（印度央行），不属于"自动生效"范围的外商投资项目，或不再印度政府有关规定范围内的外商投资项目，其审批由"外国投资促进委员会"承办。

外商必须将项目所有有关资料于下一次开会前 15 天提交给"外国投资促进委员会"，并确实附有项目主管部对项目审查的意见；外国投资促进委员会对不同外商投资项目主要依据印度的产业需要和相关产业政策，采取一事一议的方式予以审批，一般情况下，30 天内就可以对项目做出批准与否的裁定，当然，期间可能还需要征询内阁经济事务委员会等有关政府部门的意见；如果所提交的外商投资项目没有被通过"外国投资促进委员会"的审批，或需补充其他有关资料，为避免耽搁时间，申请单位应争取拜会外国投资促进委员会；外国投资促进委员会只是对项目总体做出批准与否的决定，如果项目除外资投入外还包括技术转让，或工业生产许可证等其他事项，则需另报其他相关部门进行审批（见图6-9）。

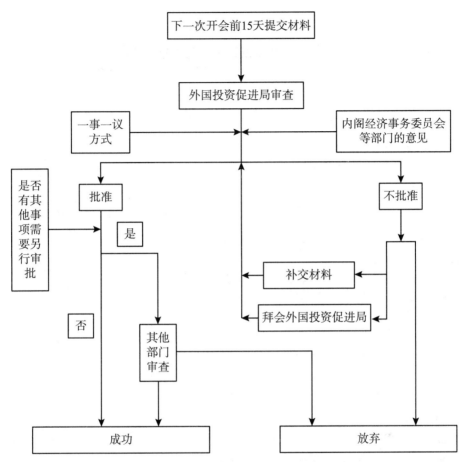

图 6 – 9　印度外商投资审查委员会审查流程

3. "外国投资促进委员会"审查所考虑的主要因素及优先审批项目

印度政府审查考虑的主要因素以及优先审批项目，在一定程度上直接反映了印度政府对外商投资的要求及看法（具体见表 6 – 11）。审查因素主要是"YES or NO"的问题，优先审批是在"YES"的基础上，快和慢的问题。

联系二者可以看出印度政府在审查因素以及优先审批中都十分强调外资企业的出口和技术引进问题。由于印度是一个出口导向型国家，因此印度需要出口导向型的 FDI。外商的投资并不是为了满足印度国内的需求，而是以印度为生产制造基地，然后将产品出口到世界各地。同时，与很多其他发展中国家类似，印度也是一个相对比较重视技术进步与发展的国家，在审批项目时，技术引进是一个重要的指标，对于能带来先进技术的投资也会优先审批。

此外，印度政府审查外资时主要关注外商是否涉及国防和战略产品生产、工业生产许可证等问题，而优先审批类似于鼓励投资，主要关注农业、高新技术引

315

进和民生基础设施的建设等。

表6-11　　　　　　　印度政府主要审查因素及优先审批项目

印度审查外资并购时必须考虑的因素	优先审批项目
（1）项目经营活动是否涉及工业生产许可证，如果需要，必须考虑能否取得工业生产许可证； （2）项目是否涉及技术合作； （3）项目是否涉及指令性出口要求； （4）项目是否涉及指定出口地； （5）项目是否涉及对其他计划的承诺，例如出口促进资本货物项目； （6）如果是出口型企业，企业生产是否达到原料增值和产品出口量的最低要求； （7）项目是否降低了生产许可政策对原产地限制的要求； （8）项目是否涉及战略和国防用品生产； （9）投资者以前在印度是否有过合资项目，或在同类行业和相关行业有过技术转让和商标出让。	（1）新兴工业产业政策鼓励的项目； （2）基础设施建设项目； （3）具有出口潜力的项目； （4）能够扩大就业，特别是解决农村就业问题的项目； （5）能够直接或间接扩大农业生产的项目； （6）具有广泛社会效益的项目，如医院、人力资源开发、医疗保健药品和仪器生产项目； （7）引进技术和注入资本项目。

（四）印度规制特点和经验

印度政府与其他发展中国家对于外商投资的规制有很多相似点，包括不涉及国防及战略产品、注重技术引进和国内基础设施建设等。然而印度政府的规制尤其特殊的地方，主要由于其基本国情和政府发展政策决定。

印度政府对外商投资规制最突出的特点是希望引进出口导向型FDI。这样一方面保护国内企业不受外商挤压生存空间，另一方面又能增加就业及税收，创造大量外汇，同时带动国内生产技术的发展。因此，对于出口型外商直接投资项目，印度政府一般会优先进行审批。

印度政府在引进外国直接投资时，鼓励外国投资者带来先进技术、投资印度的基础设施，特别是农业基础设施。这是因为作为印度一个人口大国，其农业发展对整个国家经济安全、社会稳定有着举足轻重的影响。但印度的农业发展比较落后，印度当地气候以热带季风性气候为主，农业生产技术也比较落后，全国60%的种植面积基本依赖自然浇灌，而每年80%的降水集中在雨季（6~9月份），这就导致农业非常依赖气候和雨水等自然条件，而且依靠印度国内的技术水平，这种现状一时很难有所改变。因而印度政府急切希望引进外资及技术来改变这个现状，挽回农业基础设施和生产技术落后而给国民经济带来的损失。

印度对于外商投资规制的设计经验值得中国借鉴。首先，对于涉及国家军事安全、经济安全、社会稳定的战略性行业，要有严格的法律规定禁止或者限制外商通过各种手段涉足，这是制定外商投资规制毋庸置疑要放在第一位的因素。其次，外商投资政策要服务于经济发展的现状和未来需要，对于不威胁我国国家安全和社会稳定，又有利于引进资本、人才、先进技术和先进管理经验，进而做大做强国内企业、发展壮大国内产业，最终有利于国家经济实力发展的外商投资，我国政府可以通过多种优惠政策鼓励引进，并高效审批。同时，在不同经济发展阶段，政府可以通过调整产业政策、改变行政审批、修订负面清单等多种行政手段，在不违背基本法律的基础上，灵活调节外商投资政策。

第六节　中国的外资并购规制

改革开放以来，中国"走出去"与"引进来"的步伐不断加快，外商投资为我国经济建设提供了重要支持。20 世纪 90 年代起，跨国公司对华投资全面展开，对国有企业的并购活动越发频繁。1993 年国务院颁布了《关于进一步加强外商投资管理工作若干问题的通知》，标志着中国外资并购进入规范管制时代。1995 年，日本五十铃和伊藤忠商社协议收购北京旅行汽车股份有限公司（以下简称北旅）25% 的股权，成为中国境内第一起外资并购中国上市公司的事件，此后中国外资并购发展迅速，平均增速达 30.2%，远超国际 15.1% 的增速水平。

与此同时，中国对外资并购的规管也从无到有并逐渐形成完善规制体系。2001 年中国加入 WTO 后，中国外资并购规制进入混合清单管理模式，并逐渐形成以《外商投资产业指导目录》为主体，"反垄断"与"国家安全审查"为两翼的"一体两翼"规管格局。此时期，中国大大增加了对外资的引进与利用，尤其是外资并购，跨国公司以跨国并购方式踊跃进入中国市场，中国的跨国并购得到了迅猛的发展。截至 2011 年中国 FDI 总额高达 3 315 亿美元，FDI 年均增长率达 25%。全球并购研究中心在《2003 中国并购报告》指出，2002 年中国是亚洲乃至全球并购最为活跃的市场，当年上市公司并购交易成效金额从 1 月的 7 200 万元到 11 月的 9 740 万元，最高金额超过 1 亿元，表明中国入世后上市公司的跨国并购已初露峥嵘。而支撑着这一迅猛发展的关键因素，正是中国并购市场对外资的逐渐全面放开。2002 年相关部门发布《关于向外商转让上市公司国有股和法人股有关问题的通知》和《合格境外机构投资者境内证券投资管理暂行措施》等，中国 A 股市场的紧闭大门向外打开。2003 年，中国商务部和国家发展改革委员会改组成立，成为中国外商投资的统一管理部门，商务部下设外国投资管理司，专项负责外商投资的管理和指导。2006 年商务部发布的《关于外国投资者并购境内企业的规定》的施行，意味着中国并购市场对外资较为全面的放开。在这一背景下，中国 FDI 创下了惊人成绩。2006 年，中国 FDI 达 630 亿美元，远超全球平均水平 531 亿美元，创历史纪录，成为全球吸引外资最多的国家。从行业分布看，入世后初期，中国实际利用外商投资的行业为 12 个，主要是制造业、房地产、能源生产和供应业，而 2005 年后实际利用外商投资的行业增至 18 个，以制造业、能源生产、批发零售、租赁和商务服务业为主，各行业均有所覆盖。然而外资并购在外国直接投资的占比仍较小，约为 10%，主要集中在服务业、制造业、批发零售业等（见图 6 – 10）。

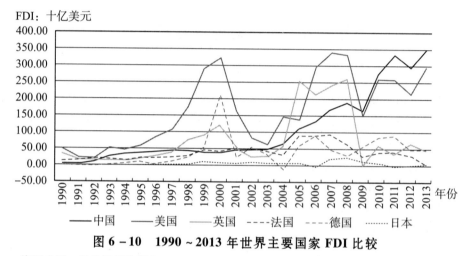

图 6 – 10　1990～2013 年世界主要国家 FDI 比较

资料来源：世界银行数据库。

直至 2012 年，《外商投资产业指导目录》历经多次修改，不断加快对外开放步伐，促进外商投资产业结构优化升级。另一方面，这一时期出台了《反垄断法》与国家安全审查规制，对外商投资进入了细化管理阶段，中国外资并购进入了深化发展时期。

2013 年，随着中美双边投资协定谈判的深入，中国上海自贸区建立同时公布负面清单，中国外资并购规制正式走向负面清单管理阶段。2014 年负面清单与《外商投资产业指导目录》再次修订，进一步深化负面清单管理模式。

一、中国外资并购规制体系的建立和发展

我国利用外资时间短暂，外资并购规制体系也经历了一个从无到有的阶段，根据不同时期的特点，大致可以分为三个阶段。

（一）规制起步阶段

1992～1995年是中国外资并购规制的起步阶段。1992年之前，中国的外国直接投资净流入平均增速达44.18%，外国直接投资在我国发展迅速，虽起步较晚，但发展速度惊人。为了有效引导外商投资，规范外资并购行为，1993年国务院颁布《关于进一步加强外商投资管理工作若干问题的通知》，在正确引导外资投向、确保国有资产增值、防止国有资产流失等方面做出了规定，成为中国外资并购规制的开端，标志着中国外资并购规制的正式起步。

然而，高速的发展也带来了严峻的问题，如国有资产流失、中方筹资成本和风险加大、国家利益受损等。1995年，日本五十铃和伊藤忠商社协议收购北旅，成为外资并购中国上市公司的开端。在这起并购案中，北旅折价入股的地价严重偏低，且设备严重被低估，使得北旅的资产流失了约3.8亿元。外资并购上市公司国有股相关法律法规的缺位是外资有机可乘。北旅资产严重流失只是开始，紧接着引入外资后的北旅并没有能够发挥协同效应，公司业绩每况愈下，连年亏损，而日本不顾协议关于8年内持股不再转让的约定，公然违约并迅速退出了北旅，在中国证券市场造成了极为消极的影响。

"北旅事件"发生后，为规范外资并购，防止外资无序占有上市公司控制权，监管部门迅速作出回应。1995年9月23日，国务院办公厅发布了《关于暂停将上市公司国家股和法人股转让给外商的请示性通知》，规定："在国家有关上市公司国家股和法人股管理办法颁布之前，任何单位一律不准向外商转让上市公司的国家股和法人股。"这一规定暂停当时所有的国家股和法人股向外商转让的项目，以确保在有效的管理办法出台前能避免造成国有资产流失。与此同时，中国政府逐渐认识到采用行政命令的方式管理外商投资并没有取得预期效果，必须通过立法的形式进行规管，于是同年又颁布了《外商投资产业指导目录》和《指导外商投资方向暂行规定》，这两部法规的出台成为中国在规范外商投资、引导进出口贸易方面操作性最强的法规之一，是中国规制外商投资历史上浓墨重彩的一笔。

（二）规制发展阶段

1996～2011年中国外资并购规制进入深入发展阶段，这15年内中国外资并购规制的重要特征是以《外商投资产业指导目录》（以下简称《目录》）为主体，以"反垄断"和"国家安全审查"为两翼的一体两翼发展模式。

1997年，由于亚洲金融危机的冲击，中国经济面临巨大压力，因此为了降低不利影响与吸引外资促进本国经济，中国对《目录》进行了第一次修订，对外商投资提供了更优惠的税收政策。1998 年，国家经贸委发布《关于国有企业利用外商投资进行资产重组的暂行规定》，旨在维护国有资产权益、推动国有企业改革，但依然缺乏明确的实施细则，操作性不强。1999 年国家经贸委颁布了《外商收购国有企业的暂行规定》，明确规定外商可以参与并购国有企业；2001 年证监会连同外经贸部联合发布《关于上市公司涉及外商投资有关问题的若干意见》，这一举措规范了外商投资股份有限公司上市发行股票和外商投资进入股票市场的行为。

同时，中国开始放开外资并购，然而在经验不足的情况下，贸易的放开导致了一些资产贱卖、资产流失的现象。为了更好利用外资同时防止国有资产流失，中央相继出台了一系列严格的法规和政策以规范和引导外资并购行为，中国的外资并购发展转入低潮期，FDI 出现了负增长。

2001 年中国加入 WTO，次年中国重启外资并购大门，2003 年中国商务部与国家发改委改组成立，原国家经济贸易委员会负责贸易的部门和原对外经济贸易合作部合并成商务部，由其统一负责国内外经贸事务；国家发改委将原国务院体改办和国家经贸委部分职能并入，指导总体经济体制改革。商务部与国家发改委的协作，共同制定引导外商投资方向的重要政策，在积极发挥外资作用、促进产业结构优化和升级等方面起着重要的指导作用。中国外资并购的管制进入正式规范阶段，商务部下设外商投资管理司专项负责管理外商投资。

1.《外商投资产业指导目录》的建立与发展

1995 年，原国家计委、经贸委、外经贸部首次联合发布《外商投资产业指导目录》，旨在通过法律法规途径规范外商投资行为，引导外商正确投资，避免国家安全受到损害。自此《目录》成为中国在规范外商投资、引导进出口贸易方面操作性最强的一部法规。《目录》主要规定了外商投资的行业准入明细，将外商投资行业分为鼓励、限制、禁止三类，鼓励类行业是鼓励外商积极投资的行业，限制类是对外商投资有所限制的行业，禁止类是不对外商开放的行业，而不在这三项分类中的行业则允许外商自由进入。

《目录》自 1995 年出台后，中国政府根据经济形势和产业结构的发展需求，不断修订完善《目录》，调整外资投资的产业布局，以正确指导中国外资并购，规范外资并购市场。

（1）《目录》的修订历程。在 1995 年《目录》的基础上，中国至今一共进行了 6 次修订：1997 年修订版《外商投资产业指导目录》、2002 年修订版《外商投资产业指导目录》、2004 年修订版《外商投资产业指导目录》、2007 年《新外商投资产业指导目录》、2012 年《外商投资产业指导目录（2011 年修订）》、2014 年《外商投资产业指导目录（修订稿）》。

1995 年《目录》将外商投资项目分为鼓励类、限制类和禁止类三个类别，每个类别对不同行业做出了相应的规定，同时对限制类的产业划分为甲、乙两类，甲类项目由地方有关部门审批，乙类项目由国家行业主管部门审批。

1997 年，由于亚洲金融危机的冲击，中国对《目录》进行了第一次修订，对外资企业执行更为优惠的税收政策，旨在消除金融危机对本国经济的不利影响。

2002 年，中国入世后，为了迎合 WTO 的规则以及更好地引导外商投资适应国民经济发展与社会主义市场经济的发展，以 2001 年《指导外商投资方向规定》为指导修订了《目录》。2002 年原国家发展计划委员会、国家经贸委、对外贸易经济合作部联合发布新版《目录》，依然对外商投资项目分为鼓励、限制和禁止三类，其中鼓励类从 186 项增至 263 项，限制类从 112 项减至 75 项，同时取消了将限制类分为甲、乙类进行分开审批的规定。可见，2002 年版《目录》的重心是一方面加快开放步伐，以多鼓励、少限制为途径更多地吸引外商来华投资，另一方面适应中国入世的承诺，进一步放开金融、电信、运输、旅游等服务贸易领域，同时重启外资并购中国上市公司的大门，这一政策收效甚佳，FDI 增速转负为正，当年达 11.45%。

2004 年，为了进一步扩大对外开放和引进先进技术，国家发改委、商务部联合颁布 2004 年本的《目录》，在原《目录》的基础上进行了部分调整，主要涉及三方面的修订。一是增加鼓励类项目内容，将国内亟须发展的产业增列为鼓励类条目；二是放宽外资准入范围，进一步对外放开服务业，如首次将广播电视节目制作、发行和电影制作列入外资准入范围；三是防止部分行业的低水平投资，对鼓励类中已经出现盲目投资的过热行业或产品进行删除，对部分出现投资过热倾向的行业或产品继续鼓励，但将标准提高，防止低水平重复建设。同时，规定属于鼓励类项目的外商投资，享受免征进口设备关税和进口环节增值税的优惠政策。由于政策的有利条件，在 2004 年后中国 FDI 投资增速迅猛，2005 年超过 79%。

2007 年，为了促进产业结构升级，同时更加重视资源与和谐发展，国家发改委、商务部联合修订了《目录》，主要修订内容为以下四个方面。一是扩大对外开放，促进产业结构升级，对于制造业，进一步鼓励外商投资高新技术产业、装备制造业、新材料制造等产业；对于服务业，鼓励类增设"承接服务外包""现代物流"等条目，并减少原限制类和禁止类项目。二是保护环境，节约稀缺资源，对于采矿业，不再鼓励外商投资中国稀缺或不可再生的重要矿产资源，相关行业或产品从鼓励类项目中删除，甚至不再允许外商投资勘查开采，列入禁止类项目，限制或禁止高物耗、高能耗、高污染的外资项目进入。三是促进区域协调发展，在鼓励类项目中删除"仅限于中西部地区"的条目，进一步配合西部大开发、中部崛起以及振兴东北老工业基地的战略。四是维护国家经济产业安全，对设计国家经济安全的战略性和敏感性行业，保持谨慎开放态度。

2011 年，为适应"第十二五规划"，以及体现 2010 年国务院颁布的《关于进一步做好利用外资工作的若干意见》的精神，中国再一次修订《目录》，国家发改委、商务部联合颁布于 2012 年颁布修订的《目录》（2011 年修订）。此次修订的主要内容为三个方面。一是加重服务业条目在鼓励类中的比重，鼓励现代服务行业的发展，服务业领域增加了 9 项鼓励类条目，同时外商投资医疗机构、金融租赁公司等允许外商准入，不再列为限制类。二是继续促进产业结构优化升级，鼓励外商在华增加研发投资，以利用外资增强中国自主创新能力，同时鼓励外商投资节能环保、新信息技术、新能源、新材料等战略性新兴产业。三是下放外资项目审批权限，对于总投资 3 亿美元以下的允许类、鼓励类项目，除《政府核准的投资项目目录》规定需由国务院有关部门核准以外，将由地方政府有关部门核准。

（2）《目录》的混合清单模式。1995～2012 年的《目录》，包括即将颁布的 2014 年版《目录》，始终将外商投资项目分为鼓励、限制、禁止三类，即既有正面清单，也有负面清单，因此在这一阶段，中国的外资并购规制是以混合清单管理模式为主导的。值得注意的是，在加入 WTO 的背景下，为了加快对外开放的步伐，《目录》在修订的历程中不断放宽外资进入的限制，同时根据当下的经济形势调整鼓励类、限制类、禁止类的条目，以适应国民经济发展的需求。从整体上，《目录》的混合清单管理模式，是以优化外商投资产业结构、促进国民经济发展、引领国际经济合作竞争为核心的。

2. 反垄断规制的建立与发展

中国外资并购规制在第二个阶段进入了深入发展时期，在管制上加强了外资并购的反垄断规制。

（1）反垄断规制的背景。入世后，中国的外资并购发展迅速，却也给国内企业带来了严峻挑战，如何在"狼来了"的年代"与狼共舞"不仅是中国企业面临的生存大计，也是中国政府利用外资促进经济增长、产业升级的头等大事。跨国企业进入中国后，以其卓越的管理水平、优质的产品和服务以及甚至更低的价格，迅猛地占领了中国大部分市场，挤压着本土企业的生存与发展，许多本土企业面临生存危机甚至已经消失。比如，沃尔玛、麦德龙、家乐福等大型超市入驻中国后，迅速向大中小城市扩张，成为城市居民的主要购买点，跃居外资零售业巨头。美国凯雷投资集团收购中国重工龙头企业徐工，美国强生公司收购中国大宝等外资在华并购案，众多民族品牌如美加净、小护士、乐百氏等被收购，甚至被雪藏，导致民族品牌流失严重。更为严重的是，随着《外商投资产业指导目录》不断放宽外资进入限制，对外开放的步伐越来越快，利用外资也进入了新阶段，中国政府取消了许多行业限制、地域限制和投资方式的限制，跨国企业逐渐形成垄断优势。在这一大浪潮形势下，中国利用外资的方式需要从粗放型向集中型转变，从"引资"走向"选资"，反垄断规制的出台势在必行。

（2）反垄断规制的建立与发展。2003 年 4 月，由中国外经贸部与国家工商总局、国家税务总局、外汇管理局联合下发的《外商投资企业并购境内企业暂行规定》对外资并购的审批、并购协议、反垄断审查等做出规定，该规定首次对外资并购的反垄断审查问题有了较为系统的规定。2006 年 6 月《反垄断法》提交全国人大审议，明确了"禁止垄断协议""禁止滥用市场支配地位""禁止经营者集中""禁止滥用行政权力排除"和"限制竞争"等反垄断政策，高阶位的反垄断法律呼之欲出。

2006 年 8 月商务部发布第 10 号令，修订了《关于外国投资者并购境内企业的规定》，外资并购境内企业有了新的依据。《关于外国投资者并购境内企业的规定》指出，外国投资者并购境内企业应遵守中国的法律、行政法规和规章，遵循公平合理、等价有偿、诚实信用的原则，不得造成过度集中、排除或限制竞争，不得扰乱社会经济秩序和损害社会公共利益，不得导致国有资产流失。外国投资者并购境内企业，应符合中国法律、行政法规和规章对投资者资格的要求及产业、土地、环保等政策。2006 年 9 月，商务部、国资委、国家税务总局、国家工商总局、证监会和国家外汇管理局等部委在《外商投资企业并购境内企业暂行规定》基础上联合出台《外商投资者并购境内企业的规定》，对投资者的要求、国家经济安全和民族产业的保护、股权并购等方面进一步完善。2007 年 3 月，商务部反垄断调查办公室颁布《外国投资者并购境内企业反垄断申报指南》，其规定的申报程序对事先预防外资并购的产生具有重要意义。

2007 年 8 月，《反垄断法》正式颁布，于 2008 年 8 月 1 日起施行。该法规定的垄断行为包括：经营者达成垄断协议、经营者滥用市场支配地位、具有或者可能具有排除、限制竞争效果的经营者集中，同时，具有市场支配地位的经营者，不得滥用市场支配地位，排除、限制竞争。

（3）外资并购反垄断程序。中国外资并购的反垄断程序主要包括申报制度和反垄断审查制度。中国外资并购申报制度主要采用事前申报模式，《关于外国投资者并购境内企业的规定》的第 51 条对申报的条件给出了具体的规定。中国反垄断审查主要包括审查机关、审查内容、审查期限、听证程序等一系列内容。《反垄断法》对审查机构和听证程序做了具体规范。

审查机构。我国《反垄断法》规定国务院将设立反垄断委员会负责组织、协调、指导反垄断工作，由国务院规定的承担反垄断职责的机构具体负责反垄断执法工作。第 31 条规定，对于外资并购适用内资的相关规定，对外资并购进行反垄断审查的机关为反垄断委员会。该委员会履行五大职能：研究拟订有关竞争政策；组织调查、评估市场总体竞争状况，并发布评估报告；制定、发布反垄断指南；协调反垄断行政执法工作；国务院规定的其他职责。

听证程序。该程序是为了保证反垄断裁决的公平与公正，保障并购企业的合法权利。听证程序分为依职权组织听证和依申请组织听证。《反垄断法》明确规定，反垄断机关有权召集有关部门、机构和利害关系方，举行听证会，并在法定时间内做出是否禁止的裁定。如竞争企业、有关职能部门或者行业协会提出请求，也可以启动听证程序，以确保外资并购反垄断制度的规范化和透明度。

（4）反垄断第一案——"可口可乐并购汇源果汁案"。《反垄断法》颁布后，美国可口可乐公司收购中国汇源果汁集团有限公司的并购案被否（以下简称可口可乐，汇源果汁，可汇并购案），成为中国反垄断并购禁止第一案，此举在国内国际引起了强烈的反响。2008 年 9 月 3 日，可口可乐公司提出以 179.2 亿港元（约合 24 亿美元），收购汇源果汁全部已发行股本，若顺利完成，则成为当时中国食品和饮料行业最大的收购案。然而，历经半年的审查后，2009 年 3 月 18 日商务部正式宣布禁止这场并购，理由为依据《反垄断法》，商务部从市场份额及市场控制力、市场集中度、集中对市场进入和技术进步的影响、集中对消费者和其他有关经营者的影响及品牌对果汁饮料市场竞争产生的影响等几个方面审查后，认为该并购案的集中将对竞争产生不利影响，可能形成垄断，导致消费者被迫接受更高价格、更少种类的果汁饮料产品，同时可能大幅挤压国内中小型果汁企业的生存空间，对国内果汁饮料市场的竞争格局造成不利影响。然而国内国际上对这一理由都表示质疑。在并购案开始时，据新浪网的民意调查，将近80%的网民表示反对，因此有可能是基于巨大的民意压力而禁止了该并购案。然而真正原因是否是这种民族保护主义，无从考证。而可汇并购案成为了中国反垄断机构执法水平的首次大考验。

反垄断规制，是保护中国公平竞争的市场环境，防止垄断现象发生的有力法律体系，在合理利用外资、发挥外资积极作用、维护国家经济与产业安全等方面扮演着重要的角色。而中国《反垄断法》的出台，不仅是中国重视市场经济自由竞争的表现，也是入世后积极承担反垄断责任的体现。

3. 国家安全审查体系的建立与发展

除了反垄断规制，这一阶段开始重视国家安全审查，自此形成了"一体两翼"的模式。2006 年颁布的《关于外国投资者并购境内企业的规定》，第十二条规定："外国投资者并购境内企业并取得实际控制权，涉及重点行业、存在影响或可能影响国家经济安全因素，当事人应就此向商务部进行申报。当事人未予申报，但其并购行为对国家经济安全造成或可能造成重大影响的，商务部可以会同相关部门要求当事人终止交易或采取转让相关股权、资产或其他有效措施，以消除并购行为对国家经济安全的影响。"此法规可被视为中国国家安全审查制度的雏形。而 2007 年的《反垄断法》也提出了对外资并购进行国家安全审查的规定。2010 年《国务院关于进一步做好利用外资工作的若干意见》提出，要加快建立外资并购安全审查制度。

为了适应中国利用外资方式逐步转变、对外开放继续推进的新形势，2011年 2 月，国务院办公厅颁布《关于建立外国投资者并购境内企业安全审查制度的通知》，通知完善了中国关于安全审查的条例，从安全审查范围、内容、工作机制、程序四个方面进行了条例式规定，利于引导外国投资者并购境内企业有序发展，维护国家安全，这标志着我国外资并购安全审查制度正式建立。

（1）审查机构。我国现行的外资并购安全审查工作机制，是根据国务院办公厅 2011 年发布的《关于建立外国投资者并购境内企业安全审查制度的通知》中所确立的外国投资者并购境内企业安全审查部际联席会议（以下简称联席会议）制度。联席会议在国务院领导下，由发展改革委、商务部牵头，根据外资并购所涉及的行业和领域，会同相关部门开展并购安全审查工作。在具体审查工作中，形成了由商务部受理、联席会议具体审查、国务院为最终审查人的格局。联席会议制度的建立，是我国外资并购安全审查体系建设的重要里程碑。

（2）审批程序。外资并购中国企业的安全审查程序分为一般性审查和特别审查两类。一般性审查是采取书面征求联席会议成员单位及相关行业主管部门意见的方式，若各部门一致认为并购交易不影响国家安全，则安全审查结束；若有部门认为并购交易可能对国家安全造成影响，此时需要启动特别审查程序。联席会议组织负责安全评估工作，并结合评估意见召开安全审查会议，如果意见基本一致，由联席会议做出决定；如果意见存在重大分歧，需要报请国务院做出决定。在安全审查过程中，申请人可修改交易方案或撤销并购交易。

具体的流程见图 6-11 所示，首先，拟进行并购交易的外国投资者向商务部提出申请。接着，对属于安全审查范围内的并购交易，商务部应在 5 个工作日内提请联席会议进行审查。而国务院有关部门、全国性行业协会、同业企业及上下游企业认为需要进行并购安全审查的，也可以通过商务部提出进行并购安全审查的建议。然后联席会议认为确有必要进行并购安全审查的，可以决定进行审查。联席会议对商务部提请安全审查的并购交易，首先进行一般性审查，对未能通过一般性审查的，进行特别审查。如果外资并购已对国家安全造成或可能造成重大影响的，联席会议应要求商务部会同有关部门终止当事人的交易，或采取转让相关股权、资产或其他有效措施，消除该并购行为对国家安全的影响。

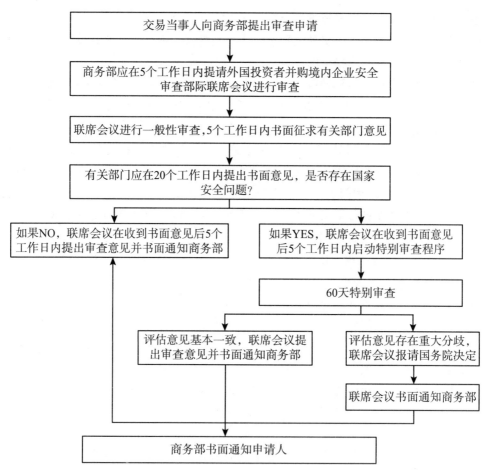

图6-11　中国外资并购国家安全审查程序

（3）国家安全审查的考虑因素。中国外资并购安全审查主要考虑国防安全、经济安全、技术安全与社会安全四个方面的因素。

国防安全审查，即审查并购交易对国防需要的国内产品生产能力、国内服务提供能力和有关设备设施的影响。若并购交易影响到了国家军需市场，则要明令禁止或者限制此类产业的并购。

经济安全审查，即审查并购交易对国家经济稳定运行的影响。由于中国目前所处的产业阶段为加速发展阶段，产业结构的调整与未来发展的前景很明晰，要限制对国家未来经济发展有阻碍的并购事件进行。

技术安全审查，即审查并购交易对涉及国家安全关键技术研发能力的影响。如高科技产业、能源类产业等核心技术产业，国家需要掌握控制权，防止外国进行科技攻击。

社会安全审查，即审查并购交易对社会基本生活秩序的影响。此类并购事件主要集中在生活必需品或基本物资领域上，如食盐、食用油等产品，不能由外资企业把控。

（三）规制形成和完善阶段

2012 年后，中国外资并购规制在原有体系的基础上逐渐形成并不断完善。2013 年在中美 BIT 进入实质性谈判的背景下，以中国建立的上海自贸区为对象，政府对外资管理从混合清单模式走向负面清单模式。这项制度创新能够惠及企业，简化政府审批，强化政府责任。过去政府过于倚重审批的管理模式被颠覆，简化审批、强化事中事后监管成为政府对外资并购管理的新模式。

1. 负面清单的建立

2008 年中美双边投资协定（Bilateral Investment Treaty，以下简称 BIT）正式启动，在 2013 年之前的 9 轮谈判中，双方都停滞于基础性条款的内容核对与澄清等技术层面，没有取得实质性的进展。而 2013 年进行的谈判则进入了实质性谈判阶段，该谈判以"准入前国民待遇和负面清单"为基础展开。"准入前国民待遇"是指在企业设立、取得、扩大等阶段给予外国投资者及其投资不低于本国投资者及其投资的待遇；"负面清单"是指凡是针对外资的与国民待遇、最惠国待遇不符的管理措施，或业绩要求、高管要求等方面的管理措施均以清单方式列明。此前，中美双方对外商投资在国民待遇的规定上都处于模糊不清的状态，同时，中国的《外商投资产业指导目录》是以正面清单为主的混合清单模式，局限了跨国投资的空间。因此，此次中美 BIT 可以视为中国进入负面清单管理时代的开端。

2013 年 9 月 29 日中国上海自贸区正式挂牌成立，次日自贸区的负面清单公布，自贸区成为负面清单的试验区。自此，中国将一改旧模式的低效率状态，避免了混合清单时代灰色地带产生的寻租现象，进入新型的外资管理模式。

2. 负面清单的内容

《中国（上海）自由贸易试验区外商投资准入特别管理措施（负面清单）（2013 年）》于 2013 年 9 月 30 日公布，中国外资并购规制正式进入负面清单管理阶段。该清单包括了国民经济所有 18 个经济行业门类，涉及 89 个大类、419 个中类和 1 069 个小类，罗列了 190 项特别措施，占行业比重的 17.8% 左右，其中禁止类 38 项、限制类 152 项。负面清单管理模式是此次中国（上海）自由贸易试验区的关键内容。在清单之外的领域，外商投资项目核准将改为备案制（国务院规定对国内投资项目保留核准的除外）。

上海自贸区管委会主任艾宝俊认为该负面清单有两个重要意义，一方面能提高透明度，对限制但无具体限制措施的条款分类处理，对需保留的明确具体限制措施；对无保留必要的，则尽量取消。另一方面能提高开放度，主动与相关部委沟通，争取支持、取消或放宽一批对外资的限制措施。负面清单按照国际通行惯例设置，进一步减少负面清单中的限制措施，同时进一步完善负面清单模式下的开放性经济管理体系。

至今，该负面清单进行了一次修订。2014 年 7 月 1 日，上海市政府公布《中国（上海）自由贸易试验区外商投资准入特别管理措施（负面清单）（2014 年修订）》，负面清单特别管理措施从 190 条减至 139 条，包括限制性措施 110 条，禁止性措施 29 条，清单长度缩减 26.8%，其中，因扩大开放而实质性取消 14 条，因内外资均有限制而取消 14 条，因分类调整而减少 23 条。此外，还放宽了 19 条管理措施，进一步开发比例达 17.4%。同时，对负面清单之外的领域，按照内外资一致的管理原则，外商投资项目实行备案制（国务院规定对国内投资项目保留核准的除外），外商投资企业设立和变更实行审批管理。

新的负面清单，进一步体现了开放度、透明度与公平性。首先，修订后的负面清单进一步明确了企业经济活动的边界，除了清单上的禁区外，其余领域都可允许进入。而此前以正面清单为主的混合清单模式，因列举事项有限，难以覆盖整个经济生活领域，束缚了市场主体的经济活动自由。其次，修订后的负面清单进一步增加透明度，将原来 55 条无具体限制条件的管理措施缩减至 25 条，并明确了部分无具体限制条件管理措施的条件。最后，修订后的负面清单进一步衔接国际通行规则，更好地体现了公平性。根据国际通行规则，修订后的清单取消了原本的 14 条对内外资均有限制或禁止要求的管理措施，主要是设计高耗能、高污染的制造业领域。

另外，为了深化负面清单的管理模式，2014 年中国再次修订《外商投资产业指导目录》，旨在精简审批事项、激发市场活力，目前正在为新的《目录》修订稿征求意见。此次修订的亮点体现为取消、下放、监管三个方面。首先，缩减核准范围，原《目录》中的 15 项内容取消核准，改为备案管理，包括钢铁、水泥、有色金属、城市供水等项目，另外对于境外投资领域，除涉及敏感国家和地区、敏感行业的项目外，其余项目全部取消核准，改为备案管理。接着，进一步下放核准权限，将 23 项内容下放省级政府或地方政府核准，包括火电站、热电站、通用机场、扩建军民合用机场、铁矿开发、电网工程、飞机制造等项目。2014 年版《目录》共取消、下放 387 项核准权限，大幅度降低中央层面核准的项目数量。最后，更加注重事中事后的监管，明确提出同步下放前置审批权限，加强工作的标准化与规范化。另一方面，该《目录》修订稿在内容上大幅减少了限制类条目，从 79 条减至 35 条，主要取消钢铁、炼油、汽车电子、地铁等领域的外资限制，同时"合资、合作"条目从 43 条减至 11 条，"中方控股"条目从 44 条减至 32 条，进一步放宽外资股比的限制。

3. 负面清单的成效

上海自贸区在全国范围内率先实施"负面清单"的外资并购准入制度，反映了中美 BIT 谈判等双边贸易投资准入的需求，反映了中国在投资准入方面积极适应世界前沿的双边投资机制。实践表明。在没有土地、税收等优惠的前提下，自贸区成立近 2 年时间来就吸引了数万家企业入驻，绝大部分的外商投资都是在"负面清单"以外按照备案制的方式来设立的。以"负面清单"为代表的制度创新，降低了企业投资成本，释放了企业投资活力，提高了企业运营效率。

二、中国外资并购规制的发展特点

自改革开放至今，中国外资并购规制的发展经历了三个重要阶段。在这个长期的发展历程中，中国外资并购规制已经形成了一系列关于外资并购法规政策体系（见附录）。对于每个阶段的突出特点，本节做出以下总结。

（一）规制起步阶段，致力解决国有资产流失

以 1993 年《关于进一步加强外商投资管理工作若干问题的通知》为标志，中国外资并购进入规范管理时代。然而初期外商在华投资增速迅猛，中国外资并购规制在很多方面仍然存在漏洞，以"北旅事件"为典型案例，国有资产流失严重，为此中国立即暂停所有外资并购中国上市公司的项目，并且不断出台了关于国有股与法人股转让等一系列规制以填补这一法律漏洞。

（二）规制发展阶段，既要加快开放也要国家安全

2001 年入世后，《外商投资产业指导目录》不断进行修订，以反垄断规制与国家安全审查规制为特征，中国外资并购规制进入混合清单管理时代。这一时期的典型特点是在加快开放的同时，也要保证国家各方面的安全。一方面，《目录》不断放宽外资准入限制，并且以促进外商投资产业结构优化升级为目标，指导外商在华投资。另一方面，《反垄断法》与《关于建立外国投资者并购境内企业安全审查制度的通知》颁布，反映了中国更加重视外资在华并购的管理，防止外资并购对国内行业竞争造成不利影响，在最大程度上保障国家的经济安全、军事安全、技术安全与社会稳定。然而，从可口可乐与汇源果汁并购案可以看出，中国反垄断工作仍然是任重而道远，执法机构的水平有待提升。

（三）规制形成与完善阶段，与国际接轨、深化开放

在混合清单管理时期，中国实际上是以正面清单为主导的，局限了外国投资

329

的空间，阻碍了市场主体的经济自由。而当下很多发达国家已经开始实施负面清单管理模式，如美国、法国与韩国等。2013 年，在中美 BIT 深入谈判背景下，上海自贸区建立并公布负面清单，至此中国外资并购规制转型进入负面清单管理时代，进一步加大开放性和透明性，与国际接轨。此制度创新，释放了企业的投资活力，更进一步地深化了改革。

第七节　各国外资并购国家安全审查制度的比较

一、审查的法律依据

　　美国在 1998 年修订了《国防生产法》第 721 节（该修正案被称为埃克森—佛洛里奥修正案），授予总统制止对美国国家安全构成威胁的外资并购的权力，这是美国第一部有关外资并购的专门立法。为配合埃克森—佛洛里奥修正案的实施，美国财政部于 1991 年出台了《关于外国人合并、收购和接管条例》作为埃克森—佛洛里奥修正案的实施细则，对有关条目进行了解释。为了增强 CFIUS 审查外资的力度和透明性，次年美国国会又通过了《国防授权法》第 837 节修正案（俗称伯德修正案）。时至今日《国防生产法》第 721 节历经多次修订，成为美国外资并购安全审查最主要的法律依据。

　　德国外资并购审查的法律依据主要是《外国贸易与支付法》及其修正案，该法案只 1961 年问世以来就一直成为德国外资并购安全审查的主要依据，在《反限制竞争法》《就业促进法》《有价证券收购法》《武器法》和《和平利用核能及核能风险保护法》等法律中对外资并购也做了相应的规定。

　　日本为外资并购安全审查建立了一套完善的法律体系，包括了法律、部门规章和特定行业对外资的规制。1949 年日本颁布了《外汇及外贸管理法》，该法案第五章"对内直接投资"是规制外资并购的主要法律。1980 年《外汇及对外贸易法》取代旧的《外汇及外贸管理法》成为规管外商投资的法律，"管理"二字的去除标志着日本政府对利用外资的态度更加开放。如今日本建立了以《外汇及对外贸易法》为核心，以《对内直接投资等相关政令》《对内直接投资等相关命令》和《输出贸易管理令》的相关政府命令，以及个别行业法规（如《日本电信电话株式会社法》（简称 NTT 法）、《电波法》《广播法》和《航空法》等）为辅助的规制外资并购的法律体系。

法国政府关于外资并购安全审查的主要法律法规是：1966 年 12 月 28 日颁布的第 66 - 1108 号法令；1986 年 12 月 1 日确立的《价格自由和竞争法令》（现称《公平交易法》）；1989 年 12 月 29 日出台的第 89 - 938 号政令；1996 年 2 月 14 号发布的第 89 - 938 号政令的修改令——第 96 - 117 号政令；2000 年颁布的第 2000 - 1223 号法令；2004 年出台的第 2004 - 1343 号法令和 2005 年颁布的第 2005 - 1739 号政令（作为《法国货币和金融法》第 L.151 - 3 条的配套规定）。该法令确定了法国外资并购预先审批的制度，在非欧盟投资者和欧盟投资者的区分前提下，确定 11 种涉及国家安全的战略保护产业，这 11 条外资并购的产业保护规定为维护法国经济秩序、保护公共安全和国家安全发挥了重要作用。

韩国在外资并购方面形成了较为完备的外资法律体系，法律和部门规章齐全。《外商投资促进法》是韩国政府规范外国投资的基本法律，《施行令》《施行规则》和《关于外商投资与技术引进的规定》成为相关的配套法规。此外还有一些关于外汇、自由贸易区、经济自由区和金融投资区的法律也对外资并购做出了相应的规定。

印度政府颁布了四部外商投资相关法律——《外商投资鼓励法》《外资企业管理法》《外国投资法》和《合资经营企业法》，成为规范和鼓励外国投资的重要制度保障，起最主要作用的是《外资企业管理法》《外国投资法》和《合资经营企业法》，这 3 部法律构成了外资法的主体及核心部分。

中国目前规范外资并购的法律主要包括了《反垄断法》关于国家安全的规定，国家发改委颁布的《外商投资产业指导目录》《关于外国投资者并购境内企业的规定》、2011 年国务院办公厅发布的《关于建立外国投资者并购境内企业安全审查制度的通知》和商务部 2011 年颁布的《实施外国投资者并购境内企业安全审查制度的规定》等法律法规用于规范外国投资。上海自贸区使用的则是《中国（上海）自由贸易试验区外商投资准入特别管理措施》，即"负面清单"版的外商投资产业指导目录。

总体来看，发达经济体的外资并购法律制度较为健全，法律和部门规章相互配套形成多层级的制度保障。我国目前规管外资并购的制度安排主要以部门规章为主，存在立法层次较低的问题；且各相关部门都有相应制度安排，对外资并购形成一定阻碍。为了统一规范外资并购，2015 年 1 月 19 日商务部公布《中华人民共和国外国投资法（草案征求意见稿)》，这标志着我国将从最高层次的法律上对外资并购进行规管。

二、审查机构

美国设置了专门机构负责外资国家安全审查——美国外资投资委员会（CFI-

US），这是一个由美国财政部牵头由 11 个政府机构的首长和 5 个观察员组成的跨部门委员会，它有一个显著的特点是各机构间的职能各有不同，甚至在某些情况下会相互冲突。例如，有的部门职责在于促进贸易与投资的开放，有的部门则以维护国土安全为己任。但这正是该制度设计的精妙之处，兼顾经济发展与安全维护双重目标，努力在开放的外资政策与维护国家安全之间寻求平衡点。2007 年《外国投资法》出台后还增设了牵头机构，一方面保证了个案的针对性以及行政效率，另一方面在一定程度上限制了委员会主席的权力。在 CFIUS 无法裁决外资并购交易时，美国总统对审查有最终决定权。

德国外资并购国家安全审查由联邦经济技术部负责，虽然德国没有专设一个部门来主管外资并购，但实际效果与美国 CFIUS 类似，在必要的情况下其他相关机构也可以参与审查。值得注意的是情报部门及安全部门在各国的安全审查制度中都有提及，并起到了重要作用。

日本的《外汇及对外贸易法》第 5 章第 27 条规定，主持审查对内直接投资的工作由日本财务大臣及相关产业的主管大臣负责，并规定财务省的关税、外汇等审议会是协助财务大臣审查外资并购，该审议会的意见对审查结果影响重大。相当于一国的财政部长和相关部委的首长联合建立的审查机构，并由财政部下设的一个审议会协助首长们审查外资并购，从审查机构的设置来看同美国的 CFIUS 类似。

法国的审查机构是该国的经济财政及就业部，由部长负责审查工作。国防部、竞争委员会、公平交易委员会、消费者事务和欺诈控制局等部门和人员将根据申报并购案件的需求给予相应的协助，这种机制实际上也起到了和美国 CFIUS 一样的效果。

韩国的主管部门是产业资源部，负责制度和执行外商直接投资政策。印度的主管部门则是商工部下属的工业政策与促进司和财政部及其下属外国投资促进委员会。工业政策与促进司的主要负责制定、监督执行符合印度国家和经济发展目标的产业政策和战略；财政部外国投资促进委员会负责审批高科技、外向型、能源、基础设施、咨询和贸易等领域的外商独资经营项目，是实际行使审批权的部门，其他相关部门协助审批。

中国为外资并购的审查建立了外国投资者并购境内企业安全审查部际联席会议制度，部级联席会议制度是为了协商办理涉及国务院多部门职责事项，由中国国务院批准建立的一中共同商定的工作制度。根据 2011 年颁布的《国务院办公厅关于建立外国投资者并购境内企业安全审查制度的通知》要求，联席会议在国务院领导下，由发展改革委、商务部牵头，根据外资并购所涉及的行业和领域，会同相关部门开展并购安全审查。其主要职责是：分析外国投资者并购境内企业对国家安全的影响；研究、协调外国投资者并购境内企业安全审查工作中的重大问题；对需要进行安全审查的外国投资者并购境内企业交易进行安全审查并作出决定。

总体来说，各国并购审查机构的设置中，主管财政和商业的部委在外资并购审查中扮演重要角色，并且各国都十分重视外资并购对国家安全，国防部一般都会出现在审查机构的成员名单中。当然具体的部委的参与会根据不同国家经济发展和国家安全需要不完全相同。在发达经济体中更追求经济发展和国家安全的平衡，涉及高端装备、高科技和新能源等凸显国家竞争力的高端技术知识产权的产业主管部门也扮演至关重要的角色。在欠发达经济体中，引进外资促进本国经济发展是更为重要的目标，因此各国都会出台一系列引进外资的政策，主管经济发展和产业政策制定的部委在审查机构中会扮演重要角色。

三、审查对象的比较

一般来说各国对审查对象的规定总体是一致，主要是对内投资的外国投资者，这些投资者既包括了自然人也包括了实体法人。对自然人基本采用了国籍标准，本国自然人为本国国民，外国自然人指非本国国民的个人，程度上稍有不同。对外国实体的界定在不同程度地采用控制标准。但是对于控制的认定，美国的弹性较大，侧重从实体的层面来考虑，控制权的行使并不局限于发行人持有已发行的表决权的绝对多数或相对多数；德国、法国、日本和中国主要从企业股权结构出发，如日本将直接或间接合计持有 50% 的企业法人视为外国投资者。此外，对于涉及外国政府所有的资产，美国，德国和法国都认为其并购可能对国家安全造成威胁而直接被提起审查。

四、审查标准的比较

美国在《国防生产法》中列举了国家安全审查时必须考虑的 11 个因素，这11 个因素包含了关键基础设施、关键技术、国际恐怖主义和不扩散核武器等对影响国土安全、经济稳定和公民生活秩序的重要因素，成为美国政府审查外资并购的主要依据。戴维德（David N. Fagan，2009）曾专门从外国收购公司和美国标的公司或资产两个方面归纳了 CFIUS 审查外资并购时所考虑的因素。针对外国收购公司的考察主要包括了收购人的守法记录、高管的声誉、在母国的表现、与母国政府和政党的关系以及交易是否对美国重要科技成果的影响；而针对美国本土的标的公司（或资产）的考察则包括了该标的是否属于关键基础设施或与之密切相关、是否为政府提供服务或接近机密单位等政府系统、对美国国防的影响和对法律强制力的影响、是否属于敏感技术以及交易之后对标的公司的其他影响等。

333

德国除了在敏感领域（如国防、军事、文化产业等），在大部分经济领域规定外国投资者在德国投资时，享受与本国国民一样的待遇，基本未对外资并购活动设限。对欧盟和欧洲自由贸易联盟等地区以外的外国投资者，如果要并购德国军事产品生产业务或者加密系统生产业务，且收购后直接或者间接控制的股票权达到或者超过25%时，须告知德国政府。

法国对博彩、私人保安服务、生物药剂或有毒药剂、窃听设备、信息技术行业系统评估和鉴定、信息系统安全产品和服务、军民两用产品和技术、数字应用加密和解密系统、国防业务、武器军火和军事用途炸药或用于战争装备的贸易以及向国防部提供研究或供应设备等"特定业务"领域等11个受保护的敏感行业的并购进行限制。并且法国政府将家乐福等20家大公司列为特别保护企业，反对外国资本对其并购。对于外来投资者收购法国公司10%或以上的股权或投票权的交易，为了统计目的，须向信贷机构提交申报表，对相关交易进行详细说明。此外法国还将欧盟投资者和非欧盟投资者区分开来，实施不同的审查标准。

日本将维护国家安全、维护公共秩序和公共安全和维持国民经济健康稳定发展作为规制目标。在《外汇及对外贸易法》对审查基准的基础上，个别产业如军用的碳素纤维和钛合金、光化学镜头制造业、采矿业、通信业、广播业、水运业和航空运输业的等行业通过所能投资的最高持有比例的方式进行准入限制。有具体的外资准入限制。日本还对来自伊朗的投资进行限制。

韩国《外商投资促进法》将外商投资的领域划分为禁止投资和限制投资的行业。在韩国1 145个标准产业分类中，公共行政、外务和国防等共60个行业为外商投资禁止行业；其余1 085个投资行业中，有29个行业为外商投资比率受限行业。

印度则将外商投资的领域划分为禁止投资、限制投资和鼓励投资的行业。禁止外国投资者进入的行业包括核能、赌博博彩业、雪茄及烟草业、风险基金等；限制的行业包括电信服务业、铁路运输业、保险业、私人银行业、工业爆炸品、危险化学品、多品牌零售业、航空服务业、太空和国防电子产品及相关产业、基础设施投资、房地产业、广播电视转播等；鼓励的行业包括电力（除核电外）、石油炼化产品销售、采矿业、金融中介服务、农产品养殖、电子产品、计算机软硬件、特别经济区开发、贸易、批发、食品加工等。也是通过限制持股比例的方式来限制。

中国对外商投资的产业分别实施了"混合清单"和"负面清单"的形式进行规管。在除自贸区之外大陆地区采用《外商投资产业指导目录》，将外商投资的领域划分为禁止投资、限制投资和鼓励投资的行业。在自贸区内采用《中国（上海）自由贸易试验区外商投资准入特别管理措施》，将外商投资的领域划分为禁止投资和限制投资的行业。自贸区负面清单的投资准入模式成为中国规管外资并购的试验场，可以预见的是在未来中国外资准入将全面采用负面清单形式，不再设立鼓励类行业。中国还实施了专门的国家安全审查制度，主要考虑国防安全、经济安全、技术安全与社会安全四个方面的因素。并购安全审查的范围为：外国投资者并购境内军工及军工配套企业，重点、敏感军事设施周边企业，以及关系国防安全的其他单位；外国投资者并购境内关系国家安全的重要农产品、重要能源和资源、重要基础设施、重要运输服务、关键技术、重大装备制造等企业，且实际控制权可能被外国投资者取得。

五、审查程序的比较

美国 CFIUS 的审查一般分为自愿申报和通报、初审、调查和总统决策四个阶段，如果交易在初审就获得批准的话，则不必进行后面两个步骤。2008 年的《关于外国人合并、收购和接管条例的最终规定》要求，在正式的自愿申报前，交易各方可以和 CFIUS 进行磋商，提供是否需要审查的建议。美国外商投资审查委员会在审查外资并购时，实行严格的审查期限规定。初始审查原则不超过 30 天，必要情况下的第三个阶段调查原则上不超过 45 天，总统决策期原则上不超过 15 天。在这些规定下，投资者在 90 天内将得到 CFIUS 的答复，整个审查程序的可预见性较强。

德国联邦经济与技术部主导的外资并购国家安全审查的过程包括初审和复审两个部分。在并购合同签订日、收购要约公告日或者并购公告之日起的 3 个月内，BMWi 可能会提出审查要求。BMWi 收到全部收购文件之日起的两个月内，如果 BMWi 认为该外资并购可能会对德国的公共政策和公共安全造成威胁，会提出复审要求。

日本审查流程主要包含以下几个方面内容：首先是事前申报义务和事后报告义务，审查时限和对部分投资的重审的规定。如果外国投资者拟收购日本上市公司 10% 及以上的股份或拟收购非上市或敏感产业时，当事人需要履行事前申报义务。在收到材料后财务大臣及相关事业大臣必须在 30 日内审查，期间当事人不得进行交易。如果财务大臣及相关事业大臣认为有必要延长审查期限，最多延长 4 个月，并且如果关税、外汇等审议会认为有必要亦可申请将审查延长 5 个月。审查时间跨度较大，视具体情况而定。除了需要事前申报的投资行为，其他投资行为只需在收购后 15 日内向有关部门进行事后申报。

法国的外商投资准入制度，包括审查、审议、批准与登记等四个环节。行政申报并非强制性的，可是如果当事人没有事先申报，政府主动审查，则审查期限将不受法定限制。安全审查从并购发起方递交申请报告开始至审查结束，持续时间为 2 个月。在这两个月内，经济财政部在收到并购案件的申请报告后将授权竞争委员会进行安全审查。如果审查超过 2 个月，则该项外资并购自动转入可执行期，外资并购双方可以自由进行并购交易。如果经济财政部认为不足以做出准确的判断，可以合理延长审查期限并要求提供更多信息，也可以强制要求外国投资者签订减缓协议。如果经济财政部在审查期限内给予了否定的答复，那么应做出正式的书面通知，并告知外国投资者答辩期为 15 天，且经济财政部必须等答辩期满后才能发出禁令。如果外资并购项目不被批准，且外国投资者有确凿的证据证明法国经济财政部没有依法裁决，那么外国投资者有权利上诉法国行政法院，行政法院判定情况属实，则该项并购交易准允执行。

中国的目前的国家安全审查由联席会议对商务部提请安全审查的并购交易，首先进行一般性审查，对未能通过一般性审查的，进行特别审查。并购交易当事人应配合联席会议的安全审查工作，提供安全审查需要的材料、信息，接受有关询问。一般性审查采取书面征求意见的方式进行。联席会议收到商务部提请安全审查的并购交易申请后，在 5 个工作日内，书面征求有关部门的意见。有关部门在收到书面征求意见函后，应在 20 个工作日内提出书面意见。如有关部门均认为并购交易不影响国家安全，则不再进行特别审查，由联席会议在收到全部书面意见后 5 个工作日内提出审查意见，并书面通知商务部。如有部门认为并购交易可能对国家安全造成影响，联席会议应在收到书面意见后 5 个工作日内启动特别审查程序。启动特别审查程序后，联席会议组织对并购交易的安全评估，并结合评估意见对并购交易进行审查，意见基本一致的，由联席会议提出审查意见；存在重大分歧的，由联席会议报请国务院决定。联席会议自启动特别审查程序之日起 60 个工作日内完成特别审查，或报请国务院决定。审查意见由联席会议书面通知商务部。

从审查程序来看呈现出以下特点：程序上至少有初审和复审两个步骤，事前沟通和自愿申报可以起到事半功倍的作用，减少并购失败的概率；大部分的国家有明确的时间规定，法国在无法判断交易的威胁时可以强制要求外国投资者签订减缓协议，为政府审查争取时间但也给交易带来更多不确定性；美国和中国等国家赋予元首和最高权力机构有最终决定权；对于审查过程中出现的安全问题美国等国家提出了谈判和允许重新设计并购交易的方式来降低安全威胁同时挽救交易。

六、外资并购规制经验总结

从总体而言，美国、德国、日本、法国、韩国、印度 6 国的外资并购法律制度各有特点，由于各国经济发展状况不同，各国政府对外资并购的管理目标也有差异，外资并购审查的审查依据的侧重、审查机构的设立、审查标准和审查程序的安排等各个方面也有所不同。但是总体而言，在外资逐步渗透国民经济、跨国并购日益发展的形势下，这6个国家越来越高度重视维护国家军事安全、经济安全、社会秩序和公共安全，这一态度也体现在外资并购法律规制体系的建立过程当中。对比美国、德国、日本、法国、韩国、印度这6个国家与我国的外资并购规制，本节认为，我国需以维护国家安全、社会秩序、促进经济发展为宗旨，建立以法律规制为依据的外资并购国家安全审查机制，并以一些间接手段为辅，达到坚决维护国家安全、适当保护本国产业、积极促进经济发展的目标。具体来说，需在以下五个方面进行完善。

（1）进一步细化外资并购规制，并增强相关法律规制的权威性、可操作性。相对美国、德国、法国等发达国家而言，我国外商投资规制体系中，法律法规较少，而且较分散，不成体系，仅有《反垄断法》的笼统规定，而作为主体部分的部门规章也存在分散、立法层次低、权威性不够的缺陷。2011年国务院办公厅发布的《关于建立外国投资者并购境内企业安全审查制度的通知》，指导建立联席会议制度，是我国外资并购安全审查体系建立和发展的一个重要的里程碑，但是《通知》法律层次低，相关规定也较粗糙、模糊，可操作性不够强。2015年1月19日商务部公布《中华人民共和国外国投资法（草案征求意见稿）》，本节认为我国的《外国投资法》不仅应有对外商投资管理有更为权威的效力、更为细致的指导，并能做到统一目前分散的法律法规和部门规章，对外资并购安全审查的范围、内容、标准、程序、法律责任、乘除规定等基本问题作出更有权威、更具可操作性的规定，并发布配套实施的更具实操性的规章。同时《外国投资法》还应把外资并购国家安全审查放在重要位置，在合理促进外商投资、合理利用外资的同时，能够引导外资并购审查切实做到维护国家安全、社会秩序和公共安全。

（2）改进外资并购国家安全审查的审查机构的设置。目前我国根据《关于建立外国投资者并购境内企业安全审查制度的通知》建立的联席会议制度存在很多缺陷，如组成部门职能不清、权责不统一，缺乏从国家战略层面对外资并购安全问题进行深入探究的机制和安排，联席会议为非常设机构这一设定使其具有较大的不稳定性和不确定性，等等。这些缺陷严重影响我国外资并购国家安全审查的审查标准、政策把握、执行力度的连续性、稳定性和有效性。本节建议设立外国投资委员会，明确为国务院直属常设机构。其职能包括研究和制定外资并购安全审查的国家战略和政策，起草外资并购安全审查的法律法规草案及制定部门规章，履行外资并购安全审查的职能等；依法明确委员会成员的组成，以及各成员职责和分工；委员会具体组成可依照我国安全审查的需要，由相关部委和直属机构组成，如商务部、国防部、发展改革委、工业和信息化部、国家安全部、司法部、国土资源部、环境保护部等部委以及国资委、法制办、港澳办、国台办等直属机构，并依照各部委和各直属机构的职能匹配相关成员职责和分工。

（3）完善我国外资并购安全审查启动机制，明确安全审查可追溯原则和"安全港"原则，减少外国投资者规避安全审查的动机。对于未被提交安全审查或已通过安全审查的外资并购交易发生变更的，我国现行外资并购安全审查制度仅规定适用外国投资者主动提请审查机制，也就是说只能依赖于外国投资者主动提请安全审查，而不能经通过商务部提请审查的方式启动安全审查，这在很大程度上增加了外国投资者规避安全审查的动机。本节建议，可以参考美国外资并购安全审查的做法，规定对于上述发生变更，并产生潜在国家安全威胁的外资并购交易，应既可以由外国投资者主动提请安全审查，也可以经通过商务部提请安全审查而启动安全审查程序。同时，还可以借鉴美国的可追溯原则，任何外资并购交易，如果发生上述变更的情形，即使有关交易已经完成，均可随时予以追溯，对交易启动安全审查。而对于已经通过安全审查且未发生变更的外资并购交易，规定"安全港"制度，不再就同一交易启动多次安全审查，这一规定能够有效减少外国投资者的规避动机，提高安全审查的效率。

（4）在法律制度之外，完善部门规章、行业准入等规定，通过运用这些非法律规定，灵活地根据我国经济发展的需要、国际经济形势发展的趋势，合理利用外资服务于我国企业产业的发展和国民经济的增长。在一些具体层面，法律制度很难做到事无巨细的规范管理，这时候就需要部门规章、行业准入来协助法律制度。德国、日本、法国、韩国、印度等国家在外资并购法律之外，制定了各种行政政策、行业规定，保护战略性行业、重点企业，限制甚至禁止外国资本进入这些行业、企业。目前我国对外商投资产业的管理使用的是"混合清单"和"负面清单"形式，但从各国经验和目前我国情况来看，《外商投资产业指导目录》这一"混合清单"和自贸区的"负面清单"远远不能满足需求，也无法有效组织外国企业通过隐蔽手段并购、控制国内企业、产业。我国需要借鉴德国、日本、法国、韩国、印度等国家的经验，不仅保证"混合清单"和"负面清单"能够与时俱进、符合保护国家安全、维护社会稳定、发展国民经济的需要，更要通过完善部门规章、行业准入等规定，切实有效地限制甚至禁止外商涉足战略性行业、保护重点企业。

（5）综合采用多种手段，特别是非政策、非法律的间接手段。当前我国规范外资企业并购的间接手段多样化程度也不够，也极少付诸应用。借鉴美国、德国、印度、法国、日本、韩国等国家的做法，我国可尝试采用的间接手段有：①利用实力较强的国有企业控制国民经济命脉，保证关系国家安全、国计民生的产业不会被外资涉足；②与外商签订自愿性协定，规定零部件采购当地化、出口额度、绩效要求等，在引进外国企业的同时，切实保障引进先进生产经验、管理经验，利用外资做大做强国内企业、发展壮大国内产业，防止外国企业并购国内企业后弱化国内企业、控制相关行业；③保障职工利益，通过员工阻止恶意并购；④重视对企业管理人、股东的相关教育、引导、监督，避免外资并购国内企业时，国内企业管理人、股东危机感不足、远见力不够、并购谈判不力等现象，通过企业管理人、股东的努力保护优质的国内企业；⑤扶持本国民族工业、提高国内企业核心竞争力，只有国内企业已经拥有与跨国企业竞争的足够大的实力，政府才能减少行政约束，因此通过扶植国内企业发展本国产业是各国既实行经济对外开放又保护国内产业安全的共同做法。我国政府往往过度依赖国有企业，对民营企业信心不足，给予的支持也不足。我国政府应当支持国有企业和民营企业的做大做强，培育在世界范围内具有竞争力的大企业、强企业，共同形成防御跨国企业恶意并购、保障国家经济安全的强有力防线。通过这些间接手段，可以限制甚至阻止没有触犯并购法律和审查门槛、但事实上危害经济社会安全和人民利益的外资并购。

第八节　本章小结

本章首先介绍和分析了美国、德国、法国等西方发达国家和韩国、印度等新兴国家的外资并购法律规定和制度体系，并对这些国家的外资并购规制与中国外资并购规制体系，从审查的法律依据、审查机构、审查对象、审查标准和审查程序这5个方面进行了对比，研究中西方在利用外资的法律和政策方面的异同，最终借鉴国外先进经验，为进一步加强我国规范外资并购的制度提出建议。

本章研究认为，美国是目前世界上外资并购规制最完善的国家，其对外资并购采用灵活规制，这种规制既能有效促进经济发展，同时又能保护美国国家安全、维护国家利益；德国有关外资并购的法律规定比较分散，目前还没有一部专门的外资并购法，总体而言这些法律规定都比较宽松，但是，德国对外资并购的管理和国家安全的保护措施具有非常实用的经验借鉴；日本与我国有着类似的地域环境、文化背景，在《广场协议》之后，日本政府为摆脱经济长期低迷主动放松管制、鼓励外商投资，这个过程当中的经验和教训，对当前面临经济转型、产业结构升级的我国，具有特别的借鉴意义；在全球并购浪潮之中，法国FDI在相应的政策支持下得到飞跃式的发展，在此过程中，法国的并购规制也经历了从被动开放到主动开放、再到自由开放的长期发展过程，法国规范外资并购、维护国家安全的法律手段和间接手段，也逐步成熟和应用自如；韩国政府对外商进入的门槛设置相对较高、审批程序也较为严格，同时韩国民众对本土企业和产品保护意识强，这两方面的力量使得外商投资大部分集中于服务业，而对韩国制造业的投资份额较少且增长缓慢；印度对外商投资灵活管理，一方面绝对禁止或者严格限制外商通过各种手段涉足国家军事安全、经济安全、社会稳定的战略性行业，另一方面在不违背基本法律的基础上，灵活调节外商投资政策，充分利用外商投资服务国内经济发展和社会需要。

相对比美国、德国、日本、法国、韩国、印度各国的外资并购规制体系，我国外资并购规制体系存在很多问题，如规管外资并购的制度立法层次较低，安全审查规则相对粗糙、模糊，且各相关部门都有相应制度安排、政出多门；联席会议的组织架构设置可能导致各组成部门职责范围不明晰、责权不统一、部门之间相互扯皮和推诿的问题，同时缺乏从国家战略层面，对外资并购安全审查的重大问题进行系统深入研究的机制和安排，更不利于并购安全审查标准、政策把握的连续性和稳定性；外资并购政策不够灵活，同时规范外资企业并购的间接手段多样化程度也不够，也极少付诸应用；对我国国际知名企业、承载民族情感的企业的保护和支持不足，缺乏对企业管理人、股东的相关教育、引导、监督；等等。

在此基础上，本章提出我国可以在以下主要几个方面完善外资并购安全审查机制，维护国家安全、引导外商投资服务国内经济发展：第一，对外资并购安全的审查始终坚持维护国家安全、维护公共秩序、维护公众安全和维持国民经济健康稳定发展的原则；第二，将外资并购安全审查提升到国家战略层面，设立国家外国投资委员会，明确为国务院直属常设机构；第三，适时出台较高立法层级的法律和行政法规，完善和细化外资并购安全审查的具体实施规则；第四，将国家战略性行业列为重点保护产业，限制外商进入，对涉及国家安全的产业严格管理，例如将国家信息安全产业纳入《外商投资产业指导目录》的禁止投资目录，限制相关企业股权对外资的转让，防范外资控制我国信息安全产业，避免外资对我国信息安全产业的侵蚀；第五，完善我国外资并购安全审查启动机制，明确安全审查可追溯原则和"安全港"原则，减少外国投资者规避安全审查的动机；第六，充分利用各种间接手段规范外资并购，如利用国有企业控制国民经济命脉、与跨国公司之间签订自愿性协定、保障职工利益等；第七，扶持本国民族工业、提高国内企业核心竞争力，通过本国民族工业在市场上与跨国企业竞争来防御跨国企业恶意并购、维护国家经济安全；第八，加强对我国国际知名企业、承载民族情感的企业的保护和支持，以及对企业管理人、股东的相关教育、引导、监督。

附 录

附录 A

在风险中性假设下，目标企业价值表现为目标企业未来的利润流期望现值，即：

$$v = v(t) = E\Big[\int_t^{\infty} \pi(s) e^{-r(s-t)} ds\Big] = E\Big[-\frac{e^{rt}}{r}\int_t^{\infty} \pi(s) de^{-rs}\Big] \qquad (A.1)$$

其中有：

$$\int_t^{\infty} \pi(s) de^{-r} = \frac{r_s}{\alpha - r}\Big[\pi(t) e^{-} + \int_t^{\infty} e^{-} \sigma\pi(s)^r dz\Big] \qquad (A.2)$$

将上式代入公式（A.1），又根据几何布朗运动性质 $E(\int_t^{\infty} dz) = 0$，可得：

$$v = v(t) = E\Big[-\frac{e^{rt}}{r} \cdot \frac{r}{\alpha - r} \cdot (\pi(t) e^{-rt} + \int_t^{\infty} e^{-rs}\sigma\pi(s) dz)\Big] = \frac{E\pi(t)}{r - \alpha} + 0$$

$$(A.3)$$

现在衡量的是 t 时刻的目标企业价值 $v(t)$，所以时刻 t 的利润流 $\pi(t)$ 是已知的一个常数，即 $E\pi(t) = \pi(t)$。从而可得：

$$v(t) = \frac{\pi(t)}{r - \alpha} \qquad (A.4)$$

附录 B

B.1 K_2 与 τ 的关系

由于本书第三章关注的是 FDI 进入模式的选择，因此与 Gilroy，Lukas（2006）的处理方法一样，我们只关注于进入阶段的触发值和实物期权价值。依据公式（3.14）、（3.15）和 K_1、K_2 的意义，可得：

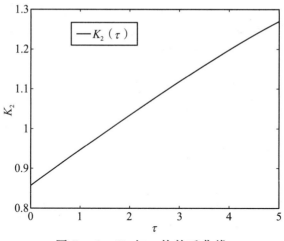

图 B - 1　K_2 与 τ 的关系曲线

$$K_1 = \frac{\dfrac{\beta_2}{(\beta_2-1)\Theta_2}I_{21}}{\dfrac{\beta_1 e^{(r-\alpha_1)\tau}}{(\beta_1-1)\Theta_1}I_{11}} = e^{-(r-\alpha_1)\tau}\frac{\beta_2(\beta_1-1)}{\beta_1(\beta_2-1)}\frac{\Theta_1}{\Theta_2}\frac{I_{21}}{I_{11}}$$

$$K_2 = \frac{\dfrac{\Theta_2 e^{-(r-\alpha_2)\beta_2\tau}}{\beta_2}\left[\dfrac{\beta_2}{(\beta_2-1)\Theta_2}\right]^{1-\beta_2}\left[e^{(r-\alpha_2)\beta_2\tau}I_{21}^{1-\beta_2}+(\Theta_2 V_{21}^*+I_3)^{1-\beta_2}\right]V(t)^{\beta_2}}{\dfrac{\Theta_1 e^{-(r-\alpha_1)\beta_1\tau}}{\beta_1}\left[\dfrac{\beta_1}{(\beta_1-1)\Theta_1}\right]^{1-\beta_1}\left[I_{11}^{1-\beta_1}+(\Theta_1 V_{11}^*+I_{12})^{1-\beta_1}+(\Theta_1 V_{12}^*+I_3)^{1-\beta_1}\right]V(t)^{\beta_1}}$$

$$= e^{[(r-\alpha_1)\beta_1 - (r-\alpha_2)\beta_2]\tau} \left(\frac{\beta_1}{\Theta_1}\right)^{\beta_1} \left(\frac{\beta_2}{\Theta_2}\right)^{-\beta_2} (\beta_2 - 1)^{\beta_2 - 1} (\beta_1 - 1)^{1-\beta_1}$$

$$\frac{[e^{(r-\alpha_2)\beta_2\tau} I_{21}^{1-\beta_2} + (\Theta_2 V_{21}^* + I_3)^{1-\beta_2}]}{[I_{11}^{1-\beta_1} + (\Theta_1 V_{11}^* + I_{12})^{1-\beta_1} + (\Theta_1 V_{12}^* + I_3)^{1-\beta_1}]} V(t)^{\beta_2 - \beta_1}$$

参考 Gilroy，Lukas（2006）的设置，取 $r = 0.05$，$\sigma = 0.25$，$\alpha 1 = \alpha 2 = -0.02$，$\Theta 1 = \Theta 2 = 0.8$，$V = 4$，$I11/I21 = 0.5$（若不特殊说明，则以后皆采用相同的参数设置）。绘制 $K_2(\tau)$ 的函数曲线，见图 B-1。

B.2 K_2 与 λ 的关系

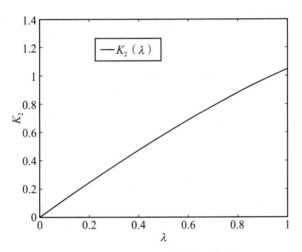

图 B-2 K_2 与 λ 的关系曲线

B.3 K_1 与 α_1、α_2 的关系

$$\frac{\partial \beta}{\partial \alpha} = -\sigma^{-2} \underbrace{\left[1 + \frac{\left(\frac{1}{2} - \frac{\alpha}{\sigma^2}\right)}{\sqrt{\left(\frac{1}{2} - \frac{\alpha}{\sigma^2}\right)^2 + \frac{2r}{\sigma^2}}}\right]}_{C}。$$

1. 如果 $\frac{1}{2} - \frac{\alpha}{\sigma^2} \geq 0$，则有 $C > 1 > 0$，所以显然有 $\frac{\partial \beta}{\partial \alpha} < 0$；如果 $\frac{1}{2} - \frac{\alpha}{\sigma^2} < 0$，则

有 $C = 1 + \dfrac{\left(\frac{1}{2} - \frac{\alpha}{\sigma^2}\right)}{\sqrt{\left(\frac{1}{2} - \frac{\alpha}{\sigma^2}\right)^2 + \frac{2r}{\sigma^2}}} > 1 + \dfrac{\frac{1}{2} - \frac{\alpha}{\sigma^2}}{\left|\frac{1}{2} - \frac{\alpha}{\sigma^2}\right|} = 1 - 1 = 0$，也有 $\frac{\partial \beta}{\partial \alpha} < 0$。所以，$\frac{\partial \beta}{\partial \alpha} <$

0 恒成立，即 β 与 α 呈负相关关系。又有 $\dfrac{\partial V_{21}^*}{\partial \alpha_2} = -\dfrac{I_{21}}{\Theta_2} \dfrac{1}{(\beta_2-1)^2} \cdot \dfrac{\partial \beta_2}{\partial \alpha_2}$，考虑到 β_2

大于 1，所以必有 $\dfrac{\partial V_{21}^*}{\partial \alpha_2} > 0$。

由于 V_{11}^* 与 α_2 无关，所以有 $\dfrac{\partial V_{11}^*}{\partial \alpha_2} = 0$，从而可得 $\dfrac{\partial K_1}{\partial \alpha_2} = \dfrac{\partial \frac{V_{21}^*}{V_{11}^*}}{\partial \alpha_2} = \dfrac{1}{V_{11}^*} \dfrac{\partial V_{21}^*}{\partial \alpha_2} > 0$。

而 $\dfrac{\partial V_{11}^*}{\partial \alpha_1} = -\dfrac{I_{11}}{\Theta_1} e^{(r-\alpha_1)\tau} \left\{ \dfrac{1}{(\beta_1-1)^2} \left[\dfrac{\partial \beta_1}{\partial \alpha_1} + \beta_1(\beta_1-1)\tau \right] \right\}$，如果要 $\dfrac{\partial V_{11}^*}{\partial \alpha_1} > 0$，那就需

要 $\eta = \dfrac{-1}{\beta_1} \dfrac{\partial \ln(\beta_1-1)}{\partial \alpha_1} > \tau$。绘制 $\eta(\alpha_1)$ 的曲线（见图 B-3），可以发现 η 的取值

非常大，即使 α_1 取到 -0.04（这意味着绿地投资获得的目标企业产品的市场需

求每年会缩减 4%），η 依然大于 5，即只要绿地投资的工程建设期小于 5 年，

$\dfrac{\partial V_{11}^*}{\partial \alpha_1} > 0$ 就依然成立，而以往文献的参数设置中，τ 的取值大都小于 1，本书第三

章也只是将 τ 设为 1，所以可以说大部分情况下，$\dfrac{\partial V_{11}^*}{\partial \alpha_1} > 0$ 是成立的。

类似的有 $\dfrac{\partial V_{21}^*}{\partial \alpha_1} = 0$，以及 $\dfrac{\partial K_1}{\partial \alpha_1} = \dfrac{\partial \frac{V_{21}^*}{V_{11}^*}}{\partial \alpha_1} = \dfrac{1}{(V_{11}^*)^2} \left(V_{11}^* \dfrac{\partial V_{21}^*}{\partial \alpha_1} - V_{21}^* \dfrac{\partial V_{11}^*}{\partial \alpha_1} \right) = \dfrac{-V_{21}^*}{(V_{11}^*)^2} \dfrac{\partial V_{11}^*}{\partial \alpha_1} < 0$。

2. K_2 与的 α_1、α_2 的关系亦较难通过求导推导出来，因此我们依然采用数值
求解的方式来绘制 $K_2(\alpha_1, \alpha_2)$ 的图像（见图 B-4），从 $K_2(\alpha_1, \alpha_2)$ 的图像可
以清楚地看到，K_2 与 α_2 正相关，K_2 与 α_1 负相关。

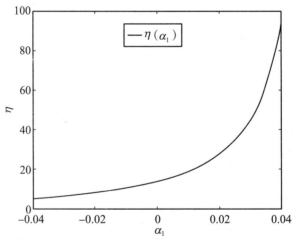

图 B-3 V_{11} 与 α_1 的关系曲线

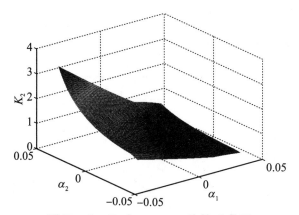

图 B-4　K_2 与 α_1、α_2 的关系曲面

B.4　K_1、K_2 与 r 的关系

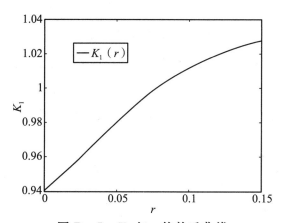

图 B-5　K_1 与 r 的关系曲线

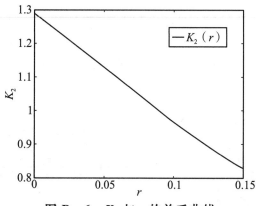

图 B-6　K_2 与 r 的关系曲线

B. 5 K_1、K_2 与 σ 的关系

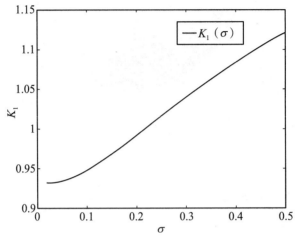

图 B－7 K_1 与 σ 的关系曲线

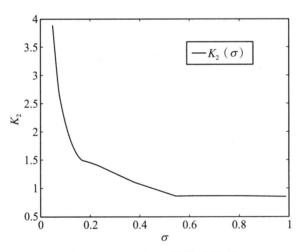

图 B－8 K_2 与 σ 的关系曲线

B. 6 K_2 与 Θ 的关系

首先证明 $\beta>1$ 恒成立。因为在附录 B 中已经假设 $r>\alpha$，所以有：

$$\beta=\frac{1}{2}-\frac{\alpha}{\sigma^2}+\sqrt{\left(\frac{1}{2}-\frac{\alpha}{\sigma^2}\right)^2+\frac{2r}{\sigma^2}}=\frac{1}{2}-\frac{\alpha}{\sigma^2}+\sqrt{\frac{1}{4}-\frac{\alpha}{\sigma^2}+\frac{\alpha^2}{\sigma^4}+\frac{2r}{\sigma^2}}>\frac{1}{2}-\frac{\alpha}{\sigma^2}+$$

$$\sqrt{\frac{1}{4}+\frac{\alpha}{\sigma^2}+\frac{\alpha^2}{\sigma^4}}=\frac{1}{2}-\frac{\alpha}{\sigma^2}+\left|\frac{1}{2}+\frac{\alpha}{\sigma^2}\right|$$

如果 $\frac{1}{2} + \frac{\alpha}{\sigma^2} > 0$，则有 $\beta > \frac{1}{2} - \frac{\alpha}{\sigma^2} + \frac{1}{2} + \frac{\alpha}{\sigma^2} = 1$；如果 $\frac{1}{2} + \frac{\alpha}{\sigma^2} \leq 0$，则有 $\beta > \frac{1}{2} - \frac{\alpha}{\sigma^2} - \frac{1}{2} - \frac{\alpha}{\sigma^2} = -\frac{\alpha 2}{\sigma^2} > 1$；综上所述，必然有 $\beta > 1$。

下面讨论 A_{13} 与 Θ 的关系。

因为 $\beta > 1$，所以有：$\dfrac{\Theta_1 e^{-(r-\alpha_1)\beta_1\tau}}{\beta_1} \Big[\dfrac{\beta_1}{(\beta_1 - 1)\Theta_1} \Big]^{1-\beta_1} (V_{12}^{\#} + I_3)^{1-\beta_1} \leq A_{13} \leq$

$\dfrac{\Theta_1 e^{-(r-\alpha_1)\beta_1\tau}}{\beta_1} \Big[\dfrac{\beta_1}{(\beta_1 - 1)\Theta_1} \Big]^{1-\beta_1} I_3^{I-\beta_1}$

上式中，A_{13} 的上下限都只有系数 $A = \dfrac{\Theta_1 e^{-(r-\alpha_1)\beta_1\tau}}{\beta_1} \Big[\dfrac{\beta_1}{(\beta_1 - 1)\Theta_1} \Big]^{1-\beta_1}$ 与 Θ 有关，易知 A 与 $\Theta_1^{\beta_1}$ 呈正比关系，所以可以推断，A_{13} 与 Θ 正相关，即 Θ 越大，A_{13} 越大。类似地，可以推出所有系数 A_{ij} 都与 Θ 呈正相关关系；同时，各进入模式给 FDI 投资者带来的总价值完全有各个 A_{ij} 系数决定，且与各个系数都是正相关关系，因此可以推论出各进入模式给 FDI 投资者带来的总价值也与 Θ 呈正相关关系。

附录 C

第 1 章部分研究成果《外资并购在中国的发展：历史变迁与典型特征研究》被"并购论坛 2013 国际学术会议"录用（由中国会计学会财务成本分会和北京交通大学中国企业兼并重组研究中心主办），并在会议宣读。

第 2 章部分研究成果《"新常态"下的产业安全评价体系重构与实证研究：以高新技术企业为例》已发表于《中国软科学》，2015 年第 7 期。同时，《外资并购威胁到了中国产业安全了吗——来自 31 个省及 19 个行业的经验证据》在广东经济学会岭南经济论坛中获得优秀论文奖，2014 年。

第 3 章第 3 节主要内容《跨国并购还是绿地投资？——FDI 进入模式选择的影响因素研究》已发表于《经济研究》，2013 年第 12 期；第 4 节主要成果《跨国并购能促进经济增长吗？——FDI 进入模式、内源投资与东道国经济增长的关系研究》已发表于《管理评论》，2015 年第 4 期。

第 4 章第 1 节主要研究成果《内外资企业技术溢出效应与企业的自主创新——基于中国高科技产业的实证研究》已发表于《财经问题研究》，2014 年第 5 期；第 3 节和第 4 节为主体的两篇论文分别在"外资并购与我国产业安全学术研讨会"（2014，广州）上宣读。

第 5 章第 1 节案例内容为主体的论文在"外资并购与我国产业安全学术研讨会"（2014，广州）上宣读，感谢与会专家学者的宝贵意见；本章第 2 节和第 3 节主要成果《国内上市公司跨国并购绩效及其决定因素的实证研究》已发表于《会计研究》2014 年 3 月，以及《跨国并购股东财富效应的实证研究》，《国际经贸探索》，2013 年 9 月。

第 6 章第 1 节主要内容以《罗尔斯公司收购案与美国的安全审查——美国的外资并购审查规制框架及对我国的启示》发表于《中山大学学报（社会科学版）》2014 年第 1 期。

参 考 文 献

[1] 保罗·巴兰:《垄断资本》,商务印书馆1977年版。

[2] 白澎:《中国产业安全的实证研究》,载《山西财经大学学报》2010年第8期,第65~76页。

[3] 白云霞、吴联生、徐信忠:《资产收购与控制权转移对经营业绩的影响》,载《经济研究》2004年第12期,第35~44页。

[4] 白重恩、刘俏、陆洲、宋敏、张俊喜:《中国上市公司治理结构的实证研究》,载《经济研究》2005年第2期,第81~91页。

[5] 曹秋菊:《外商直接投资影响中国产业安全:理论与机理》,载《湖南商学院学报》2011年第1期,第34~37页。

[6] 陈宝明:《警惕外资并购中产业自主研发能力的削弱》,载《现代经济探讨》2006年第3期,第77~79页。

[7] 陈玉罡、李善民:《并购中主并公司的可预测性——基于交易成本视角的研究》,载《经济研究》2007年第4期,第90~100页。

[8] 陈信元、汪辉:《股东制衡与公司价值:模型及经验证据》,载《数量经济技术经济研究》2004年第11期,第102~110页。

[9] 程恩富、李炳炎:《警惕外资并购龙头企业 维护民族产业安全和自主创新——美国凯雷并购徐工案的警示》,载《生产力研究》2007年第5期,第3~4页。

[10] 崔学刚、荆新:《上市公司控制权转移预测研究》,载《会计研究》2006年第1期,第73~83页。

[11] 方健雯:《FDI对我国全要素生产率的影响——基于制造业面板数据的实证分析》,载《管理评论》2009年第9期,第74~79页。

[12] 冯根福、吴林江:《我国上市公司并购绩效的实证研究》,载《经济研究》2001年第1期,第54~61页。

[13] 弗雷德·威斯通、郑光、侯格:《兼并、重组与公司控制》,经济科学出版社1998年版。

［14］弗里德里希·李斯特：《政治经济学的国民体系》，商务印书馆 1981 年版。

［15］高见、陈歆伟：《中国证券市场资产重组效应分析》，载《经济科学》2005 年第 2 期，第 66～77 页。

［16］高勇强、熊伟、杨斌：《控制权转移、资产重组与 CEO 更替对企业绩效的影响》，载《当代经济管理》2013 年第 2 期，第 24～31 页。

［17］顾海兵：《当前中国经济的安全度估计》，载《浙江社会科学》1997 年第 3 期，第 16～18 页。

［18］何洁：《外国直接投资对中国工业部门外溢效应的进一步精确量化》，载《世界经济》2000 年第 12 期，第 29～36 页。

［19］何菊香、汪寿阳：《金砖四国 FDI 与经济增长关系的实证分析》，载《管理评论》2011 年第 9 期，第 3～11 页。

［20］洪锡熙、沈艺峰：《公司收购与目标公司股东收益的实证分析》，载《金融研究》2001 年第 3 期，第 26～33 页。

［21］洪银兴：《研究性大学如何增强自主创新能力》，载《光明日报》2006 年 2 月 12 日。

［22］何维达、宋胜洲：《开放市场下的产业安全与政府规制》，江西人民出版社 2003 年版。

［23］何维达、杜鹏娇：《战略性新兴产业安全评价指标体系研究》，载《管理现代化》2013 年第 4 期，第 22～24 页。

［24］何维达、何昌：《当前中国三大产业安全的初步估算》，载《中国工业经济》2002 年第 2 期，第 25～31 页。

［25］何维达、李冬梅：《我国产业安全理论研究综述》，载《经济纵横》2006 年第 8 期，第 74～76 页。

［26］黄海霞：《我国资本市场外资并购动因分析》，载《商场现代化》2007 年第 1 期，第 186～187 页。

［27］黄渝祥、孙艳、邵颖红、王树娟：《股权制衡与公司治理研究》，载《同济大学学报（自然科学版）》2003 年第 9 期，第 1102～1105 页。

［28］黄日福：《我国中部地区 FDI 与产业结构升级的关系研究》，中南大学博士学位论文，2007 年。

［29］景玉琴：《产业安全评价指标体系研究》，载《经济学家》2006 年第 2 期，第 70～76 页。

［30］景玉琴：《中国产业安全问题研究》，吉林大学博士学位论文，2005 年。

［31］纪宝成、刘元春：《对我国产业安全若干问题的看法》，载《经济理论

与经济管理》2006 年第 9 期，第 4~7 页。

[32] 蒋殿春、夏良科：《外商直接投资对中国高技术产业技术创新作用的经验分析》，载《世界经济》2005 年第 8 期，第 3~10 页。

[33] 蒋殿春、张宇：《行业特征与外商直接投资的技术溢出效应：基于高新技术产业的经验分析》，载《世界经济》2006 年第 10 期，第 21~29 页。

[34] 金碚：《产业国际竞争力研究》，载《经济研究》1996 年第 11 期，第 39~44 页。

[35] 李飞、高杨斌、马宝龙、林健、赵俊霞、陈浩：《高速成长的营销神话——基于中国 10 家成功企业的多案例研究》，载《管理世界》2009 年第 2 期，第 138~151 页。

[36] 李梅：《外资并购的财富效应及影响因素的实证分析》，载《世界经济研究》2008 年第 2 期，第 67~73 页。

[37] 李善民、曹宁、王彩萍：《内外资企业技术溢出效应与企业的自主创新——基于中国高科技产业的实证研究》，载《财经问题研究》2014 年第 5 期，第 90~96 页。

[38] 李善民、陈玉罡、辛宇：《并购的价值创造、产业重组与经济安全国际会议综述》，载《管理世界》2010 年第 1 期，第 157~161 页。

[39] 李善民、陈玉罡：《上市公司兼并与收购的财富效应》，载《经济研究》2002 年第 11 期，第 27~35 页。

[40] 李善民、李珩：《中国上市公司资产重组绩效研究》，载《管理世界》2003 年第 11 期，第 126~134 页。

[41] 李善民、李昶：《跨国并购还是绿地投资？——FDI 进入模式选择的影响因素研究》，载《经济研究》2013 年第 12 期，第 134~147 页。

[42] 李善民、曾昭灶：《控制权转移的背景与控制权转移公司的特征研究》，载《经济研究》2003 年第 11 期，第 54~64 页。

[43] 李四海、陈祺：《制度环境、政治关联与会计信息债务契约有用性——来自中国民营上市公司的经验证据》，载《管理评论》2013 年第 1 期。

[44] 李炳炎：《外资并购与我国产业安全》，载《探索》2007 年第 6 期，第 78~83 页。

[45] 李海舰：《外资进入与国家经济安全》，载《中国工业经济》1997 年第 8 期，第 62~66 页。

[46] 李盾：《自主创新战略下我国技术对外依存度的现状、成因及对策》，载《国际贸易问题》2009 年第 9 期，第 26~30 页。

[47] 李娟：《外资并购与中国企业全要素生产率的实证分析》，载《山西财

经大学学报》2011 年第 6 期，第 56～63 页。

[48] 李琳、刘凤委、卢文彬：《基于公司业绩波动性的股权制衡治理效应研究》，载《管理世界》2009 年第 5 期，第 145～151 页。

[49] 李孟刚：《产业安全理论的研究》，北京交通大学博士学位论文，2006 年。

[50] 李孟刚、蒋志敏：《中国纺织产业的国际竞争力评价》，载《管理现代化》2006 年第 2 期，第 48～51 页。

[51] 李孟刚：《中国物流产业安全问题研究》，载《中国流通经济》2007 年第 12 期，第 7～10 页。

[52] 李泳：《我国农业产业外资控制力研究》，载《公共管理与政策评论》2014 年第 1 期。

[53] 廖理、曾亚敏、张俊生：《外资并购的信号传递效应分析——加剧竞争压力抑或提高并购概率》，载《金融研究》2009 年第 2 期，第 29～39 页。

[54] 吕政：《产业技术创新的途径》，载《管理工程学报》2010 年第 S1 期，第 57～59 页。

[55] 凌春华、楼晓霞、廖忠梅：《并购目标公司财务特征的实证分析》，载《技术经济与管理研究》2005 年第 1 期，第 44～46 页。

[56] 刘慧龙、陆勇、宋乐：《大股东"隧道挖掘"：相互制衡还是竞争性合谋——基于"股权分置"背景下中国上市公司的经验研究》，载《中国会计评论》2009 年第 3 期，第 97～112 页。

[57] 劳尔·普雷维什：《发达与不发达的政治经济学》，中国社会科学出版社 1984 年版。

[58] 迈克尔·波特：《国家竞争优势》，华夏出版社 2002 年版。

[59] 莫晓芳、宋德勇：《外资并购影响我国产业结构的效应透视》，载《科技管理研究》2007 年 4 期，第 56～57 页。

[60] 仇冬芳、刘益平、沈丽、周月书：《基于 CCR 模型的控制权转移、股东制衡与公司效率研究——来自上市公司大宗股权转让的经验数据》，载《软科学》2012 年第 12 期，第 108～111 页。

[61] 单春红、曹艳乔、于谨凯：《外资利用对我国产业安全影响的实证分析——外资结构效应和溢出效应的视角》，载《产业经济研究》2007 年第 6 期，第 23～30 页。

[62] 史忠良：《产业经济学》，经济管理出版社 2005 年版。

[63] 孙瑞华、刘广生：《产业安全评价指标体系的构建研究》，载《科技进步与对策》2006 年第 5 期，第 138～140 页。

[64] 孙效敏：《美国外资并购安全审查制度研究》，载《华东政法大学学

报》2009 年第 5 期。

[65] 孙永祥、黄祖辉：《上市公司的股权结构与绩效》，载《经济研究》1999 年第 12 期，第 23 ~ 30 页。

[66] 孙铮、李增泉：《股价反应、企业绩效与控制权转移》，载《中国会计与财务研究》2003 年第 1 期，第 1 ~ 63 页。

[67] 佟岩、陈莎莎：《生命周期视角下股权制衡与企业价值》，载《南开管理评论》2010 年第 1 期，第 108 ~ 115 页。

[68] 万正晓、张永芳、王鸿昌：《中国经济对外依存度实证分析与对策研究》，载《国际贸易问题》2006 年第 4 期，第 29 ~ 33 页。

[69] 王仕军、陈旺、李向阳：《走好中国特色自主创新道路的制度约束及解决路径》，载《人民网－理论频道》2009 年 10 月 11 日。

[70] 王苏生、孔昭昆、黄建宏：《跨国公司并购对我国装备制造业产业安全影响的研究》，载《中国软科学》2008 年第 7 期，第 55 ~ 61 页。

[71] 王苏生、李金子、黄建宏：《外资跨国并购对我国汽车产业安全影响的实证分析》，载《中国科技论坛》2008 年第 5 期，第 66 ~ 69 页。

[72] 王晓津、李波：《入世后外资并购国内上市公司动因分析》，载《世界经济研究》2002 年第 4 期，第 74 ~ 78 页。

[73] 吴红军、吴世农：《股权制衡、大股东掏空与企业价值》，载《经济管理》2009 年第 3 期，第 44 ~ 52 页。

[74] 萧新桥、余吉安：《基于循环经济的区域产业发展力评价体系研究》，载《北京交通大学学报（社会科学版）》2010 年第 3 期，第 19 ~ 25 页。

[75] 夏乐书、张冬梅：《企业并购过程中换股比率的确定与分析》，载《会计研究》2000 年第 7 期，第 37 ~ 187 页。

[76] 夏炎德：《欧美经济史》，上海三联书店 1991 年版。

[77] 谢申祥、黄保亮：《产业安全视角下的外资并购》，载《统计与决策》2009 年第 1 期，第 131 ~ 132 页。

[78] 徐莉萍、辛宇、陈工孟：《股权集中度和股权制衡及其对公司经营绩效的影响》，载《经济研究》2006 年第 1 期，第 90 ~ 100 页。

[79] 许冰：《外商直接投资对区域经济的产出效应——基于路径收敛设计的研究》，载《经济研究》2010 年第 2 期，第 44 ~ 54 页。

[80] 徐向艺、王俊韡：《控制权转移、股权结构与目标公司绩效——来自深、沪上市公司 2001—2009 的经验数据》，载《中国工业经济》2011 年第 8 期，第 89 ~ 98 页。

[81] 许陈生：《中国 FDI 进入模式的影响因素》，载《南开管理评论》2005

年第 6 期，第 98～103 页。

[82] 薛求知、韩冰洁：《东道国腐败对跨国公司进入模式的影响研究》，载《经济研究》2008 年第 4 期，第 88～98 页。

[83] 向一波：《中国装备制造业的出口依存度及对外市场的需求弹性研究——基于行业面板数据的分析》，载《财经研究》2012 年第 2 期，第 102～111 页。

[84] 徐晓东、陈小悦：《第一大股东对公司治理、企业业绩的影响分析》，载《经济研究》2003 年第 2 期，第 64～74 页。

[85] 宣烨、王新华：《跨国公司在华并购：一个资源观的视角》，载《世界经济研究，2007 年第 6 期，第 49～53 页。

[86] 叶会、李善民：《企业并购理论综述》，载《广东金融学院学报》2008 年第 1 期，第 115～128 页。

[87] 叶康涛：《案例研究：从个案分析到理论创建———中国第一届管理案例学术研讨会综述》，载《管理世界》2006 年第 2 期，第 139～143 页。

[88] 于新东：《中国加入 WTO 后产业保护和产业安全研究及对策》，载《学习与探索》2000 年第 2 期，第 4～12 页。

[89] 杨公朴、王玉、朱舟：《中国汽车产业安全性研究》，载《财经研究》2000 年第 1 期，第 22～27 页。

[90] 杨国亮：《新时期产业安全评价指标体系构建研究》，载《马克思主义研究》2010 年第 6 期，第 63～71 页。

[91] 杨平：《论外资并购对我国市场竞争秩序的影响与对策》，西南财经大学硕士学位论文，2005 年。

[92] 尹涵龄：《有效促进外资并购国有企业的思考》，湘潭大学，2005。

[93] 姚洋：《非国有经济成分对中国工业企业技术效率的影响》，载《经济研究》1998 年第 12 期，第 29～35 页。

[94] 易明、杨树旺、宋德勇：《资源环境约束与产业安全评价指标体系重构》，载《工业技术经济》2007 年第 9 期，第 119～122 页。

[95] 赵世洪：《国民产业安全概念初探》，载《宏观经济研究》1998 年第 3 期，第 15～18 页。

[96] 张红军：《中国上市公司股权结构与公司绩效的理论及实证分析》，载《经济研究》2000 年第 8 期，第 34～44 页。

[97] 袁奋强：《外资并购中国上市企业的动因研究——基于目标企业的视角》，载《国际经贸探索》2012 年第 7 期，第 79～90 页。

[98] 赵元铭、黄茜：《产业控制力：考察产业安全的一个新视角》，载《徐

州工程学院学报（社会科学版）》2009 年第 3 期，第 24～28 页。

［99］赵景文、于增彪：《股权制衡与公司经营业绩》，载《会计研究》载 2005 年第 12 期，第 59～64 页。

［100］张金清、吴有红：《外资并购对我国经济安全的潜在威胁分析》，载《复旦学报：社会科学版》2010 年第 2 期，第 1～8 页。

［101］张碧琼：《国际资本扩张与经济安全》，载《中国经贸导刊》2003 年第 6 期，第 30～31 页。

［102］张金鑫、张艳青、谢纪刚：《并购目标识别：来自中国证券市场的证据》，载《会计研究》2012 年第 3 期，第 78～84 页。

［103］张新：《并购重组是否创造价值？——中国证券市场的理论与实证研究》，载《经济研究》2003 年第 6 期，第 20～29 页。

［104］张新民、黄晓蓓、郑建明：《外资并购与我国产业安全：综述及研究展望》，载《国际贸易问题》2012 年第 4 期，第 163～176 页。

［105］张丽淑、樊秀峰：《跨国企业行为视角：我国零售产业安全评估》，载《当代经济科学》2011 年第 1 期，第 69～77 页。

［106］赵龙凯、岳衡、矫堃：《出资国文化特征与合资企业风险关系探究》，载《经济研究》2014 年第 1 期，第 70～82 页。

［107］郑义、徐康宁：《外资特征与技术创新——基于中国省际数据分析》，载《管理科学》2011 年第 5 期，第 48～55 页。

［108］朱建民、魏大鹏：《我国产业安全评价指标体系的再构建与实证研究》，载《科研管理》2013 年第 7 期，第 146～153 页。

［109］朱涛：《中国零售业的产业安全评价体系研究》，载《商业经济与管理》2010 年第 9 期，第 12～18 页。

［110］邹高峰：《深市上市公司控制权转移的市场反应》，载《西北农林科技大学学报（社会科学版）》2004 年第 6 期，第 86～90 页。

［111］Adams, S. 2009. Foreign Direct investment, domestic investment, and economic growth in Sub-Saharan Africa. *Journal of Policy Modeling*, 31, 939 – 949.

［112］Adesoji. A., Rodolfo Nayga, Jr., Zafar Farooq. 1999. Predicting Mergers and Acquisitions in the Food Industry. *Agribusiness*, 15, 1 – 23.

［113］Aitken, B., Harrison, A. 1999. Do domestic firms benefit from direct foreign investment? Evidence from Venezuela. *American Economic Review*, Vol. 89, No. 3, 605 – 618.

［114］Agrawal A., Jeffrey F. J., Gershon, N. M. 1992. The post-Merger Performance of Aquiring Firms: A Re-examination of an Anomaly. *Journal of Finance*, 47

(4), 1606 - 1721.

[115] Richard E. Caves. 1991. Synergy, Agency and the Determinants of Premia Paid in Mergers. *The Journal of Industrial Economics*, 39 (3), 277 - 296.

[116] Alfaro, L., Chanda, A., Kalemli-Ozcan, S., Sayek, S. 2004. FDI and economic growth: the role of local financial markets. *Journal of international economics*, 64, 89 - 112.

[117] Alfaro, L., Chanda, A., Kalemli-Ozcan, S., Sayek, S. 2010. Does foreign direct investment promote growth? Exploring the role of financial markets on linkages. *Journal of Development Economics*, 91, 242 - 256.

[118] Alguacil, M., Cuadros, A., Orts, V. 2011. Inward FDI and growth: The role of macroeconomic and institutional environment. *Journal of Policy Modeling*, 33, 481 - 496.

[119] Andrei Shleifer, Robert W. Vishny. 2003. Stock Market Driven Acquisitions. *Journal of Financial Economics*, 70 (3), 295 - 311.

[120] Amihud Yakov, Lev Baruch. 1981. Risk Reduction as a Managerial Motive for Conglomerate Mergers. *The Bell Journal of Economics*, 12 (2), 605 - 617.

[121] Antonios Georgopoulos, George Argyros, Giota Boura. 2008. Which Targets Stimulate Cross-border Acquisitions? An Empirical Investigation of Industrial Organization and Trade Factors within a Competition Framework of International and Domestic Acquisition Targets. *Journal of Industry, Competition and Trade*, 8 (1), 55 - 72.

[122] Anwar, S. T. 2012. FDI regimes, investment screening process, and institutional frameworks: China versus others in global business. *Journal of World Trade*, Vol. 46, Issue 2, 213 - 248.

[123] Arrow, K. J. Vertical Integration and Communication. 1975. *The Bell Journal of Economics*, 6 (1), 173 - 183.

[124] Audretsch, D. B, and Feldman M. P., 1996, R&D spillovers and the geography of innovation and production. *American Economic Review*, Vol. 86, No. 3, 630 - 640.

[125] Audretsch, D. B. 1998. Agglomeration and the location of innovative activity. *Oxford Review of Economic Policy*, 14 (2), 18 - 29.

[126] Aybar B., Ficici A. 2009. Cross-border acquisitions and firm value: An analysis of emerging-market multinationals. *Journal of International Business Studies*, (40), 1317 - 1338.

〔127〕 Azman-Saini, W. N. W., Law, S. H., Ahmad, A. H., 2010. FDI and economic growth: New evidence on the role of financial markets. *Economics Letters*, 107, 211 – 213.

〔128〕 Bacic, K., Racic, D., Ahec-Sonje, A., 2004. The effects of FDI on recipient countries in Central and Eastern Europe. *Privredna kretanja i ekonomska politika* 14, 59 – 96.

〔129〕 Belderbos, R. 2001. Overseas innovations by Japanese firms: An analysis of patent and subsidiary data, *Research Policy*, Vol 30, 313 – 332.

〔130〕 Benjamin Klein, Robert G. Crawford, Armen A. Alchian. 1978. Vertical Integration, Appropriable Rents and the Competitive Contracting Process. *Journal of Law and Economics*, 21 (2), 297 – 326.

〔131〕 Bertrand, O. and Zuniga, P. 2006. R&D and M&A: Are cross-border M&A different? An investigation on OECD countries. *International Journal of Industrial Organization*, Vol. 24, Issue 2, 401 – 423.

〔132〕 Bertrand O. 2009. Effects of foreign acquisitions on R&D activity: Evidence from firm-level data for France. *Research Policy*, (38), 1021 – 1031.

〔133〕 Bhagat S., Malhotra S., Zhu P. 2011. Emerging country cross-border acquisitions: Characteristics, acquirer returns and cross-sectional determinants. *Emerging Markets Review*, (12), 250 – 271.

〔134〕 Bitzer, J., Gorg, H., 2009. Foreign direct investment, competition and industry performance. *The World Economy*, 32 (2), 221 – 233.

〔135〕 Bjørnskov, C., 2012. How does social trust affect economic growth? *Southern Economic Journal*, 78, 1346 – 1368.

〔136〕 Blomstrom, M., Lipsey, R. E., Zejan, M. 1994. *What explains developing country growth?* NBER Working Paper No. 4132 (Also Reprint No. r1924).

〔137〕 Borensztein, E., Gregorio, J. D., Lee, J-W. 1998. How does foreign direct investment affect economic growth? *Journal of International Economics*, Vol. 45, 115 – 135.

〔138〕 Bowman, E. H., Hurry, D. 1993, Strategy through the option lens: An integrated view of resource investments and the incremental-choice process. *Academy of management review*, 18 (4), 760 – 782.

〔139〕 Brouthers, K. D., Brouthers, L. E., Werner, S. 2008. Real Options, International Entry Mode Choice and Performance, *Journal of Management Studies*, 45 (5), 936 – 960.

[140] Brouthers, K. D., Dikova, D. 2010. Acquisitions and Real Options: The Greenfield Alternative, *Journal of Management Studies*, Vol. 47, Issue 6, 1048 – 1071.

[141] Buckley, P. J., Casson, M. C. 1998. Models of the Multinational Enterprise, *Journal of International Business Studies*, Vol. 29, Issue 1, pp. 21 – 44.

[142] Buckley, P. J., Casson, M. 1998. Analyzing Foreign Market Entry Strategies – Extending the Internalization Approach, *Journal of International Business Studies*, Vol. 29, Issue 3, 539 – 562.

[143] Carkovic, M., Levine, R., 2002. *Does foreign direct investment accelerate economic growth?* University of Minnesota, May.

[144] Cakici, N., Hessel C., Tandon, K. 1996. Foreign acquisitions in the United States: Effect on shareholder wealth of foreign acquiring firms. *Journal of Banking & Finance*, (20), 307 – 329.

[145] Cassiman, B., Colombo, M G., Garrone, P. 2005. The impact of M&A on the R&D process: An empirical analysis of the role of technological-and market-relatedness. *Research Policy*, (34), 195 – 220.

[146] Castellacci, F. 2008. Innovation and the competitiveness of industries: Comparing the mainstream and the evolutionary approaches. *Technological Forecasting and Social Change*, 75 (7), 984 – 1006.

[147] Christina, Y. M. NG. 2005. An Empirical Study on the Relationship between Ownership and Performance in a Family-based Corporate Environment. *Journal of Financial Economics*, (58), 81 – 112.

[148] Chang, S. J., Rosenzweig, P. M. 2001. The choice of entry mode in sequential foreign direct investment. *Strategic Management Journal*, Vol. 22, Issue 8, 747 – 776.

[149] Chen, Edward K. Y. 1996. *Transnational corporations and technology transfer to developing countries*, In UNCTAD ed. Transnational Corporations and World Development, pp. 181 – 214.

[150] Choe, J. I. 2003. Do foreign direct investment and gross domestic investment promote economic growth? *Review of Development Economics* 7, 44 – 57.

[151] Clark, J, Guy, K. 1998. Innovation and competitiveness: a review. *Technology Analysis & Strategic Management*, 10 (3), 363 – 395.

[152] Connell, F., Conn, R L. 1993. A Preliminary Analysis of Shifts in Market Model Regression Parameters in International Mergers Between US and British

Firms: 1970 ~ 1980. *Managerial Finance*, 19 (1), 47 – 77.

[153] Datta, D K., Puia, G. 1995. Cross-border acquisitions: An examination of the influence of relatedness and cultural fit on shareholder value creation in US acquiring firms. *Management International Review*, 35 (4), 337 – 359.

[154] De Man, A. P., Duysters, G. 2005. Collaboration and innovation: a review of the effects of mergers, acquisitions and alliances on innovation. *Technovation*, (25), 1377 – 1387.

[155] De Mello, L. R. 1999. Foreign direct investment-led growth: evidence from time series and panel data. *Oxford Economic Papers*, 51, 133 – 151.

[156] De Vita, G., Kyaw, K. S., 2009. Growth effects of FDI and portfolio investment flows to developing countries: a disaggregated analysis by income levels. *Applied Economics Letters*, 16, 277 – 283.

[157] Denis, D. J., Denis, D. K. 1995. Performance changes following top management dismissals. *Journal of Finance*, (50), 1029 – 1057.

[158] Devigne, D., Vanacker, T., Manigart, S., Paeleman, I., 2013. The role of domestic and cross-border venture capital investors in the growth of portfolio companies. *Small Business Economics*, 40, 553 – 573.

[159] Dixit, A., 1989, Entry and Exit Decisions under Uncertainty. *Journal of Political Economy*, Vol. 97, Issue 3, 620 – 638.

[160] Driffield, N, Munday, M., Roberts, A., 2002, "Foreign direct investment, transactions linkages, and the performance of the domestic sector", *International Journal of the Economics of Business*, Vol. 9, No. 3, 335 – 351.

[161] Eicher, T., Kang, J. W., 2005. Trade, foreign direct investment or acquisition: optimal entry modes for multinationals. *Journal of development economics*, Vol. 77, Issue 1, 207 – 228.

[162] Eisenhardt, K. M., 1989. Building theories from case study research. *Academy of Management Review*, Vol. 14, No. 4, 532 – 550.

[163] Ekanayake, E., Ledgerwood, J., 2010. How does foreign direct investment affect growth in developing countries? An empirical investigation. The *International Journal of Business and Finance Research* 4, 43 – 53.

[164] Erel, I., Liao, R. C., Weisbach, M. S., 2012. Determinants of Cross-Border Mergers and Acquisitions. *The Journal of Finance* 67, 1045 – 1082.

[165] Errunza Vihang, R. 1977. Gains from Portfolio Diversification into Less Developed Countries' Securities. *Journal of International Business Studies*, 8 (2), 83 –

99.

[166] Fatás, A., Mihov, I., 2013. Policy volatility, institutions, and economic growth. *Review of Economics and Statistics*, 95, 362 – 376.

[167] Findlay, R., 1978. Relative backwardness, direct foreign investment, and the transfer of technology: a simple dynamic model. T*he Quarterly Journal of Economics*, 1 – 16.

[168] Friedl, G., 2002. Sequential Investment and Time to Build. *Schmalenbach Business Review*, Vol. 54, Issue 1, 56 – 79.

[169] Froot, K. A., Scharfstein, D. S., Stein, J. C. 1989. LDC Debt: forgiveness, indexation, and investment incentive. *The Journal of Finance*, 44 (5), 1335 – 1350.

[170] Girma, S, Greenaway, D., Wakelin, K., 2001. Who benefits from foreign direct investment in the UK?. *Scottish Journal of Political Economy*, Vol. 48, No. 2, 119 – 133.

[171] Gregory A., Mccorriston S. 2005. Foreign acquisitions by UK limited companies: short-and long-run performance. *Journal of Empirical Finance*, (12), 99 – 125.

[172] Guadalupe, M., Kuzmina, O., Thomas, C. 2010. *Innovation and foreign ownership*. National Bureau of Economic Research.

[173] Gubbi, S R., Aulakh, P S., Ray, S. 2009. Do international acquisitions by emerging-economy firms create shareholder value? The case of Indian firms. *Journal of International Business Studies*, (41), 397 – 418.

[174] Gustavsson, P, Hansson, P, Lundberg, L. 1999. Technology, resource endowments and international competitiveness. *European Economic Review*. 43 (8), 1501 – 1530.

[175] Guan, J. C, Yam, R., Mok, C. K. 2006. A study of the relationship between competitiveness and technological innovation capability based on DEA models, *European Journal of Operational Research*. 170 (3), 971 – 986.

[176] Georgopoulos, A. and Preusse, H. G. 2009. Cross-border acquisitions vs. Greenfield investment: A comparative performance analysis in Greece, *International Business Review*, Vol. 18, 592 – 605.

[177] Gilroy, B. M., Lukas, E., 2006. The choice between greenfield investment and cross-border acquisition: A real option approach. *The Quarterly review of economics and finance*, Vol. 46, Issue 3, 447 – 465.

［178］ Hale, G. , Long, C. 2011. Did Foreign Direct Investment Put an Upward Pressure on Wages in China?. *IMF Economic Review*, Vol. 59, Issue 3, 404 – 430.

［179］ Harzing, A. 2002. Acquisitions versus greenfield investments: International strategy and management of entry modes. *Strategic Management Journal*, Vol. 23, 211 – 228.

［180］ Halil, K. , Tarun, K. M. 2000. The Impact of Country Diversification on Wealth Effects in Cross-Border Mergers. *The Financial Review*, 35 (2), 37 – 58.

［181］ Healy, P. , Palepu, K. , Ruback, R. 1992. Does corporate performance improve after mergers. *Journal of Financial Economics*, (31) 135 – 175.

［182］ Hermes, N. , Lensink, R. 2013. *Financial development and economic growth: theory and experiences from developing countries.* Routledge.

［183］ Hennart, J. F. , 1991. The transaction costs theory of joint ventures: An empirical study of Japanese subsidiaries in the United States. *Management science*, Vol. 37, Issue 4, 483 – 497.

［184］ Herriott, R. E. , Firestone, W. A. , 1983. Multisite Qualitative Policy Research: Optimizing Description and Generalizability. *Educational Reseach*, Vol. 12, 14 – 19.

［185］ H. Donald Hopkins, Raj Chaganti, Masaaki Kotabe. 1999. Cross-border mergers and acquisitions Global and regional perspectives. *Journal of International Management*, 5 (3), 207 – 239.

［186］ Hitt, M. A. , Hoskisson, R E. , Ireland, R. D. 1990. Mergers and acquisitions and managerial commitment to innovation in M-form firms. *Strategic Management Journal*, (11), 29 – 48.

［187］ Hitt, M A. , Ireland, R. D, Harrison, J S. 1991. Effects of Acquisitions on R&D Inputs and Outputs. *Academy of Management Journal*, (34), 693 – 706.

［188］ Hodgson, G. , 2012. Institutional rigidities and economic growth. *Cambridge Journal of Economics* 13, 79 – 101.

［189］ Imbriani, C. , Reganati, F. , 1999. *Productivity spillovers and regional differences: some evidence on the Italian manufacturing sector.* Paper provided by CELPE-Centre of Labour Economics and Economic Policy, University of Salerno, Italy in its series CELPE Discussion Papers with number 48.

［190］ Javorcik, B S. 2004. Does foreign direct investment increase the productivity of domestic firms? In search of spillovers through backward linkages. *American economic review*, Vol. 94, No. 3, 605 – 627.

［191］ Jensen, M, C. , Meckling, M. H. 1976. Theory of the firm: managerial behavior, agency costs and ownership structure. *Journal of Financial Economics*, (3), 305 – 360.

［192］ Jr. Ingersoll, J. E. , Ross, S. A. , 1992. Waiting to Invest: Investment and Uncertainty, *The Journal of Business*, 65 (1), 1 – 29.

［193］ Jovanovic, B. , Rousseau, P. L. 2008. Mergers as reallocation. *The Review of Economics and Statistics*, (90), 765 – 776.

［194］ Jyun-Yi, W. , Chih-Chiang, H. , 2008. Does foreign direct investment promote economic growth? Evidence from a threshold regression analysis. *Economics Bulletin*, 15, 1 – 10.

［195］ Kang, Y. , Du, J. , Bhatia, K. , Fried, J. , Livshits, I. , 2005. *Foreign Direct Investment and Economic Growth: Empirical Analysis on Twenty OECD Countries* (Draft). March 4.

［196］ Kaplan N. , Weisbach, M. S. 1992. The success of acquisitions: evidence from divestitures. *Journal of Finance*, (47), 107 – 138.

［197］ Kennedy, V. , Lamarck, R. 1996. Takeover activity, CEO turnover, and the market for corporate control. *Journal of Business Finance and Accounting*, (23), 267 – 285.

［198］ Kim, Y. H. 2009. Cross-border M \ &A vs. greenfield FDI: Economic integration and its welfare impact. *Journal of Policy Modeling* 31, 87 – 101.

［199］ Kish, R. J, Vasconcellos, G. M. 1993. An empirical analysis of factors affecting cross-border acquisitions: U. S. -Japan. *Management International Review*, 33 (3), 227 – 245.

［200］ Kokko, A. 1994. Technology, market characteristics and spillovers. *Journal of Development Economics*, Vol. 43, 279 – 293.

［201］ Kumar, M. V. S. 2005. The value from acquiring and divesting a joint venture: a real options approach. *Strategic Management Journal*, Vol. 26, Issue 4, 321 – 331.

［202］ Kokko, A, Tansini, R. , Zejan, M C. 1996. Local technological capability and productivity spillovers from FDI in the Uruguayan manufacturing sector. *Journal of Development Studies*, Vol. 32, No. 4, 602 – 611.

［203］ Kramaric Tomislava Pavic. 2012. Predicting Takeover Targets-Case of Croatian Insurance Companies (1998 ~ 2010). *Journal of Global Business Management*, 8 (1), 33 – 41.

［204］ Leiblein, M. J. 2003. The choice of organizational governance form and performance: Predictions from transaction cost, resource-based, and real options theories. *Journal of Management*, Vol. 29, Issue 6, 937 – 961.

［205］ Li, J. 2007. Real options theory and international strategy: a critical review. *Advances in Strategic Management*, Vol. 24, 67 – 101.

［206］ McDonald, R., Siegel, D. 1986. The Value of Waiting to Invest. *The Quarterly Journal of Economics*, Vol. 101, Issue 4, 707 – 727.

［207］ Mencinger, J. 2003. Does foreign direct investment always enhance economic growth? *Kyklos* 56, 491 – 508.

［208］ Li, X, Liu, X., Parker D. 2001. Foreign direct investment and productivity spillovers in the Chinese manufacturing sector, *Economic systems*, Vol. 25, No. 4, 305 – 321.

［209］ Liu, B. A. 2011. Brief Discussion on Legal Guarantee of Industry Security in Foreign Capital Merger and Acquisition. *Asian Social Science*, (7), 172 – 175.

［210］ Liu, X. H., Zou, H., 2008. The impact of greenfield FDI and mergers and acquisitions on innovation in Chinese high-tech industries. *Journal of World Business*, Vol. 43, 352 – 364.

［211］ Markides, C. C., Ittner C D. 1994. Shareholder benefits from corporate international diversification: Evidence from US international acquisitions. *Journal of International Business Studies*, 25 (2), 343 – 366.

［212］ McConnell, Servaes. 1990. Additional Evidence on Equity Ownership and Corporate Value. *Journal of Financial Economics*, 27, 595 – 612.

［213］ Moskalev, S. A. 2010. Foreign ownership restrictions and cross-border markets for corporate control. *Journal of Multinational Financial Management*, Vol. 20, Issue 1, 48 – 70.

［214］ Mullen, J. K., Williams, M., 2005. Foreign direct investment and regional economic performance. *Kyklos*, 58, 265 – 282.

［215］ Myers, S. C., 1977. Determinants of corporate borrowing. *Journal of Financial Economics*, Vol. 5, Issue 2, 147 – 175.

［216］ Neto, P., Brand A O, A. and Cerqueira, A., 2008. *The Impact of FDI, Cross Border Mergers and Acquisitions and Greenfield Investments on Economic Growth*. FEP Working Papers.

［217］ Nanda, N., 2009. Growth Effects of FDI: Is Greenfield Greener? *Perspectives on Global Development and Technology*, 8, 26 – 47.

［218］ Nocke, V. and Yeaple, S. 2007. Cross-border mergers and acquisitions vs. greenfield foreign direct investment: The role of firm heterogeneity. *Journal of International Economics*, Vol. 72, Issue 2, 336 – 365.

［219］ Perez, T. , 1997. Multinational enterprises and technological spillovers: an evolutionary model. *Journal of Evolutionary Economics*, Vol. 7, No. 2, 169 – 192.

［220］ özçelik E, Taymaz E. 2004. Does innovativeness matter for international competitiveness in developing countries: the case of Turkish manufacturing industries. *Research policy*, 33 (3), 409 – 424.

［221］ Paddock, J. L. , Siegel, D. R. , Smith, J. L. , 1988. Option Valuation of Claims on Real Assets: The Case of Offshore Petroleum Leases. *The Quarterly Journal of Economics*, Vol. 103, Issue 3, 479 – 508.

［222］ Parahalad, C. K. , Gary, H. 1990. The core competence of the corporation. *Harvard Business Review*, (3), 79 – 91.

［223］ Palepu, K. G. 1986. Predicting Takeover Targets – A Methodology and Empirical Analysis, *Journal of Accounting and Economics*, 8, 3 – 35.

［224］ Gonzalez, P. , Vasconcellos, G. M. , Kish, R. J. 1998. Cross-border mergers and acquisitions: The undervaluation hypothesis. *The Quarterly Review of Economics and Finance*, 38 (1), 25 – 45.

［225］ Polachek, S. W. , Sevastianova, D. 2012. Does conflict disrupt growth? Evidence of the relationship between political instability and national economic performance. *The Journal of International Trade & Economic Development*, 21, 361 – 388.

［226］ Richard, Roll. 1986. The Hubris Hypothesis of Corporate Takeovers. *The Journal of Business*, 59 (2), 197 – 216.

［227］ La Porta, R. , Lopez-De-Silanes, F. , Shleifer, A. , Vishny, R. W. 1998. Law and Finance. *Journal of Political Economy*, 106 (6), 1113 – 1155.

［228］ Roller, L. -H. , Stennek, J. , Verboven, F. 2001. Efficiency gains from mergers. *European Economy*, (5), 31 – 128.

［229］ Robert, S. H. , Ravenscraft, D. 1991. The Role of Acquisitions in Foreign Direct Investment: Evidence from the US Stock Market. *The Journal of Finance*, 46 (3), 825 – 844.

［230］ Saltz, I. S. , 1992. The negative correlation between foreign direct investment and economic growth in the Third World: theory and evidence. *Rivista internazionale discienze economiche ecommerciali*, 39, 617 – 633.

［231］ Sanjukta Dattaa, Devendra Kodwanib and Howard Vineyc. 2013. Shareholder wealth creation following M&A: evidence from European utility sectors. *Applied Financial Economics*, 23 (10), 891 – 900.

[232] Sanna-Randaccio F. , Veugelers R. 2007. Multinational knowledge spillovers with decentralised R&D: a game-theoretic approach. *Journal of International Business Studies*, (38), 47 – 63.

[233] Seth, A. , Song, K. P. , Pettit, R. R. 2002. Value creation and destruction in cross-border acquisitions: an empirical analysis of foreign acquisitions of US firms. *Strategic Management Journal*, (23), 921 – 940.

[234] Shaver, J. M. , 1998. Accounting for endogeneity when assessing strategy performance: Does entry mode choice affect FDI survival? . *Management Science*, Vol. 44, Issue 4, 571 – 585.

[235] Simkowitz, M. , Monroe, R. J. 1971. A Discriminant Analysis Function for Conglomerate targets. *Southern Journal of Business*, 38, 1 – 16.

[236] Shleifer, A. , Vishny, R. 1986. Large Shareholders and Corporate Control. *Journal of Political Economy*, 94 (3), 461 – 488.

[237] Shimizu K. , Hitt M A. , Vaidyanath D. 2004. Theoretical foundations of cross-border mergers and acquisitions: A review of current research and recommendations for the future. *Journal of International Management*, (10), 307 – 353.

[238] Slangen A H. 2006. National cultural distance and initial foreign acquisition performance: The moderating effect of integration. *Journal of World Business*, (41), 161 – 170.

[239] Smit, H. T. J. , 2001. Acquisition Strategies as Option Games. *Journal of Applied Corporate Finance*, Vol. 14, Issue 2, 79 – 89.

[240] Solow, R. M. , 1957. Technical change and the aggregate production function. *The review of Economics and Statistics* 39, 312 – 320.

[241] Stefano, C. , Clare, A. , Pozzolo, A. F. *What Do Foreigners Want Evidence from Targets in Bank Cross-Border M&As.* SSRN Working Paper Series, 2010.

[242] Slama, M. B. , Saidane, D. , Fedhila, H. 2012. How to identify targets in the M&A banking operations? Case of cross-border strategies in Europe by line of activity. *Review of Quantitative Finance and Accounting*, 38 (2), 209 – 240.

[243] Stevens, D. L. 1973. Financial characteristic of merged firms: a multivariate analysis. *Journal of Financial and Quantitative Analysis*, 8, 149 – 58.

[244] Stiebale, J. 2013. The Impact of Cross-Border Mergers and Acquisitions on the Acquirers' R&D-Firm-Level Evidence. *International Journal of Industrial Organiza-*

tion, (31), 307 – 321.

[245] Stiebale, J., Reize, F. 2011. The impact of FDI through mergers and acquisitions on innovation in target firms. *International Journal of Industrial Organization*, (29), 155 – 167.

[246] Tsagkanos A., Koumanakos, E., Georgopoulo, A., Siriopoulos, C. 2012. Prediction of Greek takeover targets via bootstrapping on mixed logit model. *Review of Accounting & Finance*, 11 (3), 315 – 334.

[247] Veugelers, R. 2006. *Literature Review on M&A and R&D: Merger and acquisitions – The innovation impact*. Edward Elgar Publishing.

[248] Vives, X. 2008. Innovation and competitive pressure. *The Journal of Industrial Economics*, (56), 419 – 469.

[249] Wang, J Y., Blomström, M. 1992. Foreign investment and technology transfer: A simple model. *European economic review*, Vol. 36, No. 1, 137 – 155.

[250] Wang, M., Wong, M. C., 2009. What Drives Economic Growth? The Case of Cross-Border M&A and Greenfield FDI Activities. *Kyklos*, Vol. 62, Issue 2, 316 – 330.

[251] Weimer, C. M., 2008. Foreign Direct Investment and National Security Post-FINSA 2007. *Texas Law Review*, Vol. 87, Issue3, P. 663.

[252] Weston, F. J., J. A. Siu and B. A. Johnson. 2001. *Takeovers, Restructuring, and Corporate Governance*. Prentice Hall, 3rd edition.

[253] Whalley, J., Xin, X., 2010. China's FDI and non-FDI economies and the sustainability of future high Chinese growth. *China Economic Review*, 21, 123 – 135.

[254] Wijeweera, A., Villano, R., Dollery, B., 2010. Economic growth and FDI inflows: a stochastic frontier analysis. *The Journal of Developing Areas*, Vol. 43, Issue 2, 143 – 158.

[255] Yeo, K. T., Qiu, F. 2003. The value of management flexibility—a real option approach to investment evaluation. *International Journal of Project Management*, Vol. 21, Issue 4, pp. 243 – 250.

[256] Yin, P. K. 1989. *Case study research: design and methods*. (rev. Ed.), Newbury Park, CA: Sage, 1989.

[257] Zhao, H., Luo, Y., Suh, T. 2004. Transaction cost determinants and ownership-based entry mode choice: a meta-analytical review. *Journal of International Business Studies*, Vol. 35, Issue 6, 524 – 544.

致　谢

本书得到了教育部哲学社会科学研究重大课题攻关项目"外资与我国产业安全研究"（项目号：11JZD020）资助。感谢出席2012年1月课题开题报告会的领导和专家学者，专家们的意见高屋建瓴，不仅给课题的开展提供了方向性的指导，也在具体操作方面给予了宝贵意见。

作为课题研究的最终成果，本书的付梓凝聚了所有课题组成员的共同努力。除了进行每周一次的课题进展例行汇报和讨论，在每月末以及年末的重要节点，课题组还组织专题研讨会，对课题进展进行诊断并提出进一步推进意见。同时，各课题组成员除了着手具体的科研任务外，还在数据和资料获取、案例调研联系等方面予以课题研究大力支持。由于我国外资并购实践发展起步较晚，加之并购信息是涉及企业重要战略决策的核心内容，公开资料较少，获取难度较高，课题组成员各尽所能，为课题研究资料的获取拓展渠道，顺利完成了研究任务，实现了预期的研究目标。

本书总体思路和框架由李善民和赵昌文确定并完善。其中，前言及摘要由李善民、王彩萍、杨道军执笔；第一章由王彩萍、曹宁、何志华执笔；第二章由史欣向、李善民执笔；第三章由李昶、李善民、何志华执笔；第四章由王彩萍、曹宁、陈玉罡、李善民执笔；第五章由余鹏翼、何云执笔；第六章由万自强、习超、李善民、赖桂叶、岳亚兰、卞韧、李健执笔。李善民同时负责对案例进行审阅、修改以及对文稿最终审定。在书稿完成和修改过程中，陈勋和黄志宏也提供了很多的帮助。此外，课题组成员龚朴、辛宇、唐清泉、屈韬、陈珠明、符正平、周林彬、陆燕、周树伟、刘力、朱武祥、陈小蓓、刘恒、郑南磊、何基报、扶青、朱滔、汪建成、毛雅娟、周小春、曾昭灶、张媛春、叶会、陈涛、陈文婷、许金花、黄灿、杨元君、周津诚、伍静雯、任美卿、胡正金、李子斌、李阳、徐习兵、张夏青、公淑玉等也在参与课题讨论或为书稿撰写提供了宝贵意见，在此一并感谢！

本书的部分内容已经在《经济研究》《会计研究》《财经问题研究》《管理学

报》《管理评论》《中国软科学》等杂志发表（附录C）；同时，本书部分内容作为工作论文在多个学术研讨会，如"经济增长转型与资本市场发展研讨会""广东经济学会2014年岭南经济论坛""并购论坛2013国际学术会议""并购论坛2014暨第六届企业并购学术研讨会""2014年度全国商务财会学术论文"上宣读并获奖。在课题组组织的两次小型学术研讨会"首届公司金融年会暨外资并购与自主创新研讨会"和"外资并购与我国产业安全学术研讨会"讨论中，与会专家学者曾勇教授、张新民教授、吕长江教授、张秋生教授、潘爱玲教授、屈文洲教授、路耒处长、张金清教授、蒋东生主任、杨万东教授、刘毅鹏副教授、毕晓刚副教授、江诗松博士对课题组研究成果作了精彩点评及宝贵意见，使得课题组受益匪浅。

在课题研究过程中，课题组得到了众多政府部门主管领导、知名企业家、高级管理者的支持，不仅准许课题组实地调研，而且给课题组创造了良好的互动机会，使得课题组可以与实务界专家深入交流企业外资并购遇到的问题并探讨深层次的原因，在此一并表示衷心的感谢！同时也衷心地感谢教育部哲学社会科学研究重大课题攻关项目评审专家对本书修改所给予的宝贵意见！

教育部重大课题的开展是一项重大工程，是课题组2012年至今的工作重心。为了推动课题研究的顺利开展，太多太多熟悉的或新认识的专家学者、老师、朋友、同学给了了慷慨的支持，他们的名字无法一一在此列举，在此我们一并表示诚挚的谢意！

最后，感谢您，亲爱的读者！希望您能多提宝贵意见，促进我们继续深入研究这个问题。

李善民

2015年8月于康乐园

368

教育部哲学社會科学研究重大課題攻関項目
成果出版列表

序号	书 名	首席专家
1	《马克思主义基础理论若干重大问题研究》	陈先达
2	《马克思主义理论学科体系建构与建设研究》	张雷声
3	《马克思主义整体性研究》	逄锦聚
4	《改革开放以来马克思主义在中国的发展》	顾钰民
5	《新时期 新探索 新征程 ——当代资本主义国家共产党的理论与实践研究》	聂运麟
6	《坚持马克思主义在意识形态领域指导地位研究》	陈先达
7	《当代资本主义新变化的批判性解读》	唐正东
8	《当代中国人精神生活研究》	童世骏
9	《弘扬与培育民族精神研究》	杨叔子
10	《当代科学哲学的发展趋势》	郭贵春
11	《服务型政府建设规律研究》	朱光磊
12	《地方政府改革与深化行政管理体制改革研究》	沈荣华
13	《面向知识表示与推理的自然语言逻辑》	鞠实儿
14	《当代宗教冲突与对话研究》	张志刚
15	《马克思主义文艺理论中国化研究》	朱立元
16	《历史题材文学创作重大问题研究》	童庆炳
17	《现代中西高校公共艺术教育比较研究》	曾繁仁
18	《西方文论中国化与中国文论建设》	王一川
19	《中华民族音乐文化的国际传播与推广》	王耀华
20	《楚地出土戰國簡册［十四種]》	陳 偉
21	《近代中国的知识与制度转型》	桑 兵
22	《中国抗战在世界反法西斯战争中的历史地位》	胡德坤
23	《近代以来日本对华认识及其行动选择研究》	杨栋梁
24	《京津冀都市圈的崛起与中国经济发展》	周立群
25	《金融市场全球化下的中国监管体系研究》	曹凤岐
26	《中国市场经济发展研究》	刘 伟
27	《全球经济调整中的中国经济增长与宏观调控体系研究》	黄 达
28	《中国特大都市圈与世界制造业中心研究》	李廉水

序号	书　名	首席专家
29	《中国产业竞争力研究》	赵彦云
30	《东北老工业基地资源型城市发展可持续产业问题研究》	宋冬林
31	《转型时期消费需求升级与产业发展研究》	臧旭恒
32	《中国金融国际化中的风险防范与金融安全研究》	刘锡良
33	《全球新型金融危机与中国的外汇储备战略》	陈雨露
34	《全球金融危机与新常态下的中国产业发展》	段文斌
35	《中国民营经济制度创新与发展》	李维安
36	《中国现代服务经济理论与发展战略研究》	陈　宪
37	《中国转型期的社会风险及公共危机管理研究》	丁烈云
38	《人文社会科学研究成果评价体系研究》	刘大椿
39	《中国工业化、城镇化进程中的农村土地问题研究》	曲福田
40	《中国农村社区建设研究》	项继权
41	《东北老工业基地改造与振兴研究》	程　伟
42	《全面建设小康社会进程中的我国就业发展战略研究》	曾湘泉
43	《自主创新战略与国际竞争力研究》	吴贵生
44	《转轨经济中的反行政性垄断与促进竞争政策研究》	于良春
45	《面向公共服务的电子政务管理体系研究》	孙宝文
46	《产权理论比较与中国产权制度变革》	黄少安
47	《中国企业集团成长与重组研究》	蓝海林
48	《我国资源、环境、人口与经济承载能力研究》	邱　东
49	《"病有所医"——目标、路径与战略选择》	高建民
50	《税收对国民收入分配调控作用研究》	郭庆旺
51	《多党合作与中国共产党执政能力建设研究》	周淑真
52	《规范收入分配秩序研究》	杨灿明
53	《中国社会转型中的政府治理模式研究》	娄成武
54	《中国加入区域经济一体化研究》	黄卫平
55	《金融体制改革和货币问题研究》	王广谦
56	《人民币均衡汇率问题研究》	姜波克
57	《我国土地制度与社会经济协调发展研究》	黄祖辉
58	《南水北调工程与中部地区经济社会可持续发展研究》	杨云彦
59	《产业集聚与区域经济协调发展研究》	王　珺

序号	书　名	首席专家
60	《我国货币政策体系与传导机制研究》	刘　伟
61	《我国民法典体系问题研究》	王利明
62	《中国司法制度的基础理论问题研究》	陈光中
63	《多元化纠纷解决机制与和谐社会的构建》	范　愉
64	《中国和平发展的重大前沿国际法律问题研究》	曾令良
65	《中国法制现代化的理论与实践》	徐显明
66	《农村土地问题立法研究》	陈小君
67	《知识产权制度变革与发展研究》	吴汉东
68	《中国能源安全若干法律与政策问题研究》	黄　进
69	《城乡统筹视角下我国城乡双向商贸流通体系研究》	任保平
70	《产权强度、土地流转与农民权益保护》	罗必良
71	《我国建设用地总量控制与差别化管理政策研究》	欧名豪
72	《矿产资源有偿使用制度与生态补偿机制》	李国平
73	《巨灾风险管理制度创新研究》	卓　志
74	《国有资产法律保护机制研究》	李曙光
75	《中国与全球油气资源重点区域合作研究》	王　震
76	《可持续发展的中国新型农村社会养老保险制度研究》	邓大松
77	《农民工权益保护理论与实践研究》	刘林平
78	《大学生就业创业教育研究》	杨晓慧
79	《新能源与可再生能源法律与政策研究》	李艳芳
80	《中国海外投资的风险防范与管控体系研究》	陈菲琼
81	《生活质量的指标构建与现状评价》	周长城
82	《中国公民人文素质研究》	石亚军
83	《城市化进程中的重大社会问题及其对策研究》	李　强
84	《中国农村与农民问题前沿研究》	徐　勇
85	《西部开发中的人口流动与族际交往研究》	马　戎
86	《现代农业发展战略研究》	周应恒
87	《综合交通运输体系研究——认知与建构》	荣朝和
88	《中国独生子女问题研究》	风笑天
89	《我国粮食安全保障体系研究》	胡小平
90	《我国食品安全风险防控研究》	王　硕

序号	书　名	首席专家
91	《城市新移民问题及其对策研究》	周大鸣
92	《新农村建设与城镇化推进中农村教育布局调整研究》	史宁中
93	《农村公共产品供给与农村和谐社会建设》	王国华
94	《中国大城市户籍制度改革研究》	彭希哲
95	《国家惠农政策的成效评价与完善研究》	邓大才
96	《以民主促进和谐——和谐社会构建中的基层民主政治建设研究》	徐　勇
97	《城市文化与国家治理——当代中国城市建设理论内涵与发展模式建构》	皇甫晓涛
98	《中国边疆治理研究》	周　平
99	《边疆多民族地区构建社会主义和谐社会研究》	张先亮
100	《新疆民族文化、民族心理与社会长治久安》	高静文
101	《中国大众媒介的传播效果与公信力研究》	喻国明
102	《媒介素养：理念、认知、参与》	陆　晔
103	《创新型国家的知识信息服务体系研究》	胡昌平
104	《数字信息资源规划、管理与利用研究》	马费成
105	《新闻传媒发展与建构和谐社会关系研究》	罗以澄
106	《数字传播技术与媒体产业发展研究》	黄升民
107	《互联网等新媒体对社会舆论影响与利用研究》	谢新洲
108	《网络舆论监测与安全研究》	黄永林
109	《中国文化产业发展战略论》	胡惠林
110	《20世纪中国古代文化经典在域外的传播与影响研究》	张西平
111	《国际传播的理论、现状和发展趋势研究》	吴　飞
112	《教育投入、资源配置与人力资本收益》	闵维方
113	《创新人才与教育创新研究》	林崇德
114	《中国农村教育发展指标体系研究》	袁桂林
115	《高校思想政治理论课程建设研究》	顾海良
116	《网络思想政治教育研究》	张再兴
117	《高校招生考试制度改革研究》	刘海峰
118	《基础教育改革与中国教育学理论重建研究》	叶　澜
119	《我国研究生教育结构调整问题研究》	袁本涛 王传毅
120	《公共财政框架下公共教育财政制度研究》	王善迈

序号	书 名	首席专家
121	《农民工子女问题研究》	袁振国
122	《当代大学生诚信制度建设及加强大学生思想政治工作研究》	黄蓉生
123	《从失衡走向平衡：素质教育课程评价体系研究》	钟启泉 崔允漷
124	《构建城乡一体化的教育体制机制研究》	李 玲
125	《高校思想政治理论课教育教学质量监测体系研究》	张耀灿
126	《处境不利儿童的心理发展现状与教育对策研究》	申继亮
127	《学习过程与机制研究》	莫 雷
128	《青少年心理健康素质调查研究》	沈德立
129	《灾后中小学生心理疏导研究》	林崇德
130	《民族地区教育优先发展研究》	张诗亚
131	《WTO 主要成员贸易政策体系与对策研究》	张汉林
132	《中国和平发展的国际环境分析》	叶自成
133	《冷战时期美国重大外交政策案例研究》	沈志华
134	《新时期中非合作关系研究》	刘鸿武
135	《我国的地缘政治及其战略研究》	倪世雄
136	《中国海洋发展战略研究》	徐祥民
137	《深化医药卫生体制改革研究》	孟庆跃
138	《华侨华人在中国软实力建设中的作用研究》	黄 平
139	《我国地方法制建设理论与实践研究》	葛洪义
140	《城市化理论重构与城市化战略研究》	张鸿雁
141	《境外宗教渗透论》	段德智
142	《中部崛起过程中的新型工业化研究》	陈晓红
143	《农村社会保障制度研究》	赵 曼
144	《中国艺术学学科体系建设研究》	黄会林
145	《我国碳排放交易市场研究》	赵忠秀
146	《人工耳蜗术后儿童康复教育的原理与方法》	黄昭鸣
147	《我国少数民族音乐资源的保护与开发研究》	樊祖荫
148	《中国道德文化的传统理念与现代践行研究》	李建华
149	《低碳经济转型下的中国排放权交易体系》	齐绍洲
150	《中国东北亚战略与政策研究》	刘清才
151	《促进经济发展方式转变的地方财税体制改革研究》	钟晓敏
152	《外资并购与我国产业安全研究》	李善民

······